Michael Sachs

Christlicher Zeitvertreiber

Michael Sachs

Christlicher Zeitvertreiber

ISBN/EAN: 9783743699717

Hergestellt in Europa, USA, Kanada, Australien, Japan

Cover: Foto ©Lupo / pixelio.de

Weitere Bücher finden Sie auf **www.hansebooks.com**

Ser Edlen vnd Wolgebor-
nen Gräffin vnd Frawen / Frawen
Margarethen / geborner Gräffin zu Gleichen/
etc. Gräffin vnd Frawen zu Waldeck / Wit-
wen/ meiner gnedigen Frawen/ freund-
lichen vnd lieben Gefat-
terin.

Nade vnd Segen/ Schutz
vnnd Erhaltung von Gott dem
Vater / durch den Erwerber des
Segens Jesum Christum / hie zu
langwiriger Gesundheit/ friedlicher vnd glücklicher Regierung/ vnd dort zu ewiger frölicher se-
ligwerdung/ wündsche ich von Hertzen grunde
E. G. zuuor/ jetzt vnd jmmerdar/ Amen.

Edle/ Wolgeborne Gräffin/ gnedige Fraw
vnd liebe Gefatterin/ der heutige tag/ vnd E. G.
lobwirdiger Tauffname beweget vnnd reitzet
mich in dieser Vorrede des andern Theils des
Biblischen Geistlichen Rätzelbuchs/ so auff vn-
ablessiges anhalten vnd anregen vieler fürnemer
ehrlicher Leute (wie ich aus jhrem schreiben an
mich gethan/ zubeweisen habe) jetzt sol gedruckt
werden/ dazu auch mir zu ehren/ meim Drucker
zum besten/ die Churfürstliche Regierung gantz
williglich ein besonders Priuilegium gegeben
hat/ dasselbe sonsten nirgend nachzudrucken/ wie
mit dem ersten Theile ohn alles mein wissen ge-
)(ij   schehen/

schehen ist auff anregen der Studenten zu Wittenberg/die sich mit lust darinne geübet haben.

In dieser Vorrede sage ich mit einzuführen die Historiam der edlen Christin vnd freudigen Märterin Margarethen/die recht angesehen vnd fleissig betrachtet voller nützer Lehren/ermanung/warnung vnd trostes stecket/wie folgends zu sehen vnd zu lesen: Die ich fein ordentlich in sechs vmbstende abtheilen wil vnd handeln:

Zum ersten von jhrer Ankunfft. Zum andern von jhrer Erziehung vnd Vnterweisung. Zum dritten von jhrer Tauffe vnd bestendigen verharrung. Zum vierdten von listiger Versuchung des Teuffels sie abfellig zu machen. Zum fünfften von jhrer Gefengniß/Peinigung vnd Gedult. Zum sechsten von jhrem Troste/Siege vnd seligem Ende. Mit angehengtem Berichte/was aus dieser Hystory zu lernen/vnd wie sie sich zu dieser Vorrede reime.

Erstlich von jhrer Ankunfft/
Stamme vnd Vaterlande.

Margaretha (welcher Name so viel heisset als eine edle köstliche Perle) ist aus gutem adelichem Stamme vnd Geblüt/aber von Heydnischen Eltern vnd vngleubigen Leuten geboren/in der berühmbten Stadt Antiochia/darinne nach der Himmelfart Christi die gleubigen Jünger vnd Anhenger der Apostoli-

stolischen Lehre von Christo am allererften sind
Christen genandt worden / von ihrem Heupte
vnd Heylande Christo / Actor. 11.

Allda ist diß edele Röselein von Heydnischen
Eltern / als von einem Dornstrauch herfür ge-
sprossen / schöne von Gestalt vnd Leibe / Tugend-
reich von Gemüte / eine rechte Tausendschöne /
nach dem zeugniß Salomonis im Hohenliede
am 2. Cap. *Sicut Lilium inter Spinas*, Wie eine
Rose oder Lilge vnter den Dornen / so ist meine
Liebe vnter den Töchtern Jerusalem. Ihr Vater sol Theodosius geheissen haben / ein adelicher
reicher Mann / Aber voller Abgötterey vnd Vnglaubens / vnd voller Feindschafft wider Christum vnd seine seligmachende Lehre.

Zum andern von ihrer Erziehung
vnd vnterweisung in Christlicher
Religion.

Als ihre Eltern diesem irem Töchterlein eine Amme zu ihrer seugung / erziehung / vnd
wartung angenommen / hat ihnen Gott
dazu / wiewol inen vnwissend / eine fromme wol-
gegründete Christin bescheret / die des schönen
Kindeleins nicht alleine am Leibe fleissig gewar-
tet / sondern / so bald es hat reden können / es auch
in der Christlichen Religion vnterwiesen / vnd
mit fleiß vnterrichtet / wie sie dem allmechtigen
Gott / Schöpffer vnd Erhalter Himmels vnd

)(iij.   Erden.

Erden anruffen / ehren / vnd ihm dienen solte/
der ihr Leib vnd Seel erhalten vnd selig machen
köndte: Da dagegen die Heydnische Götter nichtige Götzen weren/ die weder sehen/hören/reden
noch helffen könten/Psal. 115. Esa. 42. 43. 44.

Es ist auch der heilige Geist durch diesen
vnterricht so krefftig gewesen/das Margaretha
bald von Kind auff die Abgötterey gehasset/ die
Abgöttischen Bilder als todte nichtige ding verspottet / vnd sich zu den Christen/als verehrern
des waren lebendigen GOttes gehalten hat.
Nach dem Exempel Davids/da er saget im 26.
Psalm: Deine Güte ist mir für Augen/ich wan-
dele in deiner Warheit/ Ich hasse die versamlung der Boßhafftigen/ vnnd sitze nicht bey den
Gottlosen / Ich halte mich HERR zu deinem
Altar/ da man höret die stimme des Danckens/
Ich hab lieb die stedte deines Hauses / vnd den
ort/da deine Ehre wohnet.

Zum dritten von ihrer Tauffe
vnnd bestendigen verharrung im
Christenthumb.

ALs ire Mutter gestorben war/vnd der Vater sie des Christlichen Glaubens halben
gar hart vnd vbel hielt/vnd mit gewalt zur
Heydnischen Abgötterey ziehen vnd treiben wolte / da verließ sie ihren Vater vnnd alle Erb-
schafft/ gieng heimlich zu ihrer Ammen/ vnnd
hielt

hielt sich bey derselben auff/ damit sie von jhr in
Gottes Wort besser könte vnterrichtet werden/
vnnd jhren rechten Gottesdienst vnuerhindert
verbringen möchte/ vnd folget in deme dem befehl Christi/da er Matth. 10. sagt/Wer Vater
vnd Mutter mehr liebet/dann mich/ der ist meiner nicht werth.Vnd Deut. 33. Wer zu seinem
Vater vnd Mutter spricht/ich sehe in nicht/vnd
zu seinem Bruder/ich kenne in nicht/vnd zu seinem Sohne/ich weiß jhn nicht/die halten deine
Rede/vnd bewaren deinen Bund.Drumb man
auch von jhr singt : *Ibat de virtute in virtutem,*
Ardenter sitiens animæ salutem.

Das ist :
Sie nam alltage in Tugend zu/
Vnd dürstet jhr nach ewiger ruh.

Als nu jhre Amme diesen jhren Christlichen
Eifer sahe/ ließ sie Marggrethen teuffen im 15.
Jahre jhres Alters. Also ward sie durch die heilli-
ge Tauffe vermählet vnd einuerleibet dem HErren Jesu Christo/ dem Himlischen Ehrenköni-
ge / ward aus einer Heydin eine Christin/ ein
Kind vnd liebe Tochter Gottes/vnd Erbin des
ewigen/seligen/freudenreichen Lebens / Ose.2.
Joh. 3. Gal. 3. Joh. 1. Marc. 16.

Wie wir dauon auch recht aus grunde
Göttliches Worts singen:Wer gleubt an Christum vnd wird getaufft/ demselben ist der Himmel erkaufft/ das er nicht werde verloren.

)(iiij   Die-

Diesen ihren Heyland Jesum Christum hat Margaretha/ als ihren höchsten Schatz vnd eigen Hertz geliebet / sich seines beystandes vnd hülffe getröstet/ sich seines verdienstes gefrewet/ vnd mit Esaia gesagt im 61. Capit. Ich frewe mich im HERRN/ vnd meine Seele ist frölich in meinem Gott / Denn er hat mich angezogen mit Kleidern des Heils/ vnd mit dem Rocke der Gerechtigkeit bekleidet/ vñ wie eine Braut in ihrem Schmucke. Mit Dauid im 18. Psal. Hertzlich lieb habe ich dich HERR/ meine Stercke/ mein Feltz/ meine Burg/ mein Erretter/ mein Gott vnd Hort auff den ich trawe. Jm 73. Psal. Das ist meine Freude / das ich mich zu Gott halte/ vnd meine Zuuersicht setze auff den HErren/ HErrn/ das ich verkündige alle sein thun/ Wann ich dich habe/ so frage ich nichts nach Himmel vnd Erden/ Wann mir gleich Leib vnd Seel verschmachtet/ so bistu doch allezeit meines Hertzens trost vnd mein theil.

Zum vierdten von dem listigen angriff des Teuffels/ dadurch er sie gerne von Christo wider abgerissen hette.

ALs Margaretha ihres Glaubens halben aus ihres Vaters Hause vnd Gütern verstossen war / vnd bey ihrer Ammen armut leiden/ vnd der Schafe hüten muste/

dachte

dachte der Teuffel / nu hette er feine gelegenheit
sie wiederumb von Christo abzureissen / vnd zur
Abgötterey zu bringen. Dann gros Armut gar
wehe thut / adelichem Blut / Drumb schafft ers
also / das der Landpfleger von Antiochia / Oly-
bryus genant / für jr vberreit / entzündet der Teuffel sein Hertze jhrer schönen Gestalt halben gegen jhr in Liebe / vnd beweget jhn / das er jhr
freundlich zusprach / vnd sie grüssete / daneben
fragte / wer sie were / wem sie angehörte / mit ver-
meldung / das er lust vnd gefallen zu jhr trüge /
vnd wo sie seines Standes vnd Glaubens were /
im sinne hette sie zu ehlichen / vnd zu grosser Ehre / Gütern vnd Herrligkeit zuerheben.

Diesen list des Teuffels vermarckte Margaretha bald / das er sie mit anbietung des zeitlichen gerne wolte vom ewigen abhalten / eben wie
er Christo auch that / Matth. 4. Darumb antwortet sie dem Landpfleger mit züchten / sie were
von adelichem Stamme / des Theodosii eheleib-
liche Tochter / hiesse Margaretha / Aber der Religion vnd Glauben nach were sie eine Christin /
die sich mit Christo dem Könige des Himmels
in der Tauffe verlobet hette / Drumb gedechte sie
in keine andere Heyrat zu willigen / were auch
drumb aus jhres Vaters Hause gewichen / vnd
hette allen adelichen pracht vnd Reichthum verlassen / damit sie in standhafftem glaubé vnd anruffung Christum ehren / vnd jm dienen köndte.

)(v   Wie

Wie nu der Landpfleger ihr hierauff wide=
rumb freundlich antwortete/ihr Name vnd An=
kunfft gefiel jm wol/ dann sie deuchte ihm selber
in seinen Augen eine edle Perle sein/ die er vber
alle Edelgestein liebete/ Aber ir Glaube vnd Re=
ligion mißgefiel jm/vnd deuchte ihn schade sein/
das so eine schöne adeliche Jungfraw mit dem
wahn bethöret were/das sie an einen gecreutzigtē
Schecher gleubte/ vnd den für Gott ehrete/vnd
hielte im Hertzen. Dañ er gedachte: *Stultitia est
morte alterius sperare salutem*, Das ist ja ein
närrisch ding/das die Christen hoffen durch ei=
nes gecreutzigten Menschen tod das Leben zuer=
langen. Drumb ermanete er sie/ihren närrischen
ergerlichen Glauben faren zu lassen/ so wolte er
sie ehelichen/ir zu Ehren vnd grossem Reichthuñ
verhelffen/vnd sie von dieser Armut erretten.

Aber Margaretha verharrete auff ihrem
Glauben bestendig/ vnd sprach: Ihr Gott vnd
HErr/ an den sie gleubte/wer gecreutziget nicht
aus seinem vnuermögen/sondern aus des Him=
lischen Vaters Rath/vnd seiner eignen verwilli=
gung/auch nicht vmb seiner verschuldung/son=
dern vmb aller Welt Sünde willen/die als vnser
Bürge vnd Mitler zu tragen vnd büssen/ seine
schmach sey ire vnd aller gleubigen höchste Ehre/
seine Creutzigung vnd Todt ihre Erlösung vnd
Leben/ Esa. 43. 53. Rom. 5. 1. Cor. 1. Wie
auch die Kirche dauon singet: *Nos gloriari opor=
tet in*

tet. in cruce Domini noſtri Ieſu Chriſti, per quem
redemti & ſaluati ſumus.

Vnd die Alten haben pflegen vber das Creutz
dieſen Verß zu ſchreiben: En homo in horribili
ſtat cruce noſtra Salus.

Das iſt:

Bedenck's O Menſch zu aller friſt/
Das der gecreutzigte Jeſus Chriſt
Dein Heil / Leben vnd Seligkeit iſt.

Zu dem ſo ſey er nit allein am Creutz ſchmeh-
lich vnd ſchmertzlich geſtorben/ſondern auch widerumb vom tode herrlich erſtanden/ gen Himmel gefahren/ vnd zur Rechten Gottes geſetzet/
in ſeinem angenommenen Fleiſch vnd Blut er-
höhet/zur mitregierung vber Himmel / Erden/
Engel/Teuffel/ Menſchen vnd alle Creaturen/
Pſalm. 8. 110. Ephe. 4. Daniel 7. zur gewiſſen
verſicherung/ das er ſie vnd alle an ihn gleuben-
de nimmermehr verlaſſen könne / ſondern aus
noth vnd tode reiſſen/ vnd zu ſich endlich in den
Himmel holen wolle/Joh. 14. 1. Theſſ 4. Phil.
z. Col. 3. Drumb wiſſe ſie von ihm nicht zu laſ-
ſen/ſondern wolle ihm beſtendig anhangen / im
Leben vnd im Sterben. Dann weil Chriſtus ihr
Leben were / ſo müſte Sterben ihr Gewin vnnd
Nutz werden/Phil. 1. Rom. 14. Dann er rede
ſie vnd alle Gleubige alſo an: Ich bin dein / du
biſt mein/wo ich bin/da ſolſtu ſein/der Feind ſol
vns nicht ſcheiden/Joh. 10. 11. 12. 14. 17.

Zum

Zum fünfften von ihrer Gefeng-
niß/ Peinigung vnd Gedult.

DA der Teuffel sahe/das er mit guten worten vnnd herrlichen verheischungen ihr
nichts kondte abbrechen/greiff ers härter
vnd ernster an/erbitterte des Landpflegers Oly-
brii Hertze/der vber der Heydnischen/als seiner
Väterlichen Religion eiferte/ ja so hart gegen
ihr/als ers zuuor in Liebe gegen ir entzündet hat-
te/also/das er sie in ein gar böses Gefengniß füh-
ren/vnd vbel darinne halten vnd handeln ließ.

Da das auch nicht helffen wolte/befahl er ihr
allerley Marter vnd Peinigung anzulegen/ der
hoffnung/ er wolte sie abfellig machen. Erstlich
ließ er iren zarten Leib mit Peitschen zerhawen/
vnd mit scharffen Schrappen grewlich zerreis-
sen. Zum andern mit brennenden Fackeln am
Leibe vnd am Gesichte zerbrennen vnd verderben. Zum dritten/nach solchem brennen hieß er
sie mit kaltem Wasser begiessen/vnd darein auch
setzen/ihren schmertzen damit zuuermehren/vnd
also zum abfall vnd verleugnung Christi zu be-
wegen. Aber er richtete damit nichts bey ihr aus/
Christus war mit seiner krafft in ihrer schwachheit also mechtig/ das sie alles mit höchster Gedult vberwande/vnd in ihrem Glauben vnd Bekentniß bestendig verharrete: Aus betrachtung/
das ihr Heyland Christus wol mehr vnd grös-
sers

fers für sie vnd vns alle gelitten hette/vnd das er
jr solchen kurtzen schmertz mit ewiger freude vnd
ergetzligkeit vergelten würde/ laut seiner zusage/
Esa. 51. 45. 35. Joh. 16. 2. Cor. 4. Rom. 8.

Zum sechsten von jhrem Troste/Sie-
ge vnd seligem Abschiede.

ES hat aber der trewe Heyland vnd Helf-
fer Jesus Christus seine liebeste Bekennerin nicht trostloß vnd hülffloß gelassen/
sondern jhr gar trewlich beygestanden/ sie getrö-
stet/gestercket/ vnd jhr zum frölichen Siege vnd
seligen Ende gnediglich verholffen/ 1. Cor. 10.
Dann in dem finstern Gefengniß hat er jhr ein
helles Liecht erscheinen lassen/ zum zeugniß/das
er jhr beystehen/vnd zum ewigen Liecht vnd Reiche außhelffen vnd vorleuchten wolle/wie er zu-
sagt Joh. 8. Ich bin das Liecht der Welt / wer
mir folget / wird nicht wandern in Finsterniß/
sondern das Liecht des ewigen Lebens haben.
Psal. 112. Den frommen gehet das Liecht auff
mitten im Finsterniß. Er hat jhr auch eine
Taube mit einem Creutz erscheinen lassen / zum
zeugniß/das der H. Geist/der höchste Tröster in
aller not bey jhr sein / vnd wider alle anfechtung
vnd schrecken des Hellischen Geistes sie trösten
solle / jhr helffen alles Creutz vnd Schmertzen
frölich vberwinden/vnd sie durch den tod in das
ewige Leben zu beleiten/ laut seiner Zusage /
Esa.

Esa. 57. Es sol von meinem Angesicht ein Geist außgehen/ der Othem mache. 59. Mein Wort/ das ich in deinen Mund geleget habe/ vnd mein Geist/ der bey dir ist / sollen nit von dir weichen/ etc. Wie er auch also den Noham trösten ließ/ da jhm in auffhörung der Sündflut eine Taube ein Delblat brachte / zur anzeigung / Gottes zorn hette auffgehört/ seine Gnade vnd Güte wolte sich nu wiederumb sehen lassen/ Gen. 8.

Hiedurch ward die liebe Margaretha also gehertzt vnd mutig/ getrost vnd freudig/ das sie weder Tyrannen/ Todt/ Teufel/ Welt vnd Helle fürchtete. Dann da der Teuffel in eines grossen Drachen gestalt zu jhr ins Gefengniß kam/ vnd sich so grewlich stalte/ als wolte er sie jetzt verschlingen/ hat sie jhn durch jhr Gebet vnd Glauben vnterteeten/ vberwunden vñ vertrieben/ wie Paulus vns auch lehret thun zun Ephes. am 6. Jaco. 4. Endlich ward sie hinaus geführet an die Richtstadt / da sie willig vnd frölich nider gekniet/ vnd geköpffet worden ist / da sie zuuor mit hitzigem freudigem Gebete jhre Seele jhrem Erlöser Christo in seine trewe Hende befohlé hatte. Ist geschehen den 13. Julij vnter dem Tyrannischen Keyser vnnd Verfolger der Christen Diocletiano/ der durch seine wüterey vnd verfolgung wider die Christen das Römische Reich so wüste gemacht/ das er es nicht mehr getrawte zu erhalten wider den einfall der Feinde/ trat

von

von der Regierung abe/ ward ein Bawersman
vnd Gärtner/nam endlich Gifft ein/vnd ertödtete sich aus verzweiffelung selber.

Es wird auch gerühmet in alten Schrifften/
das sie/da das Volck in jhrer grossen marter ein
mitleiden hatte vnd weinte/freudig gesagt habe:
Carnis vexatio est animæ saluatio.

Das ist:

Was hie druckt vnd betrübt den Leib/
Dasselb die Seel sterckt vnd erfrewt.
Hie gibts wol Schmertz vnd Trawrigkeit/
Dort aber Trost vnd ewige Freud.

Wozu die Betrachtung dieser
History diene.

Jeser History lesung vnnd betrachtung
dienet in gemeine dazu.

1. Daraus zu lernen/das wir nicht
durch die Fleischliche Geburt von Vater vnnd
Mutter her Christen vnd Gottes Kinder wer-
den/sondern durch die Geistliche Widergeburt/
die durchs Wasser / Wort vnnd heiligen Geist
geschiehet/ Joh. 3. Tit. 3. Gal. 3. Jac. 1.

Augustinus sagt : Baptismus est primus in-
troitus ad regnum cœlorum.

Das ist:

Der erst antritt zum Himmel nauff/
Ist nach zeugniß der Schrifft die Tauff.

.2. Das

2. Das ein jeder gleubiger getauffter Chriſt
eine Margaritha/ das iſt/köſtliche Perle/ Edel-
geſtein vnd Kleinot iſt für Gott/ von ihm gelie-
bet/thewer vnd werth gehalten / vnd in Chriſto
wol vnd fleiſſig bewahrt werde zum ewigen Le-
ben/ Eph. 1. Gott hat vns lieb in ſeinem geliebten Sohne/ vnd hat vns in ihm außerkorn zu
ſeinen Kindern vnd Erben. 1. Pet. 2. Ihr ſeid
das außerwehlte Geſchlechte / das Königliche
Prieſterthumb / das Volck des Eigenthumbs.
Eph. 2. Ihr ſeid nicht mehr Gäſte vnd Frembd-
linge/ ſondern Bürger mit den Heiligen/Got-
tes Haußgenoſſen/ etc. Phil. 3. Joh. 1. 3.

3. Das fleiſſige vnterweiſung vnd erziehung
der Jugend viel gutes ſchaffe/ darumb ſol man
darinne anhalten vnd fortfaren/vnd Gott vmb
erleuchtung ſeines heiligen Geiſtes anruffen/
Pſalm 78: Syr. 30. Epheſ. 6.

4. Das wir Chriſtum für allen dingen auff
Erden lieben / auch thewrer vnd werther halten
ſollen/ als vnſer eigen Leib vnd Leben/ ehe alles
zeitliche faren laſſen/ehe wir vmb erhaltung willen deſſelben Chriſtum ſolten verleugnen/Matt.
10. 16. 19. 1. Joh. 4. 1. Cor. 16. Wer Jeſum
Chriſtum nicht lieb hat/ der ſey *Anathema, ma-
haram, motha,*verflucht vnd verdampt zum tode.

5. Das wir Gottes Wort zu hören/leſen vnd
lernen/aller andern arbeit vñ geſchefften fürzie-
hen ſollē/als das nötigſte vnd nützeſte/wie Margaretha

garetha gethan/vnd Christus von vns auch er-
fordert/ eines ist nötig/nemlich Gottes Wort
hören/lernen vnd behalten/dann selig sind die
Gottes Wort hören vnnd bewaren/ Luc. 10.
Matthei am 6.sagt er: Am aller ersten trachtet
nach Gottes Reiche/ vnd nach seiner Gerech-
tigkeit/ so wird euch das ander alles zufallen.
Luc. 8. spricht Christus/ Die werden von jhm
vnd seinem heiligen Vater geachtet für seine
Mutter/Schwester vnd Brüder/die sein wort
hören/ vnd darnach thun.

6.Das wir vns weder Glück noch Vnglück/
Liebe noch Leid/Noth noch Todt von Christo
lassen abwenden/ sondern bestendig bey jhme
verharren vnd außhalten/ vnnd darüber mit
Margarethen alles wagen vnd leiden/vnd mit
jhr auff das ewige Reich des HErrn Christi se-
hen/darinn er vns alles reichlich wil erstatten/
was wir vmb seiner willen gewaget/ verloren
vnd gelidten haben.Matth. 10. Wer verharret
biß ans ende/ der wird selig. Apoc. 2. Sey ge-
rew biß ans ende/ so wil ich dir die Krone des
wigen Lebens geben. Matth. 19. Wer vmb
meiner willen verlesset Vater oder Mutter/2c.

7. Erinnert sie vns des trostes/das Christus
en seinen in gefahr vñ widerwertigkeit/Creuß
nd leiden/not vnd todt beystehe/sie tröste vnd
ercke/ vnd jhnen gnedig vnnd wol außhelffe/
nd jr kurtzes leid in ewige freude verwandele/

A   wie

wie er Margarethen gethan / vnd vns zuthun
verheischen hat. Im 91. Psalm: Ich bin bey
ihnen in der noth / Ich wil sie heraus reissen/
zu Ehren setzen/vnd mit langem Leben krönen.
Psal. 68. Gelobet sey Gott täglich: Er legt
vns wol eine Last auff / aber er hilfft vns auch.
Wir haben einen HERRN/der helffen kan/
vnd einen Gott/der aus dem tode erretten kan.

Also macht D. Luther im 2. Theil der Tisch-
reden in oct. fol. 471. eine geistliche vnd tröst-
liche Allegori aus dieser History / vnd spricht:
Die Kirche ist Margaretha/die edle Perle vnd
köstlicher Stein. Olybrius der Tyrann ist die
Welt/ die sich wider die Kirche leget / vnd ihr
widerstehet/ das er die Margaritham ins Gefengniß werffe / da sie vom Drachen dem
Teuffel mit mancherley anfechtungen wol zer-
plaget wird / daraus sie sich nicht wircken kan/
biß sie das Creutz ergreiffet / das ist Christus:
Derselbe vertreibet vnd ersticht den Drachen/
vnd erhelt die Margaritäm.

8. Sehen wir hie auch/ worinne der rechte
Adel stehe / der für Gott vnd der Welt zieret/
vnd angeneme machet. Nemlich nicht allein
in der fleischlichen Ankunfft/ Geblüt vnd stäm-
me/das wol an ihm selber ein fein vnd herrlich
ding ist: Aber der beste vnd förderlichste Adel
ist Gottes Furcht vnnd ein Tugendreiches
Leben/ laut des Verses: *Nobilis est ille, quem*
nobili-

nobilitat sua virtus. Vnd Hieronymus schreibet: *Summa apud Deum nobilitas est, clarum esse virtutibus: Ille apud Deum potior est, non quem nobilitas generis, nec seculi dignitas, Sed quem deuotio fidei & sancta vita commendat.* So werden die edelsten zu Beroen gerühmet nicht allein jhres Stammes halben/ sondern das sie/ als beständige Christen/ sich Gottselig erzeiget haben/ Actor. 17. Vnnd Theolinus schreibet von der Margarethen: *Margaretha timoris constantia prædita, Religione parata, Honestate laudabilis, patientia singularis, virtutibus Nobilis, nihil in ea Christiana Religione contrarium: Dilecta quoq̃ Domino nostro Iesu Christo.*

Weil ich nu in diesem andern Teil des geistlichen Rätzelbuchs vnd Christlichen Zeitvertreibers/ so wol als im ersten Theile/ der Anno 1593. jetzt aber mehr als mit 6. Bogen vermehrt ist: die Christliche Jugend vnd einseltige Leyen fein in die heilige Bibel füre/ sie von Gott/ seinem Erkentniß/ verehrung vnd dienste/ von seinen Wercken/ Wundern vnd Wolthaten ja so trewlich vnterweise/ als die Christliche Amme die Margarethen vnterwiesen hat: Vnd diese hohe Händel jhnen so einseltig/ deutlich vnd verstendlich fürlege vnd einkäwe/ das es mit lust/ frucht vnnd nütz kan gelesen/ vnnd in zusammenkünfften mit Fragen vnnd Antworten lieblich gebrauchet werden.

A ij   Wie

Wie es dann/ Gott ſey lob dafür/ mit dem
erſten Teile alſo ergangen/der ſo viel nachfra-
gens vnd kauffs gehabt / das er innerhalb vier
Jahren etliche mal von meim Drucker auff-
geleget/auch an andern orten iſt nachgedruckt
worden/vnd dennoch die Exemplar alſo ver-
triebē/das der wenig vorhanden ſind: Darum̄
ſo viel deſto ernſter vnd öffter bey mir angehal-
ten worden iſt vmb vermehrung des erſten
Theils/vnd verfertigung des andern/welches
ich wol in der Verrede des erſten Theils pro-
mittirt / aber allerley vrſach halben wol ligen
hette laſſen/wann nicht ſo viel ſchreibens vnd
anhaltens darumb an mich gethan were/Da-
rumb ich hie billich eingeführet habe die Hiſto-
ry Margarethæ/ ſampt dem Geſprecke / ſo ſie
von Gott vnd ſeinem Worte mit dem Tyrannen Olybrio geführet/vnd dem Bekentniß/ſo
ſie von Gott vnd Chriſto für den Heyden gethan hat. Habe auch ſolch mein nützes Buch
E. G. als einer rechten edlen Margarithen/
aus edlem/alten Gräfflichē löbilichem Stamme wol erboren / vnd durch die geiſtliche Widergeburt noch höher geadelt / vnnd vnter die
lieben Kinder Gottes vnd Himmelßerben ge-
zelet/ zuſchreiben vnnd dediciren wollen/ aus
dieſen wichtigen vrſachen.

1. Weil ich weiß / das ſich der gantze Lauff
des Lebens/Glücks/verſuchung/widerſtands/
vnd

vnd doch wunderlicher erhaltung E. G. artlich mit der History Margarethen reimet/ wie
E. G. in jhrem Hertzen solches wol abzurech-
nen wissen/ mag es mit worten nicht ferner
außstreichen.

2. Weil der eifer/lust vnd liebe zu Gott/vnd
seinem heiligen Buch der Bibel/darinne alleine die Warheit/Wort des Lebens/Trost/er-
frewung vnd erquickung des Hertzens zufin-
den ist/ Joh. 5. 6. 8. Psalm 19. 119. bey
E. G. ja so gros vnnd hitzig ist/ sich auch mit
frendigem Bekentniß vnd gedültiger leidung
ja so augenscheinlich sehen lest/ als bey jener
Margaretha/ Gott sey lob für diese seine Ga-
be/ vnnd vollführe in E. G. vnd in vns allen
durch seines Geistes krafft/was er angefangen
hat/vnd erhalte vns darinne beständig biß ans
ende. Dann ende gut alles gut/ sagt man im
Sprichwort.

3. Das ich hiemit verliesse ein sterwerendes
zeugniß der Danckbarkeit für die vielfeltige
von E. G. mir erzeigete Wolthaten/ vnd sonderlich für diese/das E. G. Anno 1577 Dien-
stags nach Quasimodogeniti meine Tochter
Margaretham zur heiligen Tauffe getragen/
zum Bade der Widergeburt vnnd einleibung
zum Reich Gottes befördern helffen/ die hernach den 22. Augusti/Donnerstags für Bar-
tholomei/seliglich in Christo entschlaffen/ vnd

A iij   in das

in das ewige Reich der Glory vnnd Seligkeit
auff vnd angenommen worden ist. Bin derwegen der tröstlichen zuuersicht/ E. G. werden
an dieser dedicirung ein gnediges gefallen tra-
gen/mein wolmeinendes Hertze daraus erken-
nen/vnd die zuschickung dieses Buchs in allen
gnaden annemen/meine vnd der meinen gnedige Fraw/ Gönnerin vnnd Befördderin sein
vnnd bleiben/ Darumb ich inn vnterthenig-
keit vnd mit hohem fleiß thu bitten/ vnd befeh-
le hiemit E. G. sampt derselben geliebten jungen Herrn inn Gottes Allmechtigen Schutz
vnd Schirm/ die zu langwiriger guter Gesund-
heit/friedlicher vnnd glücklicher Regierung/
vnd dort endlich zu ewiger seligwerdung/ A-
men. Datum Wechmar/ am tage Marga-
rethen/ der freudigen Bekennerin vnd stand-
hafften Märterin/im Jahr/ 1597.

E. G.

Williger

Michael Sachs/
Pfarrherr da-
selbst.

Ver-

Verzeichnis der funfftzig

Locorum, wo ein ieder stehe/
vnd was er in sich begreiffe.

A iii   Der

A v   Der

Der

Der

Der

Der XLIX.

Von allerley Handwercken vnnd Handthierungen vnd Kleidung/ etc.

Seiler

Der L.

Etlicher Namen vnd Personen erzelung/

Vier

Ende deß Registers.

EPI.

EPIGRAMMA
M. IOHANNIS
VVITTELII IN SACRA
Dn. Michaelis Saxonis
ænigmatà.

Toedia fallebant veteres ænigmate : tantò
Bachus vt est hodie, non in honore fuit.
Profuerat priscis labor ingeniosus ab vdo
Proueniunt nostris non nisi damna mero.
Prisca reuertentur maioraque commoda priscis;
Si lepidi redeant cùm pietate sales.
Saxo viam reditus sua per problemata monstrat,
Eruta quæ sacris protulit ille libris.
Sphinx simul & simul Oedipus est, euolue libellū;
Si quoq, tu Sphinx ac Oedipus esse voles:
Non studiū fructu caret hoc, Sphinx vnica Iouæ;
Plus omni Bacho commoditatis habet.

Von

I.

Von der heiligen Bibel.

Was heist das wort Bibel?
Antwort.

JN gemein heist es ein Buch / darinnen etwas schrifftliches verfasset ist. Insonderheit aber heist es die gantze heilige Schrifft / alle Bücher des Alten unnd newen Testaments / der Propheten / Euangelisten und Aposteln.

Woher hat die Bibel ihren Ursprung und Anfang? Antwort:

Von Gott dem HERRN selber / der hat das Gesetze der Zehen Gebot selber geschrieben in steinerne Taffeln / und also den Jsraeliten uberantwortet durch Mosen / Exod. 32. Hat auch Mosi außdrücklichen Befehl gegeben / seine fünff Bücher zu schreiben / und jhn darzu mit reichen Gaben des heiligen Geistes begnadet / Exod. 17. Also ist auch hernach geschehen mit den Propheten / Abac. 2. Jerem. 34. Psal. 102.

Wo wird der Schrifft / in der Bibel verfasset der Tittel gegeben / das sie die heilige Schrifft genent wird? Antwort:

Zun Römern am 1. Welches Gott verheissen hat durch die Propheten in der heiligen Schrifft / 2. Tim. 3. Weil du von Jugend auff die heilige

B   Schrifft

Von der heiligen Bibel.

Schrifft weissest / kan dich dieselbe vnterweisen
zur Seligkeit.

Warumb hat Gott die Bibel schrifft-
lich fassen lassen? Antwort.

Daß er dem Betruge des Teuffels vorbeuge-
te / der sich allwege vnterstanden hat / die Welt
vnter dem Titel *Traditio patrum,* das ist / der
Väter Satzunge zuuerführen / vnd an stat der seligmachenden Himlischen Warheit seine verdam-
liche Hellische Lügen außzusprengen. Darumb
hat sich Gott in klarer Schrifft offenbaret / vnd
was man annemen vnd meiden solle / angezeigt /
vnd daran jederman bey verlust der Seligkeit
verbunden / Esai. 8. Joh. 5. Luc. 24. Matth. 28.

Warumb wird der Bibel so ein herr-
licher Titel gegeben? Ant-
wort.

Vmb zweyer vrsach willen. Zum 1. Weil
sie von Göttlichen Sachen / heiligen Dingen vnd
Wercken redet / die Gottes Ehre vnd der Menschen Heil vnd Seligkeit betreffen. Zum 2. Weil
die Bücher darinnen begriffen / welche vom heiligen Geiste dem Mosi / Propheten / Euangelisten
vnd Aposteln in die Feder dictiret sind / 1. Sam.
23. 2. Petri 1. 2. Timoth. 3.

Wo wird die Bibel genent das Buch
Gottes? Antwort.

Esai. am 34. Suchet im Buche des HER-
REN / es wird nicht an einem fehlen / man ver-
misset

misset auch nicht dieses oder jenes. Dann er ist es/
der durch meinen Mund gebeut/ vnd sein Geist
ist es/ der es zusammenbringet. 2. Samuel. 23.
Der Geist des HERRN hat durch mich geredet/
seine Rede ist durch meine Zunge geschehen/ der
Gott vnnd Hort Israel hat durch mich geredet.
Psalm 103. Gott hat Mosi seine Wege wissen
lassen/ die Kinder Israel sein thun.

Was für einen Titel gibt Gregorius der Bibel/ vnd wie ermanet er die zu lesen? Antwort.

In seinem Register lib. 4. cap. 48. redet er
von der heiligen Schrifft also: Was ist die heil
lige Schrifft anders/ dann ein Sendbrieff des all
mechtigen Gottes zu seiner Creatur? Vnd war
lich/ wann ewer Herrligkeit einen Brieff vom irr
dischen Keyser empfienge/ so würde sie nicht nach
lassen/ nicht ruhe haben/ den Augen keinen schlaff
vergönnen/ biß sie wiste/ was jhr der jrrdische
Keyser geschrieben hette. Nu schreibet der Him
lische Keyser selbst/ ein Herr der Menschen vnnd
der Engel/ vnd sendet dir seine Brieffe/ die dein
Leben antreffen/ noch bistu so seumig/ vnd liesest
solche Brieffe nicht mit hitzigem ernste. Derhal
ben bitte ich dich/du wollest dich fleissigen täglich
die Wort deines Schöpffers zu betrachten/ Ler
ne in Gottes Wort Gottes Hertz erkennen/ auff
das du dich je brünstiger nach ewigen Gütern
sehnest/ auff das dein Hertz mit grössern begier
den/ das Himlische Reich zu erlangen/ angezün
det werde.

B ij Wie

Von der heiligen Bibel.

Wie viel Bücher sind in der gantzen Bibel? Antwort:

Zwey vnd siebentzig in d.r Deutschen/ aber in der Lateinischen fünff vnd siebentzig.

Wie werden sie getheilet? Antwort.

Ins Alte vnd newe Testament.

Wie viel gehören ihr ins alte Testament? Antwort:

Nach der Deutschen Bibel gehören ihrer dar ein fünff vnd viertzig.

Wie heissen sie/vnd wie viel hat ein jedes Buch Capitel? Antwort:

Das erste ist das 1. Buch Mosis/vnd hat funfftzig Capitel.

Das ander ist das 2. Buch Mosis / vnnd hat viertzig Capitel.

Das dritte ist das 3. Buch Mosis/vnd hat sieben vnd zwantzig Capitel.

Das vierdte ist das 4. Buch Mosis / vnnd hat sechs vnd dreissig Capitel.

Das fünffte ist das 5. Buch Mosis / vnnd hat vier vnd dreissig Capitel.

Das sechste ist das Buch Josua / vnd hat vier vnd zwantzig Capitel.

Das siebende ist das Buch der Richter/ vnnd hat ein vnd zwantzig Capitel.

Das

Das achte ist das Buch Ruth / vnnd hat vier Capitel.

Das neundte ist das 1. Buch Samuelis / vnnd hat ein vnd dreissig Capitel.

Das zehende ist das 2. Buch Samuelis / vnd hat vier vnd zwantzig Capitel.

Das eilffte ist das 1. Buch der Könige / vnnd hat zwey vnd zwantzig Capitel.

Das zwölffte ist das 2. Buch der Könige / vnd hat fünff vnd zwantzig Capitel.

Das dreyzehende ist das 1. Buch der Chronica / vnd hat dreissig Capitel.

Das viertzehende ist das 2. Buch der Chronica / vnd hat sechs vnd dreissig Capitel.

Das funfftzehende ist das Buch Esra / vnd hat zehen Capitel.

Das sechzehende ist das Buch Nehemiae / vnd hat dreyzehen Capitel.

Das siebenzehende ist das Buch Esther / vnd hat zehen Capitel.

Das achtzehende ist das Buch Hiob / vnnd hat vier vnd zwantzig Capitel.

Das neunzehende ist das Buch der Sprichwörter Salomonis / vnnd hat ein vnd dreissig Capitel.

Das zwantzigste ist der Prediger Salomonis / vnd hat zwölff Capitel.

Das ein vnd zwantzigste ist das Hohelied Salomonis / vnd hat acht Capitel.

Das zwey vnd zwantzigste ist der Prophet Esaias / vnd hat sechs vnd sechtzig Capitel.

Das drey vnd zwantzigste ist der Prophet Jeremias / vnd hat zwey vnd funfftzig Capitel.

B iij   Das

Das vier vnnd zwantzigste ist das Buch der Klaglieder/vnd hat fünff Capitel.

Das fünff vnd zwantzigste ist der Prophet Ezechiel / vnd hat acht vnd viertzig Capitel.

Das sechs vnnd zwantzigste ist der prophet Daniel/ vnnd hat zwölff Capitel.

Das sieben vnnd zwantzigste ist der Prophet Oseas/vnd hat viertzehen Capitel.

Das acht vnd zwantzigste ist der Prophet Joel/ vnd hat drey Capitel.

Das neun vnd zwantzigste ist der Prophet Amos/ vnd hat neun Capitel.

Das dreissigste ist der Prophet Obadias/ vnd hat ein Capitel.

Das ein vnd dreissigste ist der Prophet Jonas/ vnd hat vier Capitel.

Das zwey vnd dreissigste ist der Prophet Micheas/ vnnd hat sieben Capitel.

Das drey vnd dreissigste ist der Prophet Nahum/ vnnd hat drey Capitel.

Das vier vnd dreissigste ist der Prophet Abacuc / vnd hat vier Capitel.

Das funff vnd dreissigste ist der Prophet Zephanias/vnd hat drey Capitel.

Das sechs vnd dreissigste ist der Prophet Haggeus/ vnd hat zwey Capitel.

Das sieben vnnd dreissigste ist der Prophet Zacharias/ vnd hat vierzehen Capitel.

Das acht vnd dreissigste ist der Prophet Malachias/vnnd hat vier Capitel.

Das neun vnd dreissigste ist das Buch Judith/ vnd hat sechzehen Capitel.

Das viertzigste ist das Buch der Weissheit/ vnd hat neunzehen Capitel.

Das

Das ein vnd viertzigste ist das Buch Tobias/ vnd hat viertzehen Capitel.

Das zwey vnnd viertzigste ist das Buch Syrachs / vnd hat funfftzig Capitel.

Das drey vnd viertzigste ist das Buch Baruchs/vnd hat sechs Capitel.

Das vier vnd viertzigste ist das erste Buch der Maccabeer/vnd hat sechzehen Capitel.

Das fünff vnd viertzigste ist das ander Buch der Maccabeer/ vnd hat funfftzehen Capitel.

Wie viel haben die fünff vnd viertzig Bücher deß alten Testaments Capitel? Antwort.

Neun hundert vnd funfftzehen/ vnnd hundert vnd funfftzig Psalmen Dauids.

Wie viel Bücher gehören ins newe Testament? Antwort.

Sieben vnd zwantzig.

Wie heissen sie/ vnd wie viel hat ein jedes Capitel? Antwort.

Das erste ist das Euangelium S. Matthei/ vnd hat acht vnd zwantzig Capitel.

Das ander ist S. Marci Euangelion/ vnd hat sechzehen Cap.

Das dritte ist das Euangelion S. Lucae/ vnd hat vier vnd zwantzig Cap.

Das vierdte ist S. Johannis Euangelion/vnd hat ein vnd zwantzig Cap.

B iij. Das

Von der heiligen Bibel.

Das fünffte ist das Buch der Geschicht der
Apostel / vnnd hat acht vnd zwantzig Cap.

Das sechste ist die Epistel S. Pauli zun Rö
mern / vnd hat sechzehen Cap.

Das siebende die erste Epistel an die Corin
ther / vnd hat sechzehen Cap.

Das achte ist die ander Epistel an die Corin
ther / vnd hat dreyzehen Cap.

Das neundte ist die Epistel an die Galater /
vnd hat sechs Cap.

Das zehende ist die Epistel an die Epheser /
vnd hat sechs Cap.

Die eilffte ist die Epistel an die Philipper /
vnd hat vier Cap.

Das zwölffte ist die Epistel an die Colosser /
vnd hat vier Cap.

Das dreyzehende ist die erste Epistel an die
Thessalonicher / vnd hat fünff Cap.

Das vierzehende ist die ander Epistel an die
Thessalonicher / vnd hat drey Cap.

Das funffzehende ist die erste Epistel an Ti
motheum / vnd hat sechs Cap.

Das sechzehende ist die ander Epistel an Ti
motheum / vnd hat vier Cap.

Das siebenzehende ist die Epistel an Titum /
vnd hat drey Cap.

Das achtzehende ist die Epistel an Philemo
nem / vnd hat nur ein Cap.

Das neunzehende ist die erste Epistel S. Pe
tri / vnd hat fünff Cap.

Das zwantzigste ist die ander Epistel S. Pe
tri / vnd hat drey Cap.

Das

Das ein vnd zwantzigſte iſt die erſte Epiſtel S. Johannis/vnd hat fünff Cap.

Das zwey vnd zwantzigſte iſt die ander Epiſtel S. Johannis/ vnd hat ein Cap.

Das drey vnd zwantzigſte iſt die dritte Epiſtel S. Johannis/vnd hat ein Cap.

Das vier vnd zwantzigſte iſt die Epiſtel an die Hebreer/ vnd hat dreyzehen Cap.

Das fünff vnd zwantzigſte iſt die Epiſtel S. Jacobi/ vnd hat fünff Cap.

Das ſechs vnd zwantzigſte iſt die Epiſtel S. Judae/ vnd hat ein Cap.

Das ſieben vnd zwantzigſte iſt die Offenbarung Johannis/ vnd hat zwey vnndzwantzig Capitel.

Wie viel haben dieſe ſieben vnd zwantzig Bücher des Newen Teſtaments Capitel? Antwort:

Zwey hundert vnd ſechtzig.

Wie viel hat die gantze Bibel Alt vnnd New Teſtament Capitel? Antwort.

1175 Capitel/vnd 150. Pſalmen Dauids.

Wie werden dieſe zwey vnd ſiebentzig Bücher vnterſchieden? Antwort.

Sechſerley weiſe.

B v   Erſte

Von der heiligen Bibel.

Erſtlich heiſſen etliche Geſetzbücher / als da ſind die fünff Bücher Moſis.

Zum andern heiſſen etliche Geſchichtbücher/ als da ſeind das Buch Joſuae/der Richter/Ruth/ Samuelis/etc.

Zum dritten heiſſen etliche Lehrbücher / als da ſind das Buch Hiobs/der Pſalmen/der Sprich= wörter Salomonis/der prediger/das Hohelied/ das Buch der Weißheit vnd Syrachs.

Zum vierdten heiſſen etliche Weiſſagung künfftiger dinge / als der ſechzehen Propheten Bücher/vnd der Pſalter Dauids.

Zum fünfften heiſſen etliche Euangelien Bü= cher / als der vier Euangeliſten/ die die Euange= liſche Hiſtoriam des HErrn Jeſu Chriſti beſchrie= ben haben.

Zum ſechſten heiſſen etliche Bücher der Send= brieff / als da ſind die Schrifften der Apoſtel/ Pauli/Petri/Johannis/Jacobi/Judae/etc.

Was ſoll man fürnemlich in der Bibel ſuchen? Antwort.

Jeſum Chriſtum/das man den recht erkenne. vnd an ihn gleube.   Denn Chriſtus iſt der rechte. edele Schatz im Acker der heiligen Schrifft ver= ſchorren / den ſol man ſuchen/ nach ihm graben vnd grübeln. Wer den findet / der wird an Leib vnd Seel reich vnd ſelig. Denn das iſt der Status vnd Scopus/ſumm vnd inhalt des gantzen Alten Teſtaments / das es inn Figuren / Bilden vnnd Opffern/auch in klaren Worten vnd Sprüchen die Perſon / Ampt vnd Wolthat des künfftigen

Meſſi

Messiae / des HErrn Jesu Christi anzeigt vnnd
fürstellet / vnd alle Menschen mit glauben auff in
weiset. Darumb sagt Christus selber Johan. 5.
Suchet in der Schrifft / denn sie ist es / die von mir
zeuget: Item wenn ihr Mosi gleubet / so gleubet
ihr auch mir. Denn er hat von mir geschrieben.

Wie soll man S. Pauli wort verstehen / do er in der andern zun Corinthern am dritten sagt / der Buchstab tödtet / der Geist macht lebendig?
Antwort.

Nicht auff die meinung / als verdammet er
das schrifftliche Wort in den Buchstaben verfas-
set. Denn das lobet er ja zum höchsten / 2. Tim. 3.
Alle Schrifft von Gott eingegeben / ist nütze zur
Lehre / etc. Sondern er verdammet allda den
Fleischlichen verstand nach blosser vernunfft / ohne
Liecht vnd ernewerung des heiligen Geistes ge-
fasset / wie er sich im 2. Capitel erkleret / sagende:
Der natürliche Mensch vernimmet nichts vom
Geist Gottes / Es ist ihm eine Thorheit / er kan es
nicht begreiffen.

Welches ist das elteste Buch?
Antwort.

Das erste Buch Mosis / genant das Buch
der Schöpffung / darinne vom vrsprung vnd herkommen Himmels vnd der Erden / Engel vnnd
Menschen / vnd aller Creaturen / auch vom Fall
vnd

Von der heiligen Bibel.

und wider annemung Menschliches Geschlechts
bericht geschicht.

Wer hat die heilige Schrifft verbrant?
Antwort.

Jojakim der König zu Jerusalem/Jerem 36.
Josephus lib. 19. cap. 8. lib. 12. cap. 7. Antiqui.
de bello Judaico lib. 2. cap. 11.

Wenn ist die Bibel in Griechische Spra
che verdolmetschet worden?
Antwort.

Unter dem König Ptolomeo Philadelpho/
Anno Mundi 3650.

Wenn ist die Bibel verlohren gewesen?
Antwort.

Zur zeit Josiæ / Anno Mundt/ drey tausend/
drey hundert und sechzehen/im andern Buch der
Könige am 22.

Wann ist die Bibel zum andern mal
verlohren? Antwort.

Zur zeit der Babylonischen Gefengntß/ Anno
Mundt/drey tausend/drey hundert und sieben und
funffzig / da die gantze Stadt Jerusalem sampt
dem Tempel verwüstet und verbrandt ward/ da
wurde gar eine schöne Liberey zu Jerusalem verbrandt / und sind im selben Brande viel Bücher
der Bibel auffgangen/ die hernach nicht wider
für der Menschen Augen kommen sind/derer außs
drück/

drückliche Namen in den vbrig erhaltenen Büchern der Bibel gesatzt werden. Aber niemand
hat sie sieder jemals gesehen. Liese 1. Par. 9. 12.
13. 20. 21. Vnd were die gantze Bibel zu grunde
gangen/wenn sie Gott durch den dienst Jeremiæ/
Ezechielis vnd Danielis nicht erhalten/ zusammen lesen/ vnd vernewern lassen.

Wenn hat die Bibel zum dritten mal grossen Anstoß gehabt? Ant-wort:

Zur zeit des Wüttichs Antiochi Epiphania/
Anno Mundi/ drey tausend/ sieben hundert vnd
neuntzig/ da er die Stadt Jerusalem zum andern
mal gewan/ließ er die Bibel/wo er die antriffen
kundte/ verbrennen vnd zureissen/ vnd bey wem
er sie fand/ den tödtet er/hette sie also gar vertil-
get/ wo sie Gott durch Judam Maccabæum
nicht hette erhalten/ 1. Maccab. 1. Er richtete zu
Jerusalem eine Heydnische Lehrschule auff/ dauon viel Jüden zur Heydnischen Abgötterey gebracht worden/2.Maccab. 4 6. Josephus lib.12.
cap. 6.

Wenn hat die Bibel den vierdten Sturtz gelidten? Antwort:

Zur zeit des Römischen Keysers Diocletiani/
Anno Christi/zwey hundert acht vnd achtzig/der
allenthalben die Exemplar der Bibel suchen vnd
verbrennen ließ/vnd sie abermals gerne gar auß-
getilget hette/ wo Gott sie nit bey etlichen frommen Hertzen heimlich verborgen vnd bewahret
hette/

hatte / vnnd endlich vnter dem frommen Keyser
Constantino Magno sie ans Liecht widerbracht /
vnd in die Welt außgespendet hatte / Eusebius.

Wenn hat sie den fünfften sturtz gelit-
ten? Antwort.

Vnter dem Römischen Keyser Juliano / der
abermals alle Bibeln verbrennen ließ / alle Kirchen vnd Schulen abreiß vnd abschaffete / damit
ja die heilige Schrifft gar vntergienge / weder gelesen noch erkleret würde / Historia Tripart. lib.
6. cap. 37.

Wenn hat sie den sechsten sturtz gelit-
ten? Antwort.

Zu der zeit Keysers Adriani / da man das Gesetzbuch verbrandt hat / vnd viel Biblischer Bücher vertilget / Euseb. lib. 4. cap. 6. lib. 5. cap. 1.

Wenn hat sie den siebenden sturtz ge-
litten? Antwort.

Vnter dem Bapsthumb / da / ob sie wol geblieben / dennoch so verdunckelt gewesen ist mit
Menschen Tradition / Thant vnd Glossen / das
ihre rechte Meinung gar vnbekant gewesen / vnd
ihrer viel Doctores Theologiae worden / so die
liebe Bibel nie mit Augen gesehen / ich geschwei-
ge / gelesen hatten.

Wie haben die Philosophi vnd Poeten
mit der Bibel vmbgangen?
Antwort.

Sie

Sie haben die warhafftigen Geschichte inn
der Bibel verfasset/in lecherliche Fabeln verwandelt/vnd also die Warheit verlachet vnd verspottet/ wie Justinus Martyr schreibet.

Wo ist ein Buch ins Wasser versencket? Antwort:

Ju Babel / als daselbst der fromme Fürst
SERAIA alle Weissagungen des Propheten
Jeremiae wider die Stad BABEL geschrieben/
öffentlich verlesen hatte / muste er einen Stein an
das Buch binden / vnd es in den PHRAT versencken/ vnnd dabey sagen: Also soll BABEL
versencket werden / vnnd nicht wider auff kommen/etc. Jerem. 51.

Wer hat Bücher im Himmel gesehen? Antwort:

Johannes der Euangelist/ der hat die Gerichts Bücher im Himmel gesehen/ darnach die
Menschen am Jüngsten Tage sollen gerichtet
oder absoluiret werden. Apoc. 20. Ich sahe die
Todten groß vnd klein stehen für Gott/vnd die
Bücher wurden auffgethan/ etc.

Wo sind am meisten Zauber Bücher gewest? Antwort.

Ju Epheso/ da wurden alle Zauberey Bücher
zusammen getragen/ darinnen Zauberey beschrieben war / vnd wurden gerechnet/ das sie 50000.
denarios werth waren/ das ist vnser Müntze bey
6775. Thaler/s. grosch. Actor. 19.   Wie

hette/ vnnd endlich vnter dem frommen Keyser
Constantino Magno sie ans Liecht widerbracht/
vnd in die Welt außgespendet hatte/ Eusebius.

Wenn hat sie den fünfften sturtz gelit-
ten? Antwort.

Vnter dem Römischen Keyser Juliano/ der
abermals alle Bibeln verbrennen ließ/ alle Kirchen vnd Schulen abreiß vnd abschaffete/ damit
ja die heilige Schrifft gar vntergienge/ weder gelesen noch erkleret würde/ Historia Tripart. lib.
6. cap. 37.

Wenn hat sie den sechsten sturtz gelit-
ten? Antwort.

Zu der zeit Keysers Adriani/ da man das Gesetzbuch verbrandt hat/ vnd viel Biblischer Bücher vertilget/ Euseb. lib. 4. cap. 6. lib. 5. cap. 1.

Wenn hat sie den siebenden sturtz ge-
litten? Antwort.

Vnter dem Bapsthumb da/ ob sie wol ge-
blieben/ dennoch so verdunckelt gewesen ist mit
Menschen Tradition/ Thant vnd Glossen/ das
ihre rechte Meinung gar vnbekant gewesen/ vnd
ihrer viel Doctores Theologiae worden/ so die
liebe Bibel nie mit Augen gesehen/ ich geschwei-
ge/ gelesen hatten.

Wie haben die Philosophi vnd Poeten
mit der Bibel vmbgangen?
Antwort.

Sie haben die warhafftigen Geschichte inn
der Bibel verfasset/in lecherliche Fabeln verwan-
delt/vnd also die Warheit verlachet vnd verspot-
tet/ wie Justinus Martyr schreibet.

Wo ist ein Buch ins Wasser versen-
cket? Antwort:

Zu Babel / als daselbst der fromme Fürst
SERAIA alle Weissagungen des Propheten
Jeremiæ wider die Stad BABEL geschrieben/
öffentlich verlesen hatte / muste er einen Stein an
das Buch binden / vnd es in den PHRAT ver-
sencken / vnnd dabey sagen: Also soll BABEL
versencket werden / vnnd nicht wider auffkom-
men/etc. Jerem. 51.

Wer hat Bücher im Himmel gese-
hen? Antwort:

Johannes der Euangelist/ der hat die Ge-
richts Bücher im Himmel gesehen/ darnach die
Menschen am Jüngsten Tage sollen gerichtet
oder absolviret werden. Apoc. 20. Ich sahe die
Todten groß vnd klein stehen für Gott/ vnd die
Bücher wurden auffgethan/ etc.

Wo sind am meisten Zauber Bücher
gewest? Antwort.

Zu Epheso/ da wurden alle Zauberey Bücher
zusammen getragen/ darinnen Zauberey beschrieben war/ vnd wurden gerechnet/ das sie 50000.
denarios werth waren/ das ist vnser Müntze bey
6333. Thaler/5. grosch. Actor. 19.

Wie

Wie vernichtet der Bapst die Bibel?
Antwort.

Da er seine Gesetze/ Decret vnd Decretal den
vier Euangelisten gleich schetzet. Distin. 15. 19.
cap. canones. cap. Sicut. dist. 20. cap. de lib. 25.
Quæst. 1. cap. Ideo.

Setzet hinbey/ wer das nicht gestatte/ der sol
des Teuffels sein. 11. Qu. 3. cap. Sententiarum.
15 Qu. 1. 2. Ja-sager außdrücklich: Alles/
was der Bapst gebeut/ das sol geachtet werden/
als were es aus Gottes Munde gesprochen/ Vnd
man sol es halten/ ob es schon vnmüglich wert.
dist. 19 cap. 51. quis. 17. Qu. 4. Parag. Qui autem.

Kan auch die heilige Schrifft außgeler-
net werden? Antwort.

Nein: Denn Dauid sagt im 147. Psalm:
Sapientiæ eius non est numerus, Ihres Verstan-
des vnd Weißheit ist keine zal. Vnd Gregorius
nennet sie ein vnergründliches Meer/ dadurch
aber gleichwol ein einfeltigs Schäfflein schwimmen kan/ wann es sich im Glauben an Gottes gewisses Wort helt: Aber ein Elephant/ ders mit
Vernunfft gründen wil/ muß drinnen ersauffen.

Ist denn auch die Biblische Schrifft voll-
kommen/ das man ihr in allem sicher
gleuben vnd folgen kan?
Antwort.

Ja in allewege. Dann wie Gott der heilige
Geist/ der der Biblischen Bücher eigendlicher
Tich-

Richter und Verfasser ist/ Esa. 34. 2. Samuel 23.
vollkommen/ ohne fehl/ mangel und verenderung
ist/ und bleibet ewiglich so gewiß/ trew und war-
hafftig/ das jhn nichts gerewet/ was jhm einmal
beliebet/ das gefellet jhm ewiglich. Also ist auch
die von jhm eingegebene Schrifft vollkommen/
ohne fehl/ mangel/ falsch und enderung / die uns
allen Rath Gottes von unser Seligkeit offenba-
ret/ der man sicher gleuben und folgen kan/ Num.
23. 1. Samuel. 15. psalm 19. 33 90. 102. 105. 106.
111. 119. 136. 147. Hiob 33. Prouerb. 19. Esa.
51. Dan. 4. 6. 7. Malach. 3. Syr. 29. 42.

Sage mir dauon ein klares Zeugnis aus dem newen Testament/ dann ich weis/ das es die Papisten nicht glauben? Antwort:

Obs wol der Bapst und Jesuiten/ widersprechen / unnd die heilige Schrifft zu wächsern
Nasen machen wollen/ bestetigen es doch folgende Sprüche. Paulus 2. Tim. 3. Alle Schrifft von
Gott eingegeben/ ist nütze zur Lere/ zur Straffe/
zur Besserung/ zur Züchtigung in der Gerechtig-
keit/ das ein Mensch Gottes vollkommen werde/
zu allem guten Wercke geschickt. Actor. 20. Ich
habe euch nichts verhalten/ das ich euch nicht verkündiget hette alle den Rath Gottes. 2. Petri 1.
spricht der Apostel Petrus: Wir haben ein festes
Prophetisch Wort/ unnd ihr thut wol/ das ihr
drauff achtet/ als auff ein Liecht/ das da scheinet
in einem tunckeln ort/ biß der Morgenstern auff-
gehet in ewren Hertzen.

                   C.   Ith-

Von der heiligen Bibel.

Athanasius schreibt: *Sufficere sacras scri-
pturas ad omnem instructionem veritatis*, Die
heilige Schrifft sey vollkommen zu berichten in
alle dem/ das zur Warheit gehöret.

Wie haben die Nachkommen der Patri-
archen die Offenbarung Gottes
fortgepflantzet? Antw.

Auff zweyerley weise: Erstlich mündlich/ durch
ihr wort vnd vnterweisung. Zum andern schrifft-
lich/ Dann die Nachkommen Seths sollen zwo
Tafeln gemacht haben/ darauff sie die Offenba-
rung/ Verheischung/ Werck vnd Wunder Gottes
gegraben/ eine von Christal/ die ander von Zie-
geln/ damit sie im Wasser vnd Fewer bestehen/
vnnd also ihr bericht auff die Nachkommen gebracht werden könnte/ *Josephus, Nauclerus vo-
lum. 1. gen. 2. 8.*

Man schreibt auch vom Adam/ das er nicht
weit vom Paradiß zwo grosse Seulen auffgericht-
tet habe/ darein er die History der Schöpffung
der Welt/ seines Falls vnd wider annemung zu
Gnaden/ vmb des verheischenen Weibes Samens
willen solle gegraben haben/ damit solches seinen
Nachkommen kundt würde/ vnd wissend bliebe/
Berosus. Josephus/ der zur zeit der zerstörung
Jerusalem gelebet/ meldet/ das diese Adams
Seulen noch zu seiner zeit in Syria vorhanden
gewesen. D. Pantaleon im ersten theil seines Hel-
denbuchs/ fol. 20. D. Beust in seiner Postill/ fol.
196. M. Joh. Spreterus im Lob der Bibel/ 8. x.

Wo

Wo wird die heilige Schrifft genant ein
Richtschnur oder Norm vnd Regel/dar-
nach alle Lehr solle geurtheilt werden? Antwort.

Im 19. Psalm: Ihre Schnur gehet aus in alle Lande/ vnnd jhre Rede biß an der Welt-ende.
Esai. 8. Nach dem Gesetze vnd Zeugnß werden
sie das nicht sagen/ so wird jhn die Morgenröte
nicht auffgehen. Zun Galat. am 6. Wie viel nach
dieser Regel einher gehen/ vber die sey friede vnd
barmhertzigkeit. Zun Phil. 3. Das wir nach einer
Regel einher gehen/ darein wir kommen sind/
wandeln/ vnd gleich gesinnet sind.

II.

Von den Propheten/ vnnd
was sich wünderliches mit
jnen zugetragen hat.

Wer hat den Propheten jhre Vocation
vnd Weissagung gegeben?
Antwort:

Er weise Allmechtige Gott selber/ Ose.
12. Ich Ich bins/ der so viel Weissagung gibt/ vnnd durch die Propheten
mich anzeige. Jerem. 25. Ich habe zu
euch gesandt alle meine Knechte/ die Propheten
fleissiglich/ Matth. 23. Ich sende zu euch Prophe-
ten/ Weisen vnd Schrifftgelerten.

C ij   Wo

Von den Propheten.

Wo wird die art vnd weise ausgedruckt/ auff welche Gott mit den Prophe- ten geredt hat? Antwort.

Jm 4. Buch Mosis am 12. Cap. da der Ge- sichte/der Träume vnd mündlicher Rede gedacht wird: Jst jemand vnter euch ein Prophet des HERRN/ dem wil ich mich kundt machen in ei- nem Gesicht/ oder wil mit ihm reden inn einem Traum? Aber nicht also mein Knecht Mose der in meinem gantzen Hause trew ist/Mündlich rede ich mit jhm/vnd er sihet den HErrn in seiner Ge- stalt/nicht durch tunckele Wort oder Gleichniß.

Wer fasset die Summ aller Propheten am kürtzesten? Antwort:

Der Apostel Petrus/da er Actor. 10. sagt: Von Jesu von Nazareth zeugen alle Propheten/ das in seinem Namen vergebung der Sünden er- langen/alle die an jhn gleuben.

Wo wird der Propheten wort ein ge- wisses festes Wort genant? Antwort.

Jn der 2. Epistel Petri am 1. Wir haben ein festes Prophetisches Wort/vnd jr thut wol das jhr ir uff achtet/als auff ein Liecht/das da schei- net in einem tunckeln orte/biß der Tag anbreche/ vnd der Morgenstern auff zehe in ewren Hertzen. Vnd das solt ihr für das erste wissen/ das keine Weissagung in der Schrifft geschicht aus eigener außlegung. Dann es ist noch nie keine Weissa- gung

gung aus Menschlichem willen herfür bracht/
sondern die haligen Menschen Gottes haben
Rede getrieben vom heiligen Geiste.

Welches ist der aller erste Prophet auff Erden gewesen? Antwort:

Adam/ in dem er weissagte/woher Eua ge-
kommen/die er do h sein tage nie gesehen hatte/
vnnd das sie eine Mutter aller Lebendigen werden würde. Genes. 2. Das ist doch Bein von meinem Beine/ vnnd Fleisch von meinem Fleische/
Man wird sie Männin heissen / darumb / das sie
vom Manne genommen ist. Vnnd er hiess sie E-
uam/darumb/das sie eine Mutter ist aller Leben-
digen/ Genesis am 3.

Welcher Prophet erzürnet sich vber Gottes Barmhertzigkeit? Antwort.

Jonas/ da er den Niniuiten Gottes Zorn vnd
Straffe angekündiget hatte/ vnnd sahe/ das sich
Gott jhrer erbarmete/ vnd nur der Straffe ver-
schonete/weil sie Busse thäten/ward er so zornig/
das er bat / Gott wolte jhn nur bald des tages/
sterben lassen / Dann er wolte lieber todt sein/als
leben/ vnd als ein vngewisser Mann erkant wer-
den/ Jonae 3. 4.

Welcher Prophet ist vber seiner Verach-tung am vngedültigsten gewe-sen? Antwort:

Jeremias / da er hörete / wie jhn jederman
schalt vnd lesterte/vn wie sie sich vber seiner ver-

C iij   tilgung

xlgung berathschlagten / sprach er: Verflucht sey der Tag / darinnen ich geboren bin / der Tag müsse vngesegnet sein / darinne mich meine Mutter geboren hat / verflucht sey der / der meinem Vater Botschafft brachte / du hast einen jungen Sohn / Jerem. 20.

Welcher Prophet ist vom Raben gespeiset? Antwort.

Elias / da er in der Wüsten für der Königen Jesabel verborgen lag / da kam alle Morgen vnd Abend ein Rabe / vnnd brachte jhm Fleisch vnnd Brodt / 1. Reg. 17.

Welcher Prophet hat am meisten Propheten getödtet? Antwort.

Elias / der griff vier hundert vnd funfftzig Propheten des Baals / die das Volck von Gott abgeführet hatten / vnd schlachtete sie am Bache Rison / 1. Reg. 18.

Welcher Prophet hat gemacht / das Eysen wie Holtz geschwummen? Antwort.

Elisa / da eine Art ins Wasser gefallen war von jhrem Helme / stieß er mit einer Stangen an den grund / da fuhr sie herauff / vnd schwamme herzu auff dem Wasser / daß man sie wider langen konnte / 2. Reg. 6.

Was

Was bedeut diß schwimmen des Eisens? Antwort.

Der alte Lehrer Ambrosius zeuhet es auff die Krafft vnd Wirckung, der heiligen Tauffe / die vns im Meer der Gnaden Gottes oben schwimmend machet. Dann so schreibt er im andern Buch von den Sacramentirern am 4. Cap. Heliseus rieff des HERRN Namen an / vnd das Eisen oder die Axt / so im Wasser zu grund gefallen war / schwam oben empor. Also gehet es in der Tauffe auch zu. Dann für der Tauffe fallen alle Menschen zu grunde / wie ein schwer Eisen: Alßbald aber der Mensch getauffet wird / schwimmet er oben in der Gnade Gottes / wie ein leicht vnd dürre Holtz / vñ kan jhn die Sünde nicht mehr zu grunde sencken.

Wenn ist der Prophet Moses ins gelobte Land gekommen? Antwort:

Nach seinem tode / als er dem HErrn Christo in seiner Verklerung erschien / sampt Elia auff dem Berge Thabor / vnnd allda von Petro / Johanne vnnd Jacobo erkandt ward / Matth. 17. Marci 9. Luc. 9.

Wo hat ein Prophet den andern betrogen? Antwort.

Zu Bethel / als daselbst hinkam ein Prophet auß Juda / vnnd wider die Abgötterey des Königs Jerobeams weissagte / vnnd Befehl hatte. von Gott / des ortes weder zu essen noch zu trin=

ten/ log jhm ein ander Propher für/ vnd sagte/
ein Engel hette mit jhm geredet/ vnd befohlen/
das er mit demselben Propheten heimgehen vnd
sich laben solte/ Darüber ward Gott so erzürnet/
daß er jhn durch einen Lewen tödten ließ / 1. Regum 13.

Welches Propheten Schrifft ist die lengeste? Antwort:

Esaiae. Denn die hat 66. grosse Capitel.

Welches Propheten Schrifft ist die kürtzeste? Antwort:

Abdiae, Denn die hat nur ein Capitel.

Wiewiel hat ein jeds Prophet Capitel? vñ zu was zeiten hat er gelebet? Antwort.

Esaias	66	3163	807
Jeremias	52	3316	654
Ezechiel	48	3350	620
Daniel	12	3361	690
Hoseas	14	3151	817
Joel	3	3169	801
Amos	3	3158	812
Obadia	1	3157	813
Jonas	4	3150	820
Micha	7	3190	780
Nahum	3	3190	780
Abacuc	4	3283	687
Zephanias	3	3325	647
Haggai	2	3444	526
Zacharias	14	3444	526
Malachi	4	3444	526

12. kleine propheten

Welches

Welcher Prophet ist nicht gestor-
ben? Antwort:

Elias/den nam Gott lebendig mit Leib vnnd
Seele gen Himmel / in einem fewrigen Wagen
mit fewrigen Rossen / 2. Reg. 2.

Welcher Prophet hat mit eim Stabe das
Wasser zertheilet das man trocken
durch gegangen ist? Ant-
wort:

Moses/Da er das Volck aus Egypten führete/
reckte er aus Gottes Befehl seinen Stab vber das
rothe Meer/vnd die Wasser teileten sich von ein-
ander/vnd die Kinder Israel giengen hinein mitten ins Meer auff dem truckenen/ vnd das Wasser war jhnen/wie Mawren zur Rechten vnd zur
Lincken/Exod. 14.

Welche Propheten haben mit Mänteln
das Wasser zertheilet? Ant-
wort:

Zum ersten Elias der Prophet / da er an Jordan kam/der tieff voller Wasser war/ nam er seinen Mantel / wickelte jhn zusammen / vnd schlug
ins Wasser / das theilete sich auff beyden seiten/
das er mit Eliseo trocken hindurch gieng.

Zum andern Eliseus / als er Eliam gesehen
gen Himmel fahren/vnd seinen Mantel auffgeho-
ben hatte/ der jhme entfallen war/schlug er auch
damit ins Wasser des Jordans / vnd sagte: Wo

ist der HERR der Gott Elias. Vnd alßbald teilete sich das Wasser abermal / das auch Eliseus trocken hindurch gieng / daraus die Propheten Kinder vernamen / das der Geist Elias auff Eliseo ruhete / vnd ehreten ihn als einen Propheten Gottes / 2. Reg. 2. Syr. 48.

Wie offt hat der Prophet Elias Fewer vom Himmel gebracht? Antw.

Dreymal. Erstlich / Als des Königs Ahasiae Heuptman mit funfftzig Kriegßknechten ihn mit Gewalt zum Könige holen wolte / gebot er dem Fewer / das es vom Himmel fallen / vnd ihn mit seinen funfftzig fressen muste / vnd es geschahe also.

Zum andern / Als ein ander Heuptman mit funfftzig Kriegßknechten zu ihm kam / vnd ihn spöttlich einen Mann Gottes hieß / sprach er: Bin ich ein Mann Gottes / so falle Fewer vom Himmel / vnd fresse dich vnd deine funfftzige / Vnd alßbald fiel Fewer vom Himmel / vnd verzerete sie. 2. Reg. 1.

Zum dritten / Als er das Volck bekeren wolte von der Abgötterey Baals / zu dem Dienste des rechten Gottes / brachte er mit seinem Gebet Fewer vom Himmel herab / so sein Opffer anzündete vnd verzehrete / daraus alles Volck erkandte / der Gott Eliae were der rechte Gott / den man ehren solte / 1. Reg. 19. Syr. 48.

Welcher Prophet hat im Tode vnd Grabe Wunder gethan? Antw.

Eliseus / da er Todt vnd begraben war / vnd das Volck einen andern Todten / aus furcht der anfallenden Moabiter/ inn sein Grab warff/ so bald der Elisei Gebeine anrüxete/ ward er wider lebendig/ vnd sprang aus dem Grab/ 2. Reg. 13. Syr. 48. Da er lebete/ that er zeichen/ da er todt war/ that er Wunder/ noch halff es nicht/ das sich das Volck bekexet hette/ vnd von jhren Sünden gelassen/ biß sie aus dem Lande verttriebenn worden.

Welche Propheten sind verbrant worden? Antwort.

Zedekias vnd Achab/ die zween falsche propheten zu Babel/ die der König NebucadNezar auff Fewer braten ließ/ darumb das sie die Menner verführten mit falscher Prophecey/ vnd die Weiber befleckten mit Ehebruch/ Jerem. 29.

Wo hat ein Prophet den andern geschlagen? Antwort.

Zu Samaria/ Als der Prophet Micha dem König Achab weissagte/ er würde kein Glück haben im Kriege wider die Syrer/ sondern getödtet vnd das Volck geschlagen werden/ da trat ein ander Prophet herzu/ Zedekia der Sohn Cnaena/ schlug Micham ins Angesicht/ vnd sprach: Wie ist der Geist des HERRN von mir gewichen/ das er mit dir redet. Aber wie er falsch weissagete/ also ward er auch sampt dem Könige/ den er verführete/ erschlagen/ wie Micha gepropheceyet hatte/ 1. Reg. 22.

Welch

Welchem Propheten wird von eim andern Propheten der todt gedrewet in Jahres frist? Antwort:

Dem falschen Propheten Hanania drewete der Prophet Jeremias/das er sterben würde/ehe das Jahr vmbkeme/ darumb/ das er das Volck mit falschem Troste verführete/ vnd er starb im siebenden Monat des Jahres/ Jerem. 28.

Wie hieß man weyland die Propheten? Antwort:

Videntes, die Seher (oder Schawer) darumb/das sie aus Gottes offenbarung verborgene ding sahen/vnd was künfftig war/zuuor sagen kondten/ 1. Sam. 9. Esai. 30.

Von Aposteln vnnd Euangelisten/ vnd was sich mit ihnen wünderlichs zugetragen.

Wo werden die Aposteln vnd Euangelisten verheissen im alten Testament? Antwort:

Esa.am 2. Des HERRN Wort gehet aus von Jerusalem / vnd wird richten vnter den Heyden. Esaia 41. *Ecce ego dabo Ierusalem Euangelistas.* Esai. 52. Wie lieblich sind die Füsse der Boten/ die den Friede verkündigen / Gutes predigen/ Heil verkündigen. Psal. 19. Ihre Schnur gehet
aus

dus in alle Land/vnd ihre Rede biß an der Welt
ende. Matth. 2 8. Gehet hin in alle Welt/etc.

Wie viel hat Christus Apostel ge= habt? Antwort:

Zwölffe. Petrum / Andream/ Jacobum Zebe=
dei Sohn/ Johannem / Philippum / Bartholo=
mæum/ Thomam / Matthæum / Jocobum Al=
phæi Sohn/ Judam Thaddæum / Simon von
Cana/vnd Judam Ischarioth/Matth. 10.Act. L
Luc. 6. Marc. 8.

Ihre Namen in Reime ver= fasset.

Petrus/ Johannes/ Andreas/
Philippus / Simon vnd Thomas/
Bartholomæus / Matthæus /
Der grof vnd kleine Jacobus/
Judas der trew vnd fromme Bot/
Vnd der Verräther Ischarioth/
Diese zwölff hat Christus erkorn/
Das er durch sie rieff das verlorn
Menschlich Geschlecht/vnd ihn anbet
Das Himmelreich durch seinen Todt.

Wie viel Jünger hat Christus auff Er= den erwehlet vnd gehabt? Antw.

Siebentzig/ wie Lucas am 10. schreibt / Dar=
nach sonderte der HERR andere siebentzig aus/
vnd sandte sie je zween vnd zween für ihnen her/
in si

in alle Städte vnd örter / da er wolte einkehren
vnd einkommen.

Welches sind die Gelertesten gewe-
sen vnter den Aposteln?
Antwort.

Der Euangelist vnd Apostel Johannes / der
seine hohe Kunst vnd Weißheit aus des HErrn
Jesu Christi Brust gesogen / Joh. 13.21. Darnach
der Apostel Paulus / der seine hohe Kunst vnnd
Weißheit im dritten Himmel gelernet hat / dahin
er von Christo entzuck't gewest / vnd darinne vns
außsprechliche ding gesehen vnnd gehöret hat /
2. Corinth. 12.

Wie sind die Apostel geachtet von der
Welt? Antwort.

Das zeiget S. Paulus an / da er schreibet / 1.
Cor. 4. Ich halte / Gott habe vns Aposteln für
die aller geringste dargestellt / als dem tode vber-
geben. Denn wir sind ein Schawspiel worden der
Welt / den Engeln vnnd Menschen. Wir sind
Narren vmb Christi willen. Ihr aber seid klug
in Christo / wir schwach / jhr aber starck. Ihr
herrlich / wir aber verachtet. Biß auff diese stunde leiden wir hunger vnd durst / vnd sind nacket /
vnd werden geschlagen / vnd haben keine gewisse
stedte / vnd arbeiten vnd wircken mit vnsern henden. Man schilt vns / so segenen wir / man verfolget vns / so dulden wirs / man lestert vns / so flehen
wir / wir sind stets als ein fluch der Welt / vnd ein
Fegopffer aller Leute.

Wer

Wer ist am ersten vnter jhnen getödtet? Antwort.

S. Jacob der grosse/der Sohn 3.bedei vnd
Salomes/der Bruder Johannis des Euangeli-
sten/den Herodes hat lassen entheupten/ Act. 12.

Wo hat der Engel Gottes die Aposteln
aus dem Gefengnis gelassen?
Antwort.

Zu Jerusalem/da die Hohepriester sie einge-
setzet hatten/ kam ein Engel des Nachts vnnd
machte sie loß/ vnnd hieß sie frewdig für allem
Volcke reden/ von Jesu Christo aller Welt Hey-
land/ Actor. 5.

Welchen Apostel hat Gott durch ein
Engel vom Tode errettet?
Antwort.

Petrum/ Da jhn Herodes eingesatzt hatte/das
er jhn tödten liesse/ da sandte Gott zu Nacht ein
Engel/ vnd machte jhn ledig von der Leibs vnd
Lebens gefahr/Actor. 12.

Welche vnter den Aposteln vnd Jüngern
hat Gott durch ein Erdbeben aus der
Gefengnüß entlediget? Antwort:

Paulum vnnd Silam/ da sie zu Philippis
engesatzt waren vber jhrem Predigen/ da ließ
Gott ein solch Erdbeben kommen/das die grundfeste

feste der Gefengniß sich bewegeten/ alle Thüren/
Bande vnd Schlösser auffgiengen/ Dauon der
Kerckermeister bekehret ward/ Vnd der Rath be
wegt sie zu bitten/ das sie sicher außgiengen/ wo
hin sie wolten/ Actor. 16.

Wer hat die Fürbilde der vier Euangeli sten gesehen im alten Testa ment? Antwort:

Der Prophet Ezechiel am 1. Cap. der sihel
Johannem als einen Adler/ Lucam als einen
Ochsen Marcum als ein Lewen/ Mattheum als
ein Menschen/ ziehen den Triumphwagen Chri
sti durch die gantze Welt.

Warumb werden sie in solchen Bilden abgemahlet? Antwort:

Johannes wird ein Adeler verglichen/ dar
umb/ das wie der Adeler höher fleucht als alle
andere Vögel/ Also hebet Johannes für allen
Euangelisten sein Buch an von der ewigen Gött
lichen Natur des HErrn Christi/ Beweiset
auch mit starcken gründen seine Göttliche Maje
stät vnd Herrligkeit. Lucas wird abgemalet in
einem Ochsen/ darumb/ das er sein Euangelion
anschet vom Priester Zacharia/ vnnd von den
Opffern/ als Fürbilden des völligen Opffers Je
su Christi. Marcus wird einem Löwen vergli
chen/ darumb/ das er sein Euangeilon anschet
mit der ruffenden ernsten stimme Johannis des
Teuffers in der Wüsten/ der inn seinen Bußpre
digten wie ein Löwe daher gebrüllet hat/ vn alle

Wen

Menschen angeschryen. Mattheus wird in Menschen Gestalt fürgebildet / darumb / das er sein Buch anfehet von der Geburt vnd Menschwerdung Christi / wie er aus Dauids Stamme herkommen sey.

Hieuon mercke vmb mehrers Verstands willen diese meine Reime.

MAttheus hat Menschen Gestalt/
　　Weil er sein Buch ansehet bald
　Von Christi Menschlicher Geburt/
　Aus Dauids Stamme hergefuhrt/
Dadurch er vns ist worden gleich/
　Vns zu führen ins Himmelreich/
Drumb steht bey jhm ein Engel schon/
　Der Joseph hat gezeiget an/
Das Maria / Männs zuthun ohn/
　Trage den Heyland Gottes Sohn.

Neben Marco sihestu stahn
　Ein Lewen brüllend einher gahn/
Dadurch wird dir bedeutet frey
　Erfüllung zweyer Prophecey/
Des Esaiae vnd Malachi/
　Das Christus nun verhanden sey/
Weil Johannis ruffende Stimm
　So klärlich thut zeugen von jhm/
Seher/ dieser ist Gottes Lamb/
　So der Welt Sünd trug vnd hinnam.
　　　　　　　D　　　　Beym

Beym heiligen Luca wird gemalt
Eines starcken Ochsen Gestalt/
Vnd das wegen des Priesterthumbs/
So wol verwaltet hat der from
Zacharias/ als zu ihm kam
Gabriel/ vnd ihm zeigte an/
Das sein Weib in ihrm Alter würd
Bringen ein fröliche Geburt/
Deß Heylands der Welt Vorleuffer/
Der mit seinem Zeugniß vnd Lehr
Ihn solt in dem Jüdischen Land
Allem Volck machen bekandt.

Sanct Johannes der Euangelist
Im Adler abgebildet ist/
Vnd das wegen der hohen Lehr/
Dauon sein Buch anfenget Er/
Von Christi warhaffter Gottheit/
Nach welcher er von Ewigkeit
Von dem Vater geboren ist/
Von seim Ampt/das er sey der Christ/
Der vns helffe auß aller nöth/
Errette von Teuffel/ Hell vnd Todt/
Führ vns gewiß in Himmel hinein/
All/die wir an ihn gleubig sein/
Mit dieser Lehr vbertrifft er
All Euangelisten ja so ferr/
Als der Adler mit seinem flug
Ändern Vögeln hat den vorzug.

Wo

Wo acht sich Paulus vnwirdig des Apostolischen Tittels oder Namens? Antwort.

In der I. Epistel zun Cor. am 15. Ich bin der geringste vnter den Aposteln / vnd nicht werth / das ich ein Apostel heisse / Darumb / das ich die Gemeine Gottes verfolget habe.

Wo zeuhet sich Paulus den andern Aposteln für? Antwort.

1. Cor. 15. sagende: Von Gottes Gnade bin ich / das ich bin / vnnd seine Gnade an mir ist nicht vergeblich gewesen / Ich habe mehr geärbeitet / denn jemands vnter jhnen / nicht aber ich / sondern Gottes Gnade / die in mir ist.

Wo wird Philippus / einer aus den sieben Diaconen vnd Vorstehern der Gemeine / ein Euangelist genant? Antwort.

Im Buch der Geschichten der Apostel am 21. Cap. Sie giengen in das Hauß Philippi des Euangelisten / der einer aus den sieben war / dieser Tittel wird jhm darumb gegeben / das er eine besondere Gnade hatte das Euangelion zu predigen vnd zuerkleren / vnd aus dem Euangelio lebendigmachenden trost mitzutheilen den betrübten Sündern / wann sie Busse thaten.

Wo nennet sich Paulus der Heyden Apostel? Antwort.

In der Epistel zun Römern am 11. zun Galatern

D ij

Menſchen angeſchryen. Mattheus wird in Menſchen Geſtalt fürgebildet / darumb / das er ſein
Buch anſehet von der Geburt vnd Menſchwer-
dung Chriſti / wie er aus Dauids Stamme herkommen ſey.

Hieuon mercke vmb mehrers Verſtands willen dieſe meine Reime.

Attheus hat Menſchen Geſtalt/
　　Weil er ſein Buch anſehet bald
　　Von Chriſti Menſchlicher Geburt/
Aus Dauids Stamme hergefuhrt/
Dadurch er vns iſt worden gleich/
　Vns zu führen ins Himmelreich/
Drumb ſtehet bey jhm ein Engel ſchon/
　　Der Joſeph hat gezeiget an/
Das Maria / Manns zuthun ohn/
　　Trage den Heyland Gottes Sohn.

Neben Marco ſiheſtu ſtahn
　　Ein Lewen brüllend einher gahn/
Dadurch wird dir bedeutet frey
　　Erfüllung zweyer Prophecey/
Des Eſaiæ vnd Malachi/
　　Das Chriſtus nun verhanden ſey/
Weil Johannis ruffende Stimm
　　So klärlich thut zeugen von jhm/
Sehet/ dieſer iſt Gottes Lamb/
　　So der Welt Sünd trug vnd hinnam.
　　　　　　　D　　　　Beym

Beym heiligen Luca wird gemalt
  Eines starcken Ochsen Gestalt/
Vnd das wegen des Priesterthumbs/
  So wol verwaltet hat der from
Zacharias/ als zu jhm kam
  Gabriel/ vnd jhm zeigte an/
Das sein Weib in jhrm Alter würd
  Bringen ein frölicke Geburt/
Deß Heylands der Welt Vorleuffer/
  Der mit seinem Zeugniß vnd Lehr
Ihn solt in dem Jüdischen Land
  Allem Volck machen bekandt.

Sanct Johannes der Euangelist
  Im Adler abgebildet ist/
Vnd das wegen der hohen Lehr/
  Dauon sein Buch anfenget Er/
Von Christi warhaffter Gottheit/
  Nach welcher er von Ewigkeit
Von dem Vater geboren ist/
  Von seith Ampt/das er sey der Christ/
Der vns helffe aus aller noth/
  Errette von Teuffel/ Hell vnd Todt/
Führ vns gewiß in Himmel hinein/
  All/die wir an jhn gleubtg sein/
Mit dieser Lehr vbertrifft er
  All Euangelisten ja so ferr/
Als der Adler mit seinem flug
  Andern Vogeln hat den vorzug.

Wo

Wo acht sich Paulus vnwirdig des Apo-
stolischen Tittels oder Namens?
Antwort.

In der I. Epistel zun Cor. am 15. Ich bin der
geringste vnter den Aposteln / vnd nicht werth/
das ich ein Apostel heisse / Darumb / das ich die
Gemeine Gottes verfolger habe.

Wo zeuhet sich Paulus den andern
Aposteln für? Antwort.

1. Cor. 15. sagende: Von Gottes Gnade bin
ich/ das ich bin/ vnd seine Gnade an mir ist nicht
vergeblich gewesen/ Ich habe mehr gearbeitet/
denn jemands vnter jhnen/ nicht aber ich/ sondern
Gottes Gnade/ die in mir ist.

Wo wird Philippus / einer aus den sieben
Diaconen vnd Vorstehern der Gemei-
ne/ ein Euangelist genant?
Antwort.

Im Buch der Geschichten der Apostel am
21. Cap. Sie giengen in das Hauß Philippi des
Euangelisten/ der einer aus den sieben war/ dieser
Tittel wird jhm darumb gegeben/ das er eine besondere Gnade hatte das Euangelion zu predigen vnd zuerkleren / vnd aus dem Euangelio lebendigmachenden trost mitzutheilen den betrübten Sündern/ wann sie Busse thaten.

Wo nennet sich Paulus der Heyden A-
postel? Antwort.

In der Epistel zun Römern am 11. zun Ga-

III.

Von Predigern vnnd Predigten.

Welches iſt der erſte Prediger geweſt im Alten Teſtament?
Antwort.

Chriſtus/ do er im Paradiß Adam das Geſetze predigte/ vnd jhn ſeiner Sünden halben vberzeugete vnd ſtraffte/ jhm auch die allererſte Troſtpredigt thet/ vnd jhn wider auffrichtete mit der Verheiſſung ſeiner Zukunfft ins Fleiſch / Geneſ. 3.

Welches ſind die höchſten Prediger?
Antwort.

Moſes vnd Chriſtus. Moſes in dem/das er das Geſetze aus Gottes Munde vnd Henden empfangen/ vnd den Jſraeliten gegeben/vnd es mit groſſen Wunderwercken beſtetiget hat/Exod.19. 20.31.32.34. vnd auch Gott von Angeſicht zu Angeſicht geſehen/drumb er jhn ſelber allen Propheten vorzeucht/ Num. 12.

Chriſtus in dem / das er das Euangelion aus dein Schoß des Vaters herfür gebracht/vnd auch mit groſſen Wunderwercken beſtetiget hat / vnd der Vater alle Welt an ſein Wort verbindet / ja

ob꜉

ohn jhn niemand den Vater kennen/anruffen/vnd
zu jhm kommen kan/Johan. 1. vnd 5. 14.Matth.
3. 11. 17. 1. Johan. 1. 5.

Wer ist nach Christo der fürnembste Prediger im Newen Testament? Antwort:

Johannes der Teuffer/ der den anfang des
Newen Testaments gemacht/ vnd mit Fingern
auff Christum gewiesen hat. Drumb Christus
selber von jm zeuget/Matth. 11. das vnter allen/
die von Weibern geboren sind/nicht auff kommen
sey/der grösser were/ als Johannes der Teuffer.

Bey welches Predigten sind am meisten Zuhörer gewest? Antw.

Bey der gebung des Gesetzes / vnd offenbarung des Euangelij. 1. Denn als das Gesetze gegeben ward / waren gegenwertig sechs mal hundert tausend/dreytausend/fünffhundert vñ funffzig wehrhaffter Männer/ Kinder/ Weiber vnnd
Jungfrawen vngerechnet/Exod. 19. 20. Num. 1.
2. Bey der ersten Pfingstpredigt vnnd auß-
breitung des Euangelij waren versamlet alle
Jüden vnd Völcker aus allerley Nationen/so vnter dem Himmel sind/ Actor. 2.

Welche Predigt hat auff einmal am meisten nutz geschaffet? Ant-wort:

Die Predigt Petri / so er am Pfingstage gethan / dadurch wurden drey tausend Menschen

D ij   bekeh-

bekehret / vnd zum Glauben an Chriſtum beweget / Actor. 2.

Wer faſſet der Propheten Predigten am kürtzeſten ? Antwort.

Petrus / da er im Buch der Geſchichten der
Apoſteln am 10. ſaget : Von dieſem Jeſu zeugen
alle Propheten/das durch ſeinen Namen alle/ die
an jhn gleuben / vergebung der Sünden empfahen ſollen.

Wo wird Enochs Predigt beſchrie-ben ? Antwort :

S. Judas der Apoſtel zeucht etwas daruon
an/ inn dem er ſpricht / Enoch der ſiebende von
Adam hat geweiſſaget / Sihe / der HErr kömpt
mit viel tauſend Heiligen/Gerichte zu halten vber
alle / vnnd zu ſtraffen alle Gottloſen vmb alle
Werck jhres Gottloſen wandels/damit ſie Gottloß geweſen ſind/vnd vmb alle das harte/das die
Gottloſen Sünder wider jhn geredt haben.

Welcher Prediger hat die klügeſte Töch-ter gehabt ? Antwort.

Der Diacon Philippus zu Caeſarea wohnend/
der hat vier Töchter gehabt/ die Prophetin geweſen ſind/ vnd von Gott die Gnade gehabt ha-
ben/ das ſie künfftige dinge zuuor haben wiſſen
vnd verkündigen können/ Actor. 21.

Wo werden Prediger den Tünchern ver-glichen ? Antwort.

Im Propheten Ezechiel am 13. Cap. Da nennet

net Gott die falsche Propheten lose Tüncher / die
mit gar losem Kalcke tünchen/ vnd spricht / Das
Volck bawet die Wand / so tünchen sie dieselbe
mit losem Kalcke/ etc.

Wo wird loser Predigten gedacht? Antwort.

In Klagliedern Jeremiae am 2. Deine Propheten haben dir lose vnd thörichte Gesichte ge-
predigt/vnd dir deine Missethat nicht offenbart/
damit sie dein Gefengniß geweret hetten/sondern
sie haben dir geprediget lose Predigten/ damit sie
dich zum Lande hinaus gepredigt haben.

Wo haben die Zuhörer den Predigern fürgeschrieben/ wie vnd was sie pre-digen solten? Antwort.

Esaiae am 30. da also stehet: Es ist ein vnge-
horsams Volck / das nicht hören wil das Gesetze
des HErrn/ sondern sagen zu den Sehern / Jhr
solts nicht sehen/ vnd zu den Schawern / jhr solt
nicht schawen die rechte Lere/ Prediget vns aber
sanffte/schawet vns teuscherey/weichet vom we-
ge/lasset den Heiligen in Israel auffhören bey vns.

Wo stehets geschrieben/das rechte Predi-ger eine sondere Gabe Gottes sind? Antwort.

Esaiae am 30; Der HErr wil deinen Lehrer
nicht mehr von dir weg fliehen lassen/ sondern deine Augen werden deinen Lehrer sehen/ deine Ohren werden hören das Wort hinder dir hersa-
D iij gen/

gen/ diß ist der Weg/ denselben gehet/ vnd sonst
weder zur Rechten noch zur Lincken.

Wo ist die verspottung der Prediger am hertesten gestraffet? Antw.

Erstlich zu Bethel. Denn als daselbst ein
hauff mutwilliger Lecker dem Propheten Elisa
entgegen lieffen/ ihn hönisch anschreyen vnd Kal-
kopff hiessen/ da schickte Gott zween Beeren aus
dem Walde vnter die Buben/ die zerrissen der
Knaben zwey vnd viertzig/ 2. Reg. 2.

Zum andern auff dem Berge Carmel/ als daselbst zween Hauptlute mit hundert Kriegeß-
knechten den Propheten Eliam hönischer weise
einen Mann Gottes nenneten/ fiel Fewer vom
Himmel vnd verzehret sie/ 1. Reg. 1.

Wo wird die Predigt eim Spiegel ver- glichen? Antwort:

Sapient. 7. Die Weißheit ist ein vnbefleck-
ter Spiegel der Göttlichen Krafft/ vnd ein Bilde
seiner gütigkeit. 1. Cor. 13. Wir sehen jetzt durch
einen Spiegel in eim tunckeln Wort. Denn aber
von Angesicht zu Angesicht.

Welche Zuhörer werden denen vergli- chen/ so fürm Spiegel stehen? Antwort.

Die Vergeßliche/ die ja so bald vergessen/ was
sie gehöret haben/ als etliche vergessen/ waserley
Gestalt sie sich im Spiegel gesehen haben/ Jacobi 1. Seid aber theter des Worts/ vnd nicht hörer

rer allein / damit jhr euch selbst betrieget. Dann
so jemand ist ein hörer des Worts / vnd nicht ein
theter / der ist gleich einem / der sein Angesicht im
Spiegel beschawet / vnd von stundan dauon gehet / vnd vergisset wie er gestalt war.

Wer hat am lengesten geprediget ?
Antwort.

S. Paulus / wie der von Troada wegziehen
wolt / vnd alle seine Zuhörer zusammen geruffen
hatte / fieng er deß Sontags frühe an zu predigen / vnnd verzog die predigt biß in die Mitternacht / Actorum 20.

Woher kömpts / das man frue pfleget
zur Predigt zu gehen ? Ant-
wort :

Daher / das Gott am siebenden Tage frühe
Morgens mit Adam vnd Eua geredet / vnd jnen
seinen willen angezeigt hat / von meldung des
Baums des erkentniß gutes vnd böses.   Daher /
sagt D. M. Luther / ist der brauch in der heiligen
Schrifft vnd Christlichen Kirchen gekommen /
das man die frühzeit genommen hat zum Gehör
Göttliches Worts / darinn er mit vns redet / vnd
zum Gebet / darinne wir mit jhm reden. Drumb
sagt Dauid in 5. Psalm: Frühe wil ich mich zu dir
schicken / vnd drauff mercken / frue wollestu hören
meine Stimme.

Wem ist der Schlaff in der Predigt am
vbelsten bekommen ? Antw.

Eutycho / Als der zu Troada in S. Paul
D v 	[s]

seiner Predigt entschlieff/ fiel er sich vom Söller hinab zu tode. Aber Paulus erweckete jhn wider/ vnd macht jhn lebendig/ Actor. 20.

Wo stehet der Nutz/ den wir von anhörung vnd merckung der Predigt haben? Antwort.

Zun Römern am 1. Das Euangelion ist eine Krafft Gottes zur Seligkeit den Gleubigen/ Roman. 10. Der Glaube kömpt aus dem gehör der Predigt. Jacobi am 1. Nemet das Wort an/ das euch gepredigt wird/ dann es kan ewre Seele selig machen. Luce am 1. Selig sind die Gottes Wort hören vnd bewaren. Joh. 10 Meine Schafe hören meine stimme/ er kennen mich/ vnnd folgen mir nach/ vnd ich geb jhn das ewige Leben/ niemand sol sie mir aus meiner Hand reissen.

IIII.

Vom Gesetze.

Warumb wird die Lehre des Gesetzes Lateinisch Lex genant? Antwort:

Vmb drey vrsachen willen/ Erstlich/ à legendo, vom lesen/ das es von Gott für dem Volck öffentlich ist erzelet/ vnd hernach von Mose fürgelesen worden/ Deut. 31.

Zum andern/ à ligando, von binden/ da es alle Menschen verbindet/ entweder zu völligem gehor

gehorſam / oder zur zeitlichen vnnd ewigen
Straffe.

Verba ligant homines, Taurorum cornua funes.

Zum dritten/ à delectu, von der außwehlung/
denn es lehret den vnterſchied halten zwiſchen
guten vnd böſem / ehrlichem vnnd vnehrlichem /
lehret das gute erwehlen vnd thun/ das böſe haſ-
ſen vnd verwerffen.

Warumb wird dieſe Lehr auff Griechiſch Nomos genant? Antwort.

Vmb der theilung willen/darumb/das ſie einem jedern das ſeine zutheilet vnd zuſpricht.

Warumb wird es auff Ebreiſch Thora genant? Antwort:

Von der Lehr vnd Vnterricht/weil es lehret/
was wir thun vnnd was wir laſſen / wie wir vns
gegen Gott vnd Menſchen halten ſollen.

Warumb wird es auff deutſch Geſetze genant? Antwort.

Von der feſte vnd gewißheit / das es ein feſte
gewiſſe vnnd beſtendige Lehre iſt/ die aus dem
aller weiſſeſten Rathe vnnd vnwiderſprechlicher
authoritet Gottes des Allmechtigen gegeben
iſt / das ſie ſtets vnnd immer weren ſol. Daher
es auch *Lex æterna*, ein ewiges Geſetze genant
wird.

Wie

Wie heist das erste Gebot? Antw.

Das aller erste Gebot / von Gott dem Men
schen gegeben / heist / du solt essen von allerley
Beumen im Garten / Aber vom Baume Erkent
niß gutes vnd böses soltu nicht essen. Denn wel
ches tages du dauon issest / wirstu des todes ster
ben / Genes. am 2.

Welchs ist das aller erste Werck des Ge
setzes gewest / das ein Mensch hat
thun müssen? Antwort.

Die Beschneidung / die haben alle Kneblein /
so bald sie in dieser Welt acht tage erreicht / vnd
alt worden sind / müssen annemen / wie im er
sten Buch Mosis am siebenzehenden Capitel Gott
gebeut / Ein jegliches Knäblein / wenns acht tage
alt ist / solt jhr beschneiden an der Vorhaut seines
Fleisches. Denn wo ein Knäblein nicht wird be
schnitten an der Vorhaut seines Fleisches / des
Seele sol außgerottet werden aus seinem Volck /
darumb / das es meinen Bund vnterlassen hat.

Wie viel sind der Gebot vnd Satzung / so
Gott den Jüden zuhalten durch Mose ge
boten hat? Antwort.

Sechs hundert vnd dreyzehen / wie in Mosis
Büchern zu finden.

Wo ist das Gesetz Buch bewaret wor
den? Antwort:

In der Lade des Bundes / Deut. 31. Nemet
das Buch / vnd leget es in die seite der Laden des
Bundes /

Bundes/des HERRN ewers Gottes/das es daselbst ein Zeuge sey wider euch.

Wer fasset die zehen Gebot am kürtz-
ten? Antwort:

Christus/do er Matthei am 22. sagt: Du solt
lieben Gott deinen HERRN von gantzem Her-
tzen/ von gantzer Seele/ von gantzem Gemüthe.
Diß ist das fürnembste vnnd gröste Gebot / das
ander ist dem gleich/ Du solt deinen Nechsten lieben als dich selber.

Wo sind die meisten Leute gestrafft wor-
den/wegen vbertretung des Gesetzes
Mosis? Antwort:

In der Wüsten/da Moses durch die Leutten
drey tausend Mann erwürgen ließ wegen des ab-
falls von Gott / seim Gesetze vnd Dienste/ vnnd
wer auch Gott so erzürnet / das er das gantze
Volck vertilgen wolte/wann es Moses mit seiner
ernsten fürbitte nit auffgehalten hette/ Exo.32.

Wo hat Gott die Vbertretung des an-
dern Gebots am hertesten gestraffet?
Antwort.

In der Wüsten / als da einer im Jancke mit
eim andern vbel fluchte bey Gottes Namen / befahl Gott Mosi/ das er den Flucher für das Lager führen/ vnd jn allda von der gantzen Gemeine mit Steinen zu tode muste werffen lassen / mit
der angehengten bedrewung/wer vnter jhnen des
HERRN Namen lestern würde mit fluchen/ der
solt

solte seine Sünde tragen/des todes sterben/ und
alles Volck solte jhn steinigen/ Leuit. 24.

Wo hat Gott die Vbertretung des drit-
ten Gebots am hertesten gestrafft? Antwort.

Jn der Wüsten/als da einer betreten ward/
das er am Sabbath Holtz auff gelesen hatte/muste
jhn die gantze Gemeine mit Steinen zu tode werf-
fen/ausserhalb des Lagers/Num. 15. Item/da
sich Chorah / Dathan vnd Abiram auff lehnten
wider Mosen vnd Aaron / die Diener Gottes/
vnd wolten das Volck von jhnen abwenden/da
ließ Gott die Erde von einander reissen/ vnd die
Meidmacher verschlingen mit Weibe/Kindern/
Gesinde/vnd allem beystande vnd anhange/ Das
sie lebendig hinunnter inn die Helle fuhren/Nu-
meri 16.

Wo hat Gott die Vbertretung des sech-
sten Gebots am hertesten gestrafft? Antwort:

Jn der Wüsten Sittim/als da die Jsraeliten
Hurerey vnnd Ehebruch trieben mit der Moabiter Weiber vnd Töchter / ließ Gott eine plage
vnter sie kommen/daran im huy sturben vier vnd
zwantzig tausend/ vnd weren jhr mehr vmbkommen / wo Pinehas den zorn des HErrn nicht ge-
stillet hette / Numer. 25.

Wo wird geboten/ das man an die Lehre
des Gesetzs stets gedencken sol?
Antwort.

Jm

Im 5. Buch Mosi am 6. Diese Wort/die ich
dir heut gebiete/ soltu zu Hertzen nemen/ vnnd
solt sie deinen Kindern scherffen/ vnnd dauon re-
den/ wenn du in deinem Hause sitzest/ oder auff
dem Wege gehest/ wenn du dich niderlegest vnd
auffstehest/ vnd solt sie binden zum Zeichen auff
deine Hand/ vnd sollen dir ein Denckmal für deinen Augen sein/ vnd solt sie vber deines Hauses
Pfosten schreiben/ vnd an die Thore.

Welcher Prophet weiset seine Zuhörer auff das Gesetze Mosis/das zu hal- ten? Antwort:

Malachias am 4. Cap. Gedencket des Gesetzes
Mosis des Knechts Gottes/das er jhm befohlen
hat auff dem Berge Horeb/an das gantze Israel/
sampt den Geboten vnnd Rechten. Ezechiel 20.
Ich bin der HERR ewer Gott/nach meinen Geboten solt jhr leben/meine Rechte solt jhr halten/
vnd darnach thun/dann der Mensch lebet/der sie
helt. Baruch. 3. Diese Weißheit ist das Buch
von den Geboten/ etc.

Wo stehts geschrieben/das die Erfüllung des Gesetzes Gottes Gabe sey? Antwort.

Im 5. Buch Mosi am 30. Cap. Der HERR
dein Gott wird dein Hertze beschneiden / vnd das
Hertz deines Samens/das du den HERRN deinen Gott liebest von gantzem Hertzen / vnd von
gantzer Seele/ auff das du leben mögest. Ezechiel
am 36. Ich wil euch ein new Hertze/ vnnd ein
newen

newen Geist in euch geben / vnd wil das steinern Hertz aus ewerm Fleisch hinweg nemen/vnd euch ein Fleischern Hertz geben. Ich wil meinen Geist in euch geben/ vnd wil solche Leute aus euch machen/ die in meinen Geboten wandeln/vnd meine Rechte halten vnd darnach thun.

Wo stehet der Segen/ den Gott verheisset denen/ so seine Gesetze halten? Antwort.

Im 3. Buch Mosis am 26. Werdet jhr meine Gebot halten vnd thun / so wil ich euch Regen geben zu seiner zeit/ das Land sol sein Gewechse/ vnd die Beume jhre Früchte geben: Die Drescherzeit sol biß zur Weinernote/ vnnd die Weinlese biß zur Saat weren / jhr solt Brodts die fülle haben/ sicher im Lande wohnen/ohne Schrecken schlaffen/ewre Feinde jagen vnnd schlagen/ Ich wil euch wachsen vnd mehren lassen/ich wil meinen Bund euch halten / meine Wohnung vnter euch haben/ Ich wil ewer Gott sein/ so solt jhr mein Volck sein/ meine Seele sol euch nicht verwerffen.

V.

Vom Euangelio.

Was heist das wort Euangelion? Antwort.

Eine frölische freudenreiche Botschafft/ oder gute newe Zeitung / eine gnedige anbietung des Reichs

Reichs Gottes / der vergebung der Sünden vnd
Seligkeit / vmb Christi verdienst willen / Luc. 2.

Wo wird es ein fröliche Botschafft ge-
nennet? Antwort.

Esaie am 52. O wie lieblich sind die Füsse des
der / die den Friede verkündigen / die gutes predigen / vnd Heil verkündigen / die da sagen zu Zion /
Dein Gott ist König / lasset vns frölich sein mit
einander.

Wo hat sich im newen Testament diese
fröliche Gnadenpredigt sollen anfahen? Antwort:

Zu Zion oder Jerusalem / Esai. 2. Von Zion
wird das Gesetze des HERRN außgehen / vnd
des HERRN Wort von Jerusalem. Esaie 40.
Zion du Predigerin / steige auff einen hohen Berg /
Jerusalem du Predigerin / hebe deine stimme auff
mit macht / hebe auff vnd fürchte dich nicht / sage
den Stedten Juda / Sihe / da ist ewer Gott / sein
lohn ist bey jhm / vnd seine vergeltung für jhm.

Wo wird das Euangelium genant ein
newes Lied? Antwort:

Im 96. vnd 98. Psalm: Singet dem HERRN
ein newes Lied / erzelet vnter den Heyden seine
Ehre / vnd vnter allen Völckern seine Wunder /
prediget einen Tag am andern sein Heil.

Warumb wird es ein newes Lied ge-
nennet? Antwort:

Aus

Vom Euangelio.

Aus zweyen vrsachen. Erstlich / weil es der Menschlichen Vernunfft nicht also bekandt ist / wie das alte Lied des Gesetzes Mosi / sondern ein tieff verborgen Geheimniß aus der Schoß des Vaters durch Christum herfür gebracht / Joh. 1. Rom. 16.

Zum andern / weil es durch wirckung des heiligen Geistes newe Menschen macht / ein newes Liecht der rechten seligmachenden Erkentnis Gottes im Hertzen anzündet / 2. Pet. 1. 2. Cor. 4. Psal. 36.

Wo wird es mehr also genant? Antwort:

Im 40. Psalm / da Christus sagt: Der HERR hat mir ein newes Lied in meinen Mund gelegt / zu loben vnsern Gott / das werden viel sehen / vnd den HERRN fürchten vnd auff jhn hoffen. Ich wil predigen die Gerechtigkeit in der grossen Gemeine / ich wil mir meinen Mund nicht stopffen lassen / HERR das weissestu.

Wo wird das Euangelion ein schweres Lied genant? Antwort:

In der Offenbarung Johannis am 14. da der Euangelist S. Johannes sagt / Er habe ein newes Lied hören singen / welches niemand hab lernen können / ohne die hundert vnd vier vnd viertzig tausend / die bey dem Lamb stunden / damit angezeigt wird / daß das Euangelion von Jesu Christo dem Lamb Gottes / das der gantzen Welt Sünde tregt / ein solch Geheimniß sey / das aller Menschlichen Vernunfft verborgen vnd vnbewust ist /

et / vnd von Fleisch vnd Blut nicht kan verstanden noch begriffen werden / wo es Christus vns
nicht offenbaret/vnd durch seinen heiligen Geist
vns das verstendniß eröffnet / das wirs verste-
hen/vnd im Glauben fassen vnd annemen/ 1.Cor.
2. Ephes. 3.

Welches ist das erste vnd elteste Euan-
gelion? Antwort.

Die Verheissung/ so Gott dem Adam gethan/
Ich wil Feindschafft setzen zwischen dir vnd dem
Weibe/vnd zwischen deinem Samen vnd ihrem
Samen / Derselbe sol dir den Kopff zertreten/
vnd du wirst ihn in die Fersen stechen/ Gen. 3.

Wo wird das Euangelion dem Golde
fürgezogen? Antwort:

Im 19. vnd 119. Psalm: Ich liebe dein Gebet oder Wort vber Gold vnd fein Gold. Es ist
besser denn Gold/ vnd Köstlicher/denn viel feines
Goldes.

Wo redet das alte Testament am deut-
lichsten von der art des Euange-
lij? Antwort:

Esa. 35. Stercket die müden Hände / vnd erquicket die straüchelnde Knie / saget den verzag-
ten Hertzen/ seid getrost/ fürchtet euch nicht/ Sehet / ewer Gott kömpt zur Rache / Gott / der da
vergilt/ kömpt/ vnd wird euch helffen. Item am
40. Tröster/ tröstet mein Völck / spricht ewer
Gott/ redet mit Jerusalem freundlich / vnd prä-

E ij   diget

diget jhr/das jre Ritterschafft ein ende hat. Denn
jhre Missethat ist vergeben. Denn sie hat zwie=
feltiges empfangen von der Hand des HERRN
vmb alle jhre Sünde. Im 61. Der Geist des
HERRN ist vber mir / darumb hat er mich ge=
sandt den Elenden zu predigen / die zerbrochene
Hertzen zuuerbinden / zu predigen den Gefange=
nen eine erledigung/den Gebundenen eine eröffe=
nung / zu verkündigen ein gnediges Jahr des
HERRN / zu trösten alle Trawrige.

Sage mir die Summam des Euangelij aus dem Newen Testament? Antwort.

Johannis 3. Also hat Gott die Welt gelie=
bet/das er seinen einigen Sohn gab / auff das alle/
die an jhn gleuben/nicht sollen verloren werden/
sondern das ewige Leben haben. Denn Gott hat
seinen Sohn nicht gesandt in die Welt/das er die
Welt richte/sondern das die Welt durch jhn selig
werde. Wer an jhn gleubet / der wird nicht ge=
richtet. Wer aber nicht gleubet / der ist schon ge=
richtet. Denn er gleubet nicht an den Namen des
eingebornen Sohns Gottes.

Ist es denn auch Gottes ernster wille/das das Euangelion gepredigt werde allen Men= schen/vnd das sie alle demselben gleuben/ trost/ leben vnd seligkeit draus ent= pfahen? Antwort.

Ja traun: Das ist Gottes ernst vnd wille.
Denn so sagt Christus/ Marci am 16. Gehet hin
in alle

in alle Welt/predige das Euangel'on allen Crea=
turen: Wer da gleubet vnnd getaufft wird / sol
selig werden / wer nicht gleubet / d. r wird ver=
dampt. Luce am 24. Christus muste predigen
lassen Busse vnnd Vergebung der Sünden in set=
nem Namen/vnter alle Völcker. Apoc. 14. Ich
sahe einen Engel fliegen mitten durch den him=
mel/ der hatte ein ewigs Euangelion/zu verkün=
digen denen / so auff Erden sitzen vnnd wohnen :
Allen Heyden/Geschlechtern/Sprachen vnd Völ=
ckern. Psalm 22. Es werde gedacht aller Welt
ende/das sie sich zum HERRN bekehren/vnd
anbeten für jm alle Geschlechte der Heyden. Esa.
45. Wendet euch zu mir aller Welt ende/so wer=
det jhr selig. Psalm 19. Jhre Schnur gehet aus
in alle Lande/vnd jhre Rede biß an der Welt en=
de. Esat. 55. Wolan alle / die jhr durstig seyd/
kommet her/ etc.

Woher kompt es denn/ das so viel Leute zu allen zeiten verdampt wer= den ? Antwort :

Nicht von Gott / Dann er sagt im Oset am
13. Dein Heil stehet allein bey mir / dein verder=
ben kompt von dir. Ezech. 33. So war ich lebe/
so wil ich nicht den Todt des Sünders / sondern
das er sich bekere vnd lebe. 2. Pet. 3. Sondern
von der Menschen verachtung / Vnglauben vnd
Vnbußfertigkeit kompt es her/das sie nicht kom=
men / hören vnd gleuben wollen. Johan. 5. Jhr
wolt nicht zu mir kommen/das jhr das Leben ha=
ben möchtet. Matth. 23. Wie offt habe ich euch
versamlen wollen/etc. Johan. am 3. Das ist das

E ij   Gericht.

Gerichte / daß das Liecht in die Welt kommen
ist / vnd die Menschen lieben die Finsterniß mehr
dann das Liecht / Das weiset Christus klerlich in
den beyden Gleichnissen / von der Hochzeit des
Königs Sohne / Matth. 22. Vnnd vom grossen
Abendmal / Luc. am 14.

VI.

Von Ketzern / falschen Pro
pheten / vnnd falschen
Christi.

Wie viel Secten sind bey den Jüden
gewesen? Antwort:

Reyerley. Die erste war der Phariseer /
die für der Welt ein heiliges gleissent
des Leben füreten / sonderliche Kleider
mit breiten Schweiffen / daran die Gebot Gottes geschrieben waren / trugen / diese behielten wol die Schrifften Mosis vnd der Propheten / vnd legten dieselben aus / Aber nur nach
dem eusserlichen verstande / als ob das Gesetze
nichts mehr denn eusserliche disciplin vnd Werck
erforderte / vnd könnte mit eusserlichem Gehorsam erfüllet werden / Als würde der versprochen
Messias nur ein Weltlicher König sein / vnd seinem Volck allein leibliche Wolthaten erzeigen /
nicht aber mit seinem Leiden vnd Todt für die
Sünde der Welt bezalen. Item / das man mit
Opffern vnd Mosaischen Ceremonien vergebung

bung der Sünden/Gerechtigkeit vnd Leben ver-
dienete. Daher sie auch des HErrn Christi vnnd
der Aposteln Lehre vnnd Predigt als Ketzerey
verdampten vnnd verfolgten/ weil sie darmit allen Menschlichen Wercken den Ruhm der Gerechtigkeit namen/ vnd der Menschen seligkeit allein dem verdienste Christi zulegeten. Actor. 4.
Es ist in keinem andern Heil/ ist auch kein ander
Name den Menschen gegeben/ darinnen wir sollen selig werden/ dann der Name JesusChristus.
Johan. 14. Ich bin der Weg/ ohne mich kömpt
niemands zum Vater.

Die ander Sect waren die Saduceer/ die zwar
auch ein heiligen schein für der Welt hatten/ aber
doch im Hertzen rechte Epicurer waren/ gleubten
keine Engel/ verleugneten die Aufferstehung der
Todten/ vnd das noch ein ander Leben nach diesem sein solte/ verworffen die Schrifften der Pro-
pheten/ vnnd behielten allein die Bücher Mosis/
welche sie doch nicht verstunden/ wie jhnen Christus vnter Augen sagt/ Matth. 22. Ihr verstehet
die Schrifft nicht/ jrret vnnd wisset die Krafft
Gottes nicht/ etc.

Die dritte Secta waren die Esseer/ die be-
teten für sich alleine in der Haußhaltung/ vnnd
liessen sich zu keinen gemeinen Emptern gebrau-
chen/ verworffen den Ehestand/ wolten alle Güter gemein haben/ studierten daheim die Kunst
der Artzney vnd des Himmelslauff/ kamen jedes
tages einmal oder zwey zusammen/ vnnd vnterre-
deten sich von Gott vnd dem Gesetze. Von diesen findet man nicht/ das sie Christo also hatten
zugesetzt/ als die Phariseer vnd Sadduceer/ die
den HErrn mit viel listigen vnnd verschlagenen

K iij   fragen.

fragen anfechten/ auch nicht rüheten/biß sie sie
ans Creutz gebracht hetten/etc. Johan. 18. 19.
Matth. 22.

Wie vieler falschen Christi gedencket das Newe Testament? Antwort.

Sechster. Der erste ist Theudas/ein Schwartz
künstler und Betrieger/der sich zu Jerusalem für
den Messiam und Erlöser des Jüdischen Volcks
hat außgegeben/ und seinen Anhengern verheissen / er wolte den Jordan von einander theilen/
unnd sie mit truckenem Fusse hindurch führen/
unnd also aus der Römer Dienstbarkeit wider
bringen. Derselbe ist am Jordan von Cuspio Fa-
do dem Römischen Landpfleger in Judea, uber-
fallen/ gefangen und geköpffet/ und ist der mehrer theil seines Anhangs jämmerlich umbkom-
men / wie Lucas schreibt im Buch der Geschicht
der Apostel am 5. und Josephus lib. 10. antiquit.
cap. 4.

Der ander ist Judas aus Galilea / welcher
zur zeit der Geburt Christi / als der Keyser Au-
gustus alle Welt schetzen ließ/ den Jüden rieth/
das sie sich nicht solten schetzen lassen/dann sie waren ein frey und heilig Volck/darüber Gott al-
lein/und nicht der Römische Keyser ein Herr were. Darumb wer nu zur Freyheit lust hette / der
solte vom Keyser abfallen/ und ihm folgen / er
wolte sie zur Freyheit/Ruhe und Friede bringen.
Aber es gieng ihm wie dem Theuda/ das er vom
Landpfleger Cyrenio umbgebracht/ und sein anhang zerstrewet ward/ wie auch Lucas schreibt
in der

in der Apostel Geschicht am 5. vnd Josephus lib.
5. Item lib. 18. cap. 50.

Der dritte ist Simon / der Samariter vnnd
Zeuberer / der das Samarische Volck also verfür=
te vnd bethörte / das sie jhn für ein grossen Pro=
pheten / Ja für die krafft Gottes hielten vnd rüh=
meten / wie Lucas am 8. cap. der ApostelGeschich=
schreibet. Dieser ist wol durch die Predigt Philip=
pi bekehret vnd getauffet worden / Aber wie er
hernach Petro mit Gelde wolte abkauffen die
macht / das / wenn er die Hände aufflegete / derselbe
die sicherliche Gabe des heiligen Geistes empfien=
ge / vnd drüber von Petro verflucht vnd hart ge=
straffet ward / wie auch in Geschichten der Apo=
stel am 8. sihet / da ist er wider zur Zauberey ge=
treten / ein Feind Christi vnnd seiner Aposteln
worden / hat sich gen Rom gewandt / vnd da sich
für einen Gott außgeben / vnd mit seinen Teuff=
lischen Wunderwercken die Abgöttische Römer
so bethöret / das sie jhn für einen Gott verehret /
jhm an der Tiber ein Bild auffgerichtet / mit die=
ser Vberschrifft: *Simoni Deo Sancto*, das ist /
Simoni dem heiligen Gott / wie Eusebius schrei=
bet. Theodorus vnd Epiphanius sagen von die=
sem Simone / das er Petro einen Kampff angebo=
ten habe / mit Wunderzeichen zu thun. Vnd als
er vnter andern fürgeben / jetzund wolte er / als
der ware Christus gen Himmel fahren / vnd sein
Reich einnemen / vnnd auch durch Krafft seiner
Zauberey vnd der Teuffel hülffe gar hoch in die
Lufft sich geschwungen hatte / sey Petrus auff sei=
ne Knie gefallen / habe Christum angeruffen / Er
wolle dieser Lesterung Simonis steuren. Darauff

alßbald dieser Simon mit gewalt aus der Lufft
sey herab gestürtzet worden/ habe sich zu tode ge-
fallen/ vnnd sey also seine Betriegerey offenbar
worden.

Der vierdte ist der Zauberer Bar Jehu oder
Elimas/ der inn der Insel Cypern/ vnd in der
Stadt Papho sein wesen vnd Triegerey geführt
hat/ vnnd sich für den Messiam oder gesalbeten
vnd gesandten König Gottes außgeben/ welchen
der heilige Apostel Paulus mit harten worten
strafft/ vnd endlich mit Blindheit schlecht/ vnnd
damit auch seine falsche vnd Teufflische triegerey
an tag bringt/ wie im Buch der Geschicht der
Aposteln am 13. geschrieben stehet.

Der fünffte ist der Antichrist/ oder Wider-
christ/ der/ wie Christus vnd die Aposteln sagen/
zur letzten zeit kommen/ sich vnter Christi Namen
außgeben/ vber Gott selber vnd alles/ was Gotteßdienst heisset/ sich erheben/ vnd in den Tempel
Gottes setzen wird/ vnd fürgeben/ er sey Gott/
vnnd also die rechte Lehr vnd Gotteßdienst ver-
dunckeln vnd verfelschen/ vnd alle Welt mit Abgötterey vnd Gotteßlesterung erfüllen/ wie biß
daher der Mahomet in Orient/ vnd der Römische
Bapst in Occident mit gewalt viel hundert Jahr
gethan haben/ vnd nu durch Gottes Wort vnnd
Lutheri Schrifften dermassen offenbart vnd bekandt gemacht sind/ das auch die Kinder wissen/
der Bapst mit seinem Reich/ Lehr vnd Gotteßdienst sey der rechte Antichrist/ von dem Daniel/
Christus vnd die Apostel geweissaget haben/ das
er für dem Jüngsten tage kommen werde. Besihe hieuon Danielis Prophecey/ cap. 12. Christi/
Matth.

Matth. 24. Pauli / 2. Theſſ. 2. 1. Tim. 4. 2. Tim.
3. 2. Petr. 3. 1 Joh. 4.

Der ſechſte / ſind alle falſche Propheten vnd
Rottengeiſter / welche / ob ſie ſich wol nicht ſelber
für Chriſtum außgeben / ſo verfelſchen ſie doch
die Lehre von ſeiner Perſon vnd Ampt / vnd bins
den Chriſtum an gewiſſen Ort vnd Werck / vnd
ſtellen die Seligkeit / ſo in Chriſto allein iſt vnnd
gefunden wird / in Menſchliche verdienſte. Von
dieſen ſagt Chriſtus / Matth. 24. Es werden ſich
viel falſcher Propheten erheben / vnd werden viel
verführen / vnd werden viel kommen in meinem
Namen / vnd ſagen / Ich bin Chriſtus / vnd wer=
den viel verführen. Drumb wenn ſie ſagen / Sihe /
er iſt in der Müſten / ſo glaubet ihnen nicht. Si=
he / er iſt in der Kammer / das iſt / in Stifften vnd
Kloſtern / ſo gehet nicht hinaus.

Von wem wird der ſchade / den die Ketzer thun / am deutlichſten angezeiget? Antwort.

Vom Propheten Eſaia / da er der Baſiliſßken
Eyer gedenckt / oder der Schlangen Eyer / ſo man
Aſpides nennt / die ſo gifftig vnd böſe ſind / das /
wer davon iſſet / der mus ſterben. Vnd ſo ſie von
ein andern Wurm außgebrütet werden / ſo wird
daraus / ſo ein gifftiger Wurm / der mit ſeim Ge=
ſichte vnd Odhem tödtet alles / was im fürkömpt /
ja Graß vnd Laub verdorret / vnd die Lufft ver=
gifftet vnd verderbet.

Wie lauten des Propheten wort? Antwort.

So spricht er am 59. Cap. Sie brüten Basiliscken Eyer/ isset man dauon/ so muß man sterben/ zutritt mans/ so fehret ein Otter heraus.

Wie reimet sich das auff die Ketzer? Antwort.

Also: Wer sich ihrem Schwarme anhengig macht/ dem geben sie einen tödtlichen Gifft/ daran Leib vnd Seel des ewigen todes sterben vnd verderben muß. Denn wie das Buch der Weißheit am 1. sagt: Der Mund/ der Lügen redet/ tödtet die Seele. Wer sich aber ihnen widersetzig macht/ ihren Schwarm widerleget/ vnnd dessen schaden offenbaret/ dem springen sie entgegen/ wie die aller. gifftigsten bösesten Schlangen vnd Ottern/ mit grewlicher verlesterung/ verfolgung vnd morde/ beschedigen ihn an Leibe vnd Leben/ Gut vnd Ehren/ Weibe vnd Kindern/ wie man das täglichen sehen kan an den Papisten/ Jesuiten/ Caluinisten vnnd andern Rottenmeistern vnd Geistern.

Worinne bildet Christus die Ketzer ab? Antwort:

Erstlich/ in den Wölffen. Wie die die Schaf zerstrewen vnd zerreissen/ Also verwirren die Ketzer die Kirche/ vnd führen in ewigen Todt vnd Verdamniß ihre Anhanger/ Matth. 7. Actor. 20.

Zum andern/ in den Disteln vnnd Dornen/ wie die leicht verwunden/ vnd hefftigen schmertzen machen: Also verwundet falsche Lere die Gewissen/ engstet vnd quelet mit schwermuth vnnd zweiffel die Hertzen/ Matth. 7.

Womit

Womit vergleichet S. Paulus die Ketzerey? Antwort:

In der 2. Epiſt. an Timoth. vergleicht er ſie dem Krebs/das/wie der ein vnheilſame Kranck heit iſt/ vnnd je lenger je weiter vmb ſich friſſet/ biß er den Menſchen gar tödtet: Alſo/ wer einmal durch falſche Lere recht eingenommen wird/ der wird je lenger je verwirreter vnnd hart neckichter/ biß er vber ſeinem Irrthumb gar verdampt wird/ 2. Theſſ. 2.

Wo heiſſet S. Paulus die Ketzer meiden? Antwort:

In der Epiſtel zu Tito am 3. Einen Ketzeriſchen Menſchen meide. Wenn er einmal vnd aber einmal ermahnet iſt/ vnnd wiſſe/ das ein ſolcher Verkehret iſt/ vnnd ſündiget/ als der ſich ſelber verurtheilet hat.

Wo wird es verkündiget/ das Rotten vnd Ketzer in der Chriſtlichen Kirchen ſich erregen werden? Antwort:

1. Cor. 11. Es müſſen Rotten vnd Ketzer vnter euch ſein/ auff das die/ ſo rechtſchoffen ſind/ vnter euch offenbart werden/ Item Matth. 13. 24. 1. Tim. 4. 2. Petri 2.

Wo werden wir ermanet der Ketzer Gemeinſchafft zu fliehen? Antwort:

Jun Römern am 16. Ich ermane euch lieben Brüder/ das ihr auffſehet auff die/ ſo da zertren nung

nung anrichten neben der Lehre/die ihr gelernt
habt/ vnd weichet von denselben: Dann solche
dienen nicht dem HErrn Christo/ sondern dem
Bauche/ vnd durch süsse prechtige Rede verführen sie die vnschüldige Hertzen. Apoc. 18. Ich
hörte eine Stimme vom Himmel/ die sprach:
Gehet aus von jhnen mein Volck/ das ihr nicht
theilhafftig werdet ihrer Sünden/ vnnd etwas
entpfahet von jhren Plagen.

VII.

Vom Bapst vnd An-
tichrist.

Wer ist des Bapsthumbs Stiffter?
Antwort.

DEr Teuffel/ Lügen vnd Mordgeist/
wie Paulus sagt/ 2. Thess. 2. Welches
Zukunfft geschicht nach der Würckung
des Sathans/ mit allerley lügenhaff-
tigen Krefften/ Zeichen vnd Wundern/ vnnd mit
allerley verführung zur Vngerechtigkeit vnter
denen/ die verloren werden. Apoc. 17. Der Dra-
che gab ihm seine Krafft/ seinen Stuel vnd grosse Macht/ vnnd der gantze Erdboden betete das
Thier an/ vnnd den Drachen/ der ihm die Macht
gab. Apoc. 16. Ich sahe aus dem Munde des Drachens des Thiers vnd falschen Propheten vnreine Geister gehen/ gleich den Fröschen/ vnnd sind
Geister der Teuffel/ die thun Zeichen.

Womit

Womit erkleret sich der Bapst als der rechte Antichrist? Antwort:

Damit / das er für das Haupt der gantzen Christenheit wil geehrt vnd gefürchtet sein/ welches doch Christo alleine zustehet / wie Paulus sagt/ Ephes. 1. vnd 5. Gott hat alle ding vnter seine Füsse gethan/ vnd hat jhn gesetzt zum Heupt der Gemeine/ vber alles/ welche da ist sein Leib/ Nemlich/ die fülle des/ der alles in allem erfüllet. Item/ das er in seinem Decreto schreibet / wenn gleich ein Bapst viel tausend Seelen mit sich inn die Helle führte/ solte doch niemands darumb zu jhm sagen/ was thustu?

Wer spricht dem Bapste vnd Bischoffen das Schwerd vnd weltliche Herrschafft abe? Antwort:

Christus/ da er Luce am 22. sagt: Die Weltliche Könige herrschen/ vnd die Gewaltigen heist man gnedige Herren/ Jhr aber nicht also / Sondern der grösseste vnter euch sol sein wie der jüngste/ vnd der fürnembste wie ein Diener.

Wer hat zuvor verkündiget/ dz der Bapst ein schender vnd Feind des Ehestandes sein würde? Antwort:

Daniel am 11. Er wird weder Frawenliebe noch einiges Gottes achten. Denn er wird sich wider alles auffwerffen. Dieses erkleret Lutherus auffm rande also: Er wil sagen/ das er in den vnnatürlichen Lastern schweben wird / da die

Gottes

Gottes Verächter mit geplaget werden/ Rom. 1.
das man heisset/ Welsche Hochzeit vnnd stumme
Sünde.   Dann den Ehestand vnnd rechte Liebe
oder brauch der Weiber sol er nicht haben. Wie
es denn gehet vnter dem Bapst vnnd Türcken
auffs aller grewlichste.

Wer nennet das Bapstumb eine Mutter
aller Hurerey vnd Grewel?
Antwort.

Johannes im Buch der Offenbarung am 17.
Cap. Ich sahe das Weib/ die grosse Hure sitzen
auff einem Rosinfarben Thier/das war voll Namen der Lesterung/Vnd an jhrer Stirn geschrieben der Namen des Geheimniß/ Die grosse Babylon/ die Mutter aller Hurerey vnnd Grewel
auff Erden.

Warumb nennet ers die grosse Baby-
lon? Antwort:

Darumb/ das es die Kinder Gottes mit Gewalt in sein Reich gezwungen/ vnd zur Abgötterey genötiget hat/wie Babylon die Kinder Israel bezwang/ vnnd das es die Christenhat das
Geistliche Jerusalem zerstöret hat/ wie Babylon
das leibliche Jerusalem verwästete.

Warumb nennet ers denn die Mutter
aller Hurerey vnd Grewel?
Antwort:

Vmb zweyer Vrsachen willen. Erstlich/ weil
es mit verbietung vnd verdammung des Ehestan-
des/

des / alle Welt mit Sodomiterey / Vnzucht/
Hurerey vnd Ehebruch erfüllet hat / wie die erfahrung vnd der Augenschein bezeuget.

Zum andern / weil es alle Abgötterey/so jemals auff Erden gewesen / vnd Geistliche Hurerey genant wird / widerumb ernewert vnnd be-
stetiget hat/Dann es hat die Leute von Gott vnd
Christo abgeführet auff eigne Werck/Verdienst
vnd Heiligkeit / damit den Himmel zuerlangen/
welches die erste vnd gröste Abgötterey der Welt
gewest/Gen. 4. Darnach hat es bestetigt die Götzendienst bey den Heiligen/daß sie an Gottes vnd
Christi stat sind geehret vnd angebetet worden/
einer In dieser/ der ander In einer andern not vnd
gefahr / da hat Gott nichtes / die Heiligen alles
gethan. Item / Es hat so mancherley Orden/
Stände vnd Secten gestifftet / daß sie kaum zu
zelen sind/da jeder seine sondere Regel vnd Weg
gehabt / dardurch es gen Himmel kommen wol-
len/drüber Christi vnd seines verdiensts gar vergessen worden.

Wer widerspricht das Bäpstische Ehe verbot/vnd Speise verbot? Antwort.

S. Paul. 1.Tim. 4. Der Geist aber saget deutlich / daß in den letzten zeiten werden etliche von
dem Glauben abtreten / vnd anhangen den verführischen Geistern/vnd Lehrern der Teuffel/
durch die / so in Gleißnerey Lügenredener sind /
vnd Brandmal in jhrem Gewissen haben / vnd
verbieten Ehelich zu werden/vnd zu melden die
speise/ die Gott geschaffen hat / zu nemen mit
　　　　F　　　　　Danck-

Dancksagung/ den Gleubigen vnd denen/ die die Warheit erkennen.

Denn alle Creatur Gottes ist gut/ vnd nichts verwerfflich/ das mit Dancksagung empfangen wird. Denn es wird geheiliget durch das Wort Gottes vnd durchs Gebet.

Wo nennt Johannes das Bapsthumb das Geistliche Sodoma? Antwort.

Jm Buch der Offenbarung am 11. Cap. Der Propheten Leichnam worden geworffen auff die Gassen der grossen Stadt/ die do Geistlich heisset Sodoma.

Warumb gibt er jhm den schendlichen Namen? Antwort.

Von der grewlichen Vnthat willen/ so darinne in schwang kommen würden/ das sie es mit Vnnatürlicher/ Viehischer Vnzucht/ Knaben schenden/ Hurerey/ Ehebruch/ ja so arg machen würden als die Sodomiter/ wie solches die erfahrung vnd der Augenschein zu Rom/ vnd in Italien/ Item in Stifften vnd Klöstern gezeiget hat/ mehr dann gut ist.

Wer hat verkündiget/ daß der Bapst die weltliche Herrschafft werde verachten vnd vntertretten? Antwort.

S. Petrus in der 2. Epistel am 2. Capit. Es werden vnter euch sein falsche Lehrer/ die neben

einführen werden verderbliche Secten / vnd verleugnen den HERRN / der sie erkaufft hat / vnd
werden vber sich selbs führen ein schnell verdamniß / vnd viel werden nachfolgen jrem verderben.
Allermeist aber die / so da wandeln nach dem
Fleisch / in der vnreinen Lust / vnd die Herrschaff-
ten verachten / durstig / eigensinnig / nicht erzittern
die Mayesteten zu lestern.

Wer hat verkündiget / daß sich der Bapst vber Gott erheben werde?
Antwort.

Daniel am 12. Cap. Vnnd der König wird
thun / was er wil / vnd wird sich erheben vnd auffwerffen wider alles / das Gott ist / vnd wider den
Gott aller Götter wird er grewlich reden / vnd
wird jhm gelingen / biß der Zorn aus sey. Denn es
ist beschlossen / wie lange es weren sol. Item / Paulus in der 2. Epistel an die Thessal. 2. Es wird
der Abfall kommen / vnd offenbar werden der
Mensch der Sünden / vnd das Kind des Verder-
bens / der da ist ein widerwertiger / vnd sich vber-
heben vber alles / das Gott oder Gottesdienst
heisset / also / das er sich setzt in den Tempel Gottes / als ein Gott / vnd gibt für / er sey Gott.

Wo werden wir ermanet / vom Bapst vns abzusondern? Antwort.

In der Offenbarung am 15. Cap. Gehet aus
von jhr mein Volck / das jhr nicht theilhafftig
werdet jhrer Sünden / auff das jhr nicht empfa-
het etwas von jhren Plagen / Denn jhre Sünde
reichen biß in den Himmel / vnd Gott dencket an

F 5   jhrer

jhren freuel. Item / 2 Cor. 6. Ziehet nicht am frembden Joch mit den Vngleubigen / Denn was hat die Gerechtigkeit für genieß mit der Vngerechtigkeit? Was hat das Liecht für gemeinschafft mit der Finsterniß? Wie stimmet Christus mit Belial?

Wer hat verkündiget den Grewel der Papistischen Messen? Antwort.

Daniel am 12. Cap. Er wird an Gottes stat seinen Gott Maosim ehren / Denn er wird einen Gott / dauon seine Väter nichts gewußt haben / ehren / mit Golde / Silber / Edelgesteinen vnd Kleinoden.

Wer hat die grosse Hoffart deß Bapsts verkündiget? Antwort.

Der Prophet Daniel am 12. Er wird thun / was er wil / vnd wird sich erheben vnd auffwerffen wider alles / das Gott ist / vnd wider den Gott aller Götter wird er grewlich reden.

Wer hat die Verfolgung verkündiget / die der Bapst wider die Kirche treibt? Antwort.

Daniel am 12. Cap. da er sagt: Vnd er wird mit grossem grimme außziehen / willens viel zu vertilgen vnd zu verderben / vnd er wird das Zelt seines Pallasts auffschlagen zwischen zweyen Meeren / vnnd vmb den weiten heiligen Berg / vnnd wird

wird ein solche trübselige zeit sein / als nicht ge=
wesen ist/sint das Leute gewest sein/Apocal.17.

Wer hat verkündiget/das der Bapst seine Anhenger werde reich vnd gewaltig machen? Antwort.

Daniel am 12. Er wird denen / so jhm helffen
stercken Maosim / mit dem frembden Gott / den
Er erwehlet hat/ grosse Ehre thun / vnnd sie zu
Herren machen vber grosse Güter/vnd jhnen das
Land zu lohne außtheilen.

Wer mahlet den Bapst in Huren Gestalt? Antwort.

Johannes der Euangelist/ im Buch der Of=
fenbarung am 17. Cap. Ich sahe das Weib sitzen
auff einem Rosinfarben Thier/das war voll Na=
men der Lesterung/ vnd hatte zehen Hörner/ vnd
das Weib war bekleidet mit Scharlachen vnnd
Rosinfarb/ vnd vbergüldet mit Gold vnd Edeln
gesteinen vnd Perlen/ vnd hatte ein güldenen Be=
cher in der Hand / voll Grewels vnd Vnsauber=
keit ihrer Hurerey / vnd die Könige auff Erden/
vnd die Völcker hureten mit jhr.

Wo wird das morden vnd wüten deß Bapstes wider die rechte Christen zu= uor verkündigt? Antwort.

In der Offenbarung Johannis am 17. Ich
sahe das Weib trincken vom Blute der Heiligen/
vnd vom Blute der Zeugen Jesu. Diß haben die
Bäpste redlich erfüllt in der That/ an allen/ die sie

Oder

Grewel nicht für Heiligthumb haben annemen
wollen/die sie gehenckt/ertrenckt/geköpfft/ver⸗
brandt/vnd mit allerley andern Martern hinge⸗
richtet haben/vnd sind dauon gleich truncken/das
ist sicher vnd blutgierig geworden/das sie jhnen
darüber kein Gewissen gemacht/Ja noch heut zu
tage lieber alle Land mit Fewer vnd Schwerdt
verderbeten/vnd alle Völcker erwürgeten/ehe sie
im geringsten von jhrer falschen Lehre/Abgöt⸗
tery vnd Greweln abtreten wolten.

Wer ist durch frembde Krafft der mech⸗ tigste worden auff Erden? Antwort.

Deß Teuffels Stadthalter/ vnd der Ratten
König zu Rom der Bapst/ der ist durch frembde
Krafft/ Nemlich durch der hohen Schulen vnd
Weltlicher Könige vnd Fürsten beystand also ge⸗
stiegen / das er sich nicht allein vber alle Keyser
vnnd Könige erhoben / sondern auch vber Gott
selber vnd vber sein Wort erhöhet/ vnnd in den
Tempel Gottes sich gesetzet hat/Als ob Er Gott
were/Drumb Daniel recht von jhm gesaget hat/
cap. 8. Rob=rabitur fortitudo eius, sed non in vi=
ribus suis. Er wird mechtig sein/doch nicht durch
seine Krafft/ Er wird wunderlich alle ding ver⸗
wüsten/ vnd wird frech vnnd tückisch sein / vnnd
wird jhm gelingen/das ers außrichte.

Wer hat des Bapstes Tracht vnd Klei⸗ dung vermeld/ehe er noch auffgekom⸗ men ist? Antwort.

S. Jo⸗

S. Johannes im Buch der Offenbarung am
17. Das hürische Weib war bekleidet mit Scharlacken vnnd Rosinfarbe / mit Golde / Edelnge-
stein vnd Perlen / Eben also gehet der Bapst her
in seim Gepcenge. Erstlich hat er ein Scharlacken
oder Purpur Rock an. Zum andern einen Rosinfarben köstlichen Mantel darüber / mit Golde /
Perlen vnd Edelngesteinen gezieret. Zum dritten
eine köstliche dreyfache Krone auff dem Heupte /
dergleichen kein Keyser getragen / zur anzeigung /
er habe vber Himmel / Helle vnd Erden / Engel /
Teuffel vnd Menschen zugebieten.

Was bedeut der güldene Becher in der
Hand deß Bapstes / voller Grewels vnd vn-
saubrigkeit / darauß er sein anhang
trencket. Apoc. 17? Antw.

Das Buch der Decretalen / Sententzen vnd
Ceremonien / so die Bäpste gemacht vnd erdacht /
vnd damit die gantze Christenheit geäffet / betro-
gen vnnd verführet / Dann es gleisset alles wie
Gold / vnd hat ein herrlich ansehen / das man es
für Gottes willen vnd Wort angenommen / Die
Hand deutet seine angemaste Gewalt / damit er
die / so dawider sich gesperret / verbrandt / verflucht / vnd biß in den Todt verfolget hat.

VIII.

Von Pfaffen / Mönchen
vnd Jesuiten.

F iij   Woe

Von Pfaffen/

Woher heissen die Bäpstische Pfaffen vnd Mönche Geistlich? Antwort.

Icht aus Gott / sonst hetten sie Gottes gute Ordnung vnd Creaturen nicht also schendlich verkehret/ vnd iren Stand vnd thun allen andern Ständen vnnd Wercken/ von Gott eingesetzt vnd geboten/ fürs gezogen/ sondern aus dem Teuffel/ der auch ein Geist ist/ sind sie Geistlich. Wie sich nun dieser jhr Vater vber Gott vnd seinen Sohn erhoben hat/ Also thun sie als seine rechte Kinder auch / Lestern/ was Gott lobet / verbieten/ was Gott erleubet/ erheben ihren Orden vber die heilige Tauffe/ vnd ihre stinckende Werck vber des Herren Christi Verdienst. Drumb S. Paulus ihre vermeinte Geistligkeit nennet eine Geistligkeit der Engel/ zun Coloss. 2. Vnd damit man nicht meine oder dencke/ als kommen sie von den guten Engeln/ so sagt er klar/ was für Engel er meine/ 1. Tim. 4. Der heilige Geist sagt deutlich/ das in den letzten zeiten werden etliche von dem Glauben abtreten / vnd anhangen den verführischen Geistern vnnd Lehrern der Teuffel / durch die/ so in Gleißnerey Lügenredner sind/ Brandmal in iren Gewissen haben/ vnnd verbieten ehelich zu werden/ vnd zu meiden die Speise/ so Gott geschaffen hat/ zu nemen mit Dancksagung.

Apoc. 16. Ich sahe aus dem Munde des Drachen Thiers vnnd falschen Propheten vnreine Geister gehen/ gleich den Fröschen/ vnd sind Geister der Teuffel/ die thun zeichen/ vnd gehen aus

zu den

ien auff Erden/ sie zu versamlen in

er Papistischen Münche vnd
ssen Großuater ? Ant=
wort.

Cain

n der ist der erste/der durch das ver
pffers die Seligkeit gesucht/ vnd
ulde vnd Himmelreich hat abkeuf
m folgen alle Mönch vñ Meßpfaff
Cain gegen seinem rechtglaubigen
bel feindlich gesinnet war/vnd jhn
feinden/ verfolgen vnd tödten auch
tschaffene Christen/ die da lehren
das man ohne eigene Verdienst al
Glauben an Christum selig werde/
rumb wie Cain verzweiffelt vnd
also müssen auch diese endlich ver
zum Teuffel fahren. Denn ausser
m Glauben er kandt vnd gefasset/
o seligkeit zu finden. Acto. 4.

Dompfaffen mit jrer tracht
n eigendlich abgemahlet ?
Antwort.

tten Baruch am 6. cap. da also ge
: Sie sitzen in jhren Tempeln mit
ken/ scheren den Bart ab/vnd tra
zen da mit blossen Köpffen/heus
n da für jren Götzen/sie schmücken
ßildene vnd hölzerne Götzen mit
nd Kleidern/setzen jhnen Kronen
　　　ß　　　　　　auff/

auff/ als weren sie Menschen/ vnd stelen darnach
das Gold vnd Silber von den Götzen/ vnd bringen es mit den Huren vmb im Hurhause. Was
ihnen geopffert wird / das bringen sie vmb/ vnd/
ihre Köchin praffen daruon/ vnd geben weder Armen noch Krancken etwas daruon.

Wo stehets/ daß die Pfaffen keine Plat-
ten tragen sollen? Antwort.

Im 3. Buch Mosi am 21. Der HERR
sprach zu Mose/ Sage den Priestern/ Aarons
Söhnen/ sie sollen keine Platten machen auff irem
Heupt/ noch ihren Bart abscheren/ vnd an ihrem
Leib kein Mahl pfetzen.

Zu welchem Stande haben sich weiland
am meisten Leute gedrungen?
Antwort.

Zu dem Geistlichen Stande im Bapsthumb/
dadurch des Teuffels Kirche erbawet vnd erhalten ward/ da lieff vnd drang hinzu jederman/ vnd
wolte Geistlich werden/ das man nicht Stifft vnd
Klöster gnug für Thumbherren/ Mönch vnnd
Pfaffen bawen kondte. Da gelobeten die Eltern
ihre Kinder der Kirchen/ den Stifften vnd Klöstern noch in Mutterleibe/ vnd begaben sich in solchen Stand nicht allein Bawers vnnd Bürgers
Kinder/ sondern König vnd Keyser/ Fürsten vnd
Herren/ Graffen vnd Edelleute/ da war die Mutter selig geachtet/ die ein solch Kind erzogen/ das
Geistlich ward/ Danielis 9.

Wel

Welchen Stand fliehen jetzund am meisten die Leute? Antwort.

Den Geistlichen Stand/ das Kirch vnnd Predigampt im Christenthumb/ darzu wil jetzund niemand seine Kinder mehr ziehen/ man achtets dem Geschlechte eine schande sein/ wenn einer aus jhnen sich Gott vnd seiner Kirchen zu dienste ergeben solte. Vnnd die durch Gottes schickung drein kommen/ sind die verachteste Leut auff Erden/ vnnd jederrmans Fußtuch/ wie Paulus sagt vnd klagt/ in der 1. zun Corinth. am 4. Cap.

Wer hat Pfaffen geopffert? Antwort.

Der König Josias/ wie im 2. Buch der Könige am 23. geschrieben steht. Vnd er opfferte alle Priester der höhe/ die daselbs waren/ auff den Altaren/ vnd verbrante Menschenbeine drauff.

Wo stehet von der Barfüsser Hauß in der Bibel? Antwort.

Im 5. Buch Mose am 25. Cap. da Gott gebeut/ das/ wo ein Bruder ohne Kinder stirbt/ der ander Bruder das verlassene Weib seine Schwegerin ehelichen sol/ vnd seinem verstorbenen Bruder einen Samen erwecken/ vnd seinen Namen erhalten. Wo ers aber nicht thun wil/ sol ihm seine Schwägerin für den Eltesten einen Schuch außziehen/ vnd jhn anspeyen/ vnd sein Name sol in Israel heissen des Barfüssers Hauß.

In welchem Volck sind die Jesuiter fürgebildet? Antwort.

In dem.

In dem Abgöttischen / boßhafftigen vnnd
stolnen Volck den Jebusitern. Denn wie sonsten
viel Namen in der Bibel gefunden werden / die
auff zukünfftige dinge vnd Namen gedeutet haben. Als der Name Maosim. Dan. 12. hat beydes
mit der meinung vnd that eine wunderbare ver-
gleichung mit dem Papistischem Wort Meß. Also ist gleublich / das der schendlichen Rotte der
Jesuiter Name vns lange zuuor ist fürgebildet
worden vnter dem Namen des Volcks / so die
Bibel Jebusiter nennet.

Wie reimet sich aber der Name Jebusiter auff die trieglichе Rotte der Jesuiter ? Antwort.

Beydes mit der bedeutung vnd mit der that.
Dann erstlich / So heist Jebusiter so viel / als ein
Verächter / Vnterdrucker vnd Zertreter / vom E-
breischen Wort Bus oder Böses / welcher Name
den Jesuiten eigentlich gebüret. Denn je klar vnd
am tage ist / das sie nicht Wanderer sind des wе-
ges Jesu Christi / wie sie sich wol rühmen / sondern Verächter des HErrn Jesu / vnnd Zerstörer
vnnd Verwüster seines Weges / sind die rechten
wilden Samen / die den Weinberg zerwühlen /
wie Dauid klagt im 80. Psalm.

Zum andern / gleich wie die Jebusiter der er-
gesten Völcker des Landes Canaan eines waren /
dafür Gott die Israeliten wärnete / vnnd jhnen
ernsten befehl that / sie außzurotten. Also sind auch
die Jesuiter die aller ergste vnd boßhafftigsten
Ketzer vnnd Rotten des gantzen Bapsthumbs /
vnnd aller Mönchs Orden / dafür vns Christus
ernst-

ernstlich warnet) Matth. 7. Sehet euch für für
den falschen Propheten/ die in Schaffßkleidern
zu euch kommen/ inwendig sind sie reissende Wölffe. Vnd im 24. Cap. Es werden viel kommen vnter meinem Namen/ vnd sagen/ ich bin Christus/
vnd viel verführen: Drumb wann sie sagen wer-
den/ Sihe/ hie ist Christus/ oder da (in dem oder
disem Orden) so solt jhrs nicht gleuben/ dann es
werden falsche Christi/ vnnd falsche Propheten
auffstehen/ grosse Zeichen vnd Wunder thun/ das
verführet werden möchten auch die Außerwehlte
in jhrem irrthumb/ wo es müglich were.

Zum dritten/ wie die Jebusiter den besten
ort deß Landes Canaan innen gehabt/ als nemlich
die Stadt Jerusalein/ vnnd die Burg Zion: Also
auch flechten sich die Jesuiter in die beste vnnd
höchste örter der Welt/ in der Keyser/ Könige/
Fürsten/ Bischoff vnnd grosser Praelaten Höfe/
in die gröste vnd feißtete Stifft/ vnd aller lustig-
ste örter/ bawen auffs starlichste/ vnnd leben
recht Fürstlich vnd auffs herrlichste/ vnnd verderben alle dere Orden Stiffte/ Spital vnd Klo-
ster/ vnd rappen alles in jhren Sack/ vnd fressens
in jhren Bauch/ wie der Papisten eigene peinliche
Klage/ zu Pariß wider sie außgegangen/ bezeuget.

Zum vierdten/ wie die Jebusiter ein frech vnd
stoltzes Volck waren/ alle andere verachteten vnd
verfolgeten/ vnnd denen/ so sie bestritten/ hohn
sprachen/ 2. Sam. 5. Also sind vnter allen Ketzern
kaum stöltzer vnd hoffertiger Leut gewesen/ als
eben die Jesuiter sind/ die sich allein für gelehrt/
weiß vnd heilig schetzen/ vnd alle andere verach-
ten/

ten/ denen / so aus Gottes Wort wider sie strei=
ten/ mehr mit Hohn sprechen / als mit gründer
Warheit begegnen / Ja die in all jhrem thun nur
eigene Ehre vnd Ruhm suchen. Drumb recht S.
Paulus von jhnen gesagt/ 2. Tim. 3. Es werden
inn den Letzten tagen Menschen kommen/ die viel
von sich halten / geitzig / ruhmrätig / hoffertig
sind/ die den schein eines Gottseligen wesens ha=
ben/ Aber seine Krafft verleugnen. Sie sind so
frech vnd Blutgierig / das sie sich vnterstehen zu
morden vnd außzurotten alle/ die jhnen nicht ho=
fieren/ jhren stoltz stercken / vnd jhren mutwillen
vngehindert wollen oben lassen/ schonen darinn
auch nicht der grossen Könige vnd mechtigen Po=
tentaten / wie Franckreich das wol erfahren hat/
vnd ietzund offene Schrifften bezeugen/ Auch
gantz Indien solches besaget / beweinet vnnd be=
klaget.

Zum Fünfften/ wie die Jebusiter auff jhre Göt=
te Götzen/ die sie auff die Mawren setzte/ draweten
vnd trotzeten/ Also trotzen vnnd pochen / drawen
vnd bawen die Jesuiter auff jhren ohnmechtigen
Gott den Bapst/ vnd seine rodte/ lahme vnd blin=
de Nebengötter/ die Cardinäle/ Epte/ Bischoffe/
etc. Ja auff Steinerne vnnd Höltzerne/ silberne
vnd güldene Götzen.

Zum sechsten / wie die Jebusiter von den Is=
raeliten nicht sondern getilget werden/ biß auff
den König Dauid der sie gar außrottete. Josue
15. Jud. 1. 25. am 5. 1. Par. 12.

Also können auch die Jesuiter sampt dem
vbrigem Geschwürm des Antichristischen Bap=
sthumbs nicht gar durch Menschliche Krafft vnd
Weiß

Weißheit getilget werden/ Sondern solches mus
dem Himlischen Dauid dem HErrn Jesu Christo
befohlen werden/ der sie durch den Geist seines
Mundes dempffen/ vnd durch seine Zukunfft gar
außrotten/ vnnd sampt jhrem Gott dem Bapste/
vnd alle seinen vnd jhren Aahengern in den fewrigen Pfuel stossen wird.

Lieber male mir doch die Jesuiter sein a-
be/ nach innhalt deß stoltzen Titels/ so
sie führen? Antwort.

Ja habe acht auff die acht Buchstaben jhres
Titels/ die zeigen dir jhre Art vnd Werck/ das
sie nemlich sind:

J esu Christi ergeste Feind/
E ndechrists vertrawteste Freund/
S athans Zucht vnd letzte Frucht/
V nterm Bapsthumb herfür gesucht/
I n tilgung des Euangelions/
T reibung falscher Religions/
E rfinder aller trug vnd list/
R ein außzutilgen was Christlich ist/
R eich zu machen den Antechrist.

Wer hat am meisten Pfaffen erwürget? Antwort.

Erstlich/ Elias der Prophet/ der ließ vier
hundert vnd funfftzig Baalßpfaffen greiffen/ so
das Volck verführet hatten/ vnnd schlachtete sie
im Bach/ 1. Reg. 18.

Zum

ten/ denen / so aus Gottes Wort wider sie stri=
ten/ mehr mit Hohn sprechen / als mit grund der
Warheit begegnen/ Ja die in all ihrem thun nur
eigene Ehre vnd Ruhm suchen. Drumb recht S.
Paulus von ihnen gesagt/ 2. Tim. 3. Es werden
inn den letzten tagen Menschen kommen/ die viel
von sich halten/ geitzig/ ruhmrätig/ hoffertig
sind/ die den schein eines Gottseligen wesens ha=
ben/ Aber seine Krafft verleugnen. Sie sind so
frech vnd Blutgierig/ das sie sich vnterstehen zu
morden vnd außzurotten alle/ die ihnen nicht ho=
firen/ ihren stoltz stercken/ vnd ihren mutwillen
vngehindert wollen vben lassen/ schonen darinne
auch nicht der grossen Könige vnd mechtigen Po=
tentaten / wie Franckreich das wol erfahren hat/
vnd jetzund offene Schrifften bezeugen/ Auch
gantz Indien solches besaget/ beweinet vnnd be=
klaget.

Zum Fünfften/ wie die Jebusiter auff ihre tod=
te Götzen/ die sie auff die Mawren setzte/ draweten
vnd trotzeten/ Also trotzen vnnd pochen/ drawen
vnd bawen die Jesuiter auff ihren ohnmechtigen
Gott den Bapst/ vnd seine todte/ lahme vnd blin=
de Nebengötter/ die Cardinäle/ Epte/ Bischoffe/
etc. Ja auff Steinerne vnnd Höltzerne/ silberne
vnd güldene Götzen.

Zum sechsten / wie die Jebusiter von den Js=
raeliten nicht kondten getilget werden/ biß auff
den König Dauid der sie gar außrottete. Josuæ
15. Jud. 1. 25. am 5. 1. Par. 12.

Also können auch die Jesuiter sampt dem
vbrigem Geschwürm des Antichristischen Bap=
sthumbs nicht gar durch Menschliche Krafft vnd
Weiß

Weißheit getilget werden/ Sondern solches muß
dem Himlischen Dauid dem HErrn Jesu Christo
befohlen werden / der sie durch den Geist seines
Mundes dempffen/ vnd durch seine Zukunfft gar
außrotten/ vnnd sampt jhrem Gott dem Bapste/
vnd alle seinen vnd jhren Anhengern in den fewr-
rigen Pfuel stossen wird.

Lieber male mir doch die Jesuiter fein a-
be/ nach innhalt deß stolzen Titels/ so
sie führen ? Antwort.

Ja habe acht auff die acht Buchstaben jhres
Titels/ die zeigen dir jhre Art vnd Werck / das
sie nemlich sind:

J esu Christi ergeste Feind/
E ndechrists vertraweste Freund/
S athane Zucht vnd letzte Frucht/
V nterm Bapsthumb herfür gesucht/
I n tilgung des Euangelions/
T reibung falscher Religions/
E rfinder aller trug vnd list/
R ein außzutilgen was Christlich ist/
R eich zu machen den Antechrist.

Wer hat am meisten Pfaffen erwür-
get ? Antwort.

Erstlich / Elias der Prophet / der ließ vier
hundert vnd funfftzig Baalßpfaffen greiffen/ so
das Volck verführet hatten/ vnnd schlachtete sie
am Bach/ 1. Reg. 18.

Sind

Zum andern/der König Cyrus/Als der hin=
der den betrug der Pfaffen Baals kam/ das sie
das Opffer selbs auff fraſſen/ vnd fürgaben/ Bel
verzehrte es/ließ er ihrer siebentzig mit Weib vnd
Kinde tödten. In Stücken zum Daniel.

Zum dritten Jehu/der im anfang seines Kö=
nigreichs alle Pfaffen Baals im Tempel verſam=
len ließ/ vnd sich stalte/ als hielte ers mit ihrem
Götzendienste/damit er sie alle auff einen hauffen
bringen könde/ vnd ertödtete sie/ damit sie nie=
mand mehr verführen kondten/2.Reg. 10.

Wer nennt die Mönchßorden im Bap=
sthumb Teufels Gestifft vnd Ge=
sandte? Antwort.

Johannes im Buch der Offenbarung am 16.
Ich sahe aus dem Munde deß Drachens des Thi=
res vnd falschen Prophetens drey vnreine Gei=
ster gehen/gleich den Fröschen/ vnnd sind Geister
der Teuffel/die thun Zeichen/ vnd gehen aus zu
den Königen auff Erden/ vnnd auff den gantzen
Kreiß der Welt/ sie zuuersamlen inn den Streit/
auff jenen grossen tag Gottes des Allmechtigen.

Was deutets/daß der vnreinen Geister
drey gesehen werden? Ant=
wort.

Die drey fürnembste Orden der Mönche im
Bapsthumb/dadurch des Bapsts Abgötterey in
alle Welt außgebreitet worden/ als der Barfüſ=
ser/Prediger vnnd Jesuiter/ die des Bäpstischen
Stuels Schützer/vnd des Antichristischen Teuf=
fels letztes Stichblet sein.

Wa=

Warumb vergleicht er sie den Fröschen ?
Antwort.

Aus diesen Vrsachen: Erstlich wie die Frösche fliehen das frische vnd lautere Wasser/ vnnd
im stinckenden gesümpffe jhre wohnung haben :
Also fliehen diese Orden die frische Brunnen Is-
raelis/ die reine Lehr der Propheten vnnd Apo-
steln/ vnnd halten sich einhellig zu dem grossen
hauffen/der nur mit Menschen Gericht vnd Lehre vmbgehet.

Zum andern/wie die Frösche jmmer schreyen/
queck/quack/kek/kakr/ Also schreyen vnd schrei-
ben diese jmmer/ Kirch/ Kirch/ die Kirche muß
man hören/ der Kirchen mus man anhängen vnd
folgen/ die Römische Kirche mus man schützen
vnd verteidigen/ die Kirche kan nicht jrren/ etc.
Das ist jhr Gesang/ damit sie Keyser/ Könige/
Fürsten vnd Herrn vberteuben/ das Bapsthumb
mit gewalt zu schetzen/ vnnd alle die/ so jhm wi-
dersprechen/ zuuerfolgen.

Zum dritten/ wie die Frösche alles was für-
ber gehet/anquacken vnd erschrecken wollen/vnd
wie Ouidius sagt : *Et cum sunt aquæ, sub aqua*
maledicere tentant. Also thun diese auch / verwerffen vnd verdammen alle andere Stände/ver-
achten vnd lestern alle fürneme Leüte/ so es mit
jhnen nicht halten / vnd jhr gequeck verachten.

Zum vierdten/ wie den Fröschen im Winter
das Maul zufreuret das sie erstummen: Also die-
se/ wann jhnen der Bapst vnnd seine anhengige
Praelaten/Könige vnnd Potentaten/ jhre grosse
einkommen schmelern vnd enziehen/so werden sie
                    ⚘   stille/

stille/fallen abe/vnd beginnen heimlich wider sie
zu practciren/sie zu stürtzen vnd außzurotten.

IX.

Von Tempeln vnnd Kirchen/vnd von wunderlichen dingen darinne.

Wie viel Pfarrkirchen sind im Königreich Jsrael gewesen? Antwort.

Vr zwo/ die erste war die Hütte des
Stiffts/die jhm Gott selber zur Wohnung ernandte/vnd heiligte/vnnd sich
mit seiner gegenwart daran verbandt.
Exod. 25. 40. Die ander war der Tempel zu Jerusalem/ den Salomon bawete/ vnd Gott auch
selber heiligte/ vnd sich mit seiner gegenwart daran verband/1. Reg. 8. 9. An diesen beyden orten
musten alle erscheinen/die Gott suchen vnd anbeten wolten/oder jm mit opffern dienen/Deut. 16.

Wer hat das Hohepriesterthumb am thewresten gekauffet? Antwort.

Der trewlose Mann Jason/ da er seinen Bruder den frommen Herrn Oniam von dieser herrligkeit abdringen wolte/ verhiesch er dem König
Antiocho zu geben erstlich drey hundert vnd sechszig Centner Silbers. Zum andern noch achtzig
Centner.

Centner. Zum dritten leget er noch zu hundert
vnd funfftzig Centner / das also die Summ war/
fünff hundert vnd neuntzig Centner / das macht
an vnser Müntze / vier mal hundert tausend/zwey
vnd viertzig tausend/ vnd fünff hundert Thaler/
2. Maccab. 4.

Wer hat das Hohepriesterthumb noch
thewrer gemacht? Antwort.

Menelaus / als der Jason abstechen wolte /
verhiesch er dem Könige drey hundert Centner
mehr zu geben/ als Jason gab/das sind zwey mal
hundert tausend vnd fünff vnd zwantzig tausend
Thaler mehr als iener gab. Aber da er das Geld
nicht erlegen kondte / ward er mit schanden ver-
stossen/ 2. Maccab. 4.

Welches ist der schönste Tempel auff
Erden gewest? Antwort.

Der Tempel zu Jerusalem / welchen der König Salomon zum aller künstlichsten aus dem
besten vnd weissesten Marmelstein erbawete/inn-
wendig mit lauterm Gold vnten vnd oben vber-
zogen/mit allerley künstlichem Schnitz vnd Bildwerck innwendig vnd außwendig / vnnd mit den
köstlichsten Edelgesteinen gezieret vnnd geschmücket hat / das Dach war von Dennen Bretern/
vnd mit Güldenen Blechen gantz beschlagen/dar
inne ein gantz Güldener Altar/ güldener Tisch/
zehen güldene Leuchter mit güldenen Blumen/
Lampen vnnd Schnautzen/ hundert güldene Bec-
ken/vñ der eingang in des Allerheiligsten sampt
seiner Thür am Hause des Tempels gülden ge-
F ii   west/

west/Die Bodembalcken/ die an dem Altar vnd
Thüren/ waren mit Gold vnd güldenen Blechen
vberzogen/der Chor deßgleichen/ vnd hatte güldene Riegel/ohne was für Kunst vnd Zierde war
an den zehen gegossenen ehernen Gestülen/ Kess
seln/vnd an dem gegossenen Meer/ so auff zwölff
Ochsen stunde/ an den zween Cherubin/ vnnd an
den zwo gegossenen ehernen Seulen/der jede ach-
zehen Ellen hoch/ vnd zwölff Ellen dicke war/
vnd auff ein jeder ein Knauff stunde/fünff Ellen
hoch/ 1. Reg. 7. 2. Chron. 3. 4.

Josephus im 8. Buch am 3. Capit. schreibet/
das zehen tausend Tische/so viel Leuchter/ vnnd
ein tausend Schalen vnd Becken vonGolde/vier-
zig tausend von Silber/achzig tausend gegossene
Weingeschirr/ der güldenen Reuchfaß zwantzig
tausend sollen gewesen sein.

Wie viel hat Dauid zum baw deß Tem-
pels seinem Sohne Salomoni
gegeben? Antwort.

Dauid hat seinem Sohn Salomon zum Gebew des Tempels/ vnnd zum Schatz vnd allerley
Gefeß vnd Geräthe in den Tempel gegeben/ ein
hundert vnnd drey tausend Centner Goldes/ ein
hundert vnd sieben tausend Centner Silbers/vnd
viel Edelgestein/ 1. Chron. 23. vnd 30.

Wie viel macht das auff vnser Müntze?
Antwort.

Sechs hundert tausend mal tausend / vnd ach-
zehen tausend mal tausend Vngerischer Gülden/
oder

Oder ſecks tauſend ein hundert vnd achtzig Tonnen Goldes.

Wie viel haben die andere Fürſten dar-
zu gegeben? Antwort.

Das zeigt das 1. Buch der Chronica am 30.
Cap. m/Die Fürſten der Väter vnd Stämme Iſrael gaben zum Ampt im Hauſe Gottes fünff
tauſend Centner Goldes / zehen tauſend Gülden/
vnd zehen tauſend Centner Silbers/achtzehen tauſend Centner Ertz/ vnd hundert tauſend Centner
Eiſens.

Wie viel macht das vnſer Müntze am
Golde? Antwort.

Dreiſſig tauſend mal tauſend vnnd zehen tauſend Vngeriſche Goldgülden/ das ſind drey hundert Tonnen Goldes/vnd zehen tauſend Vngeri-
ſcher Gülden.

Wie groß iſt der Tempel geweſen?
Antwort.

Hundert Ellen lang / hundert Ellen breit/
hundert vnnd zwantzig Ellen hoch/1. Reg. 6. 2.
Par. 3.

Wenn iſt er angefangen? Antwort.

Im Jahr nach der Welt erſchaffung zwey
tauſend neun hundert vnd drey vnd dreiſſig Jahr/
Vier hundert vnd achtzig nach dem Außzuge der
Kinder Iſraels aus Egypten/Im vierdten Jahr
des Königreichs Salomonis/ 1. Reg. 6.

G iij

Wenn

Wenn ist er vollendet? Antwort.

Im Jahr der Welt zwey tausend neun hundert vnd ein vnd viertzig / im eilfften Jahr der Königlichen Regierung Salomonis / 1. Reg. 6.

Wer hat diesen Tempel geheiliget? Antwort.

Gott selber mit seiner erscheinung vnd gegenwart / 1. Reg. 8. Da die Priester aus dem Heiligthum giengen / erfüllet eine Wolcke das Hauß deß HErrn / das die Priester nicht kondten stehen / vnd Ampts pflegen für der Wolcken. Denn die Herrligkeit des HERRN erfüllet das Hauß deß HERRN / 1. Reg. 9. Vnd der HERR sprach zu Salomon: Ich habe dein Gebet vnd Flehen gehört / das du für mir geflehet hast / vnd habe diß Hauß geheiliget / das du gebawet hast / das ich meinen Namen daselbst hinsetze ewiglich / vnnd meine Augen vnd mein Hertz sollen da sein allewege / 1. Reg. 9.

Wie viel theil hat die Hütte deß Stiffts vnd der Tempel gehabt? Antwort.

Zwey vnterschiedene theil. Das erste ward das Heilige genant / da waren die Schawbrodt vnd der Leuchter. Das ander hieß das Allerheiligste / da pflag Gott selber zu erscheinen / ließ sich allda sehen vnd hören.

Was bedeut das? Antwort.

Das niemands zu Gott in den Himmel kommen / vnd ihn von Angesicht zu Angesichte sehen könne

kme / er gehe denn vorhin ins Heilige / wer-
en Glied der Christlichen Kirchen / lasse sich durch
die Schawbrodt des Göttlichen Worts speisen /
vnd durch die Leuchter des heiligen Geistes er-
leuchten / Joh. 1. 3.

Wie viel hat Salomon auff die Einwei-
hung deß Tempels gewandt?
Antwort.

Zwey vnd zwantzig tausend Och sen / hundert
vnd zwantzig tausend Schafe / 1. Reg. 8.

Wo verbindet sich Gott an diesen
Tempel? Antwort.

1. Reg. 9. Cap. Vnnd der HErr erschien ihm
zum andern mal / vnd sprach: Ich habe dein Gebet vnd Flehen gehöret / das du für mir geflehet
hast / vnnd habe diß Hauß geheiliget / das du gebawet hast / das ich meinen Namen dahin setze
ewiglich / vnd meine Augen vnd mein Hertze sollen da sein allewege.

Zu was ende ist der Tempel so herrlich
gebawet? Antwort.

Das man darinne Gott anruffen vnd loben /
vnd ihme mit vbung seines Worts dienen / vnd
Danckopffer darinne thun solte / wie Dauid im
hundert zwey vnd zwantzigsten Psalm fein dauon
redet: Jerusalem ist gebawet / daß eine Stadt sey /
da man zusammen kommen sol: Da die Stämme
hinauff gehen sollen / nemlich / die Stämme d' 2.

O iij   HERR.

HERRN / zu predigen dem Volck Israel / zu
dancken dem Namen des HERRN / 2. Par. 2.

Wie viel hat der Tempel Vorhöfe ge-
habt? Antwort.

Drey. Die haben den Tempel vmbgeben/
vnd sind viereckt gewesen/mit schönen Marmelsteinen Mawren vnterschieden.   In jedem Vorhoffe waren Forwercke vnd Spazirgenge mit
schönen Gewelben bedecket/vnd mit Marmelstei-
nenseulen gezieret/ vnnd mit Silber vand Golde
zum schönsten geschmücket / darunter man tretten
kondte/ wenn es regnete.

Wie hieß der erste Vorhoff?
Antwort.

Der ward genant der Oberhoff/ da durffte
niemand eingehen/ ohn allein die Priester/wenn
sie opfferten vnnd Gott dieneten. Da stunde das
grosse gegossene Meer/ der Brandaltar / vnd die
zwo herrliche Seulen.

Wie hieß der ander Vorhoff?
Antwort.

Die Halle Salomonis. Darinne pflegte das
Volck zu beten/da hat Christus am meisten gepre-
digt/Joh. 8. 10 vnd auch die Apostel/ Actor. 3:
Er war mit einer Mawren vnterschieden/ das an
eim orte die Weiber / am andern ort die Männer
beten kondten.

Wie hieß der dritte? Antwort.

De

Der Vorhoff der Heyden. Den hat Herodes
gebawet für die Heyden / so aus aller Welt gen
Jerusalem kamen / Gott anzuruffen / vnd jhme zu
dienen. Der ist vberaus schön gewesen / hundert
Ellen weit / sieben hundert vnnd zwantzig Ellen
lang / mit schönen Marmelsteinen Mawren / herrlichen Pfeilern vnd spatiergängen.

Durch wie viel Thor muste man gehen/
ehe man in Tempel kam?
Antwort.

Wenn man von Auffgang der Sonnen inn
Tempel gieng / so muste man durch vier Thor gehen. Das erste war am Vorhoffe der Heyden /
dreissig Ellen hoch / vnd seine Flügel funffzehen
Ellen breit / das hieß die schöne Thür des Tempels / Actor. 3. Darumb / das es aus Corinther
Ertze gegossen war / das wie Silber vnd Gold
gleißete / vnnd zum schönsten außgegraben war.
Das ander war für der Halle Salomonis funffzig Ellen hoch. Das dritte für dem öbern Vorhoffe / siebentzig Ellen hoch. Das vierdte war das
hohe Thor am Tempel / neuntzig Ellen hoch. Vnd
dieser Thore Flügel waren alle mit Golde zum
sterckesten beschlagen. Sonst hat der Tempel an
allen seiten / vnd die Vorhöffe / vnd ihre herrliche
Eingebewe / noch viel andere Thüren vnd Thore
gehabt / die alle mit Gold beschlagen gewesen /
das / wie Josephus schreibt / man täglichen zwey
hundert Mann hat halten müssen / die diese Thüren vnd Thore auff vnd zugethan haben.

G v   Wie

Wie sein die Cherubin gestalt gewesen/so im Chor des Allerheiligsten gestan-den? Antwort.

Sie waren gestalt wie zween schöne Jüng-ling / derer Angesichte sich wendeten gegen auff-gang der Sonnen/waren gemacht aus Oelbeumen Holtze/vnd mit lauterm Golde vberzogen/ zehen Ellen hoch / vnd hatte ein jeder zweene Flügel/ jeglicher Flügel war fünff Ellen lang / vnd stun-den neben einander also / das sie mit den vnter-sten Flügeln an einander stiessen/ vnd mit den eus-sersten Flügeln die Wende des Chors berühre-ten/ vnd mitten vnter diesen Cherubin stund die Lade des Bundes. 1. Reg. 6.

Wie ist die Lade deß Bunds geformiert gewest? Antwort.

Sie ist gemacht gewest aus Foern Holtz / drittehalb Elle lang/ vnd anderthalb Ellen breit vnd hoch/inwendig vnd außwendig mit feinem Golde vberzogen/ hat ein güldenen Krantz oben vmbher gehabt/vnd auff jeder seiten zweene gül-dene Ringe/ darinne Stangen gestackt von Foern Holtz gemacht / vnd mit Gold vberzogen/ daran man sie getragen hat / Exod. 25.

Wovon vnd wie ist der Gnadenstuel ge-macht gewest/den man oben auff die Lade des Bundes hat setzen müssen? Antwort.

Aus lauterm feinem Golde/ dritthalb Ellen lang/ vnd anderthalb Ellen breit/ vnd oben auff
dem

dem Gnadenstuel sind gestanden zween Cherubin
aus richtem Golde gemacht/an jedem ende einer/
also/das ihre Flügel den Gnadenstuel bedeckt ha=
ben/ vnd ihre Angesicht gegen einander gestan=
den/ vnnd auff den Gnadenstuel gesehen haben.
Vnd von diesem Gnadenstuel zwischen den bey=
den Cherubin hat Gott mit Mose geredet/alles/
was er ihm an die Kinder Israel geboten hat/
Exod. 25.

Was hat in der Lade deß Bundes gele= gen? Antwort.

Dreyerley. Erstlich/ die güldene Gelte mit
dem himmelbrodt. Zum andern/die Rute Aaro=
nis/die gegrünet/vnd Mandeln getragen hatte.
Zum dritten/die Tafeln/darinne die zehen Gebot
mit Gottes Finger geschrieben waren/ Hebr. 9.

Was bedeutet dieser Gnadenstuel? Antwort.

Es ist ein fein Fürbild des HERRN Chri=
sti/vnd seines Mitler Ampts/dadurch er vns mit
Gott versönet/vnd für dem verzehrenden Fewer
Göttliches Zorns beschirmet / vns gerecht vnd
selig machet/ Ebr. 7. Rom. 3.

Wie beweissest du das? Antwort.

Mit diesen dreyerley Gründen. Zum ersten/
mit dem Zeugniß Pauli/ da er zun Römern am 3.
Christum einen Gnadenstuel nennet / sagende:
Alle Menschen sind Sünder/ vnd mangeln des
Ruhms für Gott. Sie werden aber gerecht aus
Gottes Gnade/ durch die Erlösung/so durch Je=
sum

zum Christum geschehen ist / welchen Gott hat
fürgestellt zu einem Gnadenstuel/durch den Glauben in seinem Blut. Denn Gott ist gerecht/ vnd
macht auch gerecht/den/ der da ist des Glaubens
an Jesum.

Zum andern / gleich wie Gott allein von dem
Gnadenstuel / zwischen den Cherubin mit Mose
redete alles was er ihm befohle an die Kinder
Israel: Also hat er auch mit vns geredt/vnd seinen gnedigen willen vns geoffenbart durch Christum den Mitlern/waren Gott vnnd Menschen/
Joh. 1. Niemand hat Gott gesehen/sondern der
Sohn/ der inn des Vaters Schoß ist/ hat es vns
geoffenbaret / Matth. 11. Niemand kennet den
Vater/denn nur der Sohn/vnd wems der Sohn
wil offenbaren. Ebr. 1. Gott hat / etc.

Zum dritten / wie sich die Jüden inn ihrem
Gebet mit ihrem Angesichte dahin wenden mu-
sten/ da der Gnadenstuel war : Also müssen alle
Christen in ihrem Gebet zu Christo sich wenden/
vnd in seinem Namen Gott anruffen. Sonst ausser Christo wil sie Gott weder sehen noch hören/
2. Cor. 1. Alle Verheissung sind Ja in ihm / vnd
sind Amen inn ihm / Gott zu lobe / durch vns.
Drumb spricht Christus/Joh. 16. Alles was ihr
den Vater bitten werdet in meinem Namen/ das
wird er euch geben.

Was bedeuten die Cherubin?
Antwort.

Die beyden Cherubin mit ihrem Angesichte
auff den Gnadenstuel sehende/ bedeuten das Alte
vnd Newe Testament der Propheten vnnd Apostel schrifften/die vns beyderseits auff Christum
weisen

weiſen/ die Propheten auff den verheiſſenen vnd
zukünfftigen/ Die Apoſtel auff den geleiſteten
vnd erſchienenen/ vnd geben jhm beyderſeits ein=
hellig zeugniß/ das in ſeinem Namen vergebung
der Sünden erlangen/ alle/ die an jhn glauben/
Actor. 10. Joh. 20.

Wie vielerley Leüte haben nicht dörffen in den Tempel kommen? Ant= wort.

Viererley. Erſtlich/ die zerſtoſſene vnnd ver=
ſchnidtene. Zum andern/ die Hurkinder. Zum
dritten/ die Ammoniter vnd Moabiter/ Deut. 23.
Zum vierdten/ Ein vnreiner vnbeſchnittener Hey=
de/ Denn es ſtunde für den Stuffen der Halle Sa=
lomonis ein ſchön Gitter von Marmelſteine/ das
ran waren die Wört Ebreiſch/ Griechiſch vnnd
Lateiniſch geſchrieben: Wer ein Frembdling iſt/
vnd zu der Wonung des HERRN hinein ge=
het/ der ſol ſterben. Darumb hat Herodes einen
ſondern ort für die Heyden/ die Gott anruffen/
vnd ihm dienen wolten bawen laſſen/ genant der
Vorhoff der Heyden.

Weine iſt das gehen im Tempel am vbel= ſten bekommen? Antwort.

Heliodoro dem Syriſchen Rentmeiſter/ als
der mit vielen Dienern beleitet/ prechtig in den
Tempel gieng/ den Schatz daraus zu nemen/ Ka=
men drey Engel/ einer zu Roſſe/ zwey zu Fuſſe/
vnd ſchlugen jhn ernieder/ das man jhn für todt
hinauß tragen muſte/ Vnd hette er alſo jämerlich
ſter=

sterben müssen/wann nicht der Hohepriester Onias im mit seiner fürbitte das Leben vnd Gesundheit bey Gott erlanget hette / 2. Maccab. 3.

Wer hat den ersten Gotteskasten in Tempel gesetzet? Antwort.

Der Hohepriester Jojada / der nam eine Lade/ boret oben ein Loch drein / vnd satzte sie im Tempel zur rechten Hand neben dem Altar / das man Geld darein samlete/ zu besserung vnd erhaltung des verfallenen Tempels/ 2. Reg. 12.

Wer hats verkündiget / daß der Tempel Salomonis würde zerstöret werden? Antwort.

Gott selber / da er dem Salomoni erschien/ vnd sagte: Werder ihr euch von mir wenden/ ihr vnd ewere Kinder / vnnd nicht halten meine Gebot vnd Rechte / die ich euch fürgelegt habe/ vnd hingehet/ vnd andern Göttern dienet/ vnnd sie anbetet / so werde Ich Israel außrotten von dem Lande / das ich jhnen gegeben habe. Vnd das Hauß / das ich geheiligt habe meinem Namen/ wil ich verlassen von meinem Angesicht/ vnd das Hauß wird eingerissen werden / das alle/ die fürüber gehen / werden sich entsetzen vnd blasen/ vnd sagen: Warumb hat der HERR diesem Lande vnd diesem Hause also gethan? 1. Reg. 9.

Wer hat den Tempel Salomonis verbrandt? Antwort.

Nebusar Adan der Hoffmeister des Königes zu Babel / der stackte nach eroberung der Stadt
vnd

vnd Gefengnuß des Königes Zedechiæ den Tempel an / vnd brand jhn neben andern schönen Gebewen in Grunde ab / 2. Reg. 25.

Wer hat den andern Tempel zu Jerusa-
lem erbawet? Antwort.

Zorobabel der Fürst der Jüden / aus erleub-
niß vnd beförderung der Meder vnd Perser Könige Cyri vnnd Darij / wie das Buch Esra außweiset.

Wie viel ist zur Auffbawung deß andern
Tempels gegeben worden?
Antwort.

Der König in Persia Arthasasta / oder Darius
Artaxerxes / vnd seine Fürsten / sampt den fürnembsten inn Israel / hatten darzu gegeben sechs
hundert vnnd funfftzig Centner Silbers / das ist
vierhundert tausend / sieben vnd achtzig tausend /
vnd fünff hundert Thaler / An silbernen Gefessen
hundert Centner / die machen fünff vnd siebentzig
tausend Thaler.

An Golde hundert Centner / die machen sechs
Tonnen Goldes; Item / zwantzig güldene Becher / tausend Drachmas schwer / das sind tausend
Vngerische Goldgülden / jeder funfftzig Vngerischer Gülden schwer / Esra 7. 8.

Wie viel hat Nehemias vnd sein bey-
stand zum andern Tempel gegeben? Antwort.

Nehemias gab zum Schatze des Heiligthums
tausend Drachmas / das sind ein tausend Vngerische

rische Gülden / vnd die oberste Väter gaben dar=
zu zwantzig tausend Drachmas / das sind zwantzig
tausend Vngerische Gülden.

An Silber aber gaben sie zwey tausend vnnd
zwey hundert Pfund / vnd das andere Volck gab
zwey tausend Pfund Silbers / vnd zwantzig tau=
send. Vngerische Goldgülden werth Goldes (Ne=
hemiæ am 7.

Wie lange ist daran gebawet worden?
Antwort.

Sieben vnd viertzig Jahr / wie die Jüden zu
Christo sagen / Joh. 2. Were also fertig worden
im Jahr der Welt / drey tausend / vier hundert
vnd vier vnd siebentzig.

Wie viel Viehes ist auff dieses andern
Tempels einweihung geopffert?
Antwort.

Hundert Kelber / zwey hundert Lemmer / vier
hundert Böcke / vnd zwölff Ziegenböcke. Diese
sind alle geopffert worden / Esra am 6.

Wer hat diesen Tempel zerstöret?
Antwort.

Titus der Römische Keyser hat jhn sampt der
Stadt verbrant / vnd zu grunde verstöret / im Jar
der Welt / 4034. im 40. Jahr nach der Himmel=
fart Jesu Christi.

Wer hats verkündiget / daß der letzte zer=
störete Tempel nicht solte wider gebawet
werden? Antwort.

Daniel

ap. Es wird das Opffer vnnd
ören / vnd ist beschlossen / das
die verwüstung trieffen wird.

ı die Philister nit auff die
Kirchthüren getreten / wenn
Götzentempel gangen
d? Antwort.

r HERR / der Gott Jsrael /
on die beyde Hende vnnd das
arte / auff der Schwelle / da
RRN in jhren Götzentem?
. Sam. 5.

mpel in ein Cloackver-
orden? Antwort.

a ließ Jehu im anfang seines
örrischen Tempel Baäls ab-
en / vnd machte ein heimlich
zeigen / das Abgötterey vnd
grosser Grewel für Gott ist /
der allerscheußlichste Vnflat
ı Reg. 10.

e Ruhm der Jüden ge-
stets deß Tempels Gote ?
eten? Antwort.

eremia ain 7. So spricht der
ael: Bessert ewer Leben vnd
uch wohnen an diesem orte /
ff die Lügen / wann sie sagē
es HErrn / hie ist der Tem-

H   pel

pel deß HErrn/hie iſt des HErrn Tempel/dann vergebens iſt es/ſich des Tempels rühmen/vnnd der Lehre nicht folgen/ſo im Tempel geoffenbaret iſt/ vnd gelehret wird.

Wo wird der Tempel genant Gottes Bethauß? Antwort.

Im Propheten Eſaia am 56. Cap. Mein Hauß heiſt ein Bethauß allen Völckern/ Ich wil der frembden Kinder/die ſich zum HERRN gethan haben/das ſie ihm dienen/zu meinen heiligen Berge bringen/Ich wil ſie erfrewen in meinem Bethauſe/ ihre Opffer vnnd Brandopffer ſollen mit angenem ſein auff meinem Altare.

X.

Von der Chriſtlichen Kirchen.

Was heiſt das Wort Kirche? Antwort.

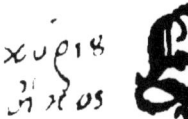 ES iſt ein Griechiſch Wort/ vnd heiſt ſo viel als ein Hauß des HERRN/oder viel mehr ein hauffe des Volckes Gottes.

Was heiſt das Wort Ecclesia? Antwort.

Ein zuſammen beruffene Gemeine/oder verſamlung der Chriſten / Actor. 9.

Wars

Warumb nennet Dauid im 84. Pſalm die Kirche einen Vorhoff Gottes? Antwort.

Darumb/das man in rechten Himliſchen Königlichen Saal Gottes nicht kommen kan/ man gehe denn vorhin in dieſen Vorhoff / werde ein Glied der Chriſtlichen Kirchen eingeleibet dem HErrn Jeſu Chriſto/Joh. 3. Rom. 6. Gal. 3.

Welches iſt das eigendlichſte Merckmal der Chriſtlichen Kirchen? Antwort.

Chriſtl. Stimm vnd Gottes Wort hören vnd annemen. Johan. 10. Meine Schafe hören meine Stimme. Johan. 8. Wer aus Gott iſt/der höret Gottes Wort.

Welches iſt das eigendlichſte Merckmal der Kirchen deß Teufels? Antwort.

Gottes Wort verachten vnd verfolgen. Joh. Ihr höret nicht/denn ihr ſeid nicht von Gott/ ſondern vom Vater dem Teuffel/etc. Joh. 5. Ihr wolt nicht zu mir kommen/das ihr das Leben erlanget. Jeremiæ 7. Diß iſt das Volck/ das den HErrn ſeinen Gott nicht hören wil.

Vo wird die Chriſtliche Kirche Gottes liebe Seele genant? Antw.

Im Propheten Jeremia am 12. Capitel. Ich be meine liebe Seele in der Feinde Hand gege=

H ij   dar

den/mein Hauß verlassen/vnd mein Erbe melden
müssen.

Wo wird die Christliche Kirch eine Braut deß Himlischen Königes genant? Antwort.

Im 45. Psalm: In deinem Schmuck gehen der
Könige Töchter / die Braut stehet zu deiner
Rechten/in eitel köstlichem Golde. Des Königes
Tochter ist gantz herrlich innwendig / sie ist mit
güldenen Stücken gekleidet. Man führet sie inn
gestückten Kleidern zum Könige/ vnnd jhre Ge-
spielen die Jungfrawen/die jhr nachgehen/füh-
ret man zu dir. Man führet sie mit Freuden vnd
Wonne/vnd gehen in des Königes Pallast.

Wo wird sie genant ein betrübtes verstos-senes Weib / dessen sich Gott anne-me? Antwort.

Esaiae am 54. Der HERR hat dich lassen im
Geschrey sein/das du seyst wie ein verlassenes vnd
von Hertzen betrübtes Weib/vnd wie ein junges
Weib/das verstossen ist/ spricht dein Gott. Ich
hab dich einen kleinen Augenblick verlassen/aber
mit grosser Barmhertzigkeit wil ich dich samlen/
Ich habe mein Angesicht im Augenblick des
Zorns ein wenig von dir verborgen/ Aber mit
ewiger Gnade wil ich mich deiner erbarmen/
spricht der HERR dein Erlöser.

Wo wird die Christliche Kirche genant Gottes auserwehltes Volck vnd eigen-thumb? Antwort.

1. Pet. 2.

hr seyd das außerwehlete Ge=
liche Priesterthum/das heilige
es Eigenthumbs/das jhr ver=
ugend des / der euch beruffen
erniß zu seinem wunderbaren
eyland nicht ein Volck waret/
olck seyd/vnd weyland nicht in
aber in Gnaden seyd/Exod. 19.

Glieder der Kirchen ge=
es Haußgenossen?
Antwort.

n 2. da Paulus sagt/ So seyd
Geste.vnd Frembdlinge/son=
en Heiligen / vnnd Gottes
awet auff den grund der Apo=
i / da Jesus Christus der Eck=
n der gantze Baw in einander
einem herrlichen Tempel jhm
f welchen auch jr mit erbawet
hausung Gottes im Geiste.

hristliche Kirche einem
arten verglichen?
Antwort.

sis am 24. Wie fein sind de=
nnd deine Wohnung Israel/
ußbreiten/wie die Garten an
e Hütten/die der HErr pflan=
an den Wassern.   Es wird
Ener fliessen/vnd sein Same
er werden. Sein König wird
        J ij   höher

höher werden/ denn Agag/ vnd sein Reich wird
sich erheben.

Wo wird diese Gleichniß mehr ge-
braucht? Antwort.

Im Hohenliede Salomonis am 4. Meine
Schwester/ liebe Braut / du bist ein verschlossner
Garte/ ein verschlossene Quelle/ ein versiegelter
Born. Dein Gewechs ist wie ein Lustgarte von
Granatöpffeln mit edlen Früchten / Cypern mit
Narden/ Narden mit Saffran/ Calmus vnd Ci-
nomen / mit allerley Bäwmen des Weyrauchs/
Myrrhen vnd Aloes / mit allen besten Würtzen/
wie ein Gartenbrunne/ wie ein Born lebendiger
Wasser / die von Libano fliessen. Stehe auff
Nordwind/ vnd komme Sudwind/ vnnd webe
durch meinen Garten/ das seine Würtze trieffen.
Im 5. Cap. deßgleichen.

Wo werden die Christen den Pflantzen
verglichen? Antwort.

Esaiae am 61. Sie werden genant werden
Pflantzen des HERRN zum Preise/ vnd Bäume
der Gerechtigkeit.

Wo werden die Gleubigen den Bäumen
verglichen? Antwort.

Im 1. Psalm: Wer lust hat zum Gesetze des
HERRN/ vnd redet dauon Tag vnd Nacht/ Der
ist wie ein Baum gepflantzet an den Wasserbä-
chen/ der seine Frucht bringt zu seiner zeit / vnnd
seine Bletter verwelcken nicht/ vnd was er macht/
das geret wol.

Wo.

Wo wird es mehr gedacht? Antwort.

Matth. 7. Ein guter Baum bringet gute
Früchte/aber ein fauler Baum bringet arge Früchte. Ein guter Baum kan nicht arge Früchte brin-
gen/ vnd ein fauler Baum kan nicht gute Früchte
bringen. Ein jeglicher Baum/ der nicht gute
Früchte bringet/wird abgehawen/vnd ins Fewer
geworffen. Esa. 61. Sie werden genant werden
Beume der Gerechtigkeit.

Welcher heiliger Mann hat im Vrtheil von grösse oder vielheit der Kirchen Gottes gejrret? Antwort:

Der heilige Abraham/ der meinete/ die Kir-
chewere zu seiner zeit so gros / das allein zu Sodoma vnd Gomorrha funfftzig Gerechter weren/
da jhrer doch nicht fünff kondten darvon gefunden werden/ Genes. 18.

Welcher Heiliger hat im vrtheil von der Kirchen geringheit oder kleine gejrret? Antwort.

Der heilige Prophet Elias / der zur zeit des
ABgöttischen Königes Ahabs meinete/ Er allein
were noch von der gerechten Kirchen vbrig/ vnd
sonst keiner mehr/dem Gott antwortete/ er hette
jm noch sieben tausend vbrig behalten/die nicht
gefallen weren/ 1. Reg. 19.

Woran ist die Kirche gebunden/vnd wo-rauff bestehet sie? Antwort.

G iij   Nicht

Nicht an die Succession der Bäpste/Cardinä
le vnnd Bischoffe/ Auch nicht an die Decret der
Bäpste vnd Concilien/Sondern an Gottes Wort
im Alten vnd Newen Testament verfaßt. Eph. 2.
Ihr seyd Gottes Hauß genossen/ er bawet auff den
grund der Propheten vnnd Aposteln / da Jesus
Christus der Eckstein ist/ etc.

Wer ist das rechte Heupt der Kirchen? Antwort.

Nicht der Bapst / wie er sich felschlich rüh=
met/ sondern der HErr Jesus Christus / Wie
Paulus sagt zum Ephe. am 1. Cap. Gott hat jhm
alles vnterthan / vnd hat jhn gesatzt zum Heupte
der Gemeine vber alles. Am 5. Wie der Mann ist
des Weibes Heupt/ Also ist Christus das Heupt
der Gemeine/ vnd ist der Heyland seines Leibes.
Coloss. 1.

Wie weit reichet vnd gehet die Kirche? Antwort.

Durch die gantze weite Welt. Psalm 19. Ihre
Schnur gehet aus in alle Lande/ vnnd jhre Rede
biß an der Welt ende. Vnd Psal. 72. Er wird das
elende Volck bey recht erhalten/ vnnd den Armen
helffen/vnd die Lesterer zerschmeissen. Man wird
dich fürchten/so lange die Sonne vnd der Mond
weret von Kinde zu KindesKindern. Vnd Matth.
28. Gehet hin in alle Welt. Psalm 50.

Wo wird die Christliche Kirche genant ein grund der Warheit? Ant= wort.

1. Tim. 2.

1. Tim. 3. Das du wissest wie du wandeln solst im Hause Gottes/welche ist die Gemeine des lebendigen Gottes/ ein Pfeiler vnnd Grundfeste der Warheit.

Wie lang soll die Christliche Kirche auff Erden bleiben? Antwort.

Biß an den Jüngsten tag / wil ihm Gott ein Zeufflein allhie erhalten / das ihn vnnd seinen Sohn erkennen/ehren vnd fürchten sol/ wie hefftig auch der Teuffel vnnd Welt darwider toben: Psalm 72. Man wird ihn fürchten / so lange die Sonne vnnd Mond weret / von Kind zu Kindes Kind. Matth. 28. Ich bin bey euch alle tage biß an der Welt ende. Matth. 16. Die Pforten der Hellen sollen sie nicht vberweltigen. Esai. 54. Diß sol mir sein wie die Wasser Noah/da ich schwur/etc.

Sol man auch gemeinschafft haben mit der falschen Kirchen vnd Feinden Gottes? Antwort.

Nein. Dann Dauid sagt im 25. Psalm: Ich hasse die versamlung der Boßhafftigen/ vnd sitze nicht bey den Gottlosen/Ich halte mich HERR zu deinem Altar/da man hört die stimme des dancks/vnd prediget alle deine Wunder / Ich liebe den ort da deine Ehre wohnet. Psalm 139. Ich hasse sie mit rechtem ernste/ etc.

H v Von

XI.

Von Cantorey / Lieder / Seitenspiel vnd Trommeten.

Wer hat die statlichste Cantorey angerichtet? Antwort.

Auid hat zu Jerusalem gehalten vier tausend Lobsinger des HErrn mit allerley Seitenspielen / darunter zwey hundert acht vñ achtzig Meister / die alle im Gesange des HErrn wol gelehrt waren / Syr. 47.

Wer hat am meisten Lieder gemacht? Antwort.

Salomon. Denn so stehet 1. Reg. 4. Seiner Lieder waren hundert vnd fünffe.

Wer hat die erste Christmesse gesungen? Antwort.

Die lieben heiligen Engel / die alßbald in der Nacht / da Christus geboren war / anfiengen Gott zu dancken / vnd die Wolthaten seiner Geburt zu rühmen / im Felde für den Hirten / wie S. Lucas schreibt am 2. Vnd alßbald war bey dem Engel die menge der Himlischen Heerscharen / die lobeten Gott / vnd sprachen: Ehre sey Gott in der Höhe / Friede auff Erden / vnd den Menschen ein wolgefallen.

Wer

Wer hat die beste vnd lieblichste Cantorey gehört? Antwort.

Die Hirten bey dem Flecken Eder/ die höreten zur zeit der Geburt Christi die Menge der himlischen Heerscharen singen mit süssem Thon/ vnd aber alle massen lieblicher Harmoney vnnd schöner Melodey / Luc. 2.

Welches ist der erste Psalm in der Bibel? Antwort.

Der Lobgesang / den die Kinder Israel Gott sungen/ da er sie mit trockenem Fuß durchs rothe Meer geführet/ vnd ihren Feind vmbbracht hat/ e. Exod. 15. Ich wil den HERRN singen/ denn r hat herrliche Thaten gethan/ Roß vnd Wagen at er ins Meer gestürtzt.

Welches ist der kürtste Psalm? Antwort.

Der 117. Psalm / der hat nicht mehr als zween erß: Lobet den HErrn alle Heyden/ vnd preyset ihn alle Völcker: Denn seine Gnade vnd Warheit waltet vber vns in in ewigkeit/ Alleluia.

Welches ist der lengste Psalm im Psalter? Antwort.

Der 119. Psalm / der hat hundert fünff vnnd sibentzig Verß.

So wird deß hellesten singers gedacht? Antwort.

Jerer

Von Cantoreyen.

Jeremiae am 25. da der Prophet sagt: Der
HERR wird brüllen aus der Höhe/ Er wird sin
gen ein Lied/ wie die Weintreter/ vber alle Ein
wohner deß Landes / des Halle erschallen wird/
biß an der Welt ende.

Wo stehet das schwereste Lied?
Antwort.

In der Offenbarung Johannis am 14. da der
Euangelist Johannes sagt/ Er habe ein new Lied
hören singen / welches niemand habe lernen kön
nen/ ohne die hundert vier vnd vierzig tausend/
die bey dem Lamb gestanden / damit angezeiget
wird/ daß das Euangelion von JesuChristo dem
Lamb Gottes / das der gantzen Welt Sünde
tregt/ ein solch Geheimniß sey/ das aller Mensch
lichen Vernunfft verborgen vnnd vnbewust ist/
vnd von Fleisch vnd Blut nicht kan verstanden
noch begriffen werden/ wo es Christus vns nicht
offenbaret/ vnnd durch seinen heiligen Geist vns
das Verstendnis eröffnet/ das wirs verstehen vnd
im Glauben fassen vnd annemen/ 1. Cor. 2.

Waserley Seytenspiel sind von Men
schen im Himmel gesehen vnd gehö
ret worden? Antwort.

Harpffen vnd Posaunen. Von den Harpffen
schreibt Johannes in der Offenbarung am 5. das
er gesehen habe die vier vnnd zwantzig Eltesten
für dem Lamb niderfallē/ welche Harpffen in jren
Händen hielten/ vnd ein new Lied sungen. Im
14. cap. sagt er: Er habe gehört ein new Lied sin
gen im Himmel in der stimme/ als der Harpffen
schlä

schläger/ wenn sie auff der Harpffen spielen. Im 15. setzt er deßgleichen. Von den Posaunen sagt er im 8. Cap. das er gesehen habe/ wie Gott sieben Engeln sieben Posaunen gegeben habe/ welche einer umb den andern damit geposaunet haben.

Wo ist das meiste Seitenspiel gesehen oder gehöret worden? Antwort.

Als Nebucadnezar hatte auffrichten lassen das güldene Bild/ unter allen Völckern befohlen/ dasselbe anzubeten/ da ließ er dabey erschallen Posaunen/ Trommeten/ Harpffen/ Geigen/ Psalter/ Lauten und allerley Seitenspiel/ Daniel. 3. Item/ als David die Lade Gottes holete/ spielete David und das gantze Israel mit allerley Seitenspiel von denen Holtz/ mit Harpffen/ Psaltern/ Paucken/ Schellen und Cymbeln/ 2. Sam. 6.

Wo stehets/ daß man Gott auch mit Seitenspiel loben soll? Antwort.

Im 150. Psalm: Lobet den HErrn mit Posaunen/ lobet ihn mit Psalter und Harpffen/ lobet ihn mit Paucken und Reihen/ lobet ihn mit Seiten und Pfeiffen/ lobet ihn mit hellen Cymbeln/ lobet ihn mit wolklingenden Cymbeln. Im 98. Psalm: Jauchzet dem HERRN alle Welt/ lobet ihn mit Harpffen/ Posaunen/ Trommeten unnd Psalmen/ etc.

Wer hat befohlen Trommeten zu machen? Antwort.

Gott

Von Trommeten.

Gott selber/ Num. 10. Der HERR sprach zu Mose/ Mache dir zwo Trommeten von richtem Silber/ das du ihr brauchest die Gemeine zu beruffen/ vnd wann das Heer auffbrechen sol.

Wo stehets geschrieben/ daß man auch im Tempel mit Posaunen vnd Trommeten hat pflegen zu blasen? Antwort.

Im andern Buch der Könige am 11. Sihe der junge König Joas stund an der Seulen/ wie es gewonheit war/ vnd die Drabanten/ Sänger vnd Trommeten vmb jhn her/ vnnd alles Volck war frölich/ bliesen mit Trommeten/ schlugen die Hände zusammen/ vnnd schryen: Glück zu dem Könige.

Wo wird befohlen mit Trommeten auff die Feste zu blasen? Antwort.

Im 4. Buch Mosis am 10. Gott sprach/ Wenn jhr frölich seyd an ewren Festen/ vnnd in ewren Newmonden/ solt ihr mit den Trommeten blasen vber ewer Brandopffer vnd Danckopffer/ das ewrer gedacht werde für ewrem Gotte.

Wo wird befohlen/ der Trommeten im Kriege zu gebrauchen? Antwort.

Im 4. Buch Mosis am 10. Wenn jhr inn einen Streit ziehet in ewrem Lande wider ewere Feinde

Feinde / die euch beleidigen / so solt jhr trommeten mit Trommeten / das ewer gedacht werde für dem HERRN ewrem Gott / vnd erlöset werdet von eweren Feinden.

Wo stehets / das Christus mit Trommeten am Jüngsten tage kommen werde? Antwort.

i. Theff. 4. Er wird kommen mit einem Feldgeschrey / vnd stimme des Ertzengels / vnd mit der Posaunen Gottes hernieder vom Himmel / vnnd die Todten werden aufferstehen / etc. 1. Cor. 15. Die Posaune wird schallen / vnd die Todten werden aufferstehen vnuerweßlich / vnd wir werden verwandelt werden. Matth. 24. Er wird seine Engel senden mit hellen Posaunen / vnd die werden versamlen seine Außerwehlten von den vier winden der Welt.

Wo wird der Leyren gedacht? Antwort.

Im Propheten Amos am 5. Cantica Lyræ non audiam, Ich mag dein singen in die Leyr nicht hören. Lutherus hats verdeutschet / Ich mag dein Psalterspiel nicht hören.

Wer ist der Geygen vnd Pfeiffen erstinder? Antwort.

Jubal / der Sohn Lamech / von dem sind herkommen die Geyger vnd Pfeiffer / Gen. 4.

Er hat seine Harpffen an die Weiden gehengt? Antwort.

Die

Von Trommeten.

Die betrübten Juden zu Babylon / da sie gefangen waren / vnnd von den Heyden verspottet
wurden / als hette Gott jrer vergessen / da hiengen
sie für grosser schwermuth jhre Harpffen Psalter
vnd Geigen an die Weidenbeume / kondten der
nicht in frölig keit gebrauchen / wie der 137. Psal.
klagt vnd sagt.

Wer vermeldet daß in Christi Auffarth
Seitenspiel sind gehört worden?
Antwort.

David im 47. Psalm: Gott fehret auff mit
jauchzen / vnnd der HERR mit hellen Posaunen.
Im 68. Die Wagen des HERRN sind viel tausend mal tausend / Der HERR ist mitten vnter
jhnen im heiligen Synai / die Senger gehen vor-
her / darnach die Spielleute vnd die Paucker.

Wer hat pflegen Posaunen zu lassen weil
er Almosen hat wollen außtheilen?
Antwort.

Die Rotte der Phariseer / auff das jhre mil-
digkeit vielen kundt würde / vnd sie davon ruhm
vnd lob erlangten / drumb strafft es Christus als
ein heucheley / Matth. am 6. sagende: Wann du
Almosen gibst / soltu nicht lassen für dir Posaunen / wie die Heuchler thun / auff
das sie von den Leuten gepreist
werden.

Von

XII.

Von Festen vnd Feyer=
tagen.

Wie viel Hauptfeste haben die Jüden
Jährlich halten müssen? Ant=
wort.

Raffe. Das erste ist Passah oder Oster=
fest / das die Jüden feyren musten / zur
erinnerung vnd erhaltung der gedecht=
nis der wunderbarlichen vnd mechtigen
Erlösung aus Egypten/ vnd zu erweckung vnnd
zu vernewerung der furcht Gottes in jhren Her=
tzen/ aus betrachtung der grewlichen straffe/ so
vber die Gottlosen Egyptier gangen war. Item/
das die Schlachtung des Osterlambs jhnen eine
Erinnerung gebe des Künfftigen rechten Oster=
lambs des HErrn Jesu Christi / der sie mit sei=
nem Blut von Sünden waschen/ vnnd sie mit sei=
nem tode von ewiger verdamniß erlösen würde.
Dauon Paulus sagt 1. Cor. 5. Wir haben auch
ein Osterlamb/ welches ist Christus für vns ge=
schlachtet.

Das ander war das Pfingstfest/das sie feyren
musten vmb ernewrung vnd erhaltung willen des
gedechtniß des gegebenen Gesetzes am Berge
Sinai/welches sie auch das Fest der Wochen oder
Erstlinge nandten/ darumb/ das sie daran die er=
sten Brodt aus den new erwachsenen Früchten
Gott opfferten/zum zeugniß/ das ers allein wäre/

J   der

der jhnen Brodt vnnd alle Leibeßnahrung gebe
sie ernehrete vnd erhielte.

Das dritte war das Fest der Posaunen / das
mussten sie feyren zu ernewerung vnnd erhaltung
des gedechtniß der grossen Thaten vnd Wunder
Gottes / so er in jhrer Erlösung gethan vnd geübt
hatte / jhre Kinder derer erinnern vnd Gott dafür
dancken. Gleich wie wir durch die Predigt des
Euangelij erinnert werden der grossen Wunderbaren That / das vns Gott durch seines Sohns
Blut vnd Todt erlöset hat / durch sein Wort zu
seinem Reich berufft / durch seinen heiligen Geist
im Glauben erleucht vnd erhelt.

Das vierdte war das Fest der Casteyung /
daran sie jhren Leib casteyen musten / vnnd der
Hoheprtester Järlich in das allerheiligste gieng /
mit Reuchwerck / Bocks vnnd Farren Blute / zu
versöhnen die Sünde des Volcks. Welches auch
eine erinnerung war der versönung für die Sünde
der Welt / durch das Blut vnd Todt Jesu Christi / von dem Johannes sagt am 2. Cap. seiner I.
Epistel / Er ist die versönung für vnser Sünde /
vnd für die Sünde der gantzen Welt. Vnnd die
Epistel zun Ebre. am 10. Christus ist kommen /
das er sey ein Hoherpriester / vnd hat ein Opffer
für die Sünde geopffert / das ewig gilt / vnd hat
mit einem Opffer in ewigkeit vollendet / alle die
geheiliget werden.

Das fünffte war das Fest der Lauber Hütten /
daran die Jüden sieben tage musten vnter Laub-
hütten wohnen / vnd für Gott frölich sein / Jhm
opffern vnd dancken / das sie damit erhielten / vnd
bey jhren Nachkommen ernewerten das gedechtniß / das sie Gott vierzig Jahr in der Wüsten / da
sie

sie weder Heuser noch gewisse sitze hatten/sondern
von einem ort zum andern zogen/vnd nur in Zel-
ten vnd Hütten wohneten / dennoch so mechtiglich geschützet/vnd so wünderlich vnd Vätterlich
erhalten vnd versorget hatte. Item / das sie sich
daran erinnerten / das sie in diesem Leben nur
Bilgrim vnd Fremdlinge weren/vnd derwegen
nach dem ewigen Leben / als jhrem rechten Va-
terlande mit ernste trachteten. Wie auch die Epistel zun Ebreern vns ermanet zu thun mit diesen
Worten/cap. 13. Hie haben wir keine bleibende
stedte/lasset vns die zukünfftige suchen.

Wenn ist das erste Osterfest gehalten worden? Antwort.

Am 14. tage des Aprilen / für drey tausend
ein hundert vnd sechs Jahren/als die Kinder Israel aus Egypten ziehen wolten/ Exod. 12.

Wie nennet die Bibel das Osterfest? Antwort.

Passah/das heist ein Durchgang oder Vber-
gang/darumb/das die zeit der Engel deß HErrn
gantz Egyptenland durchgieng/vnd alle erste Geburt an Menschen vnnd Viehe inn der Egypter
heuser todt schlug/für den Häusern aber der Israeliten fürüber gienge / Exod. 12.

Zu welcher Könige zeiten ist das Fest des Ostern am herrlichsten gehalten worden? Antwort.

J ij   Erst

Von Festen

Erstlich: Zur zeit Hißkiæ/der versamlete alles Volck in Israel vnd Juda gen Jerusalem/ das sie dem HErrn jhrem Gott das Passah hielten/ oder Ostern feyreten/ gab auch dem Volck darzu zwey tausend Farren / vnd siebenzehen hundert Schaff mit seinen Fürsten. Also hielten die Kinder Israel zu Jerusalem das Fest der vngesewerten Brodt vierzehen tage mit grosser freude/die Priester vnd Leuiten lobten den HERR Nalle tage mit starckem Seitenspiel/ vnnd alles Volck danckte dem HErrn jhrer Väter Gott/2. Par.30.

Zum andern/zun zeiten des Königes Josiæ/der ließ auch alles Volck versamlen aus seinen Königreichen / das sie anhöreten die Wört Gottes im Gesetzbuch beschrieben / vnnd hielten nach der einsetzung Gottes das Osterfest/gab auch für sich dazu dreissig tausend Lemmer / vnnd junge Ziegen / drey tausend Rinder / vnd seine Fürsten gaben freywillig darzu sechs vnd zwantzig hundert Lemmer vnd Ziegen / drey hundert Rinder/ vnd also hielten die Kinder Israel Passah/ vnnd das Fest der vngesewerten Brodt sieben tage. Es war kein Passah gehalten in Israel/wie das/von der zeit an Samuelis des Propheten / vnnd kein König in Israel hatte also solch Passah gehalten/ wie Josias hielt/ 2 Para. 35.

Wo wird der vnterscheid der Pfingsten

deß Alten vnd Newen Testaments am klerlichsten gedacht? Antw.

Jeremiæ am 31. Sihe/es kümpt die zeit/ spricht der HERR/ das Ich mit dem Hause Israel ein Bund machen wil/ nicht wie der Bund gewesen ist/den Ich mit jhren Vätern machte/da

Ich

Ich sie aus Egyptenland führete/ welchen Bund
sie nicht gehalten haben/ vnd Ich sie zwingen mus
sie sondern Ich wil mein Gesetze in ihr Hertz ge-
ben/ vnd in ihren Sinn schreiben/ vnnd sie sollen
mein Volck sein/ so wil Ich ihr Gott sein/ vnnd
sollen mich alle kennen/ beyde klein vnnd groß.
Denn Ich wil ihnen ihre Missethat vergeben/
vnd ihrer Sünde nimmermehr gedencken. Vnd
Psalm 68. Gott/ da du für deinem Volck einher
zogst in der Wüsten/ da bebete die Erde/ vnd die
Himmel troffen für dem Gott Sinai. Nu aber
gibstu Gott einen gnedigen regen/ vnd deiner Er-
be/ das dürre ist/ das erquickstu/ daß deine Thiers
darinne wohnen können. Gott du labest die Elenden mit deinen Gütern/ Der HERR gibt das
Wort mit grossen Scharen der Euangelisten.

Was lernen denn diese beyde Sprüche? Antwort.

Zweyerley. Zum ersten/ Daß Gott durchs
Gesetze in den Pfingsten deß Alten Testaments
gegeben/ nur schrecke/ zur furcht vñ erkentnis der
Sünde bewegt/ völligen gehorsam erfordere/ vnd
den Vngehorsam todt vnd verdamniß drewe.

Zum andern/ das Gott durchs Euangelion au
den Pfingsten des Newen Testaments gegeben/
tröste/ vergebung der Sünden/ vnd Christi Gerechtigkeit schencke/ zum Glauben vnd kindlichen
vertrawen reitze/ vnd allen Gleybigen ewiges Leben vnd Seligkeit gebe.

Wo wird den Jüden der siebende Tag zu feyren geboten? Antwort.

J iij　　　　　　Jm

Jm 2. Buch Mosis am 20. Gedencke des Sabbaths tages/das du ihn heiligest. Sechs tage soltu arbeiten/ vnd alle dein ding beschicken/ Aber am siebenden tage ist der Sabbath des HErrn deines Gottes/da soltu kein Werck thun/ noch dein Sohn/ noch deine Tochter/ noch deine Kinder/noch deine Magd/ noch dein Vieh/ noch dein Frembdlinger/der in deinen Thoren ist.

Warumb ist der siebende tag zum feyer genommen? Antwort.

Darumb/ das Gott daran geruhet/ vnd ihn geheiliget hat/ Exod. 20. In sechs tagen hat der HERR Himmel vnd Erden gemacht/ vnd das Meer/vnd alles/ was drinnen ist/ vnd ruhete am siebenden tage. Darumb segnete der HERR den Sabbath tag/ vnd heiligte ihn.

Wo wird die entheiligung deß Sabbaths beym tode verboten? Antw.

Exod. 31. Haltet meinen Sabbath/ Denn er sol euch heilig sein. Wer ihn entheiliget/ der sol des todes sterben. Denn wer ein arbeit drinnen thut/ des Seel sol außgerottet werden von seinem Volck.

Wo wird die herrlichste verheissung gegeben auff die heiligung der Feste? Antwort.

Jeremiae am 17. So spricht der HERR/So ihr den Sabbath heiliget/ das ihr keine arbeit darzu thut/ so sollen auch durch dieser Stadt Thor

Thoren vnd eingehen Könige vnd Fürsten (die
auff dem Stuel Dauid sitzen) vnnd reiten vnnd
fahren beyde auff Rossen vnd Wagen / sie vnnd
ihre Fürsten / sampt allen / die in Juda vnd zu Jerusalem wohnen / vnd sol diese Stadt ewiglich be-
wohnt werden:

Es wird die hefftigste drewung gesatzt auff die entheiligung der Feste? Antwort.

Jeremiae am 17. Werdet ihr mich nicht hören / spricht der HERR / das ihr den Sabbath tag
heiliget / vnd keine Last tragt durch die Thor zu
Jerusalem ein am Sabbath tage / so wil Ich ein
Fewer vnter ihren Thoren anstecken / das die
Häuser zu Jerusalem verzeren / vnd nicht gelöschet
werden sol.

Wer ist am ersten vber der entheiligung deß Feyertages getödtet worden? Antwort.

Der Israelitische Mann / der am Sabbath
Holtz gelesen hatte / vnd aus Gottes befehl gesteiniget ward / Num. 15.

Welche hat die Feyer deß Sabbaths vmb Leib vnd Leben gebracht? Antwort.

Tausend Jüden / so sich für des Königs Antiochi Tyranney in einen Felsen versteckt hatten /
Vnd als sie am Sabbath vberfallen / so hat vber-

J iij   der

der feyer des Sabbaths hielten / das sie sich ohn
alle gegenwehr willig tödten liessen / 1. Maccat.

Welcher Herr hat die Feste von Gott an-
gesetzet bey Leibßstraffe verboten zu
halten? Antwort.

Antiochus der Edle / ein König in Syrien /
ein Abgöttischer Tyrannischer Herr / der ließ ein
Mandat außgehen / das alle seine Völcker einerley
Gottesdienst halten solten / Nemlich der Heyden
Götzendienst / vnd die Brandopffer / Speißopf-
fer vnd Sündopffer / im heiligen Tempel zu Jerusalem / sampt dem Sabbath vnd andern Festen /
daran man den rechten Gott ehrete / abschaffen
vnd vnterlassen / 1. Maccab. 1.

Wer hat am härtesten getobet wider die /
so das Fest des HErrn feyerten vnd
hielten? Antwort.

Der Syrische König Antiochus / der auff die
Leute lauren ließ durch seine Kriegßknechte / so
in Tempel gehen / die Fest halten / vnd Gott da
dienen wolten / beraubete sie / erschlug sie / fiel offt
in Tempel / vnd vergoß darinne viel vnschüldi-
ges Blutes / die Weiber / so ihre Kinder beschneiden liessen / erwürgte er / hieng die beschnittene
Kinder in Heusern auff / erwürgete ihre Eltern /
vnd erfüllete gantz Israel mit furcht / zittern vnd
schrecken / heulen vnd wehklagen / 1. Maccab. 1.2.

Wo stehets / das grosse Herrn haben pfle-
gen ihren Geburts tag zu feyren / vnd
Pancket daran zu halten.
Antwort.

Genes.

Genes. 40. Pharao begieng seinen Jahrßtag/
vnd er macht ein Mahlzeit allen seinen Knechten.

Wo stehet deßgleichen im Newen Testament? Antwort.

Matth. 14. Da Herodes seinen Jahrßtag begieng/ da tantzte die Tochter der Herodias für ihnen/das gefiel Herodi wol/vnd er schanckte ihr dafür das Heupt Johannis des Teuffers auff ihre bitte.

Wo wirds gedrewet daß die frölliche Festtage zu trawertagen werden sollen? Antwort.

Im Propheten Amos am 8. da Gott spricht: Ich wil euch die Sonne am Mittage vnter gehen lassen/vnd das Land am hellesten tage lassen finster werden/Ich wil ewre Feyertage in trawren/vnd alle ewre Lieder in Wehklagen verwandeln/vnnd wil euch ein trawren verschaffen/wie man vber ein einigen Sohne trawret/ihre Lieder in der Kirchen sollen in heulen verkehrt werden/das wird gesetzt zur abschreckung derer/ so die Fest entheiligen/vnd allerley Sünde vnd freuel daran vben/wie es leider bey vns auch so zugehet/darumb vns auch diese drewung so wol als die Jüden treffen wird.

XIII.

Von Götzen / Abgötterey vnd jren greweln vnd straffen.

I v   Wer

Von Gözen.
Wer sezet den vrsprung der Gözen?
Antwort.

Salomon inn Buch der Weißheit am 14. da
er sagt: Im anfang sind sie nicht gewesen/werden
auch nicht ewig sein noch bleiben / sondern durch
eitel Ehre der Menschen sind sie in die Welt kom-
men/ vnd darumb erdacht / das die Menschen eines kurtzen lebens sind. Denn ein Vater/so er vber
seinem Sohne/der ihm allzu frue hingenommen
ward/ leid vnd schmertzen truge/ ließ er ihm ein
Bilde machen / vnnd fieng an / den/ so ein todt
Mensch war/nun für Gott zu halten/ vnd stifftet
für die seinen einen Gottesdienst vnd Opffer.

Darnach mit der zeit ward solche Gottlose
weise für ein Recht gehalten/das man auch muste
Bilder ehren aus der Tyrannen Gebot. Desselben gleichen/welche die Leut nicht kondten vnter
Augen ehren/darumb das sie zu ferne wohneten/
liessen sie aus fernen Landen das Angesicht abma-
len/und machten ein löblich Bilde des herrlichen
Königes/auff das sie mit fleiß heuchlen möchten/
dem abwesenden als dem gegenwertigen. So
treibt auch der Künstler Ehregeitzigkeit/ die Vn-
uerstendigen zu stercken in solchem Gottesdienst.
Denn welcher dem Fürsten wolte wol dienen/der
machte das Bilde mit aller Kunst auffs feineste.
Der hauff aber/so durch solch sein gemecht gerei-
zet war/ fieng an/ den für einen Gott zu halten/
welcher kurtz zuuor für einen Menschen geehret
ward. Aus solchem kam der Betrug in die Welt.
Wenn den Leuten etwas angelegen war / oder
sie den Tyrannen hofieren wolten/ gaben sie den
Steinen

Steinen vnd Holtze solchen Namen/der doch den
selbigen nicht gebühret.

Wo werden die Götzen am artlichsten beschrieben? Antwort.

Jm 115. Psalm: Jhre Götzen sind Silber vnd
Gold/von Menschen Händen gemacht. Sie haben Meuler/vnd reden nicht/sie haben Augen/vnd
sehen nicht/sie haben Ohren/vnd hören nicht/sie
haben Nasen/vnd riechen nicht/ sie haben Hä ode/
vnnd greiffen nicht/ Füsse haben sie/vnnd gehen
nicht/vnd reden nicht durch jhren Halß. Die solche machen/ sind gleich also/vnd alle/die auff sie
hoffen/Jerem. 10.

Wer beschreibet die Götzenmacher am artlichsten? Antwort:

Esaias am 44. Die Götzenmacher sind alle-
zumal Eitel/Es schmiedet einer das Eisen in der
Zangen/ arbeitet in der Glut/ vnd bereitet es mit
hämmern/ vnd arbeitet dran mit gantzer Krafft
seines Arms/ leidet auch Hunger/ biß er nimmer
kan/trincket auch nicht Wasser/biß er matt wird/
Der ander zimmert Holtz/ vnnd misset es mit der
Schnur/vnd zeichets mit Rötelstein/vnd behewt
er es/ vnnd circkelts abe/ vnnd machts wie ein
Mannßbilde/ wie einem schönen Menschen/ der
im Hause wohnet. Er gehet frisch dran vnter den
Bäumen im Walde/ das er Cedern abhawe/ vnd
neme Büchin vnd Eichen/ ja einen Cedern/ der
gepflantzet/ vnnd der vom Regen erwachsen ist/
vnd der den Leuten Fewerwerck gibt/dauon man
nimpt/das man sich dabey werme/vnd den Mann
anzünd

anzündet/vnd Brot darbey becket. Daselbst macht
er einen Gott von/vnd beters an/Er macht einen
Göken draus/vnd kniet darfür nieder. Die helffte verbrennet er im Fewer/ vnnd vber der ander
helffte jsset er Fleisch. Er bret einen Braten vnd/
settiget sich/wermet sich auch/vnd spricht: Hoja/
ich bin warm worden/ich sehe meine lust am Fewer. Aber das vbrige macht er zum Gott/ das sein
Göke sey/ dafür er kniet vnnd niderfellet/ betet/
vnnd spricht: Errette mich / denn du bist mein
Gott. Besihe auch das 10. Cap. Esaiae.

Wer trotzet die Gößen mit jhrem vn-
nermögen vnd vnwissenheit?
Antwort.

Esaia der Prophet/ da er im 41. Cap. sagt:
Lasset sie herzu treten / vnnd vns verkündigen/
was künfftig ist. Verkündiget vns / vnd weissaget etwas zuuor / lasset vns mit vnsern Herzen
drauff achten vnnd mercken/wie es hernach gehen
sol/oder lasset vns doch hören / was zukünfftig
ist. Verkündiget vns/was hernach kommen wird/
so wollen wir mercken/das jhr Götter seyd. Trotz
thut gutes oder schaden/ so wollen wir dauon re-
den/vnd mit einander schawen. Sihe/ Jhr seyd
aus nichts/vnd ewer thun ist auch aus nichts/vnd
euch erwehlen ist ein Grewel.

Wer schreyet weh vber die Gößendie-
ner? Antwort.

Der Prophet Abacuc am 3. Cap. Weh dem/
der zum Holze spricht: Wache auff/ vnnd zum
stummen Steine/stehe auff. Wie solte es lehren?
Sihe/

Sihe/ es ist mit Golde vnnd Silber vberzogen/
vnd ist kein Othem in jhm. Aber der HERR ist
in seinem heiligem Tempel/ Es sey für jhm stille
alle Welt.

Wer meldet die grosse Thorheit der Gö-
kendiener? Antwort.

Salomon im Buch der Weißheit am 13.cap.
Es sind alle Menschen natürlich eitel/ so von
Gott nichts wissen/vnd an den sichtbarlichen Gü-
tern/den/der es ist/nicht kennen/vnd sehen an den
Wercken nicht/wer der Meister ist/Sondern halten entweder das Fewer oder Wind/oder schnelle
Lufft/oder die Sterne/ oder mechtiges Wasser/
oder die Liechter am Himmel/die die Welt regieren für Götter. So sie aber an derselbigen schönen
Gestalt gefallen hetten/vnd also für Götter hiel-
ten/solten sie billich gewust haben / wie gar viel
besser der sey/ der vber solche der HERR ist.
Denn der/ so aller schöne Meister ist/ hat solches
alles geschaffen/ vnd so sie sich der Macht vnd
Krafft verwunderten/solten sie billich an denselbigen gemercket haben/ wie viel mechtiger der
sey/ der solches alles zubereitet hat. Denn es kan
je an der grossen schöne/ vnd gescheffte derselbigen Schöpffer als im Bilde erkennet werden.
Aber das sind die Vnseligen/vnd derer hoffnung
billich vnter die todten zu rechnen ist/die da Menschen gemächte Gott heissen / als Gold vnd Sil-
ber/ das künstlich zugerichtet ist durch die Kunst
vnd fleiß des Meisters. Vnd so er betet für seine
Güter/für sein Weib/für seine Kinder/ schemet
er sich nicht/mit einem Leblosen zu reden/vnd ruffet

Von Göken.

fet den Schwachen vmb Gesundheit an/ bitta
den Todten vmbs Leben/ flehet dem Vntüchtil
gen vmb hülffe/vnd dem/ſo nicht gehen kan/vmb
ſelige Reiſe/ vnd vmb ſeinen Gewinn/ Gewerbe
vnnd Handthierung/ das wol gelinge/ bittet er
den/ſo gar nichts vermag.

Wo wird der Todt gedrewet den Göken-
dienern? Antwort.

Im 5. Buch Moſis am 17. Wenn vnter dir
in der Thore einem/die der HERR dein Gott dir
geben wird/funden wird ein Mann oder Weib/
der da vbels thut für den Augen des HERRN
deines Gottes/das er ſeinen Bund vbergehet/vnd
hingehet/vnd dienet andern Göttern/ vnd betit
ſie an/ es ſey Sonne oder Mond/ oder irgend ein
Heer des Himmels/ das Ich nicht geboten ha-
be/ vnd wird dir angeſagt/vnd höreſt es/ ſo ſoltu
wol darnach fragen/ vnnd wenn du findeſt/ das
war iſt/ das ſolcher Grewel in Iſrael geſchehen
iſt/ ſo ſoltu denſelbigen Mann/ oder daſſelbige
Weib außführen/die ſolches vbel gethan haben/
zu deinem Thor/ vnd ſolt ſie zu tode ſteinigen.

Wo wird geboten eine Stadt zu zerſtö-
ren/ vmb Abgötterey willen?
Antwort.

Im 5. Buch Moſis am 13. Wenn du höreſt
von irgend einer Stadt/ die dir der HERR dein
Gott gegeben hat/ darinnen zu wohnen/das man
ſagt/ Es ſind etliche Kinder Belial außgangen
vnter dir/ vnnd haben die Bürger ihrer Stadt
verführet vnd geſagt/ Laſſet vns gehen vnd andern

dem Göttern dienen/die ihr nicht kennet/so soltu
flaſſig ſuchen/forſchen vnd fragen. Vnd ſo ſich
findet die Warheit/das gewiß alſo iſt/das der
Grewel vnter euch geſchehen iſt/ſo ſoltu die Bür=
ger derſelbigen Stadt ſchlahen mit des Schwerts
ſcherffe/vnd ſie verbannen/mit allem/was drin=
nen iſt/vnnd ihr Viehe mit der Scheiffe des
Schwerdts/vnnd all ihren Raub ſoltu ſamlen
mitten auff die Gaſſen/vnd mit Fewer verbren=
nen/beyde Stadt vnd all iren Raub mit einander
dem HErrn deinem Gotte/das ſie auff ein hauf=
fen liege ewiglich/vnd nimmer gebawet werde.

Wo ſind ihrer am meiſten getödtet vmb Abgötterey willen? Antw.

In der Wüſten/da ließ Moſes aus Gottes
befehl vmbbringen bey drey vn zwantzig tauſend
Mann/die das gegoſſene Kalb Aaronis ange=
betet hatten/wie im 2. Buch Moſis am 32. Cap.
ſteht/im Lateiniſchen Texte/die Deutſche/wie
denn auch die Hebreiſche Bibel/vnnd Pagninus
haben nur drey tauſend Mann.

Item/Als die Iſraeliten verehreten inn der
Wüſten Sittim/BaalPeor der Moabiten Ab=
gott/ſandte Gott eine Plage vnter ſie/daran ſiß
huy ſturben vier vnd zwantzig tauſend Menſchen/
Num. 25.

Welche Leute haben der Himmels Köni= gin geopffert? Antwort.

Die Abgöttiſche Jüden zur zeit Jeremias
des Propheten/wie er im 7. Cap. vnd 44. bezeu=
get: Die Kinder leſen Holtz auff/die Väter zün=
den

den das Fewer an / die Weiber kneten den Teig/
das sie der Königin des Himmels Kuchen backen
vnd Tranckopffer den frembden Göttern geben/
vnnd mir damit verdrieß thun / Im Lateinischen
Texte stehet : *Vt faciant placentas reginæ cæli.*

Wem sind seine Götzen gestolen wor-
den ? Antwort.

Dem Abgöttischen Laban / dem stale seine
Töchter Rahel seine Götzen / als sie mit ihrem
Manne Jacobo wolte in sein Vaterland ziehen/
Genes. 31.

Auff welchen Abgott ist am meisten vn-
koste gangen ? Antwort.

Auff den Beel / welcher derer zu Babylonien
Abgott gewest / dem haben sie teglich opffern
müssen zwölff Malter Weitzen/viertzig Schafe/
vnd drey Eimer Weins / vnnd haben die blinden
tollen Heyden gemeinet / der Götze (der nichts
denn ein ehrnes Bild gewest) verzerete solch Opf-
fer/ da doch die Götzenpfaffen / derer siebentzig
waren/durch einen heimlichen gang sampt jhren
Weibern vnnd Kindern alle Nacht in Tempel
giengen/ vnd das/ so dem Götzen fürgesatzt war/
auff frassen vn außsoffen.Welcher betrug den Könige Cyro durch Danieln offenbaret ward.Drumb
er die Pfaffen tödten/vnd den Götzen sampt dem
Tempel zerstören ließ. In den stücken zum Daniel gehörig/ Im Jeremia am 50. vnd 51. Cap.

Welches ist der köstlichste Abgott ge-
west ? Antwort.

DAS

Das Bilde / so der König Nebucadnezar
hatte aus lauterm Golde gieſſen laſſen / vnd allem
Volck es anzubeten ernſtlich befohlen / welches
ſechzig Ellen hoch / vnd ſechs Ellen dicke geweſen
iſt / Dan. 3. Daraus man fein ſihet / wie alle wege
die Welt auff Abgötterey vnd des Teuffels dienſt
ſie mehr gewendet hat / denn auff den rechten
Gottesdienſt / wie die zeiten des blühenden Bapſt=
thumbs / vnd auch dieſe vnſere zeit gnugſam auß=
weiſet.

Wer hat das Glück als eine Göttin ver=
ehret? Antwort.

Die Jüden / wie jhnen Gott ſchuld gibt / Eſa.
am 65. Ihr verlaſt den HErrn / vnd vergeſt ſeines
heiligen Berges / *panitis fortunæ menſam, richt=
et dem Glück einen Tiſch zu / vnd ſchencket jhm
voll ein vom Tranckopffer / darumb wil ich euch
zum Schwerdt zehlen / das jhr euch alle bücken
müſt zur Schlacht.

Was iſt Moloch für ein Abgott ge=
weſt? Antwort.

Es war ein groß weit vnd hohes ehrnes
Bilde / in geſtalt eines Königes / geſetzet in das
ſchöne Thal Gehennen / bey Jeruſalem / durch die
zween Abgöttiſche Könige Ahas vnd Manaſſe /
vnnd war alſo gemacht / das es ſeine Hende nach
den Opffern / als derſelben begierig / außſtrackte.
Denſelben Götzen machten ſie glüend / damit die
Opffer darinnen zu Puluer brenneten.

Wo hat man Vnzucht getrieben bey dem
Götzendienſt? Antwort.

Z   Bey

Bey dem Abgotte Miplezeth/welches man achtet den *Priapum* gewesen sein/dann so stehet 1. Reg. 15. Der König Assa thet die Hurer aus dem Lande/vnd thet abe alle Götzen/so seine Väter gemacht hatten: Satzte auch seine Mutter abe von dem Ampte/das sie den Miplezeth gemacht hatte im Hayne/vnd rottete jhn aus/vnd verbrant jhn im Bache.

Das ist ein recht *templum Veneris* gewesen/da man der Göttin der Liebe zu ehren allerley Vnzucht getrieben hat.

Wo wird solcher Vnzucht mehr gedacht/ so bey den Götzendiensten getrieben worden? Antwort.

Im Propheten Baruch am 6. Cap. Die Weiber sitzen für der Kirchen Beel mit stricken vmbgürtet/vnd bringen Obs zum Opffer/vnd wann jemands fürüber gehet/vnd eine von jhnen hinweg nimpt/vnd bey jhr schlefft/so rühmet sie sich wider die andern/das jene nicht sey werth gewest/wie sie/das jhr der Gurt auffgelöset würde. Alles/was durch sie geschicht/ist eitel triegerey/ Wie sol man sie denn für Götter halten? Wie gleiches von den Moabiten bey dem Abgötte BaalPeor geschehen/liß Num. 25.

Wie viel Gemach hatte dieser Götze? Antwort.

Er hatte sieben vnterschiedliche Gemach/die zum Opffer auffgethan wurden. Das erste öffenet man denen/so Semmelmehl opffern wolten. Das ander zu den Turteltauben vnd andern Vögeln.

Das

Das dritte zu den Lemmern vnd Schafen. Das vierdte zu den Wiedern. Das fünffte zu den Kelbern. Das sechste zu den Ochsen. Das siebende zu den Kindern/die man darinne verbrante.

Mit was weise opfferte man jhm? Antwort.

Wenn jemand seinen Sohn/oder Tochter in dieses glüende Bilde geworffen hatte/so hube das Volck an zu tantzen vnd springen/jauchtzen vnd singen/bließ mit Posaunen/vnd schlug die Pauken/damit die Eltern nicht höreten das klägliche oder jämmerliche Wehegeschrey vnd winseln des armen Kindleins/so darinnen mit grosser marter verbrant ward. Dieses Abgotts vnd seines grewlichen abschewlichen Dienstes wird gedacht/ Leuit. 18. vnd 20. 2. Reg. 16. 2. Para. 28. 2. Reg. 13. 2. Para. 33. 2. Reg. 23. Jer. 7. 19. 32.

Wo wird solche Abgötterey vnd Mörderey verboten? Antwort.

Jm 3. Buch Mosis am 18. Cap. Du solt auch deines Samens nicht geben/das es dem Moloch verbrant werde/das du nicht entheiligest den Namen deines Gottes/denn Jch bin der HERR.

Welche Könige haben dem Abgott Moloch zu ehren jhre eigene Söhne verbrant? Antwort.

Erstlich der Abgöttische König Ahab/ 1. Reg. 16. der auch darumb mit seinem gantzen Stämme außgerottet worden.

K ij   Zum

Zum andern / der Abgöttische König Ma=
nasse / der auch deßhalben mit beraubung deß
Königreichs vnnd schwerer Gefengnis gestrafft
ward/biß er sich bekehrete/ 2. Para. 33.

Wo wird geboten die Götzen zuuertil=
gen? Antwort.

Im propheten Jeremia am 10. so sprechet zu
jhnen: Die Götter/so den Himmel vnd die Erden
nicht gemacht haben / müssen vertilget werden
von der Erden / vnd vnter dem Himmel. Der
HErre aber vnser Gott ist ein rechter Gott / ein
lebendiger Gott / ein ewiger König/ der die Er=
den gemacht hat durch seine Krafft / der Welt
Kreiß durch seine Weißheit/ vnd der den Himmel
außgebreitet durch seinen Verstandt. Wann er
donnert/ so ist Wassers die menge vnter dem
Himmel/ Er zeuhet die Nebel auff vom ende der
Erden/ Er macht die Blitzen im Regen/ vnd lest
den Wind kommen aus heimlichen orten. Für
seinem Zorn bebet die Erde/ vnd die Heyden kön=
nen sein drewen nicht ertragen / Drumb sol
er alleine geehret werden/ der Jacobs
schatz ist / vnd Israel sein
Erbteil:

Vom

XIII.

Vom Gebet / Anruffung vnd Danckſagung.

Welchen Betern iſt Gott am nechſten? Antwort.

Enen / die jhn mit ernſt vnd im waren Glauben anruffen / Pſalm 145. Der HERR iſt nahe allen / die jn anruffen / allen / die jhn mit ernſt anruffen / Pſal. 34. Der HERR iſt nahe bey denen / die zerbrochenes Hertzens ſind / vnd hilfft denen / die ein zerſchlagenes Gemüthe haben.

Welcher Gebet gilt für Gott am mei- ſten? Antwort.

Derer / die jhm durch den Glauben an Chri- ſtum verſönet ſind / Jacobi 5. Des Gerechten Ge- bet vermag viel / wenn es ernſtlich iſt.

Elias war ein Menſch wie wir / vnd er betete / das es nicht regnen ſolte / vnnd es regnete nicht drey Jahr vnnd ſechs Monden : Vnnd er betete abermal / vnd der Himmel gab den Regen / vnd die Erde bracht jhre Frucht.

Wo wird der Glaube zum Gebet er fordert? Antwort.

Matth. 21. Alles / was jhr bittet im Gebet / ſo jhr gleubet / ſo werdet jhrs empfahen. Warlich Ich ſage euch / ſo jhr Glauben habt / vnnd nicht

K iſj zweiff-

zweiffelt / so werdet jhr nicht allein solches mit
dem Feigenbaum thun / sondern so jhr werdet sa=
gen zu diesem Berge / hebe dich auff / vnnd wirff
dich ins Meer / so wird es geschehen.

Marci am 11. Habt Glauben an Gott / alles /
was jhr bittet in ewrem Gebet / gleubet nur / das
jhrs empfahen werdet / so wird es euch werden.

Welche Beter sind den Meerswellen gleich? Antwort.

Die im zweiffel beten / wie Jacob am 1. Cap:
bezeugt / Wer da zweiffelt / der ist gleich / wie des
Meerß woge / die vom Winde getrieben vnd ge=
webt wird. Solcher Mensch dencke nicht / das er
etwas von dem HERRN empfahen werde. Ein
Zweiffeler ist vnbestendig in allen seinen Wegen.

Wo hat das Gebet mehr außgericht / als die Gegenwehr der Hende? Antwort.

In der Wüsten Raphidim / da der König
Amaleck wider Israel streit / vnd durch Krafft
des Gebets Mose vberwunden vnnd vertilget
ward. Denn so stehet geschrieben / Exo. 17. Ama=
leck kam vnd streite wider Israel in Raphidim.
Josua aber erwehlete jhm Männer / zog aus vnd
streit wider Amaleck. Vnd Mose / Aaron / vnnd
Hur giengen auff die spitzen des Hügels / vnd die=
weil Mose seine Hende empor hielt / vnnd betet /
siegete Israel / Wenn er aber seine Hende nieder
ließ / siegete Amaleck. Aber die Hende Mose wa=
ren schwer / Darumb namen sie einen Stein / vnd
legten den vnter jhn / das er sich darauff satzte.

Aaron

ʒ die Sonne vntergieng/ vnd Jo=
n Amaleck vnd sein Volck./ auch
scherffe.

Gebet mit zugeschlossenem
am schrien geschryen?
Antwort.

s er am rothen Meer in so grossen
as er auch seinen Mund mit vond=
md dennoch im Hertzen also sehr
Gott im Himmel hörte/ ihm ant=
sprach: Was schreyestu zu mir?
diese Wort schreibet Chrysosto=
recht beten/nicht allein mit Wor=
Geschrey/ sondern mit Andacht
s Gebet vollenden. Also betet hie
chlossenem Munde / ohne Wort/
agt Gott zu ihm/ Was schreyestu
schen hören allein das eusserliche
Wort/. Aber Gott höret/ ohn eus=
r Wort/auch inwendig das seuff=
y im Hertzen.

t seinem Gebet Fewer vom
ßel bracht? Antwort.

t Elias/ wie im 1.Buch der Kö=
t: Elias sprach/ HERR erhöre
ich/ daß dieses Volck wisse/ das
bist/ das du ihr Hertz darnach
das Fewer des HERRN her=
randopffer/ Stein vnd Erden/

A iij   vnd

vnd leckte das Wasser auff in der Gruben. Da das
alles Volck sahe / fiel es auff sein Angesicht / vnd
sprachen: Der HERR ist Gott / Der HERR
ist Gott.

Item / im 2. Buch ain 1. Cap. Bin ich ein
Mann Gottes / so falle Fewer vom Himmel / vnd
fresse dich vnd deine funfftzige. Da fiel das Fewer
Gottes vom Himmel / vnd fraß ihn vnd seine
funfftzige.

Wer hat einen Regen durchs Gebet er-
langt? Antwort.

Elias / 1. Reg. 18. wie es S. Jacob erkläret
am 5. cap. Elias war ein Mensch / gleich wie wir /
vnd er betet ein Gebet / das es nicht regnen solte /
Vnd es regnet nicht auff Erden drey Jahr vnnd
sechs Monden. Vnd er betet abermals / vnd der
Himmel gab den Regen / vnnd die Erde brachte
ihre Früchte.

Wer hat ein Brunn von Gott erbe-
ten? Antwort.

Simson / da er matt vnd durstig war / sprach
er: HErr / du hast solch groß Heil gegeben durch
die Hand deines Knechtes. Nun aber muß ich
dursts sterben / vnd in der vnbeschnittenen Hende
fallen. Da spaltet Gott einen Backenzahn in dem
Kinbacken / daß Wasser heraus gieng. Vnd als er
tranck / kam sein Geist wider / vnd ward erquicket.
Darumb heist er noch heutiges tages des Anruf-
fers Brunn / der im Kinbacken ward / Judic. 15.
Item / Hagar vnd ihr Sohn Ismael / Gene. 21.
Hagar vnd Ismael weineten / vnd der HErr thet
ihr

ihr die Augen auff/das sie einen Wasserbrunn sa=
he/gieng hin/füllete ihre Flasche/vnd trenckete
den durstigen Knaben.

Wer hat mit seinem Gebet die Sonne in jhrem Lauff auffgehalten? Antwort.

Josua/da er wider die Feinde Gottes strit=
te/sprach er/Sonne stehe still zu Gibeon/vnnd
Mond im Thal Aialon. Da stunde die Sonne
vnd der Mond stille/biß sich das Volck an seinen
Feinden rechnete. Ist diß nicht geschrieben im
Buch des frommen? Also stunde die Sonne mit=
ten am Himmel/vnd verzog vnter zugehen einen
gantzen Tag/ vnd war kein Tag diesem gleich/
weder zuuor/noch darnach/da der HERR der
stimme eines Manns gehorchete/denn der HErr
stritt für Israel/Josu. 10.

Wer hat mit seinem Gebet den Schat= ten der Sonnen zu rücke gezo= gen? Antwort.

Esaias der Prophet/ da er dem Könige Hiß=
kia verkündiget/das jhn Gott in dreyen Tagen
wolt gesund machen/gab er jhm diß Zeichen zur
bestettigung/das er betete/vnd der Schatten gieng
hinder sich zu rücke zehen stuffen am Zeiger Ahas/
die er war niederwarts gegangen/2. Reg. 20.

Wer hat ein angezündet Fewer in krafft seines Gebets geleschet? Ant= wort.

K v Aaron

Aaron der Hohepriester/ d[a]
HERRN im Volck ausgangen w[ar]
hett tausend vnd sieben hundert A[a]
ret hatte/ trat er mit seim Gebet [a]
zwischen Gott vnd das Volck/ zw[ischen]
ge vnd Todte / vnnd erhielt mit [dem]
daß das Fewer erlosch/vnd die ve[st]
ge auffhörete / Num. 16. Sap. 18.

Wo ist in Krafft deß Gebets
rete Hand wider frisch [?]
Antwort.

Ju Bethel/ 1. Reg. 13. Des
verdorrete/ das er sie nicht wid[er]
kondte. Da sprach der König zum
Bitte das Angesicht des HERR[N]
tes / vnd bitte für mich / das me[in]
zu mir komme. Da bat der Mann [?]
gesichte des HERRN/ vnd den
seine Hand wider zu jhm bracht/
wie sie vorhin war.

Wer hat mit seim Gebete d[?]
gewehret? Antwo[rt]

Der König Dauid/Als ein sol[che]
Volck ward/das in drey Tagen siel[?]
Mann sturbe/bat Dauid den HER[RN]
hörung der Pestilentz. Vnd der H[?]
jhn/vnd sprach zum Engel/ der da
ge./ das er sein Schwerdt in die S[?]
1. Para. 22. Vnd Gott ward dem La[nd]
vnd die Plage hörte auff vom Volc[k]

Wer hat durchs Gebet Lewen gezehmet? Antwort.

Daniel/ als er zu den Lewen in den Graben geworffen ward / vnd Gott anrieff / wurden die Lewen so zahm / das sie wie die Hündlein bey ihm sassen/ vnd ihme kein Leid theten/ Dan. 6.

Wer ist durch sein Gebet in Fewers noth erhalten worden? Antwort.

Die drey Knaben/ so in fewrigen Ofen geworffen worden/ vnd in Krafft ihres Gebets vnuersehret blieben / Dan. 3. Item Loth in der verbrünung Sodomae vnd Gomorrae/ Genes. 19. Gott sprach zu Loth / Ich habe dich angesehen/ das ich die Stadt nicht vmbkere/ dauon du geredet hast.

Wer hat mit seinem Gebet Krieg abgewandt? Antwort.

Hiskia/ Als Jerusalem belagert war/ gieng er in Tempel/ vnd rieff Gott an / der erschlug des Nachts durch einen Engel der Feinde hundert fünff vnnd achtzig tausend / das die vbrigen mit schaden vnd schande fliehen musten/ Esaiae 37. 2. Reg. 19.

Wer hat ohne Schwerdtschlag nur durch Gebet vnd Dancksagung den Sieg erhalten? Antwort.

Der König Josaphat/ 2. Chron. 20. Do sie anfiengen mit dancken vnd loben/ ließ der HERR den

den hinderhalt / der wider Juda kommen war /
vber die Kinder Ammon / Moab / vnd die vom
Gebirge Seir kamen / vnd schlugen sie. Da stun?
den die Kinder Ammon vnnd Moab wider die
vom Gebirge Seir / sie zu verbannen vnd zu ver?
tilgen / vnd da sie die vom Gebirge Seir hatten
alle auffgetrieben / halff einer dem andern / daß sie
sich auch verderbeten. Da aber Juda gen Mizpa
kam an der Wüsten / wandten sie sich gegen den
hauffen / vnd sihe / da lagen die todten Leichnam
auff der Erden / das keiner entrunnen war. Vnd
Josaphat kam mit seinem Volck jhren Raub auß?
zutheilen / vnd funden vnter jhnen so viel Güter /
vnd Kleider / vnd köstlichs Gereths / vnd entwand?
tens jhnen / daß auch nicht zu tragen war / vnd
theileten drey tage den Raub aus / Denn es war
sein viel.

Welcher Herr ist durchs Gebet aus
dem Gefengniß erlöst? Ant?
wort.

Der König Manasse / 2. Chron. 33. Sie na?
men Manasse gefangen mit Fesseln / vnnd bunden
jhn mit Ketten / vnd brachten jhn gen Babel. Vnd
da er in der angst war / flehete er für dem HErrn
seinem Gotte / vnd demütigte sich sehr für dem
Gott seiner Väter / vnd bat vnd flehete jhm. Da
erhörete Gott sein flehen / vnd brachte jhn wieder
gen Jerusalem zu seinem Königreich. Da erken?
nete Manasse / das der HERR Gott ist.

Wer ist durch anderer fürbitte aus dem
Gefengniß erlöset? Antwort.
Petrus /

ihn Herodes gefangen hielt/vnd
n köpffen wolte/ betete die Ge-
lem des Nachtes hefftig für ihn/
e einen Engel/ vnnd ließ jhn auß
führen/ Actor. 12.

nit Gebet Thüren vnnd
ser auffgethan? Ant-
wort.

Silas/ da sie zu Philippis gesant
-10. Vmb die Mitternacht aber
nd Silas/vnd lobeten Gott/vnd
Gefangenen. Schnell aber ward
eben/also/ das sich bewegten die
Gefengniß/ vnnd von stundan
ten auffgethan/vnd aller Band

t seinem Gebet eine zuge-
ue Kirche eröffnet?
Antwort.

Basilius/ als der von dem Ar-
Valente nicht erlangen köndte/
chofte in den Kirchen sicher pre-
zlug er dieses Mittel für/ man
che zu richten heimstellen/ die
zliessen/ vnnd mit Riegeln ver-
Arrianer/ so Christi Gottheit
varnach ihn vnd seinen beystand
Welchem theil sich nu die Thü-
ren/ den solte man recht zu ha-
d dessen Lehre fortgeben lassun.

Wie

Vom Gebet.

Wie nun die Arrianer lange vergebens gebetet/ ist Basilius mit seinem hauffen herbey getreten/ vnd so bald sie angefangen zu beten/ vnd gesagt: Thut euch auff ihr Thüren vnd Thore / auff das der König der Ehren da einziehe/da sind die Bande vnd Schloß zersprungen/vnd die Thüren durch einen starcken Wind auffgestossen worden. *Zonaras Tom. 3 de Valente, Cent. 4. cap. 13.*

Was heist Alleluia? Antwort.

Alleluia heist Lobet Gott den HERRN/ denn Hallelu heisset so viel / als *Laudate,* Lobet: Ja/ so viel/als Gott der HERR/ wie zu ersehen, im 94. Psalm: HERR / Sie zuschlagen dein Volck / vnnd plagen dein Erbe / Widwen vnnd Frembdlinge erwürgen sie/ vnd tödten die Waisen/vn sagen der HERR sihets nicht/Lo yrah lah, vnd der Gott Jacob achtets nicht.

In wie viel orten der heiligen Schrifft wird dieses Wort Halleluia gesetzt? Antwort.

An sieben orten. Zum ersten/cap. 13.Tobiæ. Zum andern / im 146. Psalm. Zum dritten/ im 147. Zum vierdten/im 148. Zum fünfften/im 149. Zum sechsten/im 150. Psalm. Zum siebenden/im 19. cap. der Offenbarung S. Johannis viermal.

Was bedeutet vnd lehret das? Antwort.

Dadurch erinnert vns Gott der heilige Geist/ das/ob wol Gottes Wolthaten gegen vns vnauß sprechlich sind/vnd wir ihm nimmer gnugsam dafür

für dancken können (Syrach am 43. Lobet den
HERRN/ so hoch ihr könner. Er ist doch noch
höher/ Preiset in aus allen Krefften/ vnd lasset nit
abe/ noch werder ihrs nicht erreichen) wir doch
diese sieben fürnembsten Gutthaté Gottes immer-
dar mit hertzlicher Dancksagung betrachten/ vnd
von Grund deß Hertzens im dafür dancken sollen.

Welches sind denn solche sieben Woltha-
ten vnsers lieben Gottes?
Antwort.

Erstlich/ das er vns neben allen andern Creaturen erschaffen/ Leib vnd Seel/ Augen/ Ohren/
alle Glieder/ Vernunfft vnd Sinne gegeben hat/
vnd noch erhelt. Psl.100. Erkennet/ das der HERR
Gott ist/ er hat vns gemacht/ vnd nicht wir selbst/
zu seinem Volck vnd zu Schafen seiner Weide.

Zum andern / daß er vns durch seinen Sohn
von Sünden / ewigem Todt / Teufels Gewalt
vnd Hellischer Pein erlöset hat.

Zum dritten / das er vns durch sein Wort vnd
Sacrament zu seinem Reich berufft vnd versamlet durch den heiligen Geist/ im Glauben erleucht
vnd heiliget.

Zum vierdten / das er sich seiner Glaubigen
mit Schutz vnd schirm annimpt/ vnd sie an ihren
feinden rechnet/ Zach. 2. Psalm 121.

Zum fünfften / das er vns grosse Sünder vnd
verdampte Menschen so wunderbarlich gerecht
vnd selig macht/ durch gnedige verzeihung vnd
vergebung der Sünden/ vnnd zurechnung des
verdienstes vnd Gerechtigkeit seines Sohns Jesu Christi/ Rom. 3. Mich. 7.

Zum

Zum sechsten / das er vnsere Seele / so bald sie
vom Leibe scheidet / zu seinen Henden nimpt / vnd
für allem Vbel bewaret / Sap. 5. Joh. 10. Vnd am
Jüngsten tage vnser Leibe aufferwecken / vnnd
wieder lebendig machen wil / Joh. 5. 6. 10. 11. 14.
Ezech. 37.

Zum siebenden / das er vns nach diesem Leben
mit Leib vnd Seel zu sich in den Himmel nemen /
vnd alda ewiger Freude / Herrligkeit vnd Seligkeit geweren wil / Joh. 14. Apoc. 20. 1. Theſſ. 4.
t. Theſſ. 1.

Woher kömpt das Wort Amen / so man zum Beschluß des Gebets setzet? Antwort.

Wiewol es der alte Lehrer Augustinus
deriuirt ab à, id est sine, & mene, defectus, quaſi
sine defectu, quia plena veritate & fidelitate dici-
tur, das ist / Es heist so viel als ohne mangel oder
fehl / gewiß vnd warhafftig: Jedoch erfindet
sichs nur schlecht vom Hebreischen Wort / Num.
5. Deutero. 27. zu nennen / welches so viel ist als
vere, Ja gewiß, warhafftig / fideliter. Darumb
erkleret es Lutherus also: Amen heist / das ich
sol gewiß sein / solche bitte sein Gott angeneme
vnd exhöret. Justinus sagt / Amen idem est ac fiat.
Origenes sagt / Amen ponitur in confirmationem
veritatis, ad signandum, vera & fidelia eſſe,
quæ dicta sunt. Weil er selber hat befohlen /
daß wir bitten sollen / vnd auch verheiſſen / das er
vns erhören wolle / Amen / Amen / das heist Ja /
Ja /

Ja/es fol alfo gefchehen (In welchem wörtlein/
da dann fonderlichen vnnd allein / wie oben aus
dem 94 Pfalm zu erfehen/ Chriftus der HErr be=
griffen wird/daher S. Paulus 2. Cor. 1 fpricht/
Alle Gottes verheiffunge find Ja in jm/vnd find
Amen in ihm/ Gott zu lobe durch vns) Daher
kömpt auch der Schwur/ oder die bekrefftigung
eines dinges/ da die Deutfchen zu fagen pflegen:
Ja/das ift bey Gott/ Ja bey Gott es ift war.

Was heift das Wort Litaney/ als wann man fagt/ jetzt finget man die Lita= ney? Antwort.

Litania heift fo viel als *Supplicatio,* eine Sup=
plication/ oder demütiges Gebet/ darinne man
der Göttlichen Majeftet demütig zu Fuffe feller/
vnd/ was vns not ift/ von ihr bittet/ vnd was
vns fchedlich fein köndte/ abebittet.

Was heift das wort Kyrioleis/fo man in vielen Gefengen zu letzt braucht? Antwort.

Es folte heiffen Kyrie/Eleifon: Aber der ge=
meine Mann hat aus vnuerftande es fo grob auß=
geredet/Kyrioleis/vnd heiffet fo viel als fpreche
man/ O HErre Gott erbarm dich vnfer/erzeige
vns deine Gnade/vnd verfchone vnfer Sünden/
wende ab die woluerdiente Straffe.

Wer hat mit feim Gebet das gröfte Wunderwerck von Gott er= langet? Antwort.

L   Mofes

dern Iſrael das rothe Meer ſich von einander teil
len ließ / das ſie mit truckenem Fuſſe hindurch
giengen / vnnd es darnach mit vngeſtüme fallen
ließ vber die Egyptter/ſo jnen feindlich nachfol
geten / daß ſie alle erſoffen / drumb tröſtet er ſein
Volck mit dem bey Gott erbetenen beyſtande/vnd
ſpricht: Fürchtet euch nicht/ſtehet feſte/ vnd ſehet
zu/was für ein Heil der HERR heut an euch thun
wird/dieſe Egyptter/ſo jhr heute ſehet/werdet jhr
nimmermehr ſehen ewiglich / Der HERR wird
für euch ſtreiten/jhr werdet ſtille ſein/ Exod. 14.

Wer hat mit ſeinem Gebete erlangt/ daß das bittere ſüſſe worden iſt ?
Antwort.

Moſes/als das Volck Iſrael drey tage in der
Wäſten durſt gelitten hatte /vnd zu Mara ſo bit
ter Waſſer funden / das es weder Thier noch
Menſchen trincken kondte/da rieff Moſes zu Gott
dem HERRN / vnnd Gott zeigete jhm einen
Baum/den legte er ins Waſſer/ da ward es ſüſſe
vnd lieblich zu trincken Exod. 17.

Der Prophet Eliſa thet deßgleichen mit
Saltze zu Jericho / 2. Reg. 2.

Wer hat mit ſeim Gebete zu vngewönli cher zeit Donner vnd Regen er langt? Antwort.

Samuel der Richter vnd prophet in Iſrael/
Als das Volck jhn verwarff / vnnd einen König
haben wolten/wie die andre Heyden/ſprach er/Iſt
nicht jetzt die Weitzenernote / Ich wil aber den
HERRN

HERRN anruffen/ das er sol donnern vnd regnen lassen/ das jhr innen werden sollet des vbels/
das jhr gethan habt/ darinne/ das jhr euch einen
König geberen habt. Vnd da Samuel den HER-
REN anrieff/ ließ der HERRE donnern vnd
regnen des Tages/ vnnd das Volck furchte den
HERRN vnd Samuel/ 1. Sam. 12.

Welche Leute haben vergeblich jhren Abgott geehret vnd angeruffen? Antwort.

Die vier hundert vnd funfftzig Propheten
Baals/ da die vom Morgen biß zu Mittage jhren
Götzen Baal anrieffen/ das er solte jhr Opffer
mit Fewer anzünden/ vnd sich als ein mechtiger
Gott erzeigen/ ritzten sich mit Messern/ stachen
sich mit Pfrienen/ vnnd rieffen laut/ in beysein
König Achabs vnd alles Volcks/ O Baal/ Baal/
erhöre vns/ erhöre vns/ halff es doch alles nicht/
da kam keine Antwort oder Fewr/ vnd wurden sie
zuschanden/ vnd wurden von Elia getöd-
tet/ als Verführer des Volcks/
1. Reg. 18.

Von Anruffung/

XV.

Von Anruffung der Heiligen.

Wo wird im Alten Teſtament die Anruffung der Heiligen als nichtig verworffen? Antwort.

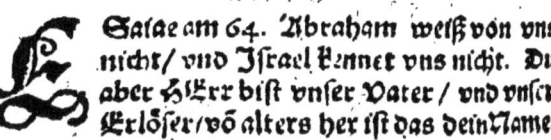

Eſaie am 64. Abraham weiß von vns
nicht/ vnd Iſrael kennet vns nicht. Du
aber HErr biſt vnſer Vater/ vnd vnſer
Erlöſer/ võ alters her iſt das dein Name.

Wer hat im Alten Teſtament die Heiligen in verblentem ſchein vergebens
angeruffen? Antwort.

Der Gottloſe Saul / da er in ſeiner noth an
Gott verzagte / ließ er Samuel erwecken/ vnnd
ſuchte hülffe bey jhm/ Aber vergebens vnd vmb
ſonſt. Denn er bekam weder Troſt noch Hülffe/
1. Sam. 28. Syrach 46.

Wer hat im Newen Teſtament vergebens die Heiligen angeruffen?
Antwort.

Der Reiche Mann/da er in der Helle vnd qual
war / bat er Abraham / daß er Lazarum ſenden
wolte/ jhn zu erquicken/vnd ſeine Brüder zu war-
nen. Aber er ward nicht erhöret/vnd keiner bitte
gewehret/ Luc. 16.

Soll

Soll man denn die Heiligen nicht als Mitler vnd Fürsprecher ehren vnd anbeten? Antwort.

Nein: Bey Leib vnd verlust ewiger seligkeit nicht. Denn solches verbeut Gott in der heiligen Schrifft / als / Matth. 4. Du solt anbeten Gott deinen HERRN / vnd jhm allein dienen / (psalm 50. Ruffe mich an / Esa. 42. Ich der HERR / das ist mein Name / vnd wil meine Ehre keinem andern geben) Vnd das Ein ander Mitler vnd Fürsprecher zwischen Gott vnnd vns Menschen zu suchen vnd zu gebrauchen sey / denn allein Christus / bezeuget S. Paulus 1. Tim. 2. *Vnus Deus & vnus mediator,* Es ist ein Gott vnnd ein Mitler zwischen Gott vnd den Menschen / Nemlich der Mensch Christus Jesus. Esa. 45. Wendet euch zu mir / so werdet jhr selig aller Welt ende. Actor. 4. *In nullo alio salus.* 2. Cor. 1. Alle verheissung Gottes sind Ja in jhm / vnd sind Amen in jhm / Gott zu lobe durch vns. Ephes. 2. 5. Durch jhn haben wir frewdigkeit vnd zugang in aller zuuersicht zu Gott.

Welcher Heilige hat sich auff Erden nicht wollen lassen anbeten? Antwort.

Erstlich Petrus / do er in Cornelij Hauß kam / vnd er für jhm nider fiel / vnd jhn anbeten wolte / richtet er jhn auff / vnd sprach: Stehe auff / Ich bin auch ein Mensch / wie du: Bete Gott an / Actotum 10.

L ij   Jun

Zum andern/Paulus vnd Barnabas/da die
zu Lystra sie mit opffern vnd anbetung verehren
wolten/vnd sagten/die Götter sind denMenschen
gleich worden/ sprangen sie vnter das Volck vnd
sprachen/Ihr Menner/was macht ihr da? Wir
sind auch sterbliche Menschen/gleich wie ihr/vnd
predigen euch das Euangelion / das ihr euch be=
kehren solt von diesem falschen zu dem lebendi=
gen Gott/ welcher gemacht hat Himmel vnd Er=
den / vnd das Meer/ vnd alles/was darinnen ist/
Actorum am 14.

Sol man auch die Engel anbeten/ wie die Papisten thun? Ant=
wort.

Nein: Das ist auch wider den Spruch Chri=
sti/Matth. am 4. Du solt anbeten GOtt deinen
HErrn/ vnnd jhm allein dienen/ Vnd wider Jo=
hannis Zeugniß im Buch der Offenbarung am
22. Cap. Da ich diß gesehen vnd gehört hatte/fiel
ich nider zu den Füssen deß Engels/der mir solches
zeigete/anzubeten/ vnd er sprach zu mir/Sihe zu/
thu es nicht/ich bin dein Mitknecht / vnd deiner
Brüder der Propheten / bete Gott an.

Wo weiset im AltenTestament ein Engel die Menschen abe von seiner vereh=
rung/vnd ermant sie Gott
anzubeten? Antwort.

Im Buch Tobiae am 12. cap. Da der Engel
Raphael zu dem alten vnnd jungen Tobia sagt/
Lobet vnd danckt jhr Gott vom Himmel bey je=
manß   der=

derman / der mich zu ewrem dienste gesandt hat.
Dann der Könige vnd Fürsten Rath vnd Heim=
ligkeit sol man verschweigen: Aber Gottes werck
sol man herrlich preisen vnd offenbaren / drumb
lobet vnd preiset Gott / vnnd verkündiget seine
Wunder.

XVI.

Vom Ehestande vnd Eheleuten.

Wer hat am jüngsten gefreyet? Antwort.

ADam/ der ist kaum eines Tages alt gewe=
sen / da jhm Gott die Euam eines halben
Tages alt zugeführet / vnd an die Hand
gegeben hat / Genes. 1. 2. Musacus sagt/
Adam sey nicht viel vber drey Stunde/ Eua aber
eine Stunde alt gewesen.

Wer ist der erste Brautführer gewest? Antwort.

Gott/ der die Euam dem Adam zugeführt/
vnd sie jhm an die Hand gegeben/ Gene. 2. cap.

Welches sind die herrlichsten Hochzei= ten gewest? Antwort.

Die erste Adams vnd Euae/ darbey die heili=
ge Dreyfaltigkeit sichtbarlich gewest. Der Vater/
als der Brautführer/ hat Adam die Euen zugefü=

L iij   ret.

ret.Der Sohn/als der Prieſter/hat ſie mit einan‍der vertrawet oder Ehelich zuſammen geſpro‍chen. Der heilige Geiſt iſt arrha, Brautring vnd Band der Liebe zwiſchen jhnen geweſt/ der jhre Hertzen in Liebe vnd Trewe gegen einander ver‍bunden hat.Die heiligen Engel ſind die anſchaw‍er vnd beſchützer dieſer Eheleute geweſt/ vnd hat Gott dieſe erſte Eheleut nicht allein geſegnet/ſon‍dern auch mit dem aller ſtatlichſten Geſchencke verehret/mit dem gantzen Erdboden vnd ſeinem Gewechß/ mit allem/ das auff Erden vnnd im Waſſer lebet vnd in Lüfften ſchwebet.

Die andere iſt die Hochzeit zu Cana in Gali‍lea/ welche/ ob ſie wol für der Welt ein geringes anſehen gehabt/ ſo macht ſie doch vberaus herr‍lich dieſes/ das Jeſus Chriſtus Gottes vnd Ma‍riae Sohn darauff Perſönlich zu entgegen geweſt/ vnnd ſein erſtes Wunderwerck alloda gethan/ aus Waſſer Wein gemacht/ vnd Braut vnd Breut‍gam mit ſechs Eimer köſtliches Weins verehret hat/ Johan. 2.

Die dritte des jungen Thobiae vnd Sarae/ der Tochter Raguels/da der Engel Raphael von Gott ſonderlich in Geſtalt eines Jünglings dazu geſandt/Freyer geweſt/vnd die Ehe zwiſchen To‍bia vnnd Saren nicht allein hat helffen ſtifften/ ſondern dieſen Eheleuten auch ſchutz wider den Eheteuffel Aſmodi gehalten/ Tob. 7. 8.

Wer hat die ſtatlichſte Mitgifft bekom‍men? Antwort.

Adam/da ihm Gott die Euam gegeben/ vnd den Segen der Leibesfrüchte vber ſie geſprochen/
hat

rchret die Lufft roller Vögel/ die
Fische/ die Erde voller Viehes/
hter/voller herrlicher Früchte vnd
redisse/ voller Golds/ Silbers/ Es
allerley Metall/ Gen. 1.

chen Ehestewer geniessen wir noch
vnnd wo es ohne dieselbe were/ so
ht ein Körnlein noch Bletlein/wir
n Fisch noch Vogel/ etc.

n wir erkennen/ Gott vertrawen/
aben mit Dancksagung geniessen/
n. 4.

nschen sind einander am ne-
verwandt? Antwort.

Weib/durch Gott vnd sein Wort
unden/die sind einander neher ver-
die Eltern den Kindern/ vnnd die
tern/ dann Brüder vnnd Schwe-
sind ein Fleisch vnd ein Leib/ wie
t/ Genes. 2. Ein Mann wird sein
tter verlassen/vnd an seinem Wei-
sie werden sein ein Fleisch.

einander neher verwandt/
Mann vnd Weib?
Antwort.

vnd das Menschliche Geschlecht/
sind Gott vnnd Mensch / oder
Menschliche Natur in eine Person
weise vereinbaret/wie Johannes
s Wort ward Fleisch. Dahin ge-
t/ die Christus zu vns sagt/ im

L   Christ-

Chriſtlichen Kirchgeſange : Ich bin dein/du biſt
mein/vnd wo ich bleib/da ſoltu ſein/ vns ſoll der
Feind nicht ſcheiden/ Joh. 10. 17. Cap. Vnd das
Auguſtinus ſagt/ In Chriſto Jeſu vnſerm HErrn
iſt eines jedern vnter vns Portio/ das iſt/ Fleiſch
vnnd Blut. Darumb wo mein Leib regiert/ da
gleube ich/das ich ſelbs regiere/ Wo mein Fleiſch
verkleret iſt/ da gleube ich/ das ich ſelbs herrlich
bin/Wo mein Blut herrſchet/da halt ichs dafür/
das ich ſelbſt herrſche. Denn ob ich ſchon ein Sünder bin/ dennoch habe ich an der Gemeinſchafft
dieſer Gnaden keinen zweiffel.

Wie vieler Heyrathen haben ſich bey Brunnen angefangen ? Ant-wort.

Dreyer : Die erſte des Iſaacs vnd der Rebecca. Denn wie Abraham ſeinen Knecht außge-
ſchickt hatte/ ſeinem Sohn Iſaac ein Weib zu
freyen aus ſeiner Freundſchafft/ da findet der
Knecht die Rebeccam bey eim Brunne. Vnd wiewol ſie ihm vnbekandt war/ſo vernimpt er doch/
durch eingebung vnd wunderliche ſchickung Got-
tes/ das ſie es ſey / die Gott ſein Herrn beſcheret
habe/ gibt ihr alſbald ein güldene Spange vnnd
zwey Armringe bey dem Brunne/ Geneſ. 24.

Die ander/Jacobs des Sohns Iſaacs/ vnd
Rahels der Tochter Labans. Dieſe Rahel findet
Jacob der Patriarch/ da er für ſeinem Bruder
Eſau flohe/auch bey einem Brunnen/vnnd wie-
wol er vorhin viel Jungfrawen geſehen/ jedoch
ward ſein Hertz allein gegen dieſer in ehelicher
Liebe alſo entbrandt/ das er ihrem Vater ſieben
Jahr

tenete / vnnd solche sieben Jahr
als werens einzele Tage/ so lieb
ne. 29.

Mosis vnd Ziporae. Dann diese
: Moses auch bey einem Brunne/
t sechs Schwestern die Schaf tren=
lder die gewalt der Hirten/kömpt
Vaters Kundschafft/vnd erlangt
Exod. 2. Daraus man klar sihet/
:in ist/der Christliche Eheleut zu=
vnd in ehelicher Liebe zusammen
offt ohn ihr selbst eigene Gedan=
son sagt / Prou. 19. Hauß vnnd
Eltern / Aber ein vernünfftig
n HERRN her.

rsten zwey Weiber genom=
ien ? Antwort.

iohn Methusael/der ist der erste/
he Ordnung/im Paradiß gestiff=
ɔ zwey Weiber genommen hat/

eisten Weiber gehabt ?
Antwort.

ɔer hat siebenhundert Weiber/
Kebßweiber gehabt/1.Reg.11.

Weib mit streiten erwor=
n ? Antwort.

r Sohn Kenas/der schlug den
pher aus Mesopotamia / vnnd
ſa Calebs Tochter zum Ehe=

weibe/

weibe/ wie denn ihr Vater ſie zu ge
hatte dem/ der dieſen Rönig vber w
Joſ. 15. Jud. 1.

Deßgleichen ſolte auch dem
gung Goliaths wiederfahren ſein
nig Saul ſeine elteſte Tochter Me
wann er ſeine zuſage hette halten
do✝ bekam er endlich noch dafür d
ter Michal genant/ 1. Sam. 15. 18

Wer hat vmb ſein Weib a
gedienet ? Antwor

Jacob/ der dienete dem Lab
vmb ſeine Tochter Rahel/ vnd da
vnd ihm heimlich die Leam beyle
ihm noch ſieben Jahr vmb die Ra
Hertzen lieb hatte/ vnd dauchte ih
Liebe/ als werens einzele Tage/

Welche Hochzeitliche freu
trawrigſten außgang g
Antwort.

Deß Fürſtens der Rinder Ja
derſelbige ſeine Braut eines Fürſt
Canaan holete/ vnd mit ſeinen Fre
lem Volcke / mit Paucken vnnd
Gütern vnd köſtlichem Geſchm
vberfielen ihn Simon vnd Jonat
der Jüden / erſchlugen viel Vol
ybrigen in das Gebirge / vnd rau
ihre Güter/ darumb/ das die Rin
uor ihren Bruder Johannem auch
erwürget hatten/ ward alſo aus

nnd aus dem Pfeiffen ein Zeulen/

es/ das die Jungfrawen/ so
) Gottes Wort Ehelichen sind
eß andern tages Hauben vnd
des Schleyer auffsetzen?

Antwort.

rch erinnert werden/sie sein nicht
10 jhres eigenen willens/ sondern
e/ Herrschafft vnd Gehorsam des
r. 11. Darumb sol das Weib eine
Heupt haben/das ist/sagt Luther
e/einen Schleyer oder Decke/dabey
sie vnter des Mannes macht sey/
uchs Gottes/ Dein wille soll det
terworffen sein/ vnnd er sol dein
or. 7. Das Weib ist jhres Leibes
htig/ sondern der Mann.

Zeugniß hieuon im Alten

ament? Antwort.

. Vergist doch eine Braut jhres
t/ noch eine Jungfraw jhres
er mein Volck vergisset meiner.

ß Brautschmucks gedacht?

Antwort.

Die eine Braut geberdet in jhrem
pocal. 21. Zubereitet/ als eine ge=
t jhrem Manne.

Wo

Vom Eheſtande/

Wo wird deß Crantzes gedacht/ den der Breutigam zu tragen pflegt? Antwort.

Eſaia 61. *Quaſi Sponſum decoratum corona,* Als ein Breutigam inn ſeinem ſchönen Crantze pranget.

Wo ſtehet die gröſte Eheſcheidung in der Bibel? Antwort.

Im Buch Eſra am 10. Cap. Da ſcheidet Eſra mit den Oberſten der Jüden alle Jüdiſche Men̄er von den fremdden außlendiſchen Weibern/ ſo ſie zur zeit ihrer Gefengniß in fremdden Landen gefreyet hatten/alſo/das auff einen Tag viel hundert par Ehevolcks geſchieden wurde/ nach dem Geſetze Gottes.

Wodurch wird deß Menſchen Gedechtniß am lengſten erhalten? Antwort.

Durch Eheliche zeugung vnd gute erziehung der Kinder/ vnd durch auffrichtung nützer Gebew/ dann ſo ſchreibt Syrach am 41. Cap. Kinder zeugen vnd Stedte beſſern macht ein ewigs Gedechtnis/ Aber ein ehrliches Weib mehr dann die alle beyde. Syrach am 30. Wann eins frommen Kindes Vater ſtirbt/ ſo iſt es/ als were er nicht geſtorben/ Dann er hat ſeines gleichen hinder ſich gelaſſen zum ſchutze wider die Feinde/vnd der Freunden auch dienen kan.

Wer

ch für seine Braut zu geben/
n nur fordern könne?

Antwort.

ürst vnd Hertze Sichem/des Her
er aus brünstiger Liebe Jacobs
zeschwechet hatte/ vnd sie zum
sprach er zu jhrem Vater vnnd
uch Gnade bey euch finden/gebt
n Weibe/ fordert nur getrost
d Geschencke/ Ich wils geben/
alleine die Dirne gebt mir zum
Hertz hanget an jhr/ Gen. 34.

XVII.

n Tantze vnd
äntzern.

eubet ehrliche Täntze zu
en? Antwort.

Salomon sagt in seinen Predig:
cap. Tantzen hat seine zeit/ Jes
Du solt noch wiederumb frö:
paucken heraus gehen an dem
ge Mannschafft vnd die Jung:
lich sein am Reihen.

Täntze wird in der Bibel
cht? Antwort.

lich eines Geistlichen Tantzes/
ge Leute bey rechtem Gottes:
dienste

dienste Gott zu lobe vnd ehren geth[
Exo. 1 5. die Miriam mit den Israel[
bern. So tantzete Dauid für der La[
REN/ 2. Sam. 6.

Zum andern/ Eines Götzenta[
Wie die Jüden in der Wüsten vm[
Kalb tantzeten/ vnnd die Baalspf[
Opffer/ 1. Reg. 18.

Zum dritten / Eines Bürgerli[
Tantzes/ Jerem. 3 1. Du solt noch fr[
vnd heraus gehen an den tantz/ Ite[
den die Jünglinge frölich am Reth[
die jungeManschafft/ vnd die Alte[

Zum vierdten/ Ist ein Huren-od[
der in Geilheit vnd Vnzuchtg esch[
dis Tochter tantzete/ vnd darmit J[
seinen Kopff brachte/ Matth. 14.

Welche Jungfrawen hat de[
schleunigsten zum Eh[
bracht? Antwort

Die Jungfrawen zu Siloh / al[
für der Stadt giengen/ fielen die L[
ter sie/ vnd führete ein jeder eine hi[
me sie ihm zum Weibe/ Judic. 21.

Welcher König ist am Tan[
worden? Antwor

Dauid / 2. Sam. 6. Dauid tan[
macht für dem HErrn her/vnd wa[
einem leinen Leibrock. Vnd Mich[
Sauls ruckete durchs Fenster / vr[

wig Dawd springen vnd tanßen für dem HErrn/
vnd verachtet jhn in jhrem Herßen.

Welcher Jungfrawen ist die frewde deß tanßens zum gröslen Leide gerathen? Antwort.

Der Tochter Jephthas/als die jhren Vater
mit Paucken vnd tanßen frölich entpfahen wolte/
da er glücklich aus dem Kriege widerkam / ward
jhr der Todt vom Vater angekündigt / das er sie
tödten/vnd zumBrandopffer opffern müste/weil
er ein solch Gelübde gethan hatte/das dem HER-
REN zu opffern /das jhm aus seiner Haußthür
zum ersten entgegen kommen würde/ Jud. am 11.

Wo ist der grösseste Singtanß gehalten worden? Antwort.

Erstlich / da die Kinder Israel mit trockenem
Fusse durchs rothe Meer gangen waren/namMi-
riam diePropbetin eine Paucken in dieHand/vnd
alle Weiber folgeten jhr nach hinaus mit Paucken an Reihen. Vnd Miriam sang jhnen für:
Last vns dem HErrn singen/denn er hat ein herr-
licheThat gethan/Man vndRoß hat er ins Meer
gestürßet/Exod. 15.

Zum andern in der Wüsten / da ganß Israel
beyde Mann vnnd Weib vmb das güldene Kalb
herumb tanßten mit grossemGeschrey vndJauch-
ßen/Exod. 32.

Wo wird des tanßens vnd küpffens der Irrewische gedacht? Antwort.

M

Ins

Im Propheten Esaia am 13. da er von der
verwüstung Babels redet / sagende : Drachen
werden da wohnen / vnd die Feldgeister werden
da tantzen vnd hüpffen.

Wo wird die wegnemung der Fröligkeit am Tantze als eine sondere straffe angezogen ? Antwort.

In Klagliedern Jeremie am 5. Die Jünglinge treiben kein Seitenspiel mehr / vnsers Hertzens Freude hat ein ende / vnsere fröliche Reihen
sind vns in WehKlage verkehret. O wehe / das wir
so gesündigt haben / darumb ist nu vnser Hertze
betrübt.

Wo werden wir für singenden vnd sprin-genden Weibern vnd Mägden gewar-net ? Antwort.

Syrach am 9. Fleuch die Bulerin / das du
nicht in jhre Stricke fallest / gewehne dich nicht zu
der Sengerin vnd Springerin / das sie dich nicht
fahe mit jhrem reitzen / *Cum saltatrice ne sis assidu-*
us stehet im Lateinischen Texte / Sey nicht stets
vmb die Täntzerinnen.

Wo wird geklagt vber die vnterlassung deß tantzens ? Antwort.

Matth 11. Luc 7. Wir haben euch gepfiffen /
vnd jhr habt nicht getantzet. Da Christus gleich-
nißweise vber die verachtung seines heiligen
Göttlichen Worts / vnnd vber die verharrliche
Vnbußfertigkeit der Menschen klaget / etc.
Wo

Wenne ist der Singetantz am vbelsten be-
kommen? Antwort.

Den Israeliten in der Wůsten / da sie vmb
das gůldene Kalb tantzeten/ da ergrimmete Gott
vber sie/ das er das gantze Volck außrotten wol-
te/ wann Moses jhn nicht erbeten / vnd verscho-
nung jhrer erlanget hette/vnd Moses aus Gottes
Befehl ließ jhrer drey tausend erwůrgen durch
die Leuiten/ Exod. 32.

Wenne ist mehr der Tantz am vbelsten be-
kommen? Antwort.

Den Einwohnern zu Sichem/als sie Abimelech jhren Herrn verliessen/vnd sich an Baal hen-
geten/vnd ihn zum Obersten auffwarffen/giengen
in jhres Götzen Hauß/ assen vnnd truncken / vnnd
machten einen Tantz. Aber Abimelech kam/vber-
fiel die Stadt/ vnd erwůrgete alles/was drinnen
war/zerbrach die Stadt gantz vnd gar/vnd seete
Saltz darauff/ Judic. 9.

XVIII.
Von Hurerey vnnd Ehe-
bruch/ vnd von dessen Grewel
vnd Straffe.

Wo wird Hurerey vnd Vnzucht verboten
im Alten Testament? Antwort.

JM 5. Buch Mosis am 23. Es sol keine
Hure sein vnter den Töchtern Israel/
vnd kein Hurer vnter den Sönen Israel.

Jun Ephesern am 5. Hurerey vnd alle Vn-
reinigkeit last nicht von euch gesaget werden/wie
den heiligen Gottes Kindern zustehet. 1 Thess. 4.
Das ist Gottes Wille ewer Heiligung / das jhr
meidet die Hurerey / vnd ein jeglicher vnter euch
wisse sein faß zubehalten in Heiligung vnd Eh-
ren/ nicht in der Lustseuche/ wie die Heyden/ die
von Gott nichts wissen.

Worinne wird Gottes Zorn wider Hüre-
rey vnd Vnzucht am deutlichsten fürgebildet? Antwort.

In viererley Historien: Erstlich in der History der ersten Welt/die Gott darumb/das Hurerey vnd Vnzucht in vngehindertem lauffe drinne gieng/mit der Sündflut erseuffete/ das nichts
von Menschen/Viehe/Thieren vnd Vögeln darinn vbrig bleib / ohn allein Noah sampt seinen
Söhnen/ jhren Weibern / vnnd was bey jhm im
Kasten war / Genes. 7.

Jum andern in der History der Sodomiter/
welche Gott sampt andern vier Königliche Städ-
ten darumb/ das die Vnzucht in gar vnmenschli-
chen vberschwang bey jhnen kommen war / mit
Schwefel vnd Fewer vom Himmel herab anzün-
dete/ vnd also verbrandte / das weder Menschen
noch Viehe dauon kommen / vnd des Orts noch
heut zu tage nichts/denn ein Wüste/dick vnd stin-
ckend Wasser oder Gesümpffe ist/darinnen nichts
leben kan. Darumb auch in der nähe weder Menschen noch Thier sich halten kan/Gen.19.Sap.10.

Jum

Zum dritten in der History der Kinder Israel/ da Gott vber diß sein Volck also erzürnet/das er jhrer im huy ließ vmbbringen vier vnd zwantzig tausend / darumb/ das sie Hurerey vnnd Vnzucht getrieben hatten mit den Töchtern der Moabiter/Vnd die Obersten des Volcks/ die solches gesehen/vnd nicht geweret hatten/ließ er nemen/vnd an die Beume hengen/Nume. 25.

Zum vierdten/In der History der Beniamiter/aus denen fünff vnd zwantzig tausend Mann erschlagen wurden / alleine darumb/das sie die mutwilligen Buben/ die des Leuiten Weib geschendet hatten/nicht straffen wolten/Jud. 19. 20.

Welche Hure hat das gröste Geschencke bekommen? Antwort.

Die Hure Delila/ mit derer der starcke Held Simson zuhielt/ der verhieschen die fünff Fürsten der Philister ein jeder tausend vnd hundert Silberling zu geben / wann sie jhnen Simson vberantworten wolte/vnd jhn erst mit listen vmb seine grosse Stercke brechte. Nu gilt ein jeder Silberling ein orts Thaler/das macht vnser Müntze ein tausend dreyhundert fünff vñ siebentzig Thaler. Vmb ein solch Tranckgeld ist der thewre Held verrathen/ vmb seine Stercke/Augen vnd Leben gebracht/durch diese listige Hure/Judicum 16.

Wo wird Ehebrechern der Todt gedrewet? Antwort.

Im dritten Buch Mosis am 20. Wer die Ehe bricht mit jemands Weibe/der sol des todes sterben / beyde Ehebrecher vnnd Ehebrecherin/ darumb/das er mit seines Nechsten Weib die Ehe gebro-

M iij

gebrochen hat. Item/ im 5. Buch
Wenn jemand erfunden wird/der be
be schleffet/die einen Eheman hat/so
de sterben/ der Mann vnd das Weil
geschlaffen hat/vñ solt das böse von

Wo wird Hurerey vnd Eheb
Fewer verglichen? Antw

In Sprüchen Salomonis am 6.
mand Fewer im Busem behalten/da
der nicht brennen? Wie solte jeman
gehen/ das seine Füsse nicht verbra
Also gehets/ wer zu seines Neheste
het/es bleibet keiner vngestrafft/der

Wo stehet es/ daß bey Hurenl
Glücke sey? Antwort.

In Sprüchen Salomonis am 6.
bringt einen vmbs Brod/Aber ein Eh
das edele Leben. Daher kömpt das S

Wer sich mit Huren nehrt/
Vnd mit losen Karren fehrt/
Dem ist Vnglück beschert.

Item am 29. Wer sich mit Huren
kömpt vmb sein Gut.

Wer ist vber Hurerey erstoch
den? Antwort.

Simri/ ein Fürste der Simeon
Hurerey vnnd Vnzucht triebe im
Volcks Gottes / mit Caßbl einer Wid

Fürstin/ ward er sampt der Huren von Pinehas
mit eim Spies durchstochen/ Vnd lobete Gott
selber seinen Eiuer wider dieses Laster/Num.25.
Psalm 106.

Wer hat vber Hurerey seine Augen verloren? Antwort.

Simson der starcke Held/ als der mit der Huren Delila bulete/vnd ihr sagte/wo er seine grosse
Stercke hette/vnd wie man jhm die nemen kündte/ beraubete sie jhn seiner Stercke/ vnd vbergab
jhn inn der Philister Hende/ die jhm die Augen
außstachen/vnd ins Gefengniß wo ffen/Jud.16.
Das ist aller Huren Glaube vnd Trewe/ Drumb
gleube vnd folge jhnen nicht/ oder Schande vnd
Schade wird dein gewisser Gletißman sein.

Wer beschreibet die Gedancken des Ehebrechers am eigentlichsten? Antwort.

Syrach am 23. do er spricht/ Ein Mann/ der
die Ehe bricht/ vnd deneft bey sich selbst/ wer sihet mich/es ist finster vmb mich / vnd die Wende
verbergen mich/das mich niemand sihet/wen sol
ich schewen? Der Allerhöhest achtet meiner Sünde nicht. Solcher schewet allein der Menschen
Augen / vnnd denckt nicht/ das die Augen des
HERRN viel heller sind/ denn die Sonne/vnd
sehen alles/was die Menschen thun/vnd schawen
auch in die heimlichen Winckel.

Wer beschreibet die art vnd liste der Ehebrecherin am eigendlichsten? Antwort.

M iij   Salo-

Salomon in seinen Sprüchen am 7. Ich sahe/ das einem spazierenden Jüngling begegnete ein Weib im Hurenschmuck/ listig/ wild/ vnd vnbendig/ das ihre Füsse in ihrem Hause nicht bleiben konnten. Jetzt ist sie haussen/ jetzt auff der Gassen/ vnd lauret an allen Ecken/ vnd sie erwüschet ihn/ küsset ihn vnuerschampt/ vnd sprach zu ihm: Ich hab ein Danckopffer für mich heute bezahlet für meine Gelübde/ darumb bin ich herauß gangen/ dir zu begegnen/ dein Angesicht frühe zu suchen/ vnd habe dich funden. Ich habe mein Bett schön geschmücket mit Binden/ Teppichen aus Egypten/ Ich habe mein Lager mit Myrrhen/ Aloes vnd Cinnomeh besprengt/ komm/ lasse vns gnug bulen biß an den Morgen/ vnd laß vns der Liebe pflegen. Denn der Mann ist nicht dabeime/ er ist einen fernen Weg gezogen/ er hat den Geldsack mit sich genommen/ er wird erst auffs Fest wider heim kommen. Sie vberredete ihn mit vielen Worten/ vnd gewann ihn ein mit ihrem glatten Munde. Er folgete ihr bald nach/ wie ein Ochs zur Fleischbänck geführet wird/ vnd wie zum Fessel/ da man die Narren züchtiget/ biß sie ihm die Lebern mit dem Pfeil spaltete/ wie ein Vogel zum Stricke eilet/ vnd weiß nicht/ daß ihm das Leben gilt.

Was ist erst süsse/ vnd hernach bitterer/ als Wermuth? Antwort.

Die Lippen der Huren vnd Ehebrecherin/ Prou. 5. Die Lippen der Huren sind süsse wie Honigseim/ vnd ihre Kele ist glätter denn Oel/ Aber hernach bitter wie Wermuth/ vnd scharff wie ein zwey=

Schwerdt / ihre Füsse lauffen zum
/ ihre Genge erlangen die Helle /

einer tieffen Gruben verglie
raus man nicht kommen
kan? Antwort.

ges Weib / wie Salomon in seinen
am 22. sagt / Der Huren Mund
rube / Wen der HERR vngnedig
arein. Die Erfahrung bezeugts:
die Grube der Hurerey recht felt /
eraus kommen / biß Gottes Gei
fe ihn treffe.

n besten Rath wider Hure
rey? Antwort.

Cor. 7. Hurerey zuuermeiden ha
ein eigen Weib / vnd eine jegliche
Iann / der Mann leiste dem Wei
Freundschafft / deßgleichen das
ne / zun Ebr. am 13. Die Ehe sol
en werden bey jederman / das
rein vnd vnbeflecket / die
vnd Ehebrecher wird
Gott richten.

M b   Von

XIX.

Von Königreichen / Keyserthumen / Herrschafften vnd Fürstenthumen.

Wer ist aller Reich vnd Herrschafften oberster Lehnherr? Antwort.

Ott / wie der grosse König Nebucad-Nezar selber bekennet/Dan. 4. Auff das alle Lebendige erkennen/das der Höheste Gewalt habe vber der Menschen Königreiche/vnd sie gebe/wem er wil/vnd erhöhe die Nidrigen zu denselbigen. Item cap. 2. Gott setzet Könige abe/ vnd wider ein.

Wenn ist die weltliche Regierung eingesetzt? Antwort.

Bald nach der Sündflut/da Gott zu Noah vnd seinen Kindern sagte/Ich selber wil ewers Leibs Blut rechen/ Wer Menschen Blut vergeust/des Blut sol wider vergossen werden.

In diesen Worten theilet Gott sein Richterampt mit der Obrigkeit / vnnd setzet sie an seine stat zu Vnterrichtern vnd Executorn seiner Gerechtigkeit/vnd zu Hütern aller guten Ordnung/ Zucht vnd Friedes / das sie die Leut inn ehrlicher Gesellschafft bey einander erhalten/ auff das ein ieder möge durch hörung Göttliches Worts sich bereiten zum ewigen Leben / vnd sich Ehelicher/

christ

ehrlicher vnd friedlicher weise mehren/ vnd neeren in diesem Leben.

Wer hat das aller erste Reich angefangen? Antwort.

Cain für der Sündflut / der bawete die erste Stadt im Lande Nod/machte ihm einen Anhang/ vnd Reich/vnd zwang andere vnter sich/ Gen. 4.

Darnach Nimroth/ der hat das Chaldeische Reich angefangen zu Babylon/ im hundert ein vnd dreissigsten Jahr nach der Sündflut / daher ihn die Schrifft einen gewaltigen Jäger für dem HERRN nennet/ Genes. 10. Darumb/das er die Leute mit gewalt vnter sich gebracht / vnd zum Gehorsam gezwungen hat.

Worumb nennet sie ihn aber einen Jäger für Gott dem HErrn? Antwort.

Darumb/das sie damit anzeigen wil/die Obrigkeit sey Gottes Dienerin/ zur Rache vber die/ so böses thun/ vnd zum Schutze vnnd Nutze der frommen/ Rom. 13.

Wo ist der nutz/ den man von frommer Obrigkeit hat / am feinesten fürgebildet? Antwort.

In dem Baume / den Gott Nebucadnezar in Gesichte zeigete/ der aus dermassen hoch/dicke vnd breit war/schöne Este hatte/vnd voller Früchte stunde/dauon alles zu essen hatte/ vnter dem alle Thier auff dem Felde schatten funden/auff dessen

ſer Eſten die Vögel vnter dem H
vnnd von dem ſich alles Fleiſch neh
Gott angezeigt hat / das Er den Vn
be vnd Friede / Schutz vnd Trotz / (
Werm / Futter / Nahrung vnnd G
gantze zeitliche Leben gebe vnd erh
Weltliche Obrigkeit. Denn das i
keine Obrigkeit were / die Gericht
tigkeit handhabeten / die Frommen
Böſen ſtraffeten / ſo köndte niem
Weibe vnd Rindern / Hauß / Hoff
auch ein einige Stunde ſicher ſein /
könte den Kopff ſicher zum fenſt
ken / oder vber die Thür lucken.

Darumb ſol man die Chriſt
ehren / lieben vnd fleiſſig für ſie Got
bitten. 1. Tim. 2. Jch ermane / das n
Gebet / Fürbitte vnd Danckſagung
ge vnd alle Obrigkeit / auff das w
ches vnnd ſtilles Leben führen mög
Gottſeligkeit vnd Erbarkeit.

Welches ſind die mechtigſte
weſt in der Welt? Ant

Dieſe vier: Erſtlich das Aſſyr
byloniſche Reich / welches Keyſer o
die tauſend drey hundert Jahr wei
giert haben / von deſſen Gewalt v
liß Ezechielis am 31. cap. Zum an
ben vnd Perſen / das hundert ſieben
Prouintzen oder Lender vnter ſich g
Zum dritten des groſſen Alexandri
gen. Zum vierdten das Römiſche

it ihrer Gewalt vnd Herrligkeit/
durchs ander hat sollen auff geries
wie auch das Römische Reich das
de/ darunter die Welt ein ende nes
ewige Reich der Himlischen Herr
vnd Seligkeit aller Gleubigen vnd
darauff erfolgen werde/ wird ge
heten Daniele am 2. vnd 7. Capi

ilden sind diese Reich abges
malet? Antwort.

y: Zum ersten das Assyrische wird
alt eines Lewens mit Adlersflus
das es das edleste/ das beste/ vnnd
de Reich gewesen ist/ die zween Flus
vey fürnembste Stück/ Assyria vnd
b. 7.

en das Persische vnnd Medische
z ein Beer/ mit dreyen langen Zees
isch frisset/ darumb/ das es das
babylonische Reich zerstören wers
neme Könige haben/ die viel Land
nnen würden/ als Cores, Darius
n. 7.

das dritte wird gemalet wie ein
Köpffen/ vnnd ist das Reich deß
t in Griechenland/ welcher gleich
kurtzer zeit die gantze Welt vnter
olich in vier Königreiche ist zers
Danielis 7.

/ das vierdte wird gemalet wie
nmig Thier/ mit eisern Zeenen
rn/ so alles frisset vnd zermalmet/
vnd

vnd mit Füssen vnter sich tritt/vnd ist das Römische Reich/ so auch die Herrschafft vber die Welt
bekommen / vnnd in zehen Königreich zertheilet
worden/als in Syrien/ Egypten/ Griechenland/
Africam/ Hispanien/Galliam/Italiam/Deutsch-
land vnd Engelland.

Warumb werden sie in so grewlicher Thiere gestalt abgemalet? Antwort.

Darumb/das damit angezeigt würde/wie viel
grewlicher Tyrannen darinnen würden leben/
vnd die vberhand haben / derer thun nicht allein
Vnmenschlich vnd Thiertsch/ sondern auch gantz
Teuflisch sein würde / wie solches die Historien
gnugsam bezeugen vnd außweisen.

Wer hats zuuor gesagt / wie viel König-reich der Türcke vom Römischen Rei-che vnter sich würde bringen? Antwort.

Der Prophet Daniel am 7. weissaget /das ein
kleines Horn sol drey Hörner von dem Heupt des
vierdten Thiers abstossen/das ist Mahometh vnd
seine Nachfolger/ die erst einen geringen anfang
gehabt/ werden drey Königreiche vom Römischen Reich abreissen / vnnd ihnen vnterwerffen.
Welches auch geschehen ist. Denn der Türcke hat
Asiam/ Egypten vnd Griechenland vnter sich ge-
bracht/ vnd bestreitet noch teglich die Heiligen
Gottes/das ist/ die Christen/ Dan. 7.

Was

elt ein Reich bestendig vnd
ckhafftig ? Antwort.

rcht vnd Glückseligkeit. Dann so
er zu Salomoni/ 1. Reg. 9. So du
lst/ wie dein Vater Dauid gewan=
echtschaffenem Hertzen vnd auff=
thust alles/ was ich dir geboten
e Gebot vnd meine Rechte haltest/
igen den Stuel deines Königreichs
iglich/ wie ich deinem Vater Dauid
nd gesagt/ Es sol dir nicht gebre=
Jann vom Stuel Israel.
sagt zu Salomon/ 1. Chron. 23.
ückselig sein/ wenn du dich heltest/
h den Geboten vnd Rechten/ die
Mosi geboten hat an Israel. Vnd
hölet es selber/ Prou. 20. From
sein behütet den König/ vnd sein
durch frömmigkeit.

ret die Reich vnd Fürsten=
mb ? Antwort.

t vnd Vngerechtigkeit/ wie das
eit am 6. sagt/ Vngerechtigkeit
nd/ vnd böses Leben stürtzet die
altigen. Pro. 28. Vmb des Lands
erden viel enderung der Fürsten=
b der Leut willen/ die verstendig
sind/ bleiben sie lange. Item
r aber euch von mir abwenden/
nder/ vnnd nicht halten meine
re/ die ich euch fürgeleget habe/
buß

hingehet/vnd andern Göttern dienet/vnd sie an
betet / so werde ich Israel außrotten von dem
Lande/das ich jhnen gegeben habe.

Aus was vrsachen hat Gott die König= reich vnd Keyserthum auffkommen lassen ꝛ Antwort.

Aus dreyerley vrsachen: Erstlich/Weil die
Menschen so böse waren/das sie sich durch Veter=
liche Gewalt nicht wolten regieren lassen/so sagte
Gott eine hertere art ein / da man sie nicht mit
Worten/ sondern mit dem Schwerdte zum Ge=
horsam bezwang.

Zum andern/weil Gott wolte Zucht/Gerich=
te vnd Gerechtigkeit in der Welt erhalten haben/
so erweckte er Könige vnd Keyser/verlihe jhnen
die höchste Gewalt vnnd Macht / auff das sie die
Frommen schützen vnnd befördern / die Bösen
aber straffen vnd abschaffen köndten.

Zum dritten / Auff das vnter so mechtigen
Königreichen vnd Keyserthumen die Christliche
Kirche jhren Sitz vndSchutz/fortpflantzung vnd
erhaltung haben köndte.Esa.29.Könige sollen
deine Pfleger sein/ vnd jhre Fürsten
deine Seugammen.

XX.

Von Königen / Fürsten vnd Herrn/ihren Räthen vnd Dienern/frommen vnd bösen.

Was ist der Obrigkeit vnd Herrn bester Schmuck? Antwort.

Richt vnd Gerechtigkeit handhaben/ wie Job sagt am 29. Gerechtigkeit war mein Kleid / das ich anzoge/ wie einen Rock/ vnd mein Recht war mein Fürstlicher Hut.

Was ist das lieblichste an einem Könige? Antwort.

Freundligkeit vnd Leutseligkeit/denn so sagt Salomon/Prouerb. 16. Wenn des Königes Angesicht freundlich ist / das ist Leben / vnnd seine Gnade/wie ein Abendregen.

Was ist das schrecklichste an eim Könige? Antwort.

Zorn vnd Vngnade/Prouerb. 16. Des Königes Grim ist ein Bote des Todes. Item am 20. Das schrecken des Königes ist wie das brüllen eines jungen Lewens / Wer jhn erzürnet/ der sündiget wider sein Leben.

Wo stehet die gröste Königliche Krone in der Bibel? Antwort.

N   Jm

Von Königen.

Im andern Buch Samuelis am 12. Cap. Dauid nam alles Volck zu hauffe/ vnd zohe hin/vnd streit wider Rabba/vnd gewan sie. Vnd nam die Kron jhres Königs von seim Heupte/die am Gewicht ein Centner Goldes hatte/ vnd Edelgesteine /vnd ward Dauid auff sein Heupt gesetzet.

Wie soll ich mich in diß Gewichte richten? Antwort.

Du must es nicht verstehen von eim Ebreischen Talent/oder Jüdischen Centner/ denn das weren sechs tausend Vngerische Gülden/ oder sieben vnd viertzig Pfund schwer/ Wer köndte eine solche Last auff dem Heupte tragen? Sondern must es verstehen vom Syrischen Talent oder Centner/welcher der vierde teil eines Ebreischen Centners ist/ nemlich ein tausend vnd fünff hundert Vngerische Gülden / were am Gewichte zwölff Pfund Goldes.

Welcher König hat die gröste Hoffhaltung gehabt? Antwort.

Salomon der weiseste vnd reicheste König/ denn so stehet 1. Reg. 4. Das Salomon viertzig tausend Wagenpferde/vnd zwölff tausend Reisigen gehabt/vnd teglich in Speisung seines Hoffgesindes haben müssen dreissig Cor Semmelmehl/ das sind nach vnserm Gemeß sechzig Malter / Dann ein Corus thut zwey Malter / wie es Bünting im Itinerario außrechnet/ vnd sechzig Cor ander Mehl/zehen gemeste Rinder/ zwantzig weide Rinder / hundert Schafe / außgenommen die Hirsche/Rehe vnd Gense/vnd ander gemestet

Viehe

Viehe vnnd Vogel / Vnd setzet Hieronymus in
margine suæ versionis, daß Salomon teglich in
die dreissig tausend Personen habe speisen müsssen. Es hatte aber Salomon zwölff Amptleut
vber gantz Israel / die den König vnd sein Hauß
versorgeten / einer hatte des Jahrs ein Monat
lang zu versorgen.

Welcher König hat am meisten güldener Geschirr gehabt? Antwort.

Der König Salomon / der reichste vnd mechstigste König / dessen Schüsseln / Becken / Tisch vnd
Trinckgeschirr / waren alle von lauterm Arabischem Golde gemacht / Dann des Silbers achtete
man zu seiner zeit nicht / 1. Reg. 10.

Welcher König hat den grösten Geldzinß gegeben? Antwort.

Der König Antiochus / der hat jährlich den
Römern geben müssen zwey tausend Centner Silbers / das sind funffzehen mal hundert tausend
Thaler / 2. Mac. 8.

Welcher König hat den schönsten Stuel gehabt? Antwort.

Salomon / wie 1. Reg. 10. vnd 2. Chron. 9.
geschrieben stehet: Salomon machte einen grossen
Elffenbeinen Stuel / vñ vberzog jhn mit dem edelsten Golde / vnd der Stuel hatte sechs Stuffen /
vnd ein güldenen Fußschemel am Stuel / vnnd das
Heupt war hinden rund / vnd hatte zwo Lehnen /
auff beyden seiten / vmb das Gesesse / vnd zwo Lewin stunden neben den Lehnen / vnd zwölff Lewen

N ij							auff

auff den sechs Stuffen/zu beyden seiten. Ein solch
Werck ist nie gemacht in keinem Königreich.

Welcher König hat den grösten Wollen-
zinß gegeben? Antwort.

Mesa/ der König der Moabiter/ der zinset
dem Könige Israel Wolle von hundert tausend
Lemmern/ vnd von hundert tausend Wiedern/
2. Reg. 3.

Welcher König hat am meisten Jährli-
cher Rente vnd einkommens gehabt? Antwort.

Salomon/der hatte an Köstlichem Arabischem
Golde Jährlich einzukommen sechs hundert sechs
vnnd sechtzig Centner Goldes/ die machen neun
vnnd dreyssig mal hundert tausend Vngerischer
Gülden/ vnd neun vnd sechzig tausend Gülden
sind in die viertzig Tonnen Goldes.

Das Silber/so jhm Jährlich einkam/ war
nicht zu zehlen/Dann er machte des Silbers zu Jerusalem so viel als der Steine/ 1. Reg. 10.

Welcher König hat die grösse Spende
gegeben? Antwort.

David/ welcher/da er die Lade des HERRN
in seine Stadt geholet hatte/hat er vnter das gantze Volck Israel / derer 1100000. wehrhaffter
Mann waren (die andern sampt den Weibern/
Jungfrawen vnd Kinder nicht gerechnet) außge-
theilet einem jeden ein Brodtkuchen/ ein stücke
Fleisch/vnd ein Nössel Wein/ 2. Sam. 6. 1. Par. 16.

Wie

Wie viel Könige hat Josua vberwun-
den? Antwort.

Ein vnd dreyssig/ dann so stehet im Buch Josua am 12. Cap. Diß sind die Könige/ die Josua
schlug disseit des Jordans/ vnnd jhr Land vnter
die Stemme der Kinder Israel außtheilete/ den
König zu Jericho/ den König zu Ai/ den König
zu Jerusalem/ den König zu Hebron/ den König
zu Jarmuth/ den König zu Lachis/ den König
zu Eglon/ den König zu Jeser/ den König zu De-
bir/ den König zu Geder/ den König zu Harma/
den König zu Arad/ den König zu Libna/ den
König zu Adullam/ den König zu Makeda/ den
König zu Bethel/ den König zu Tapua/ den König zu Hepher/ den König zu Aphek/ den König
zu Lasaron/ den König zu Madon/ den König
zu Hazor/ den König zu SimronMeron/ den
König zu Achsaph/ den König zu Tharnah/
den König zu Megiddo/ den König zu Kedes/
den König zu Jackneam am Charmel/ den König
zu NaphothDor/ den König der Heyden zu Gilgal den König zu Thirza/ Diß sind ein vnd dreyssig Könige.

Item zwey Könige/ nemlich Sion/ den König
der Amorier/ vnd Og den König zu Basan hat
Moses erlegt/ vnnd jhre Grentzen den Rubeni-
tern/ Gadditern/ vnd dem halben Stamme Ma-
nasses zu besitzen gegeben. Daraus sihet man klar/
das Gott beyde in seinen Drewungen/ vnd auch
Verheissungen warhafftig ist/ die Bösen vertil-
get/ vnd die Frommen schützet vnd erhelt/ wie er
im Beschluß der Zehen Gebot bezeuget/ sagende:

N ij   Ich

Ich der HERR E dein Gott/ bi
Gott/ etc.

Welcher König hat die mei[
vberwunden? Antw[

Adon(Besek/ Der König zu Be[
bentzig Könige vberwunden/ vnd [
Daumen an Händen vnd Füssen ver[
also lassen vnter seinem Tische die [
sen/ Derwegen er endlich eben al[
vnd getödtet worden/ Judic. 1.

Wo werden Könige im Ad[
bildet? Antwort.

Ezech. am 17. Werden die zw[
Könige / der zu Babel / vnd der in[
zweyen starcken vnd schönen Adler[
wie du allda lesen kanst/ vnd am [
finden wirst.

Welcher König hat den Frie[
resten gekaufft? Antw[

Menahem der König in Israel [
Assyrischen Könige Phul tausend [
bers/ das er ihn nicht bekriegte/ da[
Müntze funfftzig tausend Thaler / 2[

Wo hat der König Dauid a[
samsten gehandelt? Ar[
wort.

In der Stadt Rabba/ als er die[
derselben heraus führete/ sie vnter ei[

eiserne Zacken vnd Keyle legte/vnd also verbrand=
te im Ziegelofen / 2. Sam. 16.

Welcher Herr hat eim andern Herrn
den Geschoß am thewresten abgekaufft/
seinen Vntersassen zu gute ?
Antwort.

Jonathas / der Fürst vnd Hohepriester der
Jüden/ der kauffte Demetrio dem Könige in Sy=
ria den Geschoß abe/ den sonst sein Volck/jährlich
geben muste / vnd gab dafür drey hundert Cent=
ner Goldes / das macht achtzehen mal hundert
tausend Gülden/Vngerischen werths/das weren
achtzehen Tonnen Goldes / 1. Mac. 10.

In welches Herrn Hoff ists am gefehr=
lichsten gewesen zu gehen ?
Antwort.

In den Hoff deß Königs Ahasuert/ Dann
wer in desselben Königes innern Hoff gieng oder
trat/ der muste strackes Gebots sterben/ es were
denn gewest/ das der König/ wenn er sein Ange=
sicht wandte/den güldenen Scepter gegen ihm ge=
neiget hette/vnd er dasselbe anrührte/ Esther 4.

Was gibt diß für eine erinnerung ?
Antwort.

Diß ist ein fein Fürbilde des Gerichtshoffs
oder Stuels vnsers lieben HErrn Jesu Christi.
Denn wer in diesen Gerichtshoff/ oder für diesen
Gerichtsstuel Christi tritt/aus eigner vermessen=
heit/im vertrawen auff eigene Werck / verdienst

N iij   vnd

vnd wirdigkeit/ der wird von Christo stracks zur
Hellen vnd ewigem Tode verdampt/ Wer aber
dieses Königes Scepter anrühret/ das ist/ sein
Euangelion mit Glauben annimpt/ vnd sich dieses Königs Gnade vnd Verdienstes allein getrö-
stet/der wird durch Christum beym Leben erhal-
ten/vnd mit ewiger Seligkeit begabet/wie Christus der HErr dieses selber außspricht/ Johan. 3.
Wer an den Sohn Gottes gleubt/ der wird nicht
gerichtet/ Wer aber nicht gleubet/ der ist schon
gerichtet/ Denn er gleubet nicht an den Namen
deß eingebornen Sohns Gottes. Der Vater hat
den Sohn lieb/ vnd hat jhm alles in seine Hende
gegeben. Wer an den Sohn gleubet/der hat das
ewige Leben/ Wer aber an den Sohn nicht gleu-
bet/ der wird das Leben nicht sehen/sondern der
Zorn bleibet vber jhm.

Wo stehet der Könige vnd grosser Herrn Hertze? Antwort.

In der Hand Gottes/ der lencket vnd beuget
es/wohin er wil/wie Salomon sagt/Prouerb.21.
Des Königes Hertze ist in der Hand deß HER-
REN/wie Wasserbeche/er neigts/wohin er wil.

Welches Herrn Gewalt hat am schleu- nigsten zu vnd abgenommen? Antwort.

Deß grossen Alexandri/ des Macedonischen
Königs/ der in zwölff Jahren fast alle Reich der
Welt jhm vnterworffen/ Drumb er dem Daniel
gezeiget ward in Gestalt eines Bocks/ der vber
die gantze Erden lieff/ vnnd doch die Erde nicht
rüret

der gleich daher geflohen ist. Denn
dro so schleunig abgieng / das er in
die Welt bezwang / daß freylich
s) für eine Person kein grösser Man
t zu reden) auff Erden kommen ist/
wird / denn Alexander. Aber so
Gewalt stieg vnd zunam/ so schniels
vnd nam abe/ nach dem sprichwort:
ito perit. Was schnell auffgehet/
tell vnter. Dann im zwantzigsten
ters sieng er den Krieg an / vnnd
solchem Glücke vnd Siege / das
hren alle Herren der Welt vber=
m vnterthenig machte. Aber im
sigsten Jahr seines Alters starb er/
mit ihm sein Reich vnd Gewalt /
erumb in vier Königreich zerris=
let/ nemlich in Syriam/ Egypten/
raeciam/ welche sich hernach auch
verderbeten / Wie solches alles
t ward/ vnd im s. cap. zu lesen ist.

ge Herr hat sich am freund=
stelt / das Volck ihm an=
ig zu machen? Ant=
worf.

da der den Vater vertreiben wol=
zieren / heuchelte er dem Volcke/
setzet mich zum Richter im Lan=
zu mir keme / der ein Sache für
das ich ihm zum Rechten hülffe.
and sich zu ihm thete / das er ihn
ö reckete er seine Hand aus / vnd

N v ergreiff

ergreiff ihn/vnd küssete ihn. Auff die weise thet
Absolon dem gantzen Israel/ wenn sie kamen für
Gericht zum Könige/vnd stal also das Hertze der
Männer Israel.

Welcher Herr hat den grösten ernst bey seinem Mandat vermercken lassen? Antwort.

Darius/der Perser König/ Als der befohlen
hatte befoderung zum Baw des Tempels zu
Jerusalem zu thun/ hieng er hinden an sein Mandat diesen Ernst: Von mir ist solcher Befehl ge-
schehen/ vnd welcher Mensch diese Wort veren-
dert/ von des Hause sol man einen Balcken ne-
men/ vnd auffrichten/vnd ihn daran hengen/vnd
sein Hauß sol dem Gerichte verfallen sein/ vmb
der That willen.

Welcher König hat mit vnfreundligkeit im selber den grösten schaden ge- than? Antwort.

Roboam der Sohn Salomonis/der war bald
im anfang seines Regiments so hart vnnd vn-
freundlich gegen seine Vnterthanen/ aus bere-
dung seiner jungen vnerfahrnen Räthe/das er
ihre Bitte vmb linderung der harten Beschwerung nicht wolte hören/ sondern sagte/ Er wolt
ihnen viel härter sein/ als sein Vater je gewesen
were/Dadurch ward das Volck also erzürnet/daß
gantz Israel von ihm abfiel/ vnd ihnen einen eigenen König erwehleten/ I. Reg. 12.

Wel-

Welcher Herren Regierung hat am schnellesten ein ende genommen ? Antwort.

Abſolons / des Sohns Dauids / der ſeinen Vater vertrieb / vnd ſich ſelber zum Könige machte / ward aber alßbald von Joab erſtochen vnd ertödtet / 2. Samuel. 18. Item Simri des Königs Jſrael / welcher / nach dem er ſeinen Herrn / den König Ellam erſchlagen hatte / nicht lenger / denn ſieben Tage in Königlicher wirde war. Denn da er belagert ward / ſtackte er ſelber den Königlichen Pallaſt an / vnd verbrandte ſich / 1. Reg. 16. Item Sallums des Königes Jſrael / welcher / nach dem er ſeinen Herrn / den König Zachariam erſchlagen hatte / war er nicht lenger / denn vier Wochen König / da ward er wider erſchlagen von Jehanan / 2. Reg. 15.

Ver ſetzet den ſchaden / ſo von vnuerſtendigen Fürſten vnd Herren herkompt? Antwort.

Salomon in ſeinen Sprüchen am 28. Wenn ein Fürſte ohne Verſtand iſt / ſo geſchicht viel vnrechts. Vnd in ſeinen Predigten am 10. Wehe dir Land / des König ein Kind iſt / vnnd des Fürſten frühe eſſen. Wol dir Land / des König Edel iſt / vnd des Fürſten zu rechter zeit eſſen / zur Stercke / vnd nicht zur Luſt.

Bas ſtehet den Fürſten vnd Herren am vbelſten an? Antwort.

Lügen /

Lügen/Denn so sagt Salomon/Prouerb. 17.
Es stehet einem Narren nicht wol an von hohen
dingen reden/viel weniger einem Fürsten/das er
gerne leuget.

Wo stehen die bösesten Fürsten in der Bibel? Antwort.

Esa. 1. Deine Fürsten sind abtrünnige vnd Die-
besgesellen/sie nemen alle gerne Geschencke/vnd
trachten nach Gaben / Dem Waisen schaffen sie
nicht Recht/der Witwen Sache kömpt nicht für
sie. Vnd Mich. 3. Ihr Fürsten/ihr solt es billich
sein/die das Recht wüsten/Aber ihr hasset das gu-
te/vnd liebet das arge/Ihr schinder dem Volcke
die Haut abe/ vnd das Fleisch von ihren Beinen/
Ihr fresset das Fleisch meines Volcks/ vnd wenn
ihr ihnen die Häute abgezogen habt/zerbrecht ihr
inen auch die Beine. Drumb wenn jhr zum Herrn
schreyen werdet/ so wird er euch nicht erhören.

Welchem Könige ist zu seinem Regiment vnd Bawen der gröste Schatz verlassen worden? Antwort.

Dem jungen Könige Salomoni / dem vberantwortet sein Vater Dauid für seinem Tode hundert tausend Centner Goldes / das sind sechs hundert tausend mal tausend Vngerische Gülden/sechs
tausend Tonnen Goldes. Darnach gab er jhm von
seim eigenen Gute drey tausend Centner Goldes
aus Ophir /die machen achtzehen tausent mal tausend Vngerische Gülden / hundert vnd achtzig
Tonnen Goldes /. So gaben jhm die Fürsten inn

Isra

Jsrael freywillig fünff tausend Centner Goldes/
vnd zehen tausend Gülden / die machen dreyssig
tausend mal tausend /· vnd zehen tausend Vngeri=
sche Gülden/ Nemlich/ drey hundert Tonnen Gol=
des/ vnd zehen tausend Vngerischer Gülden/ das
also der gantze Schatz/ den Salomon bekommen
hat /· gewesen ist /· sechs hundert tausend mal taus=
send/ acht vnd viertzig tausend mal tausend / vnd
zehen tausend Vngerischer Gülden/ das sind sechs
tausend vier hundert vnd achtzig Tonnen Golds/
vnd zehen tausend Vngerischer Gülden/ grössern
Schatz wird man in keiner History finden/ 1.Par.
27. 30.

An Silber hat er jhm vberantwortet tausend
mal tausend / vnd sieben tausend Centner/ vnd die
Fürsten in Jsrael haben jhm geben zehen tausend
Centner/ das ist tausend mal tausend mal tausend/
vnd siebenzehen tausend Centner/ die machen sie=
ben hundert mal tausend / zwey vnnd sechtzig taus=
send mal tausend / sieben hundert tausend/ vnnd
funfftzig tausend Thaler.

Welcher Herr ist ausser seinem Hofe mechtiger gewest/ als drinne? Antwort.

Der Großmechtige König in Persenland
Ahasuerus/ was der in hundert sieben vnd zwan=
tzig gewaltigen Landschafften gebote/ das thaten
sie: Aber da er seim Weib / der Königin Vasthi
durch sieben Kemmerer gebieten ließ/ zu jhm zu
kommen in Königlichem Schmuck/ da begerte sie
es nicht zuthun / also / daß er sie auch dieser jhm
vngethanen Schande halben von sich ließ / vnnd
durch

durch GOttes sonderliche schickung die arme
Esther zum Ehegemahl annam/Esther 1.2.

An welches Herrn Hoff ist Doctor Sie-
Mann am sterckesten gewest?
Antwort.

Am Hoffe des Königs Achabs/den sein Weib
die Königin Jesabel also regierte/das sie auch in
seinem Namē schrifftliche Mandat außgehn ließ/
vnd sie mit seinem Ringe versiegelte / ließ tödten
wen sie wolte/ tödtete die Propheten/ die sie vnd
jhren König straffeten / erwürgete den frommen
Naboth / darumb / das er jhrem Herrn seinen
Weinberg versagte/1.Reg.18.21. Item am Hoffe
des Königs Salomonis / den seine Weiber also
regierten / das er jhnen zu gefallen die Abgötter
anbetete / vnd den rechten lebendigen Gott ver-
ließ/ der etlich mal mündlich mit jhm geredt hat-
te/ 1.Reg. 11.

Welchem Könige ist auff einmal am
meisten geschanckt worden?
Antwort.

Dem jungen weisen Könige Salomoni/dem
verehrete die Königin aus Sabba/ die vber die
zwey hundert vnnd viertzig Deudscher Meilen
aus jhrem Königreich Morenland zu jhm kam/
seine grosse Weißheit zu hören/vnd seine heiligkeit zu sehen/hundert vnd zwantzig Centner köstlichs Arabisches Goldes / das ist sieben mal hundert tausend Vngerische Gülden/vñ zwantzig tau-
sent/ das sind sieben Tonnen Goldes/ vnnd noch
zwantzig tausend Vngerische Gülden/ 1.Reg. 10.

Wel-

Welcher Herre hat eine Opfferstete
am thewresten gekauffet?
Antwort.

Der fromme König Dauid / als er das grosse
Sterben vnter sein Volck abwenden mochte/mit
Gebet vnd Opffer/ da gab er dem Arafna für die
Tenne/darauff er den Altar bawete/sechs hundert
Seckel Goldes/das machet tausend vnd zwey hun-
dert Vngerische Goldgülden/Vnd für das Rind
sam Brandopffer gab er ihm funffzig Seckel
Silbers / das sind dreyzehenthalben Thaler/
2. Samuel. 24.

XXI.

Von Hoffdienern vnd Rä-
then/trewen vnd vntrewen/vnd
was sich mit ihnen wunderliches
begeben habe.

Welches ist der frömbste Diener gewest/
am Hofe deß Gottlosen Königs
Achabs? Antwort.

Badias sein Hoffmeister/von dem wird
geschrieben/1.Reg.18.das er Gottfürchtig gewesen / vnnd hundert Propheten
heimlich verstackt / vnd aus sein Hause
versorget habe/ da die Bluthündin Jesabel/ Achabs Gemahl alle Propheten außrotten wolte.

Wel-

Welcher Hoffrath ist gesteinigt worden? Antwort.

Adora/ der Rentmeister deß Königs Rehabeams/ der den König hatte bereden helffen zur vnnötigen Beschwerung der Vnterthanen/ der ward von gantz Israel mit Steinen zu todt geworffen/ da er das Volck bereden wolte/ des Königs willen zuthun/ 1. Reg. 12.

Welches ist der frömbste Rath vnd Diener gewest am Hofe deß Gottlosen Königs Zedekia? Antwort.

EbedMelech der Mor/ ein Kemmerer des Königs Zedekiae/ der vertrawete Gott/ vnd glaubete seinem Diener/ dem Propheten Jeremiae/ Vnd da die andern Fürsten, vnd Räthe den Propheten Jeremiam/ als einen Auffrührer/ in eine tieffe Grube voller Schlams warffen/ damit er sie nicht mehr straffen köndte/ gieng dieser fromme Kemmerer hinein zum Könige/ zeigte Jeremiae Vnschuld an/ vnd bat/ das er ihn möchte widerumb heraus ziehen/ damit er nicht verdürbe. Da es ihme der König erlaubete/ that er dem Propheten eilends Hülffe/ des genoß er auch/ also/ das er erhalten ward/ vnd beym Leben bleib/ da der König/ seine Fürsten vnnd Räthe alle gefangen wurden/ vnd jämmerlich vmbkamen/ Jere. 38. 39.

Welch Räthe haben ihren Herrn in verderben geführt mit ihrem Rathe? Antwort.

Die

n Räthe des Königs Rehabeam
ʃer ʃolte im anfang der Regierung
anen kein gut Wort geben / oder
ʃondern ʃich gar ernʃt vnd geʃtren=
würden ʃie ʃich alle für jhm fürch=
er damit verurʃachten ʃie/das zehen
von im abfielen auff einen tag/vnd
jnen König erwehlten/1. Reg. 12.

der ergʃte Diener gewest am
ʃe Sauls ? Antwort.

domiter/ der verrieth nicht allein
Dauid / ʃondern er erwürgete auch
s Königes (daß ʃonʃt keiner aus
nern thun wolte) fünff vnd ʃchzig
inen Tag / vnnd ʃchlug ihre Stadt
ʃʃe des Schwerdts / beydes Mann
nder vnd Seuglinge/Ochʃen/Eʃel
Samuel. 22.

t der vngetrewʃte Rath ge=
am Hoffe Dauids ?
Antwort.

el der Giloniter/ der nicht allein
rewen Herrn / dem Könige Dauid
auch ʃeinen eigenen Sohn Abʃolon
luffruht erhetzete/jhm Rath vnd
e er ʃeinen Vater ʃchmehen/verfol
uʃttilgen ʃolte/ 2. Sam. 15. 16. 17.
olich in verzweiffelung gerieth/vñ
gte. Vnd ʃo ʃols allen vngetrewen
das ʃie ʃich mit ihrem eigenen Strick
n dem Vnglück/ ʃo ʃie andern zuge=
            O   richt

richtet/selbs verderben. Psalm 7. Dann Vntrew
schlegt seinen eigenen Herrn.

Welcher Heuptman hat wollen die Men=
schen verkauffen/wie man das Vich
verkaufft? Antwort.

Nicanor/da er mit zwantzig tausend Mann
wider die Jüden zog/die außzurotten/Da ließ er
die Jüden allenthalben feil bieten/ehe er sie fieng
vnd vberwinden kondte/bot neuntzig Jüden vmb
ein Centner/ das ist vmb achthalb hundert Tha=
ler/were also ein jeder Jüde vmb acht Thaler vnd
acht Groschen kommen / Aber er bekam weder
Jüden noch Geld/ verlor mit schanden vnd scha=
den das Feld vnd neun tausend Mann/ 2.Mac. 8.

Welches sind die vngetrewesten Kämme=
rer gewesen am Hoff Ahasueri?
Antwort.

Bigthan vnd Theres/ die verbunden sich
wider jhren Herrn den König / jhn heimlich bey
Nacht zuermorden. Darüber wurden sie ergrif=
fen/vnd alle beyde an Beume gehenget / Esth. 2.

Welches ist der frömbste Diener gewest
am Hoffe Ahasueri? Antwort.

Mardochai der Jüde/ der seines Herrn des
Königs Leben errettete von den Meuchelmör=
dern/ vnd Gottes Volck schützte wider jhre ver=
folger.Gottes Ehre vnd Dienst befördette / Ge=
richt vnd Gerechtigkeit handhabete/Darumb seg=
nete jhn Gott/ also/ das er zu Fürstlichen Ehret
kam/Esther. 2. 6. 8. 9.

Welch(

er ergeſte ſtoltzeſte Rath ge-
Hoff deß Königs Ahaß-
ueri? Antwort.

Frembdling / da ihn der König
ſhete vber alle ſeine Fürſten vnd
wie ſeinen Vater ehrete / jhme in
da warder ſo ſtoltz / das er wolte
vnd weil ihn Mardochai der Jüde
ſolte / ward er jhme vnd allen Jſz
ß er beym Könige ein ernſt Man-
e / das alle Jüden inn hundert ſie-
zig Landſchafften dieſes Königs
n Tag erwürgt werden / Aber ehe
Mandat vnd Edict ins Werck rich-
s Befehl des Königs an ein Baum
ehengt / vnnd zehen ſeiner Söhne
ſt / Eſther 7. 9.

ſtrath hat am meiſten wende
ff die tilgung ſeiner Feinde? Antwort.

Haman / der wolte zur vertilgung
geben zehen tauſend Centner Sil-
ſieben tauſend mal tauſend vnd
hundert tauſend Thaler /

Eſther am 3.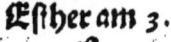

O ij   Von

XXII.

Von Tyrannen vnd Wü-
trichen/ von jhrer Boßheit
vnd Straffe.

Was heist das Wort Tyrann?
Antwort.

Or Alters ist es gar ein ehrlich Wort
vnd Titel gewesen/damit man Könige/
Fürsten vnnd Regenten genennet hat/
von wegen jhrer Stercke vnd Gewalt/
damit sie die / so sich jhnen vntergeben/ schützen/
vnd die jhnen widerstrebeten/ straffen köndten/
wie aus den alten *Scribenten Xenophonte, Trogo*
vnd *Virgilio* zu sehen/ der da sagt:

Pars mihi pacis erit dextram teti-
gisse Tyranni.

Das sichert fein des friedes Stand/
Wenn ein Herr einem reicht die Hand/
Dran wird gewiß sein Gnad erkandt.

Aber da etliche Könige vnd Herrn anfiengen
jhrer Gewalt nach jhrem Kopffe vnd mutwillen
zu mißbrauchen/ wider Recht vnd Billigkeit zu
handeln/ da fiel die gute Deutung dieses Worts/
vnd ward ein gehessiger/ feindseliger Name daraus / den man allein gabe vnd zulegete den bösen
Regenten/ die nicht nach Recht vnd Billigkeit/
sondern nach jhrem Frevel vnd Mutwillen han-
delten/ vnd an jederman/ sonderlich an frommen
Chri-

:lt vbeten/ sie marterten vnd t
ab. 7.

rannischer Könige werden
nden/ die die Kirche Gottes
ament öffentlich als Feinde
olget haben? Antwort.

erste ist gewesen Pharao/ der
1/ der die Kinder Jsrael grew
o/das er den Wehmüttern geb
/ so balde sie von den Ebreiss
ren würden/zu erwürgen. Da
: solches nicht theten/gebot er/
e/ so den Jsraeliten geboren n
Wasser werffen vnd erseuffen. E
jhn Gott wiederumb im rot
r seiner HeerßKrafft/ Exod. 14
st gewesen Senacherib/der Kö
den Gottseligen König Hißki
nen Vnterthanen/ vnnd hess
te die Stadt vnd Tempel zu Je
m gantzen Lande verwüsten/
im Himmel nicht wehren/so s
efftig pochte er auff seine Gew
erte jhm/sandte nur einen Eng
hm in seinem Heer in einer Na
nd Achtzig tausend Mann/ da
uon fliehen muste/ vnd ward
öhnen darüber erstochen/Esa.

gewest NebucadNezar/ der
er Jerusalem zerstörete/ vnd
h gen Babel führete/den hern

O iij   G

Gott seiner Hoffart halben also straffete / das er
seiner Sinne beraubet / vnd von seim Reich vnnd
von den Leuten verstossen ward / das er sieben
gantzer Jahr bey den wilden Thieren auffm Felde
vnd in Wälden wohnen / Graß fressen muste / wie
ein Ochse / das seine Haar so gros wuchsen / wie die
Adlerßfedern / vnd seine Nägel an Henden vnnd
Füssen / wie die Vogelßklawen / biß er sich endlich
für Gott demütigte / Gnade suchte vnd erlangte /
Danielis am 4.

Der vierdte ist gewest Belsazer / der den Gott
der Kinder Israel lesterte / vnnd seiner Heiligen
Gefeß aus dem Tempel zu Jerusalem geraubet /
mißbrauchte / darumb gab jhn Gott in seiner Feinde Hende / das er eben in der Nacht / da er mit seinen Gewaltigen sich aus den heiligen Gefessen
deß Tempels voll gesoffen hatte / erschlagen ward /
Dan. am 5. Cap.

Der fünffte ist gewesen Antiochus Epipha-
nes / ein außbündiger Feind des Volcks Gottes /
vnd grausamer Tyran / der Jerusalem zweymal
gewonnen vnd zerstöret / vnd den Tempel Gottes
entheiliget hatte / vnd die Leute mit mancherley
vnerhörter Marter gequelet / den straffete Gott
also / das jhm sein Leib verfaulte / Maden drinnen
wuchsen / vnd in grossem schmertzen vnd Gestanck
starb / 2. Maccab. 9.

Wie vielerley Tyrannen gedenckt das Newe Testament? Antwort.

Vierer: Der erste ist gewest Herodes Ascalo-
nites / der die vnschüldige Kinderlein ermorden
hat lassen / der meynung / Christum den Newge-
bor-

bornen König der Jüden auch darunter zu er-
greiffen/ vnnd hin zu richten / den hat Gott auch
wie Antiochum gestraffet / das sein gantzer Leib
verfaulet ist / Maden vnd Würme darinnen ge-
wachsen sind/ das er inn grossem Gestancke vnnd
grewlichen Schmertzen gestorben ist / im andern
Jahr nach Christi Geburt.

Der ander ist gewesen Herodes Antipas/ deß
jetztgemelten Herodis Sohn/der hat seinem Bruder Philippo sein Weib genommen/in der Vnehe
bey ihr gelegen/vnd Johannem/ der jhn darumb
straffte/ entheupten lassen/ Christum zur zeit seines Leidens verspottet. Ist aber endlich von seinem Reich vertrieben / vnnd mit seiner Huren zu
Lugdun in Franckreich jämmerlich gestorben/aus
der zeitlichen Straffe in ewige Hellenpein kom-
men/ Matth. 14.

Der dritte ist gewest Herodes Agrippa/ ein
König vber gantz Judeam/ der hat Jacobum den
Apostel entheupten lassen / vnd Petrum ins Gefengnüß geworffen. Endlich da er jhme Göttliche
ehre zugeschrieben / ist er von einem Engel ge-
schlagen/das er von seinem Stuele gefallen / vnd
von Würmen gefressen ist/Actor.12. Dieses A-
grippae Sohn ist gewesen Agrippa der Jüngste/
für dem S. Paulus ist verhöret worden/Act.25.

Der vierdte ist Nero/ den S. Paulus seiner
grausamkeit halben einen Lewen nennet/ der ist
der sechste Römische Keyser gewest/hat vierzehen
Jahr regiert/fünff Jar hielt er sich gar löblich in
seinem Regiment / darnach ward er gar ein Vn-
flat/hub an alle Vnzucht vnd Tyranney zu vben/
tödtet seine eigene Mutter/sein Weib vn viel für-

nemer Leute/ verfolgte vnnd plagte die Christen
auffs grewlichste / ließ S. Paulum köpffen/ S.
Petrum creutzigen. Endlich da seine Heupleute
von jhm abfielen/ vnd der Römische Rath jhn su
chen ließ/ das sie jhn vnter dem Galgen wolten
lassen zu tode steupen/ da erstach er sich sebs im
zwey vnd dreyssigsten Jahr seines Alters.

Wem wird gedrewet/ daß seine Liebhaber zu Tyrannen an jhm werden sol len? Antwort.

Dem Königreich Juda/ das seiner Abgötte
rey halben einer Huren/ Ahaliba genant/ vergli
chen wird/ dem drewet Gott vnd spricht/ Ich wil
deine Bulen wider dich erwecken/ die Tyrannen
vnd Fürsten der Chaldeer/ die sollen dich belagern
ymb vnd vmb/ vnd vnbarmhertzig mit dir vmb
gehen/ dir Nasen vnd Ohren abeschneiden / deine
Söhne vnd Töchter wegnemen/ deine Kleider dir
außziehen/ deinen Schmuck rauben/ vnd alles/ was
du erworben hast / wegführen/ deine vbrige er
schlagen/ Ezech. 23.

Welches ist der gröste vnd aller vnbarm hertzigste Tyrann? Ant wort.

Der Todt/ der schonet keines Menschen/ son
dern greiffet sie alle ohn vnterscheid an/ vnd wür
get sie hin/ sie seind jung oder alt/ groß oder klein/
reich oder arm/ hohes oder niedriges Stammes/
da hilfft kein bitten noch flehen/ kein Geld/ Gold
oder Gewalt/ Der Todt ist zu allen Menschen
durch

durch gedrungen / weil ſie alle Sünder ſein/ ſagt
Paulus Rom. 5. Dauid im 59. Pſalm/ Wo iſt ein
Menſch/ der da lebe / vnnd den Todt nicht ſehe?
Als wolte er ſagen / Nirgends wirſtu einen fin=
den. Der Todt vberfellet ſie alle:

Mors ſeruat legem, tollit cum pau-
    pere regem:
Nullus tam fortis, cui parcant vin-
    cula mortis.

Das iſt:

Der Todt das Gſetz am ſterckſten helt/
Den König mit dem Armen felt.
Da iſt keiner geweſt ſo ſtarck/
Den er nicht gebracht hett in Sarck.
Der Todt durchwandert die Welt gantz/
Bringt jedermau an ſeinen Tantz/
Niemands gewint jhm ab die Schantz.

Wo werden die Tyrannen den wütenden
Thieren verglichen? Ant=
wort.

In Sprüchen Salomonis am 28. Wann ein
Gottloſer Tyrann vber ein arm Volck regieret/ ſo
iſt es wie ein brüllender Lewe vnd giriger Beer.

Wo wird der Tyrannen freuel artlich
abgemalet? Antwort.

Im 37. Pſalm/ Die Gottloſe Tyrannen drew=
en den Gerechten/ beiſſen die Zeene zuſammen vber
ſie/ ziehen das Schwerdt aus/ ſpannen jhren Bo=
               O v   gen/

gen/das sie fellen den Elenden vnd Armen/ vnd
schlachten die Frommen. Im 57. Psalm/Ich lige
mit meiner Seele vnter den Lewen/die Menschen
Kinder sind Flammen/jhre Zeene sind Spieß vnd
Pfeile/ vnd jhre Zungen scharffe Schwerdter.

Was ist die straffe der Tyranney? Antwort.

Verenderung vnd zerstörung der Königreich
vnd Fürstenthumb/wie Syrach sagt am 10. cap.
Vmb Tyranney/Gewalt/ Vnrecht vnnd Geitzes
willen kömpt ein Königreich von einem Volcke
auffs ander/ viel Tyrannen haben müssen herun=
ter auff die Erde sitzen/ viel grosser Herrn sind zu
Bodem gangen/ vnd gewaltige Könige sind an=
dern in die Hende kommen/vnd ist dem die Krone
auff gesetzt/an den man nicht gedacht hette.

Wo wird die art der Tyrannen gemel= det? Antwort.

Im Propheten Zephania am 3. Ihre Fürsten
sind vnter jhnen brüllende Lewen/vnd jhre Rich=
ter Wölffe/die nichts lassen vbrig bleiben. Im
Propheten Micha am 3: Ihr soltet das Recht wiß=
sen/Aber jhr hasset das gute/vnd liebet das arge/
Ihr schindet jnen die Haut abe sampt dem Fleische
von jhren Beinen/ vnd fresset das Fleisch
meines Volcks/ vnd zerbrecht
jhr Gebeine.

XXIII.

...euptleuten / Ober-
...vnd Hoffmeistern.

...nd die berühmtesten Heuptleu-
...Amptßverweser im Newen
...estament? Antwort.

...ich der Heuptman zu Capernaum /
...ur beförderung Göttliches Worts
...Dienstes eine sonderliche Schule er-
...et hat/vnd ein solchen starcken Glau-
...um gehabt / deßgleichen inn Israel
...t gefunden/Matth. 8. Luc. 7.

...en der Königische Befehlhaber He-
...ernaum / der wol anfenglich einen
...lauben an Christum gehabt / Aber
...r die Gesundmachung seines todt-
...s also darinnen ist gesterckt vnd be-
...n/das er mit seim gantzen Hause an-
...leubt hat/ Joh. 4.

...n der Heuptman/ der Christum am-
...hte / vnnd aus den grossen Zeichen
...bekandte Christi Gottheit vnd vn-
...h. 27.

...dten Cornelius / der Heuptman zu
...r die Welsche schaar/oder Italieni-
...der da Gottfürchtig vnd Gottselig
...im gantzen Hause / dem Volck viel
.../ vnd immer zu Gott betete vmb
...chten Wegs gen Himmel. Drumb

　　　　　　　　　schicke

schickete Gott einen Engel zu ihm / vnd ließ ihm
sagen / er solte den Apostel Petrum fordern lassen /
der würde ihm den Weg zur Seligkeit weisen.
Vnd da er Petrum von Christo predigen hörte /
sandte Gott den heiligen Geist auff ihn / vnd alle /
die mit ihm dem Worte zuhörten / das sie anfiengen mit newen Zungen zu reden / vnd Gott hoch
zu preisen / Actorum 10.

Der fünffte ist Paulus Sergius / der Landvogt in der Insel Cypern / welcher ein weiser vnd
verstendiger Regent gewesen / der forderte Paulum vnd Barnabam zu sich / da sie in die Stadt
Paphes kamen / vnd begereten ihre Lehre zu hören /
ward auch aus ihrer Predigt an den HErrn Christum gleubig / vnd sterckete ihn in seinem Glauben
mechtiglich das Wunderwerck / so Paulus für im
that / da er den Zauberer BarJehu mit Blindheit
schlug / Actorum 13.

Der sechste ist Claudius Lysius / der Ober-
Heuptman zu Jerusalem / der Paulum aus der
Jüden Hände errettete / da sie ihn tödten wolten /
der auch seiner Vnschuld gegen dem Landpfleger
Faelice schrifftlichen zeugniß gibt / Actor. 22. 23.

Der siebende ist Julius / der Vnterheuptman /
der Keyserischen schaar zu Caesarien / der den A-
postel Paulum sehr geliebet / ihme viel guts gethan / vnd beym Leben erhalten hat / Drumb ihm
Gott solches wiederumb reichlich vergolten / vnd
ihn wünderlich auff dem Meer erhalten hat / da
doch sein Schiff zu stücken zerbrach / Act. 27.

Der achte ist Publius / der öberste in der Insel Melite oder Maltha / der den Apostel Paulum
mit hundert sechs vnd siebentzig seinen Mitgeferten

nzur Herberge auffname/ vnd ihnen ehre vnd
es guts erzeigete/ da sie Schiffbruch im Meer
liedren hatten/ welches ihm Gott also vergalt/
ß er durch Paulum seinen Vater/der ain Fieber
d der Ruhr todtkranck lag/wider gesund mach=
/ vnd viel andere Krancken in seinem Gebiete
lete/ Actor. 28.

elches sind die berühmteste vnd frömb=
sten Heuptleute vnd Oberste im Al=
ten Testament? Antwort.

Diese folgende: Erstlich Joseph/beym König
haxao inn Egypten/ den er vber gantz Egy=
n satzte/ ihn seinen heimlichen Rath vnd des
wes Vater nennen hieß/der nicht allein Egy=
i vnd die vmbligende Lender speisete/ sondern
y die Kirch erhielt vnd versorgte in der schwe=
sieben jährigen thewren zeit vndHungerßnot/
d die seligmachende Religion pflantzete inn
pten/ Gen. 41. 47.
ium andern ist Daniel der Oberste vber alle
sen zu Babel/ der auch die rechte Erkentnis
verehrung Gottes in Persia gepflantzet hat/
mb ihn auch Gott wunderlich in der Lewen=
ben erhielt / Dan. 2. 6.
um dritten die drey Gesellen Danielis/so er
: die Landschafft zu Babel zu Heuptleuten
e/die vber dem rechtē Gottesdienst also steiff
ten/ das sie sich ehe in den glüenden Ofen le=
ig werffen liessen/ ehe sie dem Könige zu ge=
n das gülſene Bilde anbeten wolten/Drumb
t Gott wiederumb vber ihnen/ das sie im Fe=
vnuersehret blieben/darüber NebucadNezar
sampt

sampt seim Volcke zum Erkentniß vnnd Verehrung des rechten Gottes kam / Dan. 3.

Zum vierdten Ebedmelech der Oberste / der
Kämmerer des Königs Zedekiae zu Jerusalem /
der den Propheten Jeremiam aus dem Schlam
vnd aus der Gruben zog / darinnen er sonst hette
verderben müssen / vnd seine vnschuld dem König
fürbrachte / vnnd für jhn bat. Darumb verhiesch
jhm Gott / wann der vngehorsame König sampt
seinen Fürsten vnd Obersten gefangen vnd getödtet würde / solte jhm kein Leid widerfahren / er
solte sein Leben zur Außbeute dauon bringen / Jeremiae 38.39.

Zum Fünfften Obadia der Hoffmeister / des
Gottlosen Königs Achabs / der hundert Propheten verstackte / vnd heimlich nehrte / da Achabs
Gemahl die Jesabel sie tödten wolte / welche wolthat im Gott mit reichem segen vergalt / 1.Reg.18.

Zum sechsten Naaman / der öberste Feldheuptman des Königs in Syrien / da den Gott durch
den Propheten Elisam vom Auffatze reinigte / er-
zeigte er sich nicht alleine Danckbar gegen jhm
vnd seinem Diener / sondern verhiesch auch / das er
nicht mehr den Abgöttern dienen wolte / sondern
den Gott Israelis verehren / 2.Reg. 5.

Zum siebenden die alten Räthe vnd Heuptleute des jungen Königs Rehabeams / die jhm rie-
then / er solte im anfange den Leuten freundlich
vnd gnedig auff jhre Bitte die Beschwerungen
abeschaffen / so würden sie hernach jhme in allem
folgig / vnterthänig vnnd gehorsam sein / vnnd
wann er dem trewen Rathe gefolget / so were er
ein Herr blieben vber zwölff Fürstenthumb / Da er
bald hernach der selben zehen verlor / 1.Reg. 12.

Wer

Welcher König hat seine Oberste vnd Heuptleute am herrlichsten tra-ctiret? Antwort.

Der König Ahaßuerus in Persia/ der ein Herr war vber hundert sieben vnnd zwantzig Land-schafften/ der lud im dritten Jar seiner Regirung alle seine Oberste / Heuptleute vnd Landpfleger/ vnd machte jhnen ein Panctet/ das werete hundert vnd achtzig Tage/ die Pflaster/ darauff sie giengen vnd saffen / waren von Marmelstein gemacht/ al-lerley Farbe/ die Bencke vnd Tische waren Gül-den vnd Silbern / das getrencke vnnd die Speise trug man in güldenen Gefessen auff/ vnd gab jh-nen Königlichen Wein/ so viel ein jeder trincken mochte/ Esther am 1. Cap.

Wer gibt den besten Rath von erwelung der Heuptleute vnd Obersten? Antwort.

Jethro/ der Priester in Midiam / da er zu seim Eidam Mosi sagt/ dem Obersten des Volckes Is-rael/ Sihe dich vmb im Volck nach redlichen Leu-ten/ die Gott fürchten/ warhafftig/ vnd dem Gei-tze feind sind/ die setze vber sie/ etliche vber tausend vber hundert/ funfftzig vnd zehen/ das sie das Volck richten/ die schweren Sachen aber an dich brin-gen/ Exod. 18.

Welcher Herre hat diese Regel am steiff-sten gehalten? Antwort.

Dauid/ wie er im 101. Psalm sagt: Meine Augen sehen sich vmb nach den trewen im Lande/
das

das sie bey mir wohnen / vnd habe gerne fromme
Diener / falsche Leute halt ich nicht inn meinem
Hause/die Lügner gedeyen nicht bey mir/ein ver-
kert Hertz mus von mir weichen / den bösen leide
ich nicht / der seinen Nehesten heimlich verleumb-
det/den vertilge ich/ Ich mag dessen nicht/der stoltze Geberde vnd hohen Muth hat/frühe vertilge
ich alle Gottlosen/dz ich die Vbelthäter außrotte.

XXIIII.

Von Richtern.

Wo wird befohlen Richter zu ordenen?
Antwort.

JN 5. Buch Mosis am 17. Richter oder
Amptleute soltu dir setzen in allen deinen Thoren/die dir der HERR dein
Gott geben wird/ vnter deinen Stäm-
men/dz sie das Volck richten mit rechtem Gerichte.

Wer schreibt den Richtern Regeln jhres
Ampts für? Antwort.

Gott selbst/ im 5. Buch Mosis am 17. Cap.
Du solt das Recht nicht beugen/vnd solt auch keine Person ansehen/ noch Geschencke nemen. Denn
die Geschencke machen die Weisen blind/vnd ver-
keren die sachen der Gerechten/ Was recht ist/dem
soltu nachjagen/auff das du leben/vnd einnemen
mögest das Land/das dir der HERR dein Gott
geben wird. Item im 5. Buch Mosis am 1.cap. Er
gebot ewern Richtern zur selben zeit/vnd sprach:
Ver-

Verhöret ewre Brüder/vnd richtet recht zwischen
jederman/ vnd seinem Bruder/vnd dem Fremb-
linge/ Keine Person solt jhr im Gerichte ansehen/
sondern solt den kleinen hören / wie den grossen/
vnd für niemands Person euch schewen / Denn
das Gerichtampt ist Gottes.

Wer sagt von der falschheit/so die Richter zu vben pflegen? Antwort.

Der Prophet Micheas am 7. Was der Fürst
wil/das spricht der Richter/ das er jhm wider einen Dienst thun sol / die Gewaltigen rathen nach
jhrem Mutwillen Schaden zuthun/ vnd drehens
wie sie wollen. Der beste vnter jhnen ist wie ein
Dorne/vnd der redlichste wie eine Hecke.

Welches sind die boßhafftigsten Richter gewesen? Antwort.

Die zween zu Babylon/die Susannen schen-
den wolten / vnd da sie jhren willen nicht thun
wolte/sie felschlich Ehebruchs beschüldigten/vnd
vnrecht zum tode verdampte/Von derer Boßheit
sagt Daniel/Jhr bösen alten Schelcke/jetzt treffen
euch ewere Sünde/die jhr vorhin getrieben habt/
da jhr vnrecht Vrtheil spracht/vnd die Vnschuldi-
gen verdampet/ Aber die Schüldigen loß spra-
chet. Also habt jhr mit den Töchtern Israels gefahren / vnd sie haben aus Furcht müssen ewren
Willen thun. Aber diese Tochter Juda hat nicht
in ewer Boßheit gewilliget.

Wo wird der freuel/so Richter vben/ im Gleichniß fürgebildet? Antwort.

p   Im

Von Richtern.

Im Syrach am 20. da er saget: Wer Gewalt vber inn Gerichte / der ist eben als ein Hoffmeister / der eine Jungfraw schendet / die er bewaren sol.

Wo werden die Richter den Wölffen verglichen? Antwort.

Im Propheten Zephania 3. cap. Ihre Fürsten sind vnter jhnen brüllende Lewen / vnd jhre Richter Wölffe am Abend / die nichts lassen biß auff den Morgen vberbleiben.

Wo sind Richter gesteinigt? Antwort.

Zu Babylon / Als Daniel die zween alte Richter vberzeugte / das sie Susannam felschlich angeklaget / vnd viel Weiber geschendet hatten / werden sie zum tode verdampt vnd gesteiniget / Histo. Susannae.

Welche Richter sind vber der vntrew jhres Ampts entsetzet worden? Antwort.

Die zween Söhne Samuelis / 1. Sam. 8. Da Samuel alt ward / setzte er seine Söne zu Richtern vber Israel. Sein erstgeborner Sohn hieß Joel / vnd der ander Abia / vnd waren Richter zu Bersaba. Aber seine Söhne wandelten nicht in seinem Wege / sondern neigeten sich zum Geitze / vnd namen Geschencke / vnd beugeten das Recht. Da versamleten sich alle Eltesten in Israel / vn kamen gen Ramath zu Samuel / vnd sprachen zu jhm: Sihe du bist alt worden / vnnd deine Söhne wandeln nicht in deinen Wegen / So setze nun einen König vber vns / der vns richte / wie alle Heyden haben.

Wo

lscher anklage zu gleuben
oten ? Antwort.

olt böser nachrede nicht gleuben/
ottlosen beystand thust / vnnd ein
yst/Du solt nicht folgen der mens
nd nicht antworten für Gerichte/
ze nach/vom Rechten weichest.

ober die Gewalt der Rich-
ter ? Antwort.

et Amos am 5. O wehe euch / die
Wermuth verkehret / vnnd die
Bodem stosset/ vnnd den Armen
en Gerechten drenget/ vnd Bluts
am 5. Wehe denen/ so den Gott-
chen vmb Geschencke willen/vnd
Gerechten von jhnen wenden.

feinste Regel von erwelung
Richter ? Antwort.

a er zu seinem Eidam Mosi sagt/
dich vmb vnter allem Volck nach
n/die Gott fürchten/warhafftig/
feind sind/die setze vber sie/etliche
ber hundert/ vber fünffzig/ vnnd
sie das Volck allezeit richten. Wo
se Sache ist / das sie dieselbige an
nd sie alle geringe Sachen richten/
chter werden / vnd sie mit dir tra
s thun/ so kanstu außrichten/ wa
t / vnd alle diß Volck kan mit frie
re kommen.

Von Richtern.

Wie hat der König Josaphat seine Richter vnd Amptleut zu ermanen pflegen? Antwort.

Da er also sagt / 2. Para. 19. Sehet zu / was
jhr thut. Dann jhr haltet das Gerichte nicht den
Menschen / sondern dem HERRN / vnd Er ist mit
euch im Gericht. Darumb last die Furcht des
HERRN bey euch sein / vnnd hütet euch vnnd
thuts. Dann bey dem HERRN vnserm Gott
ist kein Vnrecht noch ansehen der Person / noch
annemung des Geschencks.

Wie viel Richter sind gewesen vber die Kinder Israel? Antwort.

Sechzehen: Der erste ist gewest Juda / der mit
seinem Bruder Simeon die Cananiter vnd Phere-
siter geschlagen / den König zu Besek Adonibeseck
gefangen / vnd jhme die Daumen an Händen vnd
Füssen verhawen / wie er vorhin siebentzig Königen gethan hatte / vnd also die Kinder Israel von
jhren Feinden erlöst / Jud. 1. 2. Der ander ist Simeon der Bruder Juda. Der dritte ist gewesen
Athniel / der den König zu Syrien Cusan Risatha-
im geschlagen / vnd die Kinder Israel von jhrer
schweren Dienstbarkeit erlöst hat / Judic. 3. Der
vierdte Ehud / der hat der Moabiter König den
Eglon erstochen / die Moabiter erschlagen / vnd also den Israelitern friede verschafft / Judic. 3. Der
fünffte Samiar der Sohn Anath / der sechs hundert Philister mit einem Ochsenstecken erschlug /
vnd Israel erlösete / Jud. 3. Der sechste ist gewest
Debora / des Weib Lapidoth die Prophetin. Der

siebent-

ſiebende Barak/der Jabin der Cananiter König
dempffete/ ſeinen Feldheuptman Siſſera erlegte/
vnd alſo Iſrael wider frey machte/ Jud. 4. Der
achte Gideon/ der mit drey hundert Mannen der
Midianiter vnd Amalekiter Fürſten vnd König
geſchlagen/die da hundert fünff vnd dreiſſig tauſend Mann in jhrem Heer hatten/Jud.6.7.8. Der
hat ſiebentzig Söhne in der Ehe gezeuget/vnd einen mit einem Kebßweibe/ Jud. 8. Der neundte
Abimelech/der mit Tyranney ins Regiment kam/
vnd ſiebentzig ſeiner Brüder erwürgte.Drumb er
auch ein ſchendlich Ende nam/vnd von eim Weib
erworffen ward/Judic 9.Der zehende Thola/der
Iſrael drey vnd zwantzig Jahr gerichtet hat/
Judic. 10. Der eilffte Jair ein Gileaditer / der
zwey vnd zwantzig Jar Richter in Iſrael geweſt/
Jud. 10. der dreiſſig Söhne vnnd dreiſſig Städte
gehabt. Der zwölffte Jephtah/der die Ammoniter mit jhrem König geſchlagen/zwantzig jhrer
Städte genommen/vnd Iſrael von der Dienſtbar-
keit der Ammoniter entlediget hat/Jud. 11. Der
dreyzehende Ebzan von Bethlehem / der ſieben
Jahr Richter geweſt / Jud. 12. welcher dreiſſig
Söhne vnnd dreiſſig Töchter gehabt hat. Der
viertzehende Elon/ der das Richterampt zehen
Jahr geführt/Jud.12. Der funffzehende Abdon/
der acht Jahr geregiert/viertzig Söne vnd dreiſſig Neffen gehabt / Jud. 13. Der ſechzehende iſt
Samſon/der Iſrael aus der Philiſter Hände erlö-
ſet hat/ vnd ein rechter Wundermann geweſen iſt.
der fieng drey hundert Füchſe/band jhnen Brände
zwiſchen die Schwentze / zündet ſie an / vnd ließ
ſie lauffen/ das ſie den Philiſtern jhr Getreidig
auff dem Felde anſtackten/Jud. 15. der ſchlug mit

einem

einem Kinbacken, eines Esels tausend Philister
todt/ dem ließ Gott in seinem durst aus des Kin-
backens Zane einen Brunn entspringen/ das er sich
damit erquicket/ Jud. 15. Da er zu Gasa verschlos-
sen ward/ vnnd man jhn fahen wolte/ hub er die
Stadthor aus / vnnd trug sie auff ein hohen
Berg/ cap. 16. Endlich ward er seiner Stercke be-
raubt durch die Hure Delila/ da sie jm seine Haar
abschore/ vnnd also in seiner Feinde Hende vber-
antwortete/ die jhm die Augen außstachen / vnnd
jhn gefangen legten. Da jhm aber die Haar im
Gefengniß wider wuchsen/ vnd seine Stercke wider kam/ hat er sich an jhnen gerochen: Als eins-
mals die Fürsten der Philister sampt einer grossen
menge Volcks versamlet waren auff dem Tantz-
hause/ vnd Simson holen liessen/ das er für jhnen
spielete/ fasset er die zwo mittel Seulen/ vnd reiß
sie vmb/ daß das Hauß einfiel/ vnd ein grosse menge (drey tausend) Volcks erschlug / Judic. 16.

Wo werden vngerechte Richter einhellig
verflucht? Antwort.

Jm 5. Buch Mosis am 27. Verflucht sey/ wer
das Recht der Frembdlingen/ der Wittwen vnnd
Waisen beuget/ vnd alles Volck sol sagen Amen.

Wem wird es auffgeruckt/ das er sich one
beruff deß Richterampts vnterwin-
de? Antwort.

Mosi/ da er inn seiner Jugend etlichen Ebreern einredete/ vnd sie vom vnrechten abmanete/ da
antwortet jhm einer/ Wer hat dich zum Richter
vber vns gesetzet/ wiltu mich auch erwürgen/ wie
du den Egypter erwürget hast/ Exod. 4

Wer

schnet sich zur vnzeit nach dem
Richterampt? Antwort.

solon der junge Herr/ da er seinen Vater
s dem Ampt gehaben hette/ heuchelte er
tey/ vnd sprach: O wer setzet mich zum
n Lande/ das jederman zu mir keme/ der
he vor Gerichte hat / das ich jhm zum
ülffe / vnnd küssete die Leute / damit er
ck das Hertze stal/ vnd sie jhme anhengig
2. Sam. 15.

wegert sich deß Richteramptes?
    Antwort.

r Heyland Christus/ da einer zu jhm sag=
er/ sage meinem Bruder/ das er das Erbe
heile/ Da antwortete er/ O Mensch/ wer
zum Richter oder Erbschichter vber euch
Hütet euch für dem Geitze/ niemands le=
n/ das er viel Güter hat.

warnt für der eindringung zum
Richterampte? Antwort.

ch am 7. Dringe dich nicht in Empter/
icht verlangen Richter zu sein / Dann
n vermögen wirstu nicht alles vnrecht
bringen/ du möchtest dich entsetzen für
waltigen/ vnd das Recht mit Schanden
en.

rdt die Richter mit Gottes gerech=
Gerichte geschreckt/ wann sie vn=
    recht thun? Antwort.
        P iij   Im

Im Buch der Weißheit am 6. cap. Merckt
vnd lernt ihr Richter auff Erden/euch ist die Gewalt vom Höchsten gegeben/ vnd das Gerichte
vom HERRN/der wird fragen was jhr handelt/
vnnd forschen was jhr ordenet / jhr seid seines
Reichs Amptleute / Aber jhr führet ewer Ampt
nicht fein/ vnd haltet kein Recht/ Er wird grewlich vnd kurtz vber euch/ kommen / vnnd es wird
gar ein scharff Gericht vber euch geben/ vnd jhr
Gewaltigen werdet gewaltiglich gestraffet werden. Dann der/ so aller HERRE ist/wird keines
Person fürchten/ noch jemands Macht schewen.

Wer beschreibt vieler Richter freuel am
klerlichsten? Antwort.

Christus/Luce am 18. Es war ein Richter in
einer Stadt/der furchte sich weder für Gott noch
für der Welt/Es war aber eine arme Widwe/die
sprach: Ach Herr Richter/ rettet mich doch von
meinen Widersachern/ vnd er wolte lange nicht/
Endlich sprach er / Ob ich mich gleich weder für
Gott noch Menschen fürchte / wil ich diese
Widwe retten/weil sie mich stets
anleufft/ das sie mich nicht
vberteube.

Von

XXV.

Von Zeugen vnd Zeug-
niß/ gutem vnd bösem.

Wo wird eines einzelen Zeugniß im Ge-
richte verworffen? Antwort.

Jm 5. Buch Mosis am 19. Es sol kein einzeler Zeuge wider jemand aufftreten/ vber irgends einer Missethat oder Sün- de/ es sey welcherley Sünde es sey/ die man thun kan/ sondern inn dem Munde zweyer oder dreyer soll alle Sache bestehen.

Wer setzt den nutz deß guten vnd den scha-
den deß falschen Zeugniß am feinesten
zusammen? Antwort.

Salomon in seinen Sprüchen am 14. Cap. Ein trewer Zeuge leuget nicht/ Aber ein falscher Zeuge redet dürstiglich Lügen.

Was wird eim Spieß vnd Pfeil ver-
glichen? Antwort.

Falsches Gezeugniß/ Prouerb. 25. Wer wider seinen Nehesten falsches Gezeugniß redet/ der ist wie ein Spieß/ Schwerdt vnd scharffer Pfeil. Die hoffnung des Verächters zur zeit der noth ist wie ein fauler Zahn vnd gleitender Fuß.

Wo wird die leibliche straffe gesetzt vber
falsche Zeugen? Antwort.

Im 5. Buch Mosis am 19. C

freueler Zeuge gegen iemand auff

zu bezeugen eine Vbertretung/ so

Männer/die eine Sache mit eina

dem HErrn/für den Priestern vn

hen/die zur selben zeit sein werde

ter sollen wol forschen/vnd wenn

ge hat ein falsches Zeugniß wider

gegeben/so sollet ihr ihm thun/w

hem Bruder zu thun/ das du de

weg thust / auff das die andere h

fürchten/ vnd nicht mehr solche b

mey zuthun vnter dir. Deine Aug

schonen/ Seel vmb Seel/ Auge v

vmb Zan/ Hand vmb Hand/ Fuß

Wo wird Gottes Rach vnd
drewet vber falsche Ze
Antwort.

In den Sprüchen Salomo

Ein falscher Zeuge bleibt nicht vr

wer Lügen frech redet/ wird nicht

dern vmbkommen.

Wer rufft Gott zum Zeuge
del an? Antwort

Paulus/ zun Römern am 1. vn

da er sagt / Gott sey sein Zeuge /

Zuhörer trewlich meine / vnd ihn

eigener Ehre vnd Gewins willig

Wer bezeuget etwas auff
le? Antwort.

Paulus 2. Cor. 2. Ich ruffe Gott
auff meine Seele / das ich ewrer
e,

et sich auff das Zeugniß sei-
en Gewissens e Ant-
wort.

Cor. 1. Vnser Ruhm ist das Zeug-
nissens / das wir gewandelt haben
vnd Göttlicher lauterkeit.

einen Zuhörern das beste
gniß e Antwort.

s er von den Galatern sagt am 4.
ch Zeugniß/das ihr mich auffnah-
ngel Gottes/Ja als Jesum Chri-
bin ewer Zeuge/wann es müglich
ihr hetter ewer Augen außgeriß-
zeben,

himmel vnd Erden zu Zeu-
einer rede e Antwort.

n 5. Buch am 30. cap. Jch neme
den zu Zeugen / das ich euch habe
vnd Todt/Segen vnd Fluch/das
rwelen sole / vnd mit ewrem Sa-
: Dann das ist ewer Leben / vnd
nn ihr den HErrn fürchtet / set-
rchet/vnd jhm anhanget.

im Himmel Gottes Zeuge
andt e Antwort.

Der

Der Regenbogen/wie Da
Pſalm/ Gleich wie der Zeuge in d
wiß iſt/Alſo ſoll der Bund gewiß (
Dauid gemacht habe.

Warumb wird der Regenk
tes Zeuge genandt?
wort.

Darumb/das jhn Gott dem N
Nachkommen zum zeichen vnd
hat/das er die gantze Welt nicht m
verderbe wolle/wie zu ſeiner zeit g

Wer iſt durch falſche Zeug
gebracht? Antwoi

Naboth/ wider den zeugeten ih
lich/ er hette den König geleſtert
mit Steinen zu tode geworffen/da
alſo/das Ieſabel/die es angeſtifft h
den gefreſſen/ Achab/der es verhie
vnnd ſein gantzer Stamm außger
Reg.21.2.Reg.9.Item Stephan

Welche Kinder müſſen zeu
Boßheit jhrer Eltern
wort.

Die Kinder der Hurer vnd Ehel
vnd Ehebrecherin.Sap.z.Die Kin
ehltchem Beyſchlaff geboren werd
gen von der Boßheit jhrer Eltern
fraget. Syrach am 23. Ein Weil
von eim andern Manne zeuget/ d

der jhr/jhre Schande wird
zet / Ihre Kinder werden
zweige keine frucht bringen.

ie aller nützeste Zeu-
Antwort.

Aposteln/ die von Christo
zeugen/das er der einige Hei-
he alle/ die sich im Glauben
15. Actor. 1. 2. 4. 10.

XVI.

n/Schlachten
erführern.

ieg in der Bibel abge-
Antwort.

zer Reuter mit eim grossen
dte auff eim rothen Pferde
e Welt durchreite/den Frie-
nd mache/das sie sich vnter
Apoc. 6.

ß Krieges Pferd roth
Antwort.

riege nichts ist/dann Ver-
ßen vnd Ermordung/ das
tausenden auff einmal hin-
n todt Blutrüstig werden/
it der erschlagene tot wird.

Wer

Von Kriegen.

Wer ist der mechtigste Kriegßherr?
Antwort.

Gott der Allmechtige/den rühmet David im
84. Psalm/das Er der König der Ehren sey/mech-
tig im Streite. Exod. 14. *Dominus est heroicus
bellator, Dominus est nomen eius. Currus Pharaonis & exercitum eius proiecit in mare.* Vnd
im 76. Psalm sagt er/ du bist herrlicher vnd mech-
tiger/dann die Raubeberge/ die Stolzen müssen
beraubet werden/vnd entschlaffen/vnd alle Krie-
ger müssen die Hand lassen sincken. Von deinem
schelten O Gott Jacob sincket inn schlaff beyde
Roß vnnd Wagen / Ja auch wol der Fuhrmann.
Vnd im 46. Kompt her vnnd schawet die Werck
des HERRN/ der auff Erden ein solches zerstören anrichtet / der den Kriegen stewret inn aller
Welt / der Bogen zerbricht / Spiesse zuschlegt/
vnd Wagen mit Fewer verbrennet.

Welches Volck hat den fürtrefflichsten
Heerführer gehabt? Antwort.

Die Kinder Israel/da sie aus Egypten zogen/
Denn da zog Gott selber für ihnen her/wie Moses im 2. Buch am 13. Cap. schreibt/ Der HERR
zog für ihnen her / deß Tages in einer Wolcken-
seule/das er sie den rechten weg führete/vnnd des
Nachts in einer Fewerseulen / das er ihnen leuch-
tete zu reisen Tag vnnd Nacht/ die Wolckenseul
weich nimmer von dem Volcke des Tages / noch
die Fewerseule des Nachtes.

Wo schreibt Gott den Kriegsleuten Regeln für jhres Lebens vnd Handels? Antwort.

Deut. 23. Wenn du aus dem Lager gehest wider deine Feinde/ so hüte dich für allem bösen/ das ist/ weil im Kriege Leib vnd Seel/ das zeitliche vnd ewige Leben auff der Wage stehet/ so sol man sich hüten. Erstlich/ das man in bösen sachen nicht Kriege oder diene. Zum andern/ das man an Vnschüldigen nicht freuel vbe. Zum dritten/ das man selber nicht Gottloß sey/ vnd in Vnbußfertigkeit lebe/ sonsten verkriegt man den Himmel vnd die Seligkeit/ vnd bekömpt zur Außbeut die Helle vnd Verdamniß.

Wie ließ Gott die Kriegsleute vnter seinem Volcke trösten/ wenn sie außzogen? Antwort.

Das meldet Moses im 5. Buch am 20. Wenn du außzeuchst wider deine Feinde/ vnd sihest Roß vnd Wagen/ vnd das jhr Heer grösser ist denn du/ so fürchte dich nicht für jhnen. Dann der HERR dein Gott/ der dich aus Egyptenland geführet hat/ ist mit dir: Wann jhr nun hinzu kommet zum Streit/ so sol der Priester herzu treten/ vnnd mit dem Volck reden/ vnd zu jhnen sprechen/ Israel höre zu/ Jhr gehet heut in den Streit wider ewer Feinde/ ewer Hertz verzage nicht/ fürchtet euch nicht vnd zappelt nicht/ vnnd last euch nicht grawen für jhnen/ Dann der HERR ewer Gott gehet mit euch/ das er für euch streite mit ewren Feinden/ euch zu helffen.

XViij

Von Kriegen.

Wie viel Regeln gibt Gott/ die man halten muste in belagerung der Stedte? Antwort.

Drey/ wie die Moses ynn 5. Buch am 20. erzelet. Erstlich/ wenn du für eine Stadt zeuchst /sie zu bestreiten/ so soltu ihr den Frieden anbieten. Antwortet sie dir friedlich/ vnd thut dir auff/ so sol alle das Volck/ das drinnen funden wird/ dir zinßbar vnnd vnterthan sein. Wil sie aber nicht friedlich mit dir kriegen/ so belegere sie.

Zum andern/ wenn sie der HERR dein Gott dir in die Hand gibt/ so soltu alles/ was Menlich drinnen ist/ mit des Schwerdts scherffe schlagen/ ohne die Weiber/ Kinder vnd Viehe/ vnd alles/ was in der Stadt ist/ vnd allen Raub soltu vnter dich außtheilen/ vnd solt essen von der Außbeute deiner Feinde/ die dir der HERR dein Gott gegeben hat.

Zum dritten/ wenn du für einer Stadt lange zeit ligen must/ wider die du streitest/ sie zu erobern/ so solt du die Beume nicht verderben/ das du mit Axten dran fahrest/ Denn du kanst dauon essen/ darumb soltu sie nicht außrotten/ Ists doch Holtz auff dem Felde/ vnd nicht Mensch/ vnd kan nicht zum Bolwerck kommen wider dich/ Welches aber Beume sind/ die du weissest/ da man nicht von isset/ die soltu verderben vnd außrotten/ vnd Bolwerck draus bawen wider die Stadt/ die mit dir krieget/ biß das du ihrer mechtig werdest.

Wo vnterrichtet Christus die grossen Potentaten/ so kriegen wollen? Antwort.

Lucae

Lucae am 14. da er sagt/Wenn sich ein König
begeben wolle in den streit/sol er für dem anfang
des Krieges wol bedencken/ob er seinem Wider-
part auch mit gleicher Macht vnd Nachdrucke begegnen könne. Wo er sich nun schwecher vnd vn-
vermüglicher befindet / als seine Widerpart/so
solle er vmb Friede freundlich ansuchen/vnd mit
jhm handeln lassen. Welcher König ist/der so er
sich wil begeben inn einen Streit wider einen andern König/vnd sitzet nicht zuvor vnd rathschla-
ger / ob er köndte mit zehen tausend begegnen
dem / der vber jhn kömpt mit zwantzig tausend/
wo nicht / so schicket er Bottschafft / wenn jener
noch ferne ist/vnd bittet vmb Friede.

Wo stehets geschriebē/ daß die Heuptleu-te vnd Obersten an der spitze stehen sollen ? Antwort.

Im 5. Buch Mosis am 20. Wann die Heuptleute das Volck ermanet haben / sollen sie sich für
das Volck forne an die spitze stellen im streite.

Wie hat man weiland auff Wagen ge-stritten ? Antwort.

Grosse Herren vnd starcke Helden haben sich
auff starcken Wagen mit vieler Gesellschafft in
das Heer führen lassen / vnnd haben darauff mit
Armbrusten/Spiessen vnd Schwerdten wider die
feinde Mennlich gestritten/Jud.1.4. 1. Reg. 22.

Wie sind die Streitwagen gemacht ge-wesen ? Antwort.

I.　　　　　　Q　　　　　　Wie

Mit Eisen sind sie wol beschlagen vnd befestiget gewesen / vnnd auff allen Ecken haben sie gar lange scharffe sicheln oder Eisen gehabt / damit/ wenn sie inn einen hauffen von den Pferden sind mit gewalt geführet worden/ sie die Ordnung getrennet / vnnd die Menschen hefftig vnd heuffig beschediget haben. Das nennet die Bibel eiserne Wagen/ die latina versio sagt falcatos currus. Vide Osiandrum, Iud. 1. 9.

Wie vielerley Leut waren weiland gefreyet/ daß sie nicht in Krieg durfften ziehen? Antwort.

Viererley/ wie sie Moses erzehlet im 5. Buch am 20. Die Amptleute sollen mit dem Volck reden/ vnd sagen/ Welcher ein new Hauß gebawet hat / vnnd hats noch nicht eingeweihet/ der gehe hin vnd bleibe in seinem Hause / auff das er nicht sterbe im Kriege/ vnd ein ander weihe es ein.

Zum andern/ welcher einen Weinberg gepflantzet hat/ vnd hat ihn noch nicht gemein gemacht/ der gehe hin vnd bleibe daheime/ das er nicht im Kriege sterbe/ vnd ein ander mache ihn gemein.

Zum dritten/ welcher ein Weib ihm vertrawet hat/ vnd hat sie noch nicht heimgeholet/ der gehe hin/ vnnd bleibe daheim / das er nicht im Kriege sterbe/ vnd ein ander hole sie heim.

Zum vierdten/ welcher sich fürchtet / vnnd ein verzagtes Hertze hat/ der gehe hin/ vnd bleibe daheime/ auff das er nicht auch seiner Brüder Hertz feige mache/ wie sein Hertze ist.

Wieder welches Heer hat Gott vnnd Menschen zu gleich gestritten? Antwort.

Wider das Heer der fünff Könige/ die die Stadt Gibeon belagert hatten/ wider dieselben streit Josua mit dem Volck Jsrael/vnd da sie für Josua flohen/ ließ Gott aus dem Himmel herab einen grossen Hagel auff sie fallen/also/das jhrer mehr vom Hagel sturben/denn vom Schwerd der Kinder Jsrael vmbkamen / im Buch Josuæ am 10. Jtem die Philister/als sie mit Jsrael streiten wolten/ die GOTT mit Donner schreckte vnnd schlug/ 1. Sam. 7.

Welches sind die vngleichesten Kempffer gewest? Antwort.

Goliath vnd Dauid. Denn wie im Buch Samuelis geschrieben stehet am 17. cap. So ist Goliath ein grosser starcker Riese gewesen/sechs Ellen vnd einer Hand breit hoch / ein alter versuchter Kriegßmann/hat einen Pantzer angetragen fünff tausend Seckel Ertz schwer (das sind acht vnd siebenzig pfund) vnnd einen Spieß gehabt/ dessen Eisen sechs hundert Seckel gewogen (das ist vber neun pfund) dessen Schafft wie ein Weberbaum gewest/etc. Dauid aber ist ein junger Knab/kleines Leibes/vnd darzu ein wehrloser Schaffhirte gewesen / vnd dennoch hat er diesen starcken Riesen mit den Schleuderstein en erworffen vnd vberwunden/vnd ihm mit seinem eigenen Schwerdte den Kopff abgehawen/ vnd ins Lager bracht.

Q ij   Wo

Von Kriegen.

Wo stehets in der Bibel/das ein Heer am Himmel gesehen worden sey? Antwort.

Im 2. Buch der Maccab. am 5. da stehet geschrieben / das zur zeit des Gottlosen Hohenpriesters Menelai man gesehen habe inn der gantzen Stadt Jerusalem viertzig Tage nach einander in der Lufft Reuter in güldenem Harnisch mit langen Spiessen in einer Schlachtordnung/vnd man sahe deutlich/wie sie mit einander traffen / vnnd mit den Schilden vnnd Spiessen sich wehreten/ wie sie die Schwerdte zuckten/vnd auff einander schossen/wie der güldene Zeug schimmerte / vnnd wie sie mancherley Harnisch hatten/ 2. Macca. 5.

Was hat solches bedeutet? Antwort.

Das Vnglück / das vber die Jüden kommen solte/Denn Jason vberfiel die Stadt/vnd erwürgete viel Bürger/Antiochus aus reitzung Menelai vberzog Jerusalem auch / gewan sie / da wurden achtzig tausend erschlagen/viertzig tausend gefangen genommen/achtzig tausend verkaufft/ der Tempel ward beraubet/vnd nam Antiochus daraus achtzehē hundert Centner Silbers/das macht dreyzehen mal hundert tausend/vnd funfftzig tausend Thaler/vnd war ein solcher Jammer in gantzem Judea / das die vbrigen Jüden ins Gebirge vnd Wildniß flohen / vnd sich verstecken musten/ 2. Maccab. 5.

Welche Weiber habē in Kriegen die grösseste Ehr eingelegt? Antwort.

Jael

Jael vnd Judith. Denn als die Jsraeliten
von Sissera dem obersten Feldheuptman des Kö=
niges der Cananiter vberzogen wurden/ erschlug
Jael den Sisseram mit ein Hammer/ vnd erlösete
Jsrael aus seiner Hand/ Jud. 4. Item/ Als Ho=
lofernes der oberste Feldherr des Heers Nebucad=
Nezars Bethuliam belagerte/ hieb jm Judith mit
seinem eigenen Schwerdte den Kopff abe in sei=
nem Bett/ da er gedachte sie zu beschlaffen/ vnd er=
lösete gantz Jsrael aus furcht vnd not/ Judith 13.

Wo hat der kleineste hauff den grösten ge= schlagen? Antwort.

Da Gideon mit den Midianitern vnd Amale=
kitern streit/ hatte er nicht mehr als drey hundert
Mann/ vnd erlegete damit hundert mal tausend/
vnd fünff vnd dreissig tausend Mann (135000.)
Judicum 8.

Welches Kriegesheer hat Gott am wünderlichsten getrencket? Antwort.

Das Heer der drey Könige/ des Königs Jsra=
els / des Königes Juda / des Königes Edom.
Daß als diese drey Könige mit einem grossen Heer
wider die Moabiter zogen / kamen sie inn der sie=
benden Tagreise in der Wüsten Edom in so gros=
sen mangel des Wassers/ das weder Menschen
noch Viehe zu trincken hatte. Da sie aber in diesem
jhrem Durste vnnd Mattigkeit bey Gott durch
den Propheten Elisa rath suchten/ hieß sie Gott
neben dem vertrockneten Bach grosse Graben
machen/ vnd sagete jhnen zu/ solche Graben sampt

Q iij   dem

dem Bache/ohne Regen/voll Wasser zu machen/
Wie er denn auch auff den folgenden Morgen
that/ vnnd ließ von Edom her ohne allen Regen
ein groß Wasser kommen/ das die Graben/ den
Bach vnd das Land mit Wasser füllete/vnd also
Viehe vnd Menschen in jhrem Durste vnd Mattigkeit wider erquickete / 2. Reg. 3.

Wo wird der grösten Niederlag der Fein-
de in der Bibel gedacht? Ant-
wort.

Im Propheten Ezechiel am 39. cap. Da lest
Gott verkündigen/das wann der Türcke/Tatter
vnd Moscobit/als abgesagte Feinde der Christen
lang gnug die Christenheit geplagt haben/so sollen sie zu letzt sampt alle jhrem anhange auff den
Bergen Israel/das ist/ in der Christen Lande erleget vnd erschlagen werden in so grosser vnzehli-
ger menge / daß das gantze Land sieben Monden
an ihnen wird zu begraben haben/ Vnnd man an
jren Waffen/Schilden/Tartschen/Bogen/pfei-
len / Fauststangen vnnd langen Spiessen /sieben
Jahrlang wird Fewerwerck haben/also/das man
kein Holtz auff dem Felde holen / noch im Walde
hawen darff/ sondern von den Waffen wird man
Fewer halten.

Wer hat auff eim stücke Linsen am Ritter-
lichsten gefochten? Antwort.

Samma/der Sohn Age des Herariters/da die
Philister sich versamleten in eine Rott/vnnd war
daselbst ein stück Ackers voll Linsen / vnnd das
Volck flohe für den Philistern/ da trat er mitten
auff

auff das Stücke vnd errettets/vnd schlug die Phi=
lister/vnd Gott gab ein groß Heil/ 2. Sam. 23.

Wo ist ein Schlacht bey Maulbeer Beu=
men geschehen? Antwort.

Im grunde Rephaim / Da Dauid die Phili=
ster schlug/wie 2. Sam. 5. stehet/vnd Dauid fragte
den HERRN/ der sprach / Du solt nicht hinauff
ziehen / sondern komm von hinden zu jhnen / das
du an sie kommest gegen den Maulbeerbeumen.
Vnd wann du hören wirst das rauschen auff den
Wipffeln der Maulbeerbeume einher gehen / so
zawe dich/dann der HERR ist alßdenn außgegan=
gen für dir her / zu schlagen das Heer der Phili=
ster. Dauid thet/ wie ihm der HERR geboten
hatte/ vnd schlug die Philister von Gibea an/biß
man kömpt gen Gaser.

Wie viel Schlachten sind am Jordan
geschehen? Antwort.

Drey fürneme/ Erstlich zur zeit Ehuds wur=
den zehen tausend allda erschlagen/Jud. 3. Zum
andern Jepthe erschlegt da zwey vnd vierzig tau=
send Ephraimiter/Jud. 12. Zum dritten Jona=
thas der Maccabeer/schlegt das Heer Bachides in
die flucht/ 1. Maccab. 9.

Welches Kriegesheer soll durchs Fewer
getilget werden? Antwort.

Gogs vnd Magogs/Ezechiel 38. 39.

Wo hat einer ein gantz Heer geschla=
gen? Antwort.

Q iij   Für

Für Jerusalem erwürgete ein
Senacheribs hundert fünff vnnd
Mann in einer Nacht / Esai. 37.

Wo hat einer tausend gewe
erleget? Antwor

Zu Lehi / da erschlug Simson
Einbacken tausend bewehreter Phi

Wo haben jhrer zween ein g
angegriffen? Antw

Zu Michmas / da sagte Jona
Saul zu seinem Waffentreger / E
hinüber gehen zu dem Lager der vn
vielleicht wird der HERR etwas
richten. Denn es ist dem HERRN
durch viel oder wenig helffen / vnd
Philister Lager / vnd würgete we
vnd sein Waffentreger hinder jhm
ließ Schrecken vber die Philister f
gantze Heer flüchtig ward / 1. Sam

Welchem Kriegßobersten hat
zu Geleitßleuten vnd Besch
sandt? Antwort.

Dem Maccabeo / als er mit dem
ne Schlacht hielt / Dann so stehet i
Macca. am 10. Als die Schlacht
war / erschienen den Feinden vom
herrliche Männer auff Pferden
Zäumen / die für den Jüden hertzog
hielten neben dem Maccabeo / vn

ihn mit ihrer Wehre / das ihn niemand verwun-
den kondte / vnd schossen Pfeile vnd Donnerstra-
len in die Feinde / das sie geblendet vnnd flüchtig
worden/vnd wurden geschlagen zwantzig tausend
vnd fünff hundert zu Fusse / vnnd sechs hundert
Reisige.

Für welchem Heer ist ein Engel herge-
zogen? Antwort.

Für dem Heer der Jüden/ als sie mit Lysia
streiten wolten.   Dann so stehet im 2. Buch der
Macc. am 11. Da sie für die Stadt kamen/erschien
ihn einer zu Roß in einem weissen Kleide-vnnd
güldenen Harnisch/vnd zog für ihnen her/Da lobeten sie alle den barmhertzigen Gott/ vnnd wurden keck / das sie ihre Feinde schlagen wolten/
wann sie gleich die wildesten Thiere weren / vnd
hetten eiserne Mawren für sich. Mit eim solchen
Muth reisete der gantze Zeug fort / sampt ihrem
Gehülffen/den ihnen der barmhertzige Gott vom
Himmel gesand hatte/vnd griffen ihre Feinde an
wie die Lewen/vnd erschlugen ihrer eilff tausend
zu Fusse/vnd sechzehen hundert zu Roß/ vnd trieben die andern alle inn die Flucht / das der meiste
hauff/so dauon kamen/wund ward.

Welche Kriegsleute haben sich mit Hand
vnd Munde gewehret? Ant-
wort.

Die Jüden/ so mit ihrem Obersten Juda wider Nicanor kriegten / die griffen die Feinde an
mit frewdiger Faust / vnnd schrien zugleich mit
Hertzen vnd Munde zu Gott vmb Stercke/Glück

C v   vnd

vnd Sieg / vnd erlegten das mal fünff vnd dreiß
sig tausend Feinde / 2. Maccab. 15.

Welchem Kriegßoberst ist ein Schwerdt vom Himmel gegeben? Antwort.

Juda / dem Gottseligen Obersten der Jüden /
als der mit wenig Volcks wider vnzehlich viel
Heyden ziehen vnnd streiten solte / vnd im Gebet
lag / das Gott ihm beystehen wolle / da erschien
ihm der Prophet Jeremias / vnd vberreichete ihm
mit seinen Henden ein güldenes Schwerdt vnnd
sprach / Nim hin das heilige Schwerdt / das Gott
dir schencket / damit soltu die Feinde schlagen /
2. Maccab. 15.

Wer wird in der Bibel für den frewdigste Held vnd streithafftigsten Kriegßman gerühmet? Antwort.

Der versprochene Meschiah / der HErr Christus Jesus / Gott vnnd Mensch / der wird genant
Gibbor, Gigas, Heros, Schilo: Ein frewdiger /
starcker / glückßhaffter Held / der es frewdig an-
greifft / vnd glücklich hinaus füret / vnd alle Feinde des gantzen Menschlichen Geschlechts erleget /
vnd vns einen freudenreichen sieg vber sie erhalten / vnd Himlische ewigwerende Außbeute allen
Gleubigen erworben hat / dadurch wir friedlich /
reich vnd selig gemacht werden / Psalm 24.
45. Esai. 9. 49. Matth. 12. Gen. 49.
Col. 2. Ebre. 2.

Von

XXVII.

Von Städten deß Alten vnd Newen Testaments / vnnd was sich allda seltzames begeben habe.

Wer hat die erste Stadt erbawet? Antwort.

Cain/Gen. 4. Cain erkante sein Weib/ die ward schwanger/vnd gebar Hanoch. Vnd bawete eine Stadt/ vnd nante sie nach seines Sohns Namen Hanoch/das ist die erste Stadt / so auff Erden erbawet worden.

Welche Stadt ist am wunderbarlichsten gestürmet vnd eröbert worden? Antwort.

Jericho/ Dann da theten die Kinder Jsrael nicht mehr/ dann das sie sechs tage nach einander alle Tage einmal mit der Lade des Bundes vnd mit Posaunen vmb die Stadt giengen/Am siebenden Tage aber sieben mal / Vnd sihe da sie am siebenden mal mit Posaunen bliesen/ vnnd ein groß Feldgeschrey machten/ da fielen die Mawren von jhnen nider vmb/ vnd sie erstiegen vnd eröberten die Stadt/vnd verbranten sie mit Fewer/Josu. 6.

Wer hat die schönste Stadt gesehen? Antwort.

Johan

Johannes der Euangelist/dem ließ Gott durch
ein Engel auff eim hohen Berge zeigen die grosse
Stadt/das Geistliche Jerusalem/derer grösse war
zwölff tausend Feld wegs/das ist funffzehen hun=
dert Welscher Meilen/in die lenge/breite vnd hö=
he/ die dicke der Mawren war hundert vier vnd
viertzig Ellen/das Gebew der Mawren war von
dem Edelem gestein Jaspis/ vnnd die Stadt von
lauterm Golde/gleich dem reinen Glase/vnd die
Gründe der Stadt von der Mawren waren ge=
schmücket mit allerley Edlen gesteinen/ der erste
Grund war ein Jaspis/der ander ein Saphir/der
dritte ein Chalcedonier/ der vierdte ein Schma=
ragd/ der fünffte ein Sardonych/ der sechste ein
Sardis/der siebende ein Chrysolith/der achte ein
Berll/ der neundte ein Topasier/ der zehende ein
Chrysopras/der eilffte ein Hyacinth/der zwölffte
ein Amethist/ Vnnd die zwölff Thor der Stadt
waren zwölff perlen/ vnnd die Gassen der Stadt
waren lauter Gold/als ein durchscheinend Glaß/
Apoc. 21.

Bedeutung: Durch diese grosse herrliche schö=
ne Stadt wird vns fürgebildet die Liebligkeit/
schöne vnd lustigkeit der zukünfftigen Welt/des
newen Himmels vnd der newen Erden/ die Gott
zur wonung vnd behausung der Gleubigen schaf=
fen wird/laut seiner zusage/Esa. am 65. Sihe ich
wil einen newen Himmel vnnd eine newe Erden
schaffen/ das man der vorigen nicht mehr geden=
cken wird/noch zu Hertzen nemen/sondern sie wer=
den sich ewiglich frewen vnnd frölich sein vber
dem/ das ich schaffe.

Es wird auch drinne fürgebildet der herrliche
vnd gantz frewdenreiche Zustand aller Gleubigen

in

in jenem Leben/ das sie allda keine mühe noch ar=
beit/ kein Kummer/ Schmertz noch Hertzenleid/
kein angst vnd noth/ kein Kranckheit/ vnfall vnnd
todt mehr wird anfechten noch betrüben/ sondern
das sie allda in ewiger Ruhe vnd Friede/ in ewiger
Gesundheit vnd Herrligkeit / inn ewiger vnauß=
sprechlicher Wonne vnd Freude werden bey Gott
sein vnd bleiben.　Wie solches Gott dem lieben
Johanni selber durch eine Stimme vom Himmel
herab lesset erkleren vñ außlegen mit diesen wor=
ten/ Sihe da eine Hütte Gottes vnd der Menschē/
Gott wird bey jhnen wohnen/ vnd sie werden sein
Volck sein/ vnd er selbst Gott mit jhnen wird jhr
Gott sein/ vnd Gott wird abwischen alle Thre=
nen von jhren Augen / vnnd der Todt wird nicht
nahe sein/ noch Leid/ noch Geschrey/ noch schmer=
tze/ dann das erste ist vergangen.　Vnd der auff
dem Stuel saß/ sprach/ Sihe/ Jch mache es alles
new/ vnd er spricht zu mir / schreibe / Denn diese
Wort sind warhafftig vnd gewiß. Vnd im Esaia
am 65. spricht Gott/ Sihe / Jch wil Jerusalem
schaffen zur Wonne/ vnd jhr Volck zur Frewde/
vnd Jch wil frölich sein vber Jerusalem/ vnd mich
frewen vber mein Volck/ vnd sol nicht mehr drin=
ne gehört werden die stimme des Weinens/ noch
die stimme des Klagens. Vnd im 51. cap. Die Er=
löseten des HErrn werden gen Zion kommen mit
Ruhm/ vnd ewige Freude wird vber jhnen sein/
Wonne vnd Frewde werden sie ergreiffen/ Aber
trawren vnd seufftzen wird von jhnen fliehen/ etc.

Welches ist die Volckreicheste Stadt
gewesen? Antwort.

Ninive/ dahin Jonas gesand wurde/ das er
des

die Leute darinne zur Busse ermanen solt. Diese
Stadt ist dreyer Tagereise groß gewest/vnd sind
darinne gewesen mehr dann hundert vnd zwantzig
tausend Kinder vnd junges Volcks/das noch keis
nen vnterschied des guten vnd bösen gewust hat.
Daraus wol abzunemē/wie eine grosse vnzehlbare
Summa des andern erwachsenen Volcks darinne
gewohnet habe/Jon. 3. Münsterus schreibet/das
der König Ninus vmb diese Stadt eine Mawren
gefüret habe/die hundert Schüh hoch/vnd so dis
cke gewesen ist/das drey Wagē darauff neben eins
ander haben gehen können/vnd habe in der Maws
ren auffgerichtet funffzehen hundert Thürn/die
hundert Schüch hoch vber die Mawren giengen.

Welche Stadt ist am wunderbarlichsten aus Hungerßnoth vnd harter belage= rung erlöset? Antwort.

Die Stadt Samaria/da dieselbe von den Sys
rern so hart belagert ward / das ein Eselßkopff
acht Silberling/das sind zwey Thaler / vnnd ein
viertheil Cab Taubenmist fünff Silberling/das
ist / ein Nössel Taubendreck fünff Orts Thalers
galt/das sie auch darinne alle Pferde biß auff fünfs
fe gefressen/vnd ein Weib ihr eigen Kind gekocht
vnd gessen hatte/Da schickte es Gott also/das die
Syrer höreten ein geschrey von Rossen/ Wagen
vnnd grosser HeerßKrafft / vnnd sie nicht anders
dauchte/dann als kemen erliche mechtige Könige
denen zu Samaria zu hülffe. Das doch nicht war/
darüber sie in solche furcht vnnd schrecken fielen/
das sie flohen/vnd all ihr Haab vnd Gut / Speiß
vnd Tranck/Roß vnd Esel. Silber/ Gold vnnd
Kleider

Kleider im Lager liessen / dauon die Bürger zu
Samaria in jhrem Hunger erquicket/ vnd in jrem
höhsten mangel also reichlich ersettiget wurden/
das ein Scheffel Semmelmehls einen Seckel/ vnd
zween Scheffel Gersten einen Seckel golten / 2.
Reg. 7. Ein Seckel ist vnser Müntz ein orthsgülde.

Welches ist die aller berühmbteste Stadt der gantzen Welt ? Antwort.

Die Stadt Jerusalem/ die wird im Alten vnd
Newen Testament zum höchsten gerühmet / von
wegen des allerhöchsten vnd heilsamsten Wercks/
das allda geschehen ist / Das nemlich der Sohn
Gottes allda vmb vnser Sünde willen den Todt
gelidten/ vnd vmb vnser Gerechtigkeit willen wider erstanden/ vnd gen Himmel gefahren ist/ vnd
dadurch allen Gleubigé die Bahn zum Leben ge-
brochen/ die Thür zum Himmel eröffnet / vnd die
Herberg vnd Wonung darinnen bestellet vnd bereitet / Ja auch daselbst vom Himmel herab den
heiligen Geist auff die Apostel in sichtbarer Gestalt der fewrigen Zungen gesendet/ vnd durch sie
von dannen die frölliche vnd seligmachende Predigt des Euangelij in aller Welt hat lassé außbrei-
ten/ vnd allen Völckern verkündigen. Daher nennet sie Ezechiel am 33. ein solche Stadt/ da Gott
sein Zelt inne auff geschlagé hat. Doctor Lutherus
dominica 10. Trinitatis sagt : Jerusalem ist Gottes eigen Hauß vnd Herdstädte/ vnd das Volck sein
eigen Haußgesinde gewest. Vnser Herr Gott ist
zu Jerusalem gewesen gleich wie ein Bürger/ vnd
die Stadt ist gleich als ein halber Himmel gewest/
da Gott selber mit seinen Engeln gewohnet hat/
der

der alle Gottesdienst hin verordnet / da bald alle
Patriarchen gelebet / vnd ihr Begrebniß gehabt /
da endlich Christus der Son Gottes vnd Mariae
selbst gelebet / gewandelt / gepredigt / gelitten / ge=
storben / begraben / aufferstanden / gen Himmel ge=
fahren / vnd den heilgen Geist gesünd hat / das al=
so die Stadt in Künsten vnd Sprachen mit Hei=
ligkeit dermassen vberheuffet / das jhres gleichen
auff der gantzen Welt nicht gewesen noch sein
wird / biß an den Jüngsten Tag.

In welcher Stadt ist am meisten Volcks vmbkommen? Antwort.

Jn der Stadt Jerusalem / als die durch den
Römischen Keyser Vespasianum vnd seinen Son
Titum belagert vnd gewonnen ward / kame vmb
durch die Pestilentz / innwendigen Auffruhr / vnd
des Feindes Hand eilff mal hundert tausend Jüden /
vnd wurden ihrer sieben vnd neunzig tausend ge=
fangen / die wurden eins theils auff die Galeen ge=
schmiedet / eins teils in Schawspielen den wilden
Thieren vorgeworffen / eins theils wurden ver=
kaufft / vnd waren so vnwerth / das man jrer dreis=
sig vmb einen Silberling gab / so straffete Gott an
jhnen die Verachtung seines Worts vnd Söhns /
vns allen zur Warnung / das wir vns für Verach=
tung seines Worts vnnd Lesterung des HErrn
Christi hüten / oder gleiche straffe gewarte. Diesen
jammer verkündiget Christus den Jüden / Lucae
19. O Jerusalem / Jerusalem / die du tödtest die Pro=
pheten / vnd steinigest / die zu dir gesandt sind / wie
offt habe ich deine Kinder versamlen wollen / wie
eine Henne versamlet jhre Küchlein vnter jre Flü=
gel /

gel/vnd jhr habt nicht gewolt/ Sihe/ewer Hauß
soleuch wüste gelassen werden/Matth. 23.

Welches ist die berühmeteste Kauff vnd Handelstadt gewest? Antw.

Die Stadt Tyrus Yn Phaenicia mitten im
Meer gelegen/welche/wie Ezechiel cap. 26. vnd
27. schreibet/an Gebewen so feste/an Lande vnd
Leuten so mechtig gewesen/das man sie für vnü=
berwindlich geachtet hat / an allerley herrlichen
Gebewen so schön gezieret vnnd geschmücket / an
Kauffmanschafft vnd Handel / so aus allen Lan=
den da gehalten ward/allerley edeler vnd Künstli=
cher Wahr vnd Specerey an Golde/Silber/ Edel
kengesteinen/ güldenen Stücken/ Sammet vnnd
Seiden/ so gewaltig/an allerley Künstlicher Ar=
beit / so sinnenreich/ das die jetzigen grossen Ge=
werbe vnd Handelstädte/Venedig/ Antorff/ etc.
jhr kaum ein wenig ehnlich sehen. Daher sie auch
Esaias cap. 23. nennet/*aliarum urbium coronam
selectissimam,* eine Krone aller anderer Städte.

Wie viel freye Städte haben die Kinder Israel in jrer Grentze gehabt? Antwort.

Sechse/ Die erste ist gewest Kades in Galilea
auff dem Gebirge Naphthalim. Die ander Si=
chem auff dem Gebirge Ephraim. Die dritte
Hebron / sonst genant Kiriath Arba/auff dem Ge=
birge Juda. Die vierdte Bezer in der Wüsten/
dem Stamme Ruben.Die fünffte Ramoth in Gi=
lead/aus dem Stamme Gad. Die sechste Golan in
Basan/aus dem Stamme Manasse. Dieses waren

K　　　　die/

die Freystädte / bestimmet allen Kindern Israel/
vnd den Frembdlingen / die vnter jhnen wohne-
ten/das dahin flohe/wer einē vnuersehens schlug/
das er nicht stürbe durch den Blutrecher/biß das
er für der Gemeine gestanden were/ Numer. 35.
Deut. 19. Josu. 20.

Wenn haben die Freystädte jhren vr-
sprung bekommen? Antwort.

Zu der zeit / als Josua den Israeliten das gelobte Land außtheilete/ da gebot jhnen Gott/
das sie Freystedte geben solten zur errettung vnnd
erhaltung derer/die einen vnuorsehenē todtschlag
gethan hatten/wie dauon im Buch Josua am 20.
geschrieben stehet: Der HERR redet mit Josua
vnd sprach/Sage den Kindern Israel/Gebet vnter euch Freystädte / dauon Ich durch Mosen gesagt habe / dahin fliehen möge ein Todtschläger/
der eine Seel vnwissend vñ vnuersehens erschlegt/
dz sie vnter euch frey sein für dem Blutrichter/etc.

Welches sind die berühmesten Städte
deß Newen Testaments?
Antwort.

Diese eilffe. Die erste ist die Stadt Nazareth/
welche / ob es wol ein vngeachtes Städlein gewest ist im Stamme Zabulon / so ist sie doch deßhalben berühmer worden / das alldar der Engel
Gabriel Marien der Jungfrawen die Botschafft
brachte / das sie die Mutter des Messiæ werden
solte / vnnd das allda entpfangen ist Christus der
HErr im Leibe der Jungfrawen Marien / vnnd
allda

allda auch erzogen worden. Daher er den Namen
bekommen / das er Jesus Nazarenus ist genant
worden / Lucae 1. 2.

Die ander ist die Stadt Bethlehem/ im Stamme Juda gelegen / da Christus der HErr ist
Mensch geboren worden/ da die Engel vnd Himlischen Heerscharen von ihm gesungen vnd gezeuget haben / da die Weisen aus Morgenlande ihn
mit Golde / Weyrauch vnnd Myrrhen verehret
haben/ Matth. 2. Mich. 5. Darüber diese Stadt
in ein ewiges Gedechtnis gekommen ist/ Matth.
1. 2. Jud. 2. Mich. am 5. cap.

Die dritte ist die Stadt Cana in Galilea daher berühmbt / das Christus allda zur Hochzeit
gewesen / sein erstes Wunderwerck gethan / vnnd
aus Wasser köstlichen guten Wein gemacht hat/
vnd darmit seine Göttliche Krafft vnd Herrligkeit geoffenbaret/ Johan. 2.

Die vierdte ist die Stadt Capernaum/ gelegen am Vfer des Meers Genezareth/ daher berühmet / das Christus allda sein Predigampt ange-
fangen/ sein Bürgerrecht vnd Wohnung gehabt/
vnd viel vnnd grosse Wunder gethan / allda deß
Jairi Töchterlein vom tode erwecket/ einen Gichts-
brüchtigen geheilet/ deß Heuptmans Knecht vnd
des Königischen rodtkranckes Söhnlein gesund
gemacht / allda auch aus dem Munde eines Fi-
sches/ so aus dem Meer herfür gefahren / Geld
durch Petrum nemen lassen. Darumb spricht Chri-
stus/ Matth. 11. Capernaum sey erhoben biß inn
den Himmel / Aber von seiner Vndanckbarkeit
willen werde sie biß in Abgrund der Hellen ver-
stürtzet werden.

Die fünffte iſt Bethania/daher b
Chriſtus allda offt zu Gaſte gewe
mone dem Auſſetzigen/Matt. 26. be
ihrer Schweſter Marthen/Luc. 10
rum/der ſchon vier Tage im Grabe
ſtinckend worden war/vom Tode r
hat/da er auch die troſtreiche Wor
Ich bin die Aufferſteſtehung vnd d
att mich gleubt/der wird leben/ob e

Die ſechſte iſt Naim/welche da
worden iſt/das Chriſtus für dem
Stadt der Widwen verſtorbenen S
bendig gemacht hat/Luc. 7.

Die ſiebende iſt Jeruſalem/da Ch
Tempel gelehret/da er auch groſſe V
gethan hat/vnd geſtorben iſt/zu bü
Sünde/da er vom tode wider erſtan
Leibe der Heiligen ſampt jn auffer
in dieſe Stadt gegangen/vñ vielen er
da er auch ſichtiglich gen Himmel g
vom Himmel den heiligen Geiſt vbe
vnd andere Gleubige geſand hat/d
anfahen zu predigen in ſeinem Nam
Vergebung der Sünden/vnd ſolche
dannen in alle Welt laſſen gehen vñ
her dieſe Stadt in aller Welt berüme

Die achte iſt Caeſarea Stratonis/
der Heuptman durch Petri Predigt z
lehret/vnd mit dem heiligen Geiſt ſ
nen vom Himmel herab iſt begabet r
10. Da auch der Tyrann Herodes A
Engel Gottes iſt geſchlagen/das er v
fallen/vnd von Würmen iſt gefreſſen
rumb/das er die Apoſtel tödtete vnd

vnd sich als einen Gott ehren ließ/Acto.12. Dar=
über diese Stadt auch in ein grosses Gerücht vnd
ewiges Gedechtniß gekommen.

Die neundte ist Antiochia/daher berühmet/
das allda das Euangelion mit grosser freudigkeit
ist angenommen/das auch daselbsten die Gleubi=
gen am aller ersten sind Christen genant worden/
von Christo jhrem Heupte/Heyland vnd HErrn.
Acto.11. Das auch allda S. Paulus vom heil:gen
Geist zum Lehrer vnd Apostel der Heyden sampt
Barnaba ist beruffen vnd außgesandt/Actor.13.

Die zehende ist die Stadt Damascus/darumb
berühmbt vnd rüchtbar/das darbey Saulus ist
wunderbarer weise vom Himmel herab bekehret/
zum Apostel gemacht/vnd auch in der Stadt ge=
taufft/wider sehend/vnd mit dem heiligen Geist
ist begabt worden/Act.9. das Christus der HErr
sich allda vom Himmel herab zweymal geoffenbart
hat/Erstlich dem Saule für der Stadt/Actor.9.
Zum andern dem Anania in der Stadt/Actor.9.

Die eilffte ist die Stadt Joppe/daher berüh=
met/das allda der Apostel S. Petrus eine weil
seine Herberge gehabt vnd gepredigt hat/das er
auch allda die Gottselige Widwen Tabeam sein
krafft seines Gebets vomTode erwecket hat/vnd
damit die andern Gleubigen gesterckt/vnd an jh=
ren Glauben besietiget an Christo zuverharren/
der des Todts vnd Lebens gewaltiger HErr ist/
Actor.9. Apoc.1.

Was ist der Städte Glück vnd Vn=
glück? Antwort.

Das zeiget Salomon an in seinen Sprichwör=
tern am 11.Durch den segen der frommen wird eine

K iij   Stadt

Stadt erhoben/ Aber durch den Mund der Gottlosen wird ſie zerbrochen/ Wo nicht Rath iſt/ da
gehet das Volck vnter/ Wo aber viel Rathgeber
ſind/ da gehets wol zu. Cap. 14. Gerechtigkeit erhöhet ein Volck/ Aber die Sünde iſt der Leute
verderben. Cap. 29. Die Spötter bringen frech-
lich eine Stadt in Vnglück/ Aber die Weiſen ſtil-
len den Zorn.

XXVIII.

Von der Welt vnd allerley
Ländern/ ihrer eigenſchafft vnd
Wundern/ Früchten vnd Herr-
ligkeit.

Welches iſt das berühmeſte Land der
gantzen Welt? Antwort.

Das gelobte oder Jüdiſche Land/ dauon
redet die heilige Schrifft am aller meiſten in beyden Teſtamenten/ vnd das
hat auch Gott fürnemlich erwehlet
für allen andern Ländern/ das darinne die rechte
Lehre/ Glaube vnd Gottesdienſt ſolte einen anfang nemen/ eine zeitlang darinne erhalten/ vnd
endlich von dannen in die gantze Welt gepflantzet
werden/ darinne haben die allerhöchſten vnd hei-
ligſten Leute/ Ja der Kern des Menſchlichen Ge-
ſchlechts gewohnet/ die heiligen Patriarchen vnd
Ertzväter/ die heiligen Propheten/ die heiligen
Könige/ Ja der Allerheiligſte der HErr Jeſus
Chriſtus iſt darinnen geboren/ hat darinnen viel
vnd

vm dreissig Jahr gelebet/die aller schönsten Pre
digen/die aller grössesten Wunderwerck gethan/
hat endlich darinne gelidten/ist darinnen vom to=
de erstanden / vnd sichtiglich gen Himmel gefah=
ren/darinnen haben die Apostel den heiligen Geist
sichtbarlich vom Himmel herab empfangen / ha=
ben darinne geleret/vnd grosse Wunder gethan/
sind endlich aus diesem Lande in alle Lande aus=
gangen/ vnnd haben das Euangelion allen Völ=
ckern verkündiget. Darumb dieses Land billich
allen andern Ländern fürgezogen/ vnd das heili=
ge vnnd gelobte Land genennet wird. Ezech. 20.
Ich führete sie aus Egyptenland in ein Land/das
Ich ihnen gabe/das mit Milch vnd Honig fleust/
ein edel Land für allen Ländern.

In wie viel theil ist das Jüdische Land getheilet gewest zur zeit Christi deß HErrn ? Antw.

In drey Prouincien/ die vntere hat geheissen
Judea/die mitlere Samaria/die obere Galilea.

Welche Länder werden inn der heiligen Schrifft ihrer fruchtbarkeit halben nach der Sündflut am meisten gerüh= met ? Antwort.

Diese drey. Erstlich da Sodoma/Gomorrha/
Zeboim/ Adama vnd Zoar gestanden sein. Diese
Gegend vergleichet Moses/Gen. 13.ihrer frucht=
barkeit halben dem Paradiese/ vnd nennet sie ein
wasserreichen Garten Gottes/anzuzeigen/das es
ein köstlich fett vnd fruchtbar Land/ Ja ein rechte

K iiij   Schmaltz=

Schmaltzgrube gewesen sey/da K
vnd allerley ander Früchte vnd O
le gewesen. Jetzund stehet da das t
Kan weder Mensch noch Thier da
grewlichen Gestancks halben / so
Also Kan Gott von wegen der M
seinen Segen in einen verderbliche
werenden Fluch verwandeln.

Das ander ist Egyptenland/we
nesis 13. von wegen seiner vber
Fruchtbarkeit hoch gerühmet wird
net nicht in Egypten/aber jährlic
der Fluß Nilus darinne / vnd gehe
Egypten/feuchtet mit seinem Wass
mit seinem Schleime vnnd Fette o
das es hernach vberschwengliche U
te bringet/für Menschen vnd Vieh
Genes. 42. geschrieben stehet/das t
Patriarchen Jacobi in allen Lande
rung vnd Hunger war/da wurde s
de von Getreidig ein solcher vber
das alle andere Länder daruon ge
Daher auch die Römer Egypten ge
eine Kornschewre der gantzen W
schreibet/ das auch die Egyptischen
fruchtbarer sein sollen / denn ande
Weiber/ das sie gemeiniglich Zw
Dreylinge/oder wol Vierlinge brin
bey andern Nationen gefehrlich i
Weib im achten Monat gebieret/de
bleibet selten lebendig/ Also ist es b
tischen Weibern gar gemein / im a
zu geberen / vnd ist bey ihnen diese
mes Zeichen des Lebens.

weil Gott daſſelbige ſeinem außerwehleten Volck
vnd Eigenthumb verſprochen hatte/hat ers auch
mit ſondern Gaben vnd Segen begnadet/das es
ſo trefflich an allerley edlen Gewächſen vnd aller
Menſchlichen Nothdurfft vberaus reich geweſt
iſt.Darumb es auch in heiliger Schrifft genennet
wird ein Land/darinne Milch vnd Honig gefloſſ
ſen. Dieſen des gelobten Landes Fruchtbarkeit
geben auch die Heydniſchen Scribenten zeugniß/
vnd ſagen/das es mit zweyen dingen alle andere
Länder vbertroffen habe. Erſtlich mit dem edlen
Balſamkraut/daraus das treffliche wolriechende
Balſamöl gemacht wird/welches an keinem orte
zu jhrer zeit/dann im gelobten Lande gewachſen
iſt. Zum andern mit den guten vnd fruchtbaren
Pälmbeumen/die an keinem ort der Welt ſo gut
vnd fruchtbar gefunden worden/als im gelobten
Lande.

Wem hat ſein Land am meiſten Früchte getragen? Antwort.

Dem Patriarchen Iſaac. Dann da er in der
thewren zeit zu Gerar das Land beſtellete/erkriegte
er deſſelben Jars hundertfeltige Früchte/das iſt/
wo er einen Scheffel außgeſeet hatte/dafür erndte
er hundert Scheffel ein/alſo/ſagt Moſes/ſegenet
jhn der HERR/Gen. 26. Dieſes iſt ein ſchön vnd
tröſtliches Zeugniß/der Fürſorge Gottes für ſeine
gleubige Kinder vnd Chriſten/das er ſie erneren
vnd erhalten könne vnd wolle/auch mitten in der
Thewrung vnd noth/wenn die noth am höchſten
iſt/ſo iſt er mit ſeiner hülff am nebeſten/ vnd waß

wie David bezeuget/Pſal. 33. Sihe des HERRN
Auge ſihet auff die/ſo ihn fürchten/vnd auff ſeine
Güte hoffen/das er ſie ernehre in der Thewrung/
vnd ihre Seele errette vom tode. Pſalm 132. Ich
wil ihre Speiſe ſegenen / vnnd ihren Armen
Brodts gnug geben.

In wie viel theil wird die gantze Welt ab-
getheilet? Antwort.

In drey theil. Das erſte nennet man Euro-
pam. Das andere Aphricam/ welches ſeinen Namen haben ſol vom Aphro/ dem Sohn Abrahae/
welchen er mit der Retura gezeuget hat/Gen. 25.
Das dritte heiſt Aſia.

Wo ſtehets/ daß Gott für die Länder ſor-
get? Antwort.

Im 5. Buch Moſis am 11. cap. ſtehet alſo/Das
Land/da du hinkömpſt das einzunemen/iſt nicht
wie Egyptenland/dauon jhr außgezogen ſeid/da
du deinen Samen ſeen/vnd ſelbſt trencken muſteſt/
wie ein Kolgarten/ ſondern es hat Berge vnnd
Awen/die der Regen vom Himmel trencken muß/
auff welches Land der HErr dein Gott achtung
hat/vnd die Augen deß HERRN deines Gottes jmmerdar darauff ſehen/von anfang des Ja-
res biß ans ende.

Welchem Lande wird verheiſchen/daß ſich
viel andere Länder zu jhm halten ſollen/
der Religion halben/vnnd wegen
deß Gottesdienſtes? Ant-
wort.

Dem

Dem Jüdischen Lande / darinne die heilige
Stadt Jerusalem gelegen / dauon sagt Tobias am
13.cap. Du wirst wie ein heller glantz leuchten / an
allen enden wird man dich ehren / von fernen Lan=
den wird man zu dir kommen / vnnd Geschencke
bringen / In dir werden sie den HERRN anbe=
ten / du wirst das Heiligthum heissen / den grossen
Namen des HERRN werden sie in dir anbeten.

XXIX.

Von Herren / Knechten /
Dienern / frommen vnd bösen /
vnd was sich mit jhnen zugetragen.

Welcher Knecht hat am jüngste angefan=
gen seinem Herrn mit ehrerbietigem
gehorsam zu dienen? Ant=
wort.

JOhannes der Teuffer vnnd Vorleuffer
Jesu Christi / da der Esum sechs Monat
alt war / vnd noch in Mutterleibe ver=
schlossen lag. Da erkandte er die Gegen=
wart Christi / deß Vorbothe vnnd Marschaller
werden solte / vnd entpfieng jhn mit einem Freu=
densprunge / that damit gleich einen demütigen
Fußfall / vnd erbot sich alles Gehorsams vnd vn=
terthenigkeit gegen Christo / Luc. 1.

Von

Von welchem Herrn sind
Diener gesehen worde?

Von dem HERRN aller ?
Allmechtigen Vater/ Vmb den
stehen tausend mal tausend Enge
net haben/vnd zehen mal hunder
ihme gestanden sind/ Dan. 7.

Wo wird der Knecht vo?
höchsten gelobet ? A?

Matth. 11. Da Christus d?
seinem Vorleuffer Johanne sagt/?
ge euch / Vnter allen die von N?
sind / ist nicht auff kommen der
Johannes der Teuffer.

Wo hat der Herre den Knech?
niß gebeten ? Antw?

Als die Kinder Israel sich m?
güldenen Kalbes an Gott versün
hat Gott der HERR Mosen sein
er ihm zulassen vnd erleuben wolt
Zorn vber die Israeliten möchte
sie vertilgen/wie Moses schreibe
HERR sprach zu mir/ Nu lasse
Zorn vber sie ergehe vnnd sie auff?
Hierinnen wird vns fürgemalet d?
des gleubigen Gebers / das Gott
gehalten vnd gefangen wird/ wie?
kennet/ die Mosis gleubiges Geb?
für das Volck ihn hindere vnnd au
setzen Zorn vber die Abgöttische n

Vnne/ dauon sagt Dauid im 145. Psalm: Der
HERR ist nahe allen/ die jhn anruffen/ Die jhn
mit ernst anruffen/Er thut alles/ was die Gottes
fürchtige begeren/ erhöret jr schreyen/vnd hülfft
jhnen. Vnd Hieronymus schreibt ad Dama: Gott
der sonst vnüberwindlich ist/ wird durchs Gebet
des Zöllners im Tempel vberwunden/ vnnd die
grosse Stadt Niniue/ die in jhren Sünden schon
verdorben war/ist durchs Gebet erhalten worden.

Welches ist der frömbste Diener gewesen am Hoffe deß Gottlosen Königes Ahabs? Antwort.

Obadias sein Hoffmeister/von dem wird geschrieben / 1. Reg. 18. Das er Gottfürchtig ge-
wesen/vnnd hundert Propheten heimlich versie-
det/vnd aus seinem Hause versorget habe/da die
Bluthündin Jesabel/Achabs Gemahl/ alle Propheten außrotten wolte.

Welchs ist der ergste Diener gewesen am Hoffe Saulis? Antwort.

Doeg der Edomiter/der verriethe nicht alleine den frommen Dauid / sondern erwürgete auch
auff Befehl des Königes (das sonst keiner seiner
Hoffschrantzen thun wolte) 85 Priester auff einen tag/vnd schlug jhre Stadt mit der scherffe des
Schwerdts/beyde Mann vndWeib/Kinder vnd
Seuglinge/Ochsen/Esel vnd Schafe/ 1. Sam 22.

Welches ist der Gottfürchtigste Diener gewesen am Hoffe des Persischen Kö- nigs Arthasasta? Antwort.

Nehe-

Von Herrn/Knechten/

Nehemias der Schencke des Königes/der nam sich der verwüsteten Stadt vnd Tempels zu Jerusalem/vnd des gefallenen Gottesdienstes so trewlich an/das er den König bat jhm zu erleuben in Judeam zu ziehen/die Stadt vnd den Tempel wider zu bawen/vnnd den Gottesdienst wider dar anzurichten. Darumb war auch Gott mit jm/das er bey dem Könige Gnade fand/vnd sein fürhaben glücklich verrichtete/wie das Buch Nehemiae außweiset vom 2. Capitel an biß auffs 13.

Welchs ist der ergste Rath gewesen am Hoffe deß Königs Ahaßueri? Antwort.

Haman der Macedonier/den der König vber alle seine Fürsten erhoben hatte/der ward so stolz vnd frech/das er sich ließ anbeten/vnnd beredte den König/das er das Volck Gottes gantz vnnd gar solte außtilgen lassen in allen seinen Landen. Darumb straffete jhn Gott/das er ja in so grosse Vngnade des Königes fiel/als in grossen Gnaden er vorhin gestanden war/vnd wurde letzlich aus befehl des Königs in seinem eigenen Hause an einen Baum gehencket/Esther 3. vnd 7.

Welches sind die vngetrewesten Kammerdiener gewest am Hoffe Ahaßueri? Antwort.

Bigthan vnd Theres/die verbunden sich wider jhren Herrn den König/jhn heimlich bey nacht zu ermorden/darüber wurden sie ergriffen/vnd alle beyde an Bewme gehenger/Esther 2.

Wel

Welches ist der frömbste Diener gewest am Hoffe Ahaßueri? Antw.

Mardochai der Jüde/ der seines Herrn des Königes Leben errettete von den Meuchelmör: dern/ vnd Gottes Volck schützete wider jhre Ver: folger/ Gottes Ehre vnd Dienst beförderte/ Ge: richt vnnd Gerechtigkeit handhabete / Darumb segnete jhn Gott also / das er zu Fürstlichen Eh: ren kam/ Ester 2. 6. 8. 9.

Welcher ist der frömbste Rathsherr gewest zu Jerusalem? Ant: wort.

Joseph von Arimathia / der ist ein heimlicher Jünger Jesu Christi gewest / hat auff das Reich Gottes gewartet/ vñ keins wegs bewilligen wol: len in den bösen Rath der Jüden wider Jesum.

Da sie jhn aber wider Recht vnd alle Billig: keit getödtet hatten/ hat er sich auch seiner im tode angenommen/ vnnd Pilatum gebeten/ das er jhn ehrlich begraben möchte/ Welchs er auch nach er: langter erlaubnis gethan / vnnd dauon ein ewi: ges gutes Gedechtniß erlangt/ Matth. 27. Marci 15. Lucæ 23.

Welches sind die vngetrewesten Diener gewesen am Hoffe Ißboseth deß Kö: niges Israel? Antwort.

Die zween Heuptleute Baena vnd Rechob/ die wurden Mörder an jhrem eigenen Herrn / er: stachen jn auff seinem Bett/ hieben jm den Kopff ab/ vnd brachten den zum König Dauid/ der hoff: nung/

nung / das sie dafür Ehre / Geschencke vnd förde-
rung bekomen wolten. Aber Dauid lohnete
ihnen recht / ließ ihnen Hende vnd Füsse abhawen /
vnd sie an die Beume hengen / 2. Sam. 4.

Welches ist der stoltzeste Knecht auff Er-
den gewest? Antwort.

Der Bapst vnd Antichrist zu Rom / der sich
schreibt vnd außruffen lesset / einen Knecht aller
Knechte / vnd doch in der Warheit vnnd That je
vnd allwege gewesen ist / vnd zu bleiben gedencket
Dominus Dominorum, ein Herr aller Herren.
Denn er hat sich vber alle Gewalt vnnd Macht in-
Geistlichen vnd Weltlichen Regimenten erhöhet /
Ja vber Gott selber / hat Keyser / Könige / Fürsten
vnd Herrn / Gottes Wort vnnd Gebot vnter die
Füsse getreten / vnd wider den Sohn Gottes sich
auffgelehnet. Darumb Daniel recht von jm gesagt:
*Magnificabit cor suum, contra principem princi-
pum consurget, Dan.* 12.

Wo wird Christus Gottes trewer Knecht
genant? Antwort.

Esaiae am 42. Sihe das ist mein Knecht / Ich
erhalte jhn / vnd mein außerwehlter / daran meine
Seele ein wolgefallan hat. Esaiae am 53. Mein
Knecht der Gerechte wird viel gerecht machen
durch sein Erkentniß.

Wie lange musten der Jüden Knechte
dienen? Antwort.

Sechs Jahr / im siebenden Jahre wurden sie
frey / Dann so schreibt Moses Exo. 21. So du einen

nen Ebreischen Knecht kauffest / sol er dir dienen
sechs Jahr / im siebenden Jahre sol er frey ledig
außgehen.

Wo hat Gott die schlagung vnd vbel
haltung deß Gesindes verbo=
ten? Antwort.

Im 2. Buch Mosis am 21. Wer seinem
Knechte oder Magd ein Auge oder Zan außschle=
get / der sol jhn dafür frey geben / das er seines
dienstes ledig sey. Wer seinen Knecht oder Magd
schlegt / das sie balde sterben / der sol darumb ge=
straffet werden / bleiben sie aber zwey tage leben=
dig / so sol er nicht darumb gestrafft werden / dann
es ist sein Geld.

XXX.

Von essen / trincken / vnd al-
lerley speise vnd getrencke.

Wenn haben die Menschen angefangen
zum ersten Fleisch zu essen?
Antwort.

NAch der Sündflut / inn dem Jahr / da
Noah wider aus dem Kasten gegangen
ist / welches ist nach anfange der Welt
1657. Jahr / da hat Gott Noah vnd sei=
nen Nachkommen erleubet Fleisch zu essen / wel=
ches die heiligen Väter für der Sündflut nicht ha=
ben thun dürffen, Genes. 9.

S　　　　　War=

Warumb essen die Jüden ke
der auff dem Gelencke d
te ? Antwort.

Darumb / das die Spanader
se der Hüfft Jacob gerühret wa
Gott runge / Genes. 32.

Wenn vnd wo haben die Ki
die Gott mit Himmelbrote vier
gespeiset in der Wüsten / wide
fangen deß Getreidigs z
erhaltung zu gebrauch
Antwort.

Zu Gilgal / auff dem Gefield
14. tage des Monden Aprilis im
Welt / 40. Jahr post exitum , na
gange. Denn so stehet im Buch J
schrieben : Die Kinder Israel hie
viertzehenden tage des ersten Mo
auff dem Gefielde Jericho / vnd as
treide des Landes / nemlich vnge
vnd Sangen / das ist / versengete
Manna hörete auff desselben Ta
Landes Getreide assen / das die
kein Manna mehr hatten.

Welche speise ist am krefftig
sen ? Antwort.

Das geröstete Brod vnd Wasse
Eliae brachte in der Wüsten / durch
vnd Tranckskrafft er viertzig T

vngessen/ biß er an den Berg Gottes kam/ Gott
schr ein liebliches Gespreche mit jhm hielt/ vnd
entlich im fewrigen Wagen mit Leib vnd Seel
gen Himmel genommen ward/ Welches ein fein
fürbilde ist der Krafft vnnd Nutzes der edelen
Speise vnd Tranckes/ so vns Christus im Sacra
ment gibt/ da er vns mit seinem Leibe wider den
ewigen Hunger der Seelen speiset/ vnd mit seinem
Blut wider den ewigen Durst trencket/ vnnd das
durch also stercket/ das wir alle Anfechtung des
Teufels vberwinden/ vnd durch das finstere Thal
des Todes sicher vnd freudig dringen/ für Gottes
Angesichte kommen/ vnd der freudenreichen bey=
wohnung der heiligen Dreyfaltigkeit theilhaff=
tig werden/ wie Chrysostomus saget: Lieber ge=
dencke doch zu was grossen ehren dich Gott erho=
ben hat/ vnd zu was herrlichem Tische er dich ge=
setzt hat/ dabey auch die Engel mit grosser furcht
stehen/ vnd jhre Augen nicht freudig genug auff=
heben dürffen/ wegen des grossen Glantzes/ der
von diesem Tische gehet/ Wir arme Menschen
entpfahen diesen HErrn gantz vnnd gar/ werden
mit jhm vereiniget/ Ja werden mit jhm ein Leib
vnd ein Fleisch. Dieser Tisch ist die krafft vnnd
stercke vnser Seelen/ vnser einiger Trost/ Liecht
vnnd Leben/ Wann wir mit entpfahung dieses
Sacraments von hinnen scheiden/ so können wir
mit grossem vertrawen hinauff gen Himmel fah=
ren/ als die nun herrlich vnd mit güldenen Klei=
dern geschmücket vnd angezogen sind.

Wie vielerley essens vnd trinckens ge= dencket die heilige Schrifft?
Antwort.

Dreyerley. Das erste ist ein Leibliches vnnd
Natürliches/da Gott vns Menschen mit Brodt/
Fleisch/Obst/vnd allerley Früchten speiset vnd
labet/mit Weine vnd Wasser trencket vnd erquicket/dauon redet Dauid Psalm 104. Du lessest
Saat wachsen zu nutze den Menschen/bringest
Brodt vnd Wein aus der Erden/den Menschen
zu stercken vnd erfrewen.

Das ander ist ein Vbernatürliches vnd Sacramentliches essen vnd trincken/da vns Christus
im gesegneten Brodte seinen waren Leib zu essen/
vnnd im gesegneten Weine sein wares Blut zu
trincken gibt vnd darreicht/dauon stehet Matth.
26. Nemet hin vnd esset/das ist mein Leib/trincket/das ist mein Blut. Vnd in diesem essen vnnd
trincken geniessen die Gleubigen ore & fide, mit
dem Munde vnd Glauben den Leib vnnd Blut
Christi/mit dem Munde empfahen sie das wesen
deß Leibes vnnd Blutes Christi Jesu/mit dem
Glauben geniessen sie neben dem wesen auch des
Nutzes/der Frucht/vnd erworbenen Wolthaten
des Leibes vnd Blutes Jesu Christi/nemlich vergebung der Sünden/Gerechtigkeit/Leben vnnd
ewige Seligkeit.

Das dritte ist ein Geistliches/da vns Gott
im Worte seinen Sohn zur Speise vnnd Tranck
fürgesetzet/das wir von jhm essen vnnd trincken
sollen/das ist/mit seinem Verdienst im Glauben
betrachtet vnnd gefasset vnsere Hertzen trösten
vnd stercken sollen/Solches geschicht/so offt wir
die Predigt des Euangelij hören/vnd von Hertzen gleuben/das Jesus Christus Gott vnd Mensch
vmb vnser Sünden willen gestorben ist/vnd sein
Blut zu vnser versönung für vns vergossen hat/
vnd

vnd vmb vnser Gerechtigkeit willen wider vom
Tode erstanden ist. Von diesem Geistlichen essen
vnd trincken redet Christus/Joh. 6. Warlich ich
sage euch/Moses hat euch nicht Brodt vom Him=
mel geben/sondern mein Vater gibt euch das rech=
te Brodt vom Himmel. Dann diß ist das Brodt
Gottes/das vom Himmel kömpt/ vnnd gibt der
Welt das leben/ Warlich/warlich/ich sage euch/
werdet jhr nicht essen das Fleisch des Menschen
Sons/vnd trincken sein Blut/so habt jhr kein le=
ben in euch / Wer mein Fleisch isset/ vnd trincket
mein Blut/der hat das ewige Leben/vñ Ich wer=
de jhn am Jüngsten tag aufferwecken/Dann mein
Fleisch ist die rechte speise/ vnd mein Blut ist der
rechte tranck. Wer mein Fleisch isset/vnd trincket
mein Blut/der bleibet in mir/vnd ich in jhme.

Wo hat der todte den lebendigen gespei=
set? Antwort.

Da Simson den Lewen/so jhn fressen wolte/
erwürgete/ vnd vber etliche Tage hernach einen
Bienenschwarm vnd viel Honigs in des ertödte=
ten Lewens Leibe fand / dasselbige heraus nam/
es aß/vnd sich damit labete/ Jud. 14.

Welches Heer hat Gott am wunderlich=
sten getrencket? Antwort.

Das Heer der drey Könige/des Königes Is=
rael / des Königes Juda / des Königs Edoma.
Dann als diese drey Könige mit einem grossen
Heer wider die Moabiter zogen/ kamen sie in des
siebenden tages reise in der Wüsten Edom in so
grossen mangel des Wassers/das weder Menschen

noch

noch Vieh zu trincken hatte. Da sie aber in diesem
ihrem Durste vnd helligkeit bey Gott / durch den
Propheten Elisa rath suchten / hieß sie Gott neben
dem vertrockenetem Bach grosse Graben machen /
vnd sagte ihnen zu / solche Graben sampt dem Ba=
che / ohne Regen / vol Wasser zu machen / Wie er
auch den Morgen that / vnd ließ von Edom her
ohne allen Regen ein grosses Wasser kommen /
das die Graben den Bach vnnd das Land mit
Wasser fülleten / vnnd also Vhehe vnd Menschen
in ihrem durste vnd mattigkeit wider erquickete.

Wie vielerley Brod gedencket die Bibel / so Gott zur speise vnd erhaltung der Men= schen Leibe vnd Seele gegeben hat / vnd zum theil noch gibt?

Antwort.

Fünfferley / Das erste ist das natürliche leib=
liche Brodt / welches Gott aus der Erden herfür
bringt / vnnd ihm die neerende Krafft gibt / das
es den Menschen stercket / vnd beym leiblichen Le=
ben (so lang er hie sein sol) erhalten kan / wie Da=
uid dauon redet Psalm 104. Du lessest Saat wach=
sen zu nutz dem Menschen / das du Brodt aus der
Erden bringest / vnnd das Brodt des Menschen
Hertze stercke.

Das ander ist das Himmelbrodt oder Manna /
damit Gott die Israeliten viertzig Jahr inn der
Wüsten speisete vnd erhielt / welches er alle Mor=
gen vom Himmel regenen ließ / vnnd war gestalt
wie Coriandersamen / rund vnd weis / vnd hatte
einen Geschmack wie Semmel mit Honige /
Exo. 16. Psalm 77. Gott ließ das Manna auff sie
regẽ

regenen zu essen/vnd gab jhnen Himmelbrodt/sie
essen Engelbrodt.

Das dritte sind die Schawbrodt/so stets auff
dem Tische des HERRN lagen / vnd allein von
Aaron vnd seinen Sönen gessen worden/Exo.25.
Leuit. 24. Mit diesen Brodten wird auch Dauid
vnd seine Diener gespeiset in jhrem Hunger/1.Sa
muel.21. Matth. 10. Luc. 16.

Das vierdte ist das gesegnete Brodt im Sa
crament / darinne oder darunter Christus seinen
waren Leib zu essen gibt/allen die das Sacrament
nach seiner Ordnung gebrauchen / zur gewissen
versicherung/das er vnsere Sünde an seinem hei
ligen Leibe getragen vnd gebüsset habe am Creu
tze / vnd das wir jhme durch den Glauben einge
leibet / vnd aller seiner Schätze vnd Güter theil
hafftig worden sind/ dauon steht Matth.26. Vn
ser HErr Jesus Christus in der Nacht/da er ver
rahten ward/ nam er das Brodt/etc.   Vnd 1.
Cor, 10. Das Brodt das wir brechen / ist die Ge
meinschafft des Leibes Christi.

Das fünffte ist das rechte ware lebendige Him
melbrodt / der HErr Jesus Christus / darzu ge
sandt von Gott/ das alle / die von jhm essen/ das
ist/an jhn gleuben/vnd seines verdienstes sich ge
trösten/ewig leben/ vnd mit Leibe vnd Seele se
lig werden sollen/ dauon stehet Johan. 6. Mein
Vater gibt euch das rechte Brodt vom Himmel.
Dann diß ist das Brodt Gottes vom Himel kom
men/vnd gibt der Welt das Leben. Ich bin das
Brodt des Lebens / wer zu mir kömpt/ den wird
nicht hungern/vnd wer an mich gleubet/den wird
nimmermehr dürsten.Das ist das Brodt das vom
Himmel kommen ist/nicht/wie ewre Väter haben

S iij   Man

Manna gessen/ vnnd sind gestorb
Brodt isset/der wird leben in ew

Wo stehet die sawerste Speis
in der Bibel? Antw

Jerem. 9. Da Gott zu den
wil dieses Volck mit Wermuth
Gallen trencken. Item Psalm
klagt/Sie geben mir Gallen zu e
trincken. Item im 2. Buch de
Da das Gemüse/so den Schülern
gen ward/ so bitter war/ das sie a
sprachen/O Mann Gottes/der T
fen. Item Johan. 19. Da die Jü
Jesu in seinem durst Essig zu trinc
Gallen vermischet.

Womit haben die Jünger
speiset nach seiner Auf
hung? Antwort.

Mit gebratenen Fischen vnd H
han. am 21.

Welchem Menschen haben
Speise gebracht? Ant

Dem Elia/da er in der Wüsten la
kam der Engel Gottes zweymal/v
geröstet Brodt zu essen / vnd Wass
1. Reg. 19.

Wo wird deß Threnenbrod
Antwort.

Jm 80. Pſalm / Du ſpeiſeſt ſie mit Threnen;
brodte / vnd trenckeſt ſie mit groſſem maſſe voller
Threnen.

Wie iſt das Brod geſtalt geweſen / damit Gott der HErr die Jſraeliten vom Himmel herab viertzig Jahr geſpeiſet? Antwort.

Wie Corlanderſamen / rund / klein vnd weiß /
vnnd hat einen Geſchmack gehabt wie Semmel
mit Honig vermenget / Exod. 16.

In welchem Brothauſe iſt das edeleſte vnd beſte Brod gefunden? Antwort.

Zu Bethlehem / welches auff vnſer Deutſch
ſo viel heiſt / als ein Brodthaus / da iſt gefunden
worden Jeſus Chriſtus / das rechte Himmelbrod /
das alle Gleubige ſtercket / vnd für ewigem Hunger bewahret / wie er ſelbſt dauon ſagt / Joh. 6.
Das iſt das Brodt Gottes vom Himmel kommen /
vnd gibt der Welt das Leben / Jch bin das Brodt
des Lebens / wer zu mir kömpt / den wird nicht
hungern / Jch bin das Brodt des Lebens. Ewere
Väter haben Manna geſſen in der Wüſten / vnd
ſind geſtorben. Dieſes iſt das Brodt / ſo vom Himmel kömpt / auff das / wer dauon iſſet / nicht ſterbe.
Jch bin das lebendige Brodt vom Himmel kommen / Wer von dieſem Brodt eſſen wird / der wird
leben in ewigkeit.

Wo hat der HErr Chriſtus die Kelner vnterrichtet? Antwort.

S　v　　　　　Matth.

Matth. 7. da er saget / Ma
nicht in alte Schleuche fassen / d
reissen / vnd der Most verschütt

Wo wird deß allerergeste .
dacht? Antwo

Amos 8. Ich wil einen Hung
cken / nicht einen Hunger nach B
nach Wasser / sondern nach dem
REN zu hören / das sie hin vn
Meer zum andern / von Mittern
gen vmblauffen / vnd deß HE
chen / vnd doch nicht finden.

Wann ist die gröste The
sen? Antwort

Zu der zeit / da Joseph ein
ptenlande / da ward eine solche T
le Land durchgieng / vnnd we
Jahr / das man in sieben Jahren
nicht bestellen mochte / noch d
kondte / vnd alle Land sich behe
dem Vorrahte / den Joseph in E
sieben fruchtbare Jahre gesamle
geschüttet hatte / vnd alles Geld
Egypten kam in Pharaonis Sch
Genes. 41. 47.

Wo hat das vnuernünffti
nünfftigen Speise zug
Antwort.

Da Elias am Bache Chrith
ben etliche zeit ihme daselbst Sle
binbrachten zu seiner vnterhaltu

Wem ist das Fleischessen am vbelsten bekommen? Antwort.

Den Kindern Israel in der Wüsten Sin / da sie nach Fleisch so lüstern worden/das jhnen Gott die Wachteln mit grossen hauffen zufliehen ließ/ damit sie jhre lust im Fleischessen büsseten / vnnd Gottes Allmacht erkenneten. Aber da das Fleisch noch vnter jhren Zeenen war / ergrimmete der Zorn des HERRN vber sie / vnnd schickte eine Plage vnter sie/dauon viel Volcks verdarb/daher die Stete genant ward die Lustgräber / darumb/ das man das lüstern Volck allda begraben hatte/ Exod. 16. Num. 11. Psalm 78.

Wo wird der trawrigsten Mahlzeit gedacht? Antwort.

Jm 102. psalm / da Dauid sagt vnd klagt/ Ich esse Aschen wie Brodt / vnnd mische meinen Tranck mit Threnen/das ist/Trawren vnd Weinen ist mein tegliches Brodt / mit Seufftzen vnd Weinen halte ich meine Mahlzeit.

XXXI.

Vom Fasten.

Welche vnter allen Menschen haben am lengsten gefasset? Antw.

 Jese drey/Moses/Elias vnd Christus/ derer jeder 40. tag vnd 40.nacht gefastet hat/wie von Mose Exo. 34. Vom Elia/

Elia / 1. Reg. 19. Von Christo / Mattheus der
Euangelist am 4. bezeugen.

Wie vielerley Fastens wird gedacht in
der heiligen Schrifft? Ant=
wort.

Neunerley / Zum ersten eines wunderbaren
vbernatürlichen Fastens / als da Moses viertzig
tag vnd nacht zu zweyen vnterschiedlichen malen
fastete / Exo. 24. 34. Item Elias in der Wüsten /
vnd am Berge Horeb / 1. Reg. 19. Christus in der
Wüsten / Matth. 4. Item Pauli Mitgeferten
in der grossen vngestümigkeit des Meeres / da sie
alle Stunden des vntergangs vnd Todes warte=
ten / vnnd in vierzehen Tagen keine Speiß vnnd
Tranck zu sich namen / Actor. 27.

Zum andern eines Ceremonialischen Fastens /
da die Jüden jährlich zu gewisser zeit ihren Leib
mit Fasten casteyen musten / dauon Moses schreibt
Leuit. 16. Auch sol euch das ein ewiges Recht
sein / am zehenden tage des siebenden Monats solt
ihr ewern Leib casteyen vnd demütigen.

Zum dritten eines Bußfastens / als Jon. 3. da
Jonas den Niniuitern predigte / Wo sie nicht
Busse theten / würde die Stadt innerhalb viertzig
Tagen vntergehen. Da ließ der König ein Fasten
außruffen / das weder Menschen noch Thier etwas
essen oder trincken solten / sondern alle fasten / vnd
zu Gott ruffen hefftig. Item da Elias dem Kö=
nige Ahab verkündigte Gottes zorn vnd straffe /
da demütigte sich Ahab vnnd fastete / schlieff im
Sacke / vnd gieng krumb einher / 1. Reg. 21. Item
da der fromme König Josaphat mit grosser
Geref

Kretzkrafft vberzogen ward / ließ er ein Fasten
außruffen/ vnd befahl Gott ernstlich vmb hülffe
zu bitten/vnd Gott gab die Feinde in seine Hand/
2. Chron. 20.

Zum vierdten eines guten vnnd freywilligen
Fastens/da man sich vmb vbung willen köstlicher
speiß vnd trancks enthielt/ vnd allein Brodt vnd
Wasser gebraucht/wie Daniel/Sadrach/ Mesach
vnd Abednego thaten/Dan.1. Vnd die Prophetin
Hanna/von der Lucas schreibet/cap.2. Sie dienete Gott mit Beten vnd Fasten Tag vnd Nacht.

Zum fünfften eines teglichen Fastens/da man
stets gebührliche masse helt in essen vnd trincken/
für vberfluß/ für fressen vnnd sauffen sich hüter/
damit das Fleisch nicht geil werde / vnd der Leib
in Gesundheit erhalten werde/dauon redet Chri-
stus/Luc. 21. Hütet euch/das ewere Hertzen nicht
beschweret werden mit fressen vnd sauffen/vnnd
sorge der Narung.Vnd S. Paulus Rom. 13.Las-
set vns erbarlich wandeln/als am Tage/nicht in
fressen vnd Sauffen/nicht in Kammern vnd Vn-
zucht/ wartet des Leibes/ doch also / das er nicht
geil werde. Syrach.38. Vberfülle dich nicht mit
allerley niedlicher Speise/vnd friß nicht zu girig.
Dann viel fressen macht kranck/vnnd ein vnerset-
tiger fraß krieget das grimmen.

Zum sechsten eines Geistlichen Fastens / da
man sich enthelt von den fleischlichen Lüsten / die
wider die Seele streiten / das böse meidet / vnnd
deß guten sich befleisset/dauon sagt Gott Esa. 58.
Das ist das Fasten/das ich erwehle/lasse loß/wel-
che du mit vnrecht verbunden hast/laß ledig/wel-
che du beschwerest/ gib frey/welche du drengest/
wirff weg allerley Last/brich dem Hungrigen dein
Brodt/

Brodt/die im elende sind/führe in dein Hauß/so
du einen Nackenden sihest/so kleide ihn.

Zum siebenden ein heuchlerisches Fasten/wie
der Phariseer Fasten war zur zeit Christi/vnd vnser Papisten Fasten zu vnser zeit / damit sie ver-
meineten die Sünde zu büssen/vnd das ewige Leben zuuerdienen / Dauon sagt Christus Matth. 6.
Wann jhr fastet / solt jhr nicht sawer sehen/wie
die Heuchler / dann sie verstellen jhr Angesicht/
auff das sie für den Leuten scheinen mit jrem Fasten. Vnd Esaias sagt cap. 58. Solt das ein Fasten
sein/das ich erwehlen solt/das ein Mensch seinem
Leibe des tags vbel thut/oder seinen Kopff hen-
get wie ein Schilff / oder auff einem Sack vnnd
Aschen ligt/das ist/ Wolt jhr das ein Fasten nen-
nen/oder einen Tag dem HERRN angeneme. S.
Paulus nennet die Lehre / darinnen etliche speiß
als sündlich zu gebrauchen verboten werden/eine
Teuffelslehre/vnd spricht : Alle Creatur Gottes
ist gut/ vnd nichts verwerfflich/ das mit Danck-
sagüg gebraucht wird/ Es wird geheiligt durchs
Gebet vnd durchs Wort Gottes/ 1. Tim. 4.

Zum achten eines Liebefastens/wann man
sich etlicher Speise vnd Trancks enthelt/aus Liebe
gegen dem schwachen Nehesten / das man den nit
ergere/dauon redet S. Paulus Rom. 14. So dein
Bruder vber deiner speise betrübet wird/so wan-
delstu schon nicht nach der Liebe : Lieber verderbe den nicht mit deiner speise/vmb welchs willen
Christus gestorben ist. Es ist zwar alles rein/aber
es ist nicht alles gut dem / der es isset mit einem
anstoß seines Gewissens. Es ist besser du essest kein
Fleisch/vnd trinckest kein Wein/ dann das daran
sich dein Bruder stosse oder ergere/ oder schwach
ww

wurde. 1. Cor. 8. So diese speise meinen Bruder
ergert/ wolte ich nimmermehr kein Fleisch essen/
auff das ich meinen Bruder nicht ergere.

Zum neundten eines Nothfastens/ da man inn
Armuth/Thewrung/Hunger vnd mangel gedult
hat/ Gott in seine milde Hand sihet/ vnnd darauß
seiner Gaben vndVäterlichen Versorgung erwar=
tet/ wie der arme Lazarus that in seiner Kranck=
heit vnd Armuth für des Reichen Thür/Luc. 16.
dauon sagt Dauid im 55. Psalm/Wirff dein An=
ligen.auff Gott den HERRN/der wird dich wol
versorgen/ vnnd nicht immer inn Vnruhe lassen.
Psalm 33. Des HERRN Auge sihet auff die Ge=
rechten/das er sie errette vom tode/vnd erneere sie
in der Thewrung/ dauon singen wir im Christli=
chen Kirchengesänge/ Er wil vns allezeit ernee=
ren/Leib vnd Seel auch wol bewaren/ kein Leid
sol vns widerfahren/etc.

Weme ist vber dem Fasten eine Vocation zu sondern Ehrenämptern zukom= men? Antwort.

Erstlich dem Gottseligen Manne Mardochai/
Da er in seiner vnnd seines Volckes Noth fastete
vnd betete/ ward er mit köstlichen Kleidern vnd
güldenen Kleinoden gezieret/vnd an des Gottlo=
sen Hamans/seines Feindes stat/zum Fürsten vnd
Obersten gesetzet/am Hoffe des Königes Ahaß=
ueri/Esther 6. 8.

Zum andern Barnabas vnd Saulus/ als die
zu Antiochia/ neben Simone Nigro / Lucio von
Cyrenen vnd Manahe/Gott mit fasten vnd beten
dieneten/ sprach der heilige Geist: Sondert mir
auß

aus Barnabam vnnd Saulum zu dem Wercke/
dazu ich sie beruffe/vnd sie legten die Hende auff
sie/vnd liessen sie gehen/ Actor. am 13.

Wer klagt / das er vom Fasten matt wor-
den sey? Antwort.

David im 109. Psalm/Ich bin arm vnd elen-
de/Mein Hertz ist erschlagen in mir/Meine Knie
sind schwach vom Fasten/ mein Fleisch ist mager
vnd hat kein Fett mehr.

Welche Königin hat am lengsten gefa-
stet? Antwort.

Die Königin Esther / als sie ihren Herrn
König Ahaßuerum bitten wolte / nach Hamans
Rathe nicht alle Jüden zu tödten / da fastete sie
sampt ihren Jungfrawen drey Tage vnd Nacht/
das sie keine Speise vnd Tranck gebrauchte/vnd
gebot auch solches zu thun allen Jüden. Also erlangte sie mit Beten vnnd Fasten ihrem Volcke
hülffe / Esther am 4. vnd 5.

Wo wird geboten mit fasten zubeten?
Antwort.

Im Propheten Joel am 2. da Gott sagt/
Bekehret euch zu mir von gantzem Hertzen mit
fasten/weinen vnd klagen/zureist ewere Hertzen/
vnd nicht ewere Kleider/ vnnd bekehret euch zum
HERRN ewrem Gott/dann er ist gnedig/barm-
hertzig vnnd gedültig / vnnd rewet ihn bald der
straffe. Blaset mit Posaunen/ heiliget ein Fasten/
vnd ruffet der Gemeine zusammen.

Von

XXXII.

Von Panckcten vnd Gaste-
reyen / Wirthen vnd Gästen / vnd
was sich wünderlichs dabey begeben/
auch wie man sich darinne ver-
halten solle.

Wer hat das grösseste vnd herrlichste
Pancket gehalten? Antw.

Ahasuerus / der Perser König/ der richtet
ein grosses vnnd herrliches Pancket oder
Mahl an / vnnd lude darzu alle Fürsten /
Landpfleger / Gewaltigen vnd Obersten
in allen seinen Landen / derer hundert sieben vnd
zwantzig waren / vnd hielt solches Pancket mit
ihnen hundert vnd achtzig tage / auff das er den
herrlichen Reichthumb seines Königreichs / vnd
den köstlichen Pracht seiner Maiestet sehen liesse/
Item allem Volcke / das zu Schloß Susan woh-
nete/richtete er ein Mahl an/ das sieben tage lang
wärete/im Hoffe des Gartens an seinem Königlichen Hause / vnnd ließ auffhengen rothe / weisse
vnd gelbe Tücher/ mit Scharlachen vnnd leinen
Seilen gefasset/ in silberne Ringe auff Marmeln
Seulen/ die Bencke warn Gülden vnd Silbern/
das Pflaster von grünen / weissen / gelben vnnd
schwartzen Marmel gemacht / des Königlichen
Weins ließ er die menge inn güldenen Gefessen
aufftragen/ Esther 1.

T　　　Wo

Wo vnterrichtet Christus die/so Gäste halten wollen? Antwort.

Luc. 14. Wenn du ein Mittags oder Abend'
mal macheſt/ſo lade nicht deineFreunde/noch dei'
ne Brüder / noch Gefreunde / noch deine Nach'
bawern/die da reich ſind/auff das ſie dich nicht et'
wan wider laden/vnd dir vergolten werde. Son'
dern wann du ein Mal macheſt / ſo lade die Ar'
men / die Krüppel/ die Lahmen/die Blinden/ſo
biſtu ſelig / Denn ſie habens dir nicht zu vergel'
ten. Es wird dir aber vergolten werden inn der
Aufferſtehung der Gerechten.

Wo vnterrichtet Christus die/so zuGaste gehen wollen? Antwort.

Luc. 14. Wenn du von jemand geladen wirſt
zu Gaſte oder Hochzeit / ſo ſetze dich nicht oben
an/das nicht etwa ein ehrlicher/ dann du/von jm
geladen ſey/vnd ſo dann kömpt/ der dich vnd jhn
geladen hat/ſpreche zu dir/ Weiche dieſem/ vnd
du müſſeſt dann mit Scham vnten an ſitzen/ Son'
dern wann du geladen wirſt/ſo gehe hin/vnd ſetze
dich vnten an/auff das/wann der kömpt/der dich
geladen hat/ſpreche zu dir/Freund/rücke hinauff/
Dann wirſtu Ehre haben für denen/die mit dir zu
Tiſche ſitzen. Dann wer ſich ſelbſt erhöhet / der
wird erniedriget werden / Vnd wer ſich ſelbſt er'
niedriget / der wird erhöhet werden.

Wo stehet das beste Mal oder Wolleben in der Bibel? Antwort.

Eſai. 25. Vnd der HERR Zebaoth wird al'
len Völckern machen auff dieſem Berge ein fettes
Mal/

Mal / ein Mal von reinem Weine / von Fette /
von Marcke / von Weine / darinne keine Hefen
sind / vnnd wird auff diesem Berge hinweg thun
das Hüllen / damit alle Völcker verhüllet sind / vnd
die Decke / damit alle Heyden zugedecket sind /
Denn Er wird den Todt verschlingen ewiglich /
vnd der HERR HERR wird die Threnen von
aller Augen abwischen / vnd wird die schmach sei=
nes Volckes auffheben in allen Landen.

Welcher Wirt hat den besten Gast gehabt? Antwort.

Der Patriarch Abraham / bey deme Gott sel=
ber / der der höchste vnd beste ist / zu Gaste gewe=
sen / wie im Buch der Schöpffung am 18. stehet.

Zu weme vnter allen Menschen ist die hei= lige Dreyfaltigkeit zu Gaste gan= gen? Antwort.

Zu Abraham. Dann so schreibt Moses Gen. 18.
Vnnd der HERR erschien Abraham im Hain
Mamre / da er saß an der Thür seiner Hütten / da
der Tag am heissesten war / vnd als er seine Augen
auffhub vnd sahe / do stunden drey Männer gegen
jhm / vnd da er sie sahe / lieff er jhnen entgegen /
bückete sich nider auff die Erden / vnnd sprach /
HERR habe ich Gnade funden für deinen Au=
gen / so gehe nicht für deinem Knechte vber / man
sol euch ein wenig Wassers bringen / vnnd ewre
füsse waschen / lehnet euch vnter den Baum / Ich
wil euch ein bissen Brodts bringen / das jhr ewer
Hertze labet / darnach solt jhr fortgehen / Dann
darumb seyd jr zu ewrem Knechte kommen. Sie

T 4   spra=

sprachen/ Thue wie du gesagt hast. Da eilete Abraham in die Hütten zu Sara/ vnd sprach: Eile vnd menge drey Maß Semmelmehl/ knete vnnd backe Kuchen. Er aber lieff zu den Rindern/ vnd holete ein zartes gutes Kalb/ vnd gabs dem Knaben/ der eilete vnd bereitete es zu. Vnd Abraham trug auff Butter vnd Milch/ vnd von dem Kalb/ das er zubereitet hatte/ vnnd satzte es jhnen für/ vnd trat für sie vnter den Baum / vnd sie assen.

Wo wird der vngetrewsten Wirthe gedacht? Antwort.

1. Macca. 11. Da von Jaddiel der Araber König geschrieben wird/ das er Alexandro/ dem Könige in Assyrien/ da er flüchtig vnnd ein Gast bey jhm war/ habe den Kopff lassen abschlagen/ vnd Ptolomeo dem Könige inn Egypten geschicket. Item im 12. Cap. Da Tryphon den Jonathan zu sich zu Gaste ledet/ jhm gute Wort gibt/ grosse Ehr vnd Geschencke thut/ vnd doch zu letzt jhn sahen vnd tödten lesset. Item im 16. Cap. Da Ptolomeus ein Heuptman vber Jericho den Christlichen Fürsten Simon sampt seinen zweyen Söhnen zu sich in seine Burg Doch gekennet/ zu Gaste ledet / jhnen eine herrliche Mahlzeit zubereitet / vnd doch solche Vntrew brauchet/ das/ da sie vber Tische am frölichsten waren/ er sie vberfallen vnd tödten lesset. Item im andern Buch Samuelis am 13. Cap. Da Absolon seinen Bruder Ammon zu Gaste ledet / vnd da er am frölichsten ist/ jhn vber Tische erstechen lesset.

Wem ist die haltung des Panckets am vbelsten bekommen? Antw.

Dem

Dem Könige Belsazer zu Babel/da der die
Nacht mit seinen Gewaltigen im Pancket saß/
vnd frölich war/da fielen die Feinde in die Stadt/
erwürgten den König vnd seine Beysitzer/namen
die Stadt ein/ sampt seim gantzen Königreiche/
Daniel. am 5.

Wer ist am frölichsten zum Pancket ge=
gangen/vnd am trawrigsten wie=
der dauon? Antwort.

Haman der öberste Rath am Hoffe Ahaßueri
des Königs/der gieng mit frölichem muth zu dem
Pancket/ das Esther die Königin angerichtet
hatte/ vnd rühmete sich zum höchsten/ das sonst
niemands als er geladen were: Aber ehe die freu=
de halb zum ende kam/muste er mit trawren auff=
stehen/vnd mit eim Fußfalle vmb fristung seines
Lebens bitten/vnd halff doch nicht/er ward vom
Tische gefangen weggeführt/ vnd für sein eigen
Hauß an einen Baum gehengt/Esther 5. 6. 7.

Wo wirds gelobt/wenn man in haltung
der Gasterey kostfrey sich erzei=
get? Antwort.

Im Syrach am 31. Capit. Einen kostfreyen
Mann loben die Leute/vnd sagen/Er ist ein ehr=
lich Mann/vnd solches ist ein guter Ruhm/Aber
von einem kargen Filtze redet die gantze Stadt
vbel/vnd man sagt recht dran.

Wo werden wir gewarnet für der Gaste=
rey der Schlemmer? Antwort.

In

Von Pancketen.

In Sprüchen Salomonis am 23. Cap. Sey nicht vnter den Seuffern vnd Schlemmern/dann sie verarmen / vnd müssen zurissene Kleider tragen/Wo ist wehe/Wo ist leid/Wo ist zanck/Wo ist klagen/ Wo sind Wunden ohne vrsach / Wo sind rothe Augen? Nemlich/wo man beym Weine sitzet/vnd kömpt nur außzusauffen/was eingeschencket ist.

Wo wird der schrecklichste außgang gesetzet der frölichen Pancket der Weltkinder? Antw.

Im Propheten Esaia am 5. Cap. Wehe denen/die des Morgens frue auff sind/des sauffens sich zu befleissen / vnnd haben in jhren Wolleben Psalter/Geigen/Harffen/ Paucken vnd pfeiffen/ sitzen biß in die Nacht/das sie der Wein erhitzet/ vnd haben nicht acht auff das Werck des HErren/die werden weggefürt werden gefangen vnuersehens/werden Hunger vnd Durst leiden/die Helle hat jren Rachen weit auffgesperret ohn alle masse das hinunter fahren beyde jhre herrliche vnd Pöfel/jhre reiche vnd jhr Pöfel.

Vom

XXXIII.

Vom Opffer/vnnd von allerley Opffern.

Von wem ist geweissaget/das er Menschen opffern solte? Ant-
wort.

Om Josia dem Könige/1. Reg.13. Vnd
sihe ein Mann Gottes kam von Juda
durch das Wort des HERRN gen Be-
thel/vnd Jerobeam stunde bey dem Al-
tar zu reuchern/vñ er rieff wider den Altar durch
das Wort des HERRN vnd sprach/ Altar/ Al-
tar/ So spricht der HERR / Sihe es wird ein
Sohn dem Hause Dauid geboren werden / mit
Namen Josia/Der wird auff dir opffern die Priester der höhe/die auff dir reuchern/vnd wird Men-
schenbein auff dir verbrennen. Vnd er gabe des
Tags ein Wunder/vnd sprach/Das ist das Wun-
der/das solches der HERR geredet hat/Sihe der
Altar wird reissen/ vnnd die Aschen verschüttet
werden/die darauff ist/vnd wie diß erfüllet worden sey/steht im 2. Buch der Könige am 23. cap.

Wer hat das gröste Opffer gethan? Antwort.

Salomon/ da er den Tempel zu Jerusalem
einweihete/da hat er geopffert zwey vnd zwantzig
tausend Ochsen/ vnd hundert vnd zwantzig tausend Schafe/1. Reg. 8.

T iiij   Wel-

Vom Opffer.

Welcher Opffer sind vom Himmel angezündet worden? Antwort.

Abels/Gen 4. Aarons/Leuit. 9. Eliae/1.Reg. 18. Salomonis/1. Reg. 9. 2. Paralip. 7.

Welche Könige haben die grewlichsten vnd abschewlichsten Opffer gethan? Antwort.

Der König Ahas/ vnd der König Manasse/ die haben ihre eigene Kinder verbrant/ vnd dem Abgott Moloch geopffert in Thal Gehinnon bey Jerusalem/ in 2. Chron. 28. vnd 33. Item der König der Moabiter/ 2. Reg. 3.

Wer zeuhet Gottseliges Leben den Opffern für? Antwort.

Salomon in seinen Sprüchen am 21. cap. Wol vnd recht thun ist dem HERRN lieber als Opffer. Vnd Samuel/ da er zum Könige Saul sagt/ Meinstu der HERR habe solche Lust am Opffer vnd Brandopffer/ als am Gehorsam der Stimme des HERRN/ Sihe/ Gehorsam ist besser als opffern/ Vnd Auffmercken besser/ als das Fette von den Wiedern.

Wo wird vnersettigter Geitz vnd Mammonßdienst ein Opffer genant? Antwort.

Syrach am 31. Viel kommen zu Vnfalle vmb Geldes willen/vnd verderben/ vnd die dem Gelde opffern/ die stürtzet es.

Wo verwirfft Gott die menge der Judischen Opffer? Antwort.

Im Esaia am 1. cap. da er sagen lest / Was sol mir die menge ewer Opffer / spricht der HERR / Ich bin satt der Brandopffer von Wiedern / vnd des Fetten von dem Gemesten / habe kein lust zum Blute der Farren / der Lämmer vnd Böcke) ewer Reuchwerck ist mir ein Grewel / Meine Seele ist feind ewren Newmonden vnd Jahrzeiten / Aber waschet euch / thut ewer böses von meinen Augen weg / vnd bekehret euch zu mir / so wil ich euch zu Gnaden annemen. Im 50. Psalm stehet deßgleichen.

Wo wird der Jüden Opffer / so sie als ein verdienstlich Werck hielten / den grewlichsten dingen verglichen? Antwort.

Esaiae am 66. cap. da Gott sage: Wer ein Ochsen schlachtet / ist mir eben / als der ein Mans erschlüge. Wer ein Schaf opffert / ist eben / als der eim Hunde den Halß breche. / Wer Speiseopffer bringt / ist als der Sewblut opfferte / Wer des Weyrauchs gedencket / ist / als der / so Vnrecht lobet. Noch erwehlen sie solches in jhren wegen / vnd haben gefallen an jhren Grewelen / vnd thun dabey / das mir vbel gefellet.

Wouon durffte man nicht Opffer thun? Antwort.

Vom Hurenlohn vnd Hundegelde / Dann so schreibt Moses im 5. Buch am 23. cap. Du solt

keinen

keinen Hurenlohn noch Hundegeld inn das H
Gottes deines HERRN bringen/aus irge
einem Gelübde/denn es ist dem HERRN de
Gott beydes ein Grewel.

Was musten die Jüden teglich opf
fern? Antwort.

Zwey zweyjährige Lemmer/eines zu M
gens/das ander zu Abends/Dann so schreibt
ses im 2. Buch am 29. cap. Zwey jährige Läm
soltu alle Tage auff dem Altar opffern/eines
Morgens/das ander des Abends/Zu jedem La
soltu nemen ein zehenden theil Semmelmet
gemenget mit eim viertheil von ein Hin ge
sen Oeles/vnd ein viertheil vom Hin Weins
(Hin)

Hin ist ein Gemeß gewesen/wie eine Va
Canne oder Eimer/darein zwölff nössel gegang
weren jedes mal drey Nössel Oels/vnd drey L
sel Weins/macht alle Tage drey viertel Oe
vnd drey viertel Weins vnsers Gemesses.

Weme ist das Opffern vnd Reuchern
am vbelsten bekommen?
Antwort.

Den beyden Söhnen Aarons des Hohenp
sters/da sie frembde Fewer für den HErrn br
ten mit Weyrauch/da fuhr das Fewer vom H
ren aus/verbrandte vnnd verzerete sie/das
schmertzlich sterben musten/Exod. am 10.

Wessen Opffer ist vom Felsen angeti
det vnd verzeret? Antwort.

G

Gideons/ da der zum Heerführer des Volcks
Gottes beruffen ward vom Engel des HERRN/
vnd sein Speiseopffer auff ein Felsen legte / da
rührte der Engel mit seim Stabe das Opffer an/
vnd Fewer fuhr aus dem Felsen/ vnnd verzerete
das Opffer. Im Buch der Richter am 6.

Wer ist vber seim Opffer zu schanden
worden? Antwort.

Erstlich Cain/ dessen Opffer Gott nicht ansehen wolte/ weil er vngleubig war/ Genesis am 4.
Ebreern am 11.

Zum andern die Baals-Propheten/ da sie ihrem
Abgott Baal ein Farren opfferten / dabey bete-
ten/ vnnd sich biß auffs Blut ritzeten/ vnd zerstia-
chen/ vnd dennoch von ihm nicht erhöret wurden/
Also/ das ihr Elias spottete/ vnd sprach: Ey ihr
müst laut ruffen/ er ist ein Gott/ der entweder
schlefft/ oder dichtet / oder etwas zu schaffen hat/
oder vber Feld ist/ 1. Reg. 18.

XXXIIII.
Von der Beschneidung/
vnd was sich dabey zu-
getragen.

Wann ist die Beschneidung gegeben
worden? Antwort.

Ach der Welt anfange im 2047. Jahre/
für Christi Geburt 1913. Genes. 17.

Wer

Von der Beschneidung.

Wer ist vber der Beschneidung schellig worden? Antwort.

Zipora / Mosis Weib / da sie wider jhren willen ihren Sohn beschneiden muste / sprach sie im zorn zu jhrem Manne / Du bist mir ein Blutbreutigsm / Exod. 4. das ist / Es kostet Blut / das du mein Ehemann bist / vnd ich mus mein Kind beschneiden / vnnd sein Blut vergiessen / das ich vngerne sehe / vnd thue.

Wo sind die Kinder Israel zum andern mal beschnitten worden? Antwort.

Jenseit dem Jordan in Gilgal / auff dem Hügel Araboth. Dann weil ihre Väter vierzig Jahr in der Wüsten hin vnd her wandelten / vnnd das Volck / so in der Wüsten geboren war / nicht beschnitten wurde / gebot Gott Josua / das er sie alle / da sie mit trockenen Füssen vber den Jordan gangen waren / beschneiden muste / Josuae 5.

Welchen Weibern ist die beschneidung jhrer Kinder vbel bekommen? Antwort.

Etlichen frommen Weibern zu Jerusalem / denen wurden die beschnittene Kinder an die Hälse gehengt / wurden also in der Stadt zum Gespötte herumb geführet von den Heyden / vnnd endlich von der Mawre hinab zu tode gestürzet / 2. Maccab. am 6.

Wo

Wo stehets/ daß die Beschneidung ein fürbilde gewest sey der Tauffe? Antwort.

In der Epistel Pauli zun Colossern am 2. cap. In Christo seyd jr beschnitten/ mit der Beschneidung ohne Hende/ durch ablegung des sündlichen Leibes im Fleische/ nemlich mit der Beschneidung Christi/ inn dem/ das jhr mit jhm seyd durch die Tauffe.

Wie hart ist die beschneidung geboten gewest? Antwort.

Bey dem Banne vnd Tode/ dann so sagt Gott Genes. 17. Wann ein Kneblein nicht beschnitten wird an der Vorhaut seines Fleisches/ des Seele sol außgerottet werden auß seinem Volcke/ darumb das es meinen Bund vnterlassen hat.

Wem ist die verlassung der Beschneidung am vbelsten bekommen? Antwort.

Mosi dem Manne Gottes/ da er wider in Egypten zoch/ da kam jhm Gott entgegen/ vnd wolte jhn tödten/ darumb/ das er seinen Sohn nicht beschnitten hatte/ Exod. 4.

Weme ist die beschneidung am vbelsten bekommen? Antwort.

Hemor/ vnd seim Söhne Sichem/ den Herren der Stadt Sichem/ da die sich vmb Liebe willen zu Dina Jacobs Tochter/ sampt jhren Bürgern.

gern beschneiden liessen/ kamen die Söhne Ja-
cobs/vnd erwürgten sie alle/vnd namen die Stad
Sichem ein mit allem/so drinne war/darumb das
der junge Herr Sichem jhre Schwester geschendet hatte/ Genes. 36.

Wer hat sich am frewdigsten bey der be-
schneidung Göttlichs verstands
erinnert? Antwort.

Erstlich Dauid/da er mit dem grossen Riesen
Goliath streiten wolte/vnd jederman meinte/ er
würde für jhm vnterligen. Da fassete er ein Hertz
vnd Trotz aus seiner Beschneidung/ vnd sprach:
Der HERR wird mich erretten von diesem Philister dem vnbeschnittenen/ der HERR wird jhn
in meine Hand geben/das ich sein Heupt jhm ab-
schlage/ vnnd gebe seinen Leib den Vogeln des
Himmels/ vnd es geschach also/ 1. Samuel. 17.

Zum andern Jonathas der Sohn Sauls/als
der mit seim Vater zu Felde lag wider die Phi-
lister/sprach er zu seinem Waffentreger/kom laß
vns hinüber gehen zu dem Lager der vnbeschnit-
tenen/vielleicht wird der HErr etwas außrichten
durch vns/Dann es ist dem HErrn nicht schwer/
durch viel oder wenige helffen/vnd er erhielt vnd
verursachte damit einen grossen sieg/1. Sam. 14.

Wer verwirfft die beschneidung im New-
en Testament am sterckesten?
Antwort.

Der heilige Apostel Paulus/da er zun Galatern am 5. schreibt: Bestehet in der Freyheit/da-
mit

mit vns Christus befreyet hat / vnnd lasset euch
nicht widerumb in das Knechtische Joch gefangen nemen / Sihe / ich Paulus sage euch / wo jhr
euch beschneiden lasset / so ist euch Christus kein
nütze / Ich bezeuge abermal jederman / der sich beschneiden lesset / das er noch schuldig ist das gantze
Gesetze zu thun / Ihr habt Christum verlorn / die
jhr durchs Gesetz gerecht werden wolt / vnd seyd
aus der Gnade gefallen.

XXXV.

Vom Reichthumb vnnd
Schätzen / Armut / Gewinn
vnd Wucher.

Wann ist der Reichste am ärmsten wor-
den? Antwort.

Ur zeit der Geburt Jesu Christi / da ist Gottes Sohn der HErr / Schöpffer vnnd Erhalter Himmels vnd Erden / in solcher Armut Mensch geboren / das er weder Stuben
noch Wiegen hat haben können / sondern ist im
Stall bey den vnuernünfftigen Thieren geboren
worden / in eine harte Krippen geleget / hat auch
seinen gantzen wandel auff Erde in solcher grossen
Armut geführet / das er nichts eigenes gehabt / dessen er sich zu seiner vnterhaltung hette brauchen
können / wie er klagt / Luc. 9. Die Füchse haben
Gruben / vnd die Vogel vnter dem Himmel haben Nester / Aber des Menschen Sohn hat nicht /
da er sein Heupt hinlegte. Psus: In diese Armut
hat

hat sich Christus vns zu gut geste
vns im Himmel reich machte/vnd
ge erwürbe / 2. Cor. s.

Wer hat in seiner armut (
Leuten gedienet ? An

Vnser HErr Christus/der h
muth vns alle gebracht zum Hi
Reichthumb/wie Paulus sagt 2.
wisset die Gnade vnsers HErrn
er wol reich war / ward er doch
willen/auff das jhr durch sein Ar
der/ Vnnd die Christliche Kird
auff Erden kommen arm / das e
barm/ Vns in dem Himmel mach
nen lieben Engeln gleich.

Woher kömpt Reichthun
mut ? Antwort

Von Gott/ Prouerb. 22. R
müssen vnter einander sein. Der
alle gemacht.

Wer ist recht reich/wer ist
Antwort.

Syrach. 31. Der ist reich/ der
samlet Geld/ vnd höret auff / vnn
auch. Der ist aber arm/der da arbei
nicht/ vnd wenn er schon auffhöre
ein Beler.

Welches ist das beste bey gre
thumb ? Antwort

Ein Hertz/ das der Güter in Gottes furcht
vnd mit frölichem Hertzen vnd Gemüte gebrauchen kan vnd derff/ wie auch der König Salomon
sagt in seinen Predigten am 2. Cap. Jsts nicht das
beste am Menschen/ essen vnd trincken/ vnd seine
Seele guter dinge sein lassen in seiner Arbeit? A-
ber solches sage ich auch / das es von GOttes
Hand kömpt? Jm 3. Cap. Jch mercke / das nichts
bessers ist dann frölich sein/ vnd ihm gütlich thun
in seinem Leben/ dann das ist sein theil inn seiner
Arbeit/ vnd ist eine Gabe Gottes. Liß dauon weiter das 5. 8. 9. Cap. im Prediger Salomon.

Welches ist der beste Gewinn? Antwort.

Gottßfürchtig sein/ vnd ihm am gegenwertigen gnügen lassen/ wie Paulus lehret/ 1. Tim. 6.
Es ist ein grosser Gewinn/ wer Gottßfürchtig ist/
vnd lesset ihm auch gnügen. Dann wir haben
nichts in die Welt gebracht/ Darumb offenbar
ist/ wir werden auch nichts hinaus bringen.

Welches ist der beste vnd seligste Wu-cher? Antwort.

Dem Armen vmb sonst/ vnd vmb Gottes willen gutes thun/ Wie Salomon sagt Prouerb. 19.
Wer sich des Armen erbarmet / der leihets dem
HERRN/ der wirds ihm wieder vergelten/ Daher Christus sagt: Wer Armen auch nur ein
Trunck kalt Wassers gebe in seinem Namen / es
solle ihm reichlich vergolten werden/ Matth. 10.

B   Wo

Wo stehets geschrieben/da
vnd Gut müsse hie la
Antwort.

Job 27. Der Reiche / wann e
ers nicht mit raffen. Er wird se
thun/vnd da wird nichts sein. Es
aus seinen Henden entfliehen. i. V
ben nichts in die Welt gebracht/r
nichts hinaus bringen.

Wo werden die geitzigen R
Spinne verglichen :
wort.

Job 27. Wann der Reiche
bringt/wie Erden / vnd samlet Z
men/so wird ers wol bereiten/At
wird es anziehen/ vnd der Vnsch
Gelo außtheilen. Er bawet sei
Spinne/vnd wie ein Hüter ein S

Was ist besser als grosse
Antwort.

Ein guter Name vnnd ehrl
dann so sagt Syrach am 42.Cap.
einen guten Namen behaltest/der
dann tausend grösser Schätze Go

Wo wird auff grossen verl
Gewinn gesetzet? An

Matth. 19. da Christus sagt
sage euch/wer verlesset Heuser/o
Schwester/oder Vater/oder Mu

oder Kind / oder Ecker / vmb meines Namens
willen/ der wirds hundertfeltig nemen/ vnd das
ewige Leben ererben. Item Luc. 18. Warlich/
Ich sage euch / es ist nieman der ein Hauß ver-
lesset/oder Eltern/oder Brüder/oder Weib. oder
Kind / vmb des Reichs Gottes willen / der es
nicht vielfeltig wider entpfehet in dieser zeit/vnd
in der künfftigen Welt.

Welcher Schatz bringt alle Schätze mit sich? Antwort.

Der edele thewre Schatz/damit Gott der Vater vns verehret hat/Nemlich / Jesus Christus/
in dem/vnd mit dem gibt Gott allen Gläubigen/
alles/ was sie zu Leib vnd Seele hie zeitlich vnd
dort ewiglich bedürffen/wie Paulus sagt/Rom. 8.
Ist Gott für vns / Wer mag wider vns sein?
Welcher auch seines einigen Sohns nicht hat ver-
schonet/sondern jhn für vns alle dahin gegeben/
Wie solte er dann mit jm vns nicht alles schenck? **NB**

Wo hat ein Schalck einem frommen Man eine Gabe geben/die besser gewesen ist dann Himmel vnd Erden? Antwort.

Da der Gottlose falsche Richter Pontius Pi-
latus dem frommen Joseph den Leib des HErrn
Jesu Christi gab / das er den vom Creutze nemen
vnd begraben solte/darinne alle schätze der Weißheit vnd Erkentniß verborgen lagen/Ja darinne
die fülle der Gottheit leibhafftig wohnete / Johan. 19. Col. 2.

We-

Wer vermeldet die Vngewißheit der Schätze dieser Welt? Antwort.

Dauid im 39. Psalm/da er saget: Ach wie gar nichts sind alle Menschen/die doch so sicher woh=nen/gehen dahin/machen jhnen viel mühe verge=bener weise/samlen/vnd wissen doch nicht/wer es kriegen wird. Item Baruch am 3. Wo sind sie hin/die da Silber vnd Gold gesamlet haben/dar= auff die Menschen jhr vertrawen setzen/vnd kön= nen seiner nimmer satt werden/sie werben Geld/ vnd sind geflessen darauff/vnd ist doch alles ver= geblich. Sie sind vertilget vnnd in die Helle ge= fahren/ vnd sind andere an jhre stat gekommen.

XXXVI.

Von allerley Völckern/ Deutschen/ Jüden vnd Türcken.

Von weme kommen die Deutschen her? Antwort.

Von Ascenas/welcher gewesen ist ein Son Gomers/ein Enckel Japhets/des Sons Nohae/Gen.10. Vnd hat geregiert vber die Lande zwischen dem fluß Tanai/dem schwartzen See vnd Rheinstrom/ ist von seinem Volck von wegen seiner heiligkeit/vnd der vnter jhnen auffgerichten Gotteßdienste/genennet wor=

den

den *Tuiscon*, das ist/ Gottes Bote / welcher Name hernach auch auff seine Vnterthanen geerbet/
das man sie *Tuiscones* oder Deutsche genant hat.

Von wem kommen die Türcken her? Antwort.

Es schreibt *Nicephorus*/ das sie jhren Vrsprung haben von dem *Ismael* dem Sohn *Abra-*
hæ / den er mit seiner Magd der *Agar* gezeuget
hat. Daher sie auch anfenglich Ismaeliter vñ Aga-
rener sind genennet worden/ Welche Namen man
auch in der Bibel findet/ als Gene. 37. Psalm 82.
1. Paralip. 5. Hernach aber damit sie nicht als Vn-
ächte gehalten würden / haben sie jhren Namen
verendert vnd sich *Saracenos* genennet/ anzuzei-
gen/ das sie die rechten Erben weren des Segens
vnd Reichs der Welt/ so Gott dem Abraham verheissen hat. Daher sie auch die Beschneidung / so
Gott dem Abrahæ vnd seinem Samen befohlen/
behalten haben.

Wie viel ist der Kinder Israel gewesen/ da sie in Egypten zogen? Antwort.

Siebentzig. Denn so schreibt Moses / Genes.
46. Aller Seelen des Hauses Jacobs/ die mit jhm
in Egypten kamen/ waren siebentzig.

Wie viel ist der Kinder Israel gewesen/ da sie sind aus Egypten gezo- gen? Antwort.

Sechs mal hundert tausend Mann/ ohne Weiber vnd Kinder/ Exod. 12. Num. 16.

V iij

Wie viel ist jhrer geweſt/da ſie zum andern mal gezelet worden am Jordan? Antwort.

Sechs mal hundert tauſend/ein tauſend/ſieben hundert vnd dreiſſig / Wie ſolches zu leſen iſt im 4. Buch Moſis am 26 Cap.

Wie viel iſt jhr funden/da ſie in der Wüſten Sinai im andern Jahr deß außgangs ſind gezehlet worden? Antwort.

Sechs mal hundert tauſend/drey tauſend/fünff hundert vnd funfftzig Mannßbilde/ derer allein/ die von zwantzig Jahren vnnd drüber/ vnnd ins Heer zu ziehen tüchtig waren/ Num. 1. Vnd wurden auch die Leuiten nach jhrer Väter Stamm nicht mit gerechnet/ Num. 1.

In wie viel Stämme ſind ſie getheilt worden? Antwort.

In zwölff Stämme : Der erſte iſt der Stamm Ruben. Der ander der Stamm Simeon. Der dritte der Stamm Gad. Der vierdte der Stamm Juda. Der fünffte der Stamm Iſaſchar. Der ſechſte der Stamm Sebulon. Der ſiebende der Stamm Ephraim. Der achte der Stamm Manaſſe. Der neundte der Stamm Benjamin. Der zehende der Stamm Dan. Der eilffte der Stamm Aſſer. Der zwölffte der Stamm Naphthali.

Wie

Wie starck ist ein jeder Stamm an tüch-
tigem Kriegsvolcke gewesen?
Antwort.

Das zeigt Moses an/ Numeri am 1. vnd 26.
Nemlich:

Ruben		46500
Simeon		59300
Gad.		45650
Juda		74600
Isaschar		54400
Sebulon	hat ge-	57400 Mann zum
Ephraim	habt	40500 Kriege tüch-
Manasse		32200 tig.
Benjamin		35400
Dan		62700
Asser		41500
Naphthali		53400

Welches ist die lengste Mannsperson ge-
west vnter den Kindern Israel?
Antwort.

Saul der Sohn Kis/ der erste König vber
Israel/ der ist eines Kopffs lenger gewest / dann
alles Volck/ wie 1. Sam. 10. geschrieben stehet/ da
er vnter das Volck trat/ war er eines Heupts lenger dann alles Volck/ vnd Samuel sprach/ da sehet jhr/ welchen der HERR erwehlet hat. Dann
jhm ist keiner gleich in allem Volcke.

P iiij   Wie

Von allerley Völckern.

Wie viel der Israeliten sind aus der Babylonischen Gefengniß vnter Cores wider nach Jerusalem gezogen? Antwort.

Zwey vnd viertzig tausend/ drey hundert vnd sechtzig/wie Esrae 2.sieht: Der gantzen Gemeine/ wie ein Mañ/war zwey vnd viertzig tausend drey hundert vnd sechtzig.

Wie viel hatten sie Mägde vnd Knechte? Antwort.

Sieben tausend drey hundert sieben vnd dreissig. Hieuon Esra 2.

Wie starck sind die Jüden gewesen zu König Dauids zeiten? Antwort.

Als Dauid das gantze Volck / so vnter ihme war/ zehlen ließ neun Monden vnd sechtzig Tage lang / da befand man in Israel acht hundert mal tausend starcker Mann/die das Schwerdt außziehen/vnd wider die Feinde streiten kondten/ vnd in Juda fünff hundert mal tausend streitbare Männer/ 2. Sam. 24.

Von

XXXVII.

Von Schlossen / Schlüs-
seln vnd verschlossenen dingen /
Pforten vnd Thoren / Wegen
vnd Strassen.

Wer ist in eröffnung einer Kammer am
sehrsten erschrocken? Antw.

DJe Kammerdiener Holofernes / da sie
in eröffnung der Schlaffkammer jhren
Herrn todt funden / vnd sahen das jhm
Judith den Kopff hette abgehawen /
erschracken sie so sehr / vnd machten so ein jämmerlich Geschrey / daß das gantze Heer dauon verzagt
vnd flüchtig ward / Judith. am 14. 15.

Wer hat die verschlossene Thür am leich-
testen auffmachen können?
Antwort.

Simson / Dann da er in der Stadt Gasa ver-
schlossen war / vnd die Bürger auff jhn lawerten /
vnd jhn tödten wolten / stund er inn Mitternacht
auff / ergreiff bey de Thür an dem Stadtthor sampt
den beyden Pfosten / vnd hub sie aus mit den Riegeln / leget sie auff seine Schuldern / vnd trug sie
hinauff auff die Höhe des Berges für Hebron /
Judicum 16.

Wie viel Schlüssel hat Gott den Men-
schen vertrawet? Antwort.

V v   Zween.

Zween. Der erste ist der Bint
Gottlosen damit die Sünde zube[h]
mel zu/vnd die Helle auff zuschlie[ß]
ist der Löseschlüssel/den Gleubi[g]
Sünde zu erlassen/die Helle zu/ v[n]
auffzuschliessen. Matth. 18. Dir w[ill]
melreichs Schlüssel geben/ Was
binden wirst/ das sol auch im Hin[mel]
sein/ Was du auff Erden lösen w[irst]
Himmel loß sein. Item Johan. 2[0]
den heiligen Geist/ welchen ihr d[en]
gebt/den sind sie vergeben/Welch[en]
de behaltet/denen sind sind sie beha[lten]

Wie viel Schlüssel hat Gott
für behalten? Antw[ort]

Fünffe. Der erste ist Clauis pluu[iae]
Schlüssel. Dann Gott alleine ist/de[r]
auffschleust/das ist/Regen gibe vn[d]
vnnd wann es ihm gefellet/ 1. R[eg]
Deut. 28. Leuit. 26.

Der ander ist Clauis Sepul[turae]
Schlüssel zu den Gräbern. Dann G[ott]
es/der am Jüngsten Tag alle Gräb[er]
sen/ vnnd alle Verstorbene heraus
Ezech. 37. Ich wil ewere Gräber a[uff]
euch mein Volck heraus holen/Ich [will]
geben/Fleisch lassen wachsen/vnd in
ziehen/vnd wil euch Othem geben/
lebendig werdet/ Joh. 5. 6.

Der dritte ist Clauis sterilitatis,
der Vnfruchtbarkeit. Dann er allei[n]
Weiber Leibs verschleusset/ das si[e]

sein/vnd wider auffschleust/das sie fruchtbar werden. Gen. 29. Da der HERR sahe/ das Lea vnfruchtbar war/ machte Er sie fruchtbar/vnd Ra-
chel vnfruchtbar. Gen. 30. spricht Jacob zu Ra-
hel/ Bin ich doch nicht Gott/ der dir deines Leibes frucht nicht geben wil. Psalm 113. Wer ist
wie der HERR vnser Gott/ der die vnfruchtbare
im Hause wohnend machet / das sie eine frölige
Kindermutter wird.

Der vierdte ist *Clauis Cibationis*, der Speiß-
schlüssel/denn er allein ists/der alle Menschen vnd
Creaturen speiset vnnd erhelt / laut des Psalms:
Aller Augen warten auff dich HERR / das du
jhnen Speise gebest zu seiner zeit / Du thust deine
Hand auff /vnd settigest alles was lebet mit wol-
gefallen/ Psalm 145. 104.

Der fünffte ist *Clauis inferni & mortis*, der
Schlüssel der Hellen vnd des Todes/ Dann so sagt
Christus: Ich war todt/vnd sihe/ich bin lebendig
von ewigkeit zu ewigkeit/vnd habe die Schlüssel
zur Helle vnd zum Tode / Apoc. 1.

Wer hat mit zuschliessung der Thür sein Leben errettet? Ant-wort.

Ehud / der Richter Jsraels/ da er der Moabiter König Eglon heimlich erstochen hatte/ schloß
er die Thür feste zu/vnd gieng also sicher durch alle Diener / durch das Schloß vnd Stadt/das niemands gewar war/das er jhren Herren ertödtet
hatte/biß das er wider zu seinem Volcke kam/ sie
röstete/die Feinde vberfiel vnd schlug/jhrer zehen
tausend erlegte/ vnd sein Volck aus jhrer Dienstbarkeit

barkeit erlösete / darunter sie achtzehen Jahr ge
wesen waren / Judicum 3.

Wem werden die Schlüssel zur Schatz
kammer verheischen / da noch ein ander
Schatzmeister im Ampte war?
Antwort.

Eliakim dem Sohne HißKiae / dem verhei
schet Gott durch den Propheten Esaiam / das er
Schatzmeister werden solte / da der stolze Sebna
noch im Ampte war / vnd sich darinne gar zu sehr
vberhob / Zu deme left Gott sagen: Sihe ich wil
Dich von deinem Stande stossen / vnd wil Eliakim
deinen Rock anziehen / ihn mit deinem Gürtel gür
ten / vnd deine Gewalt in seine Hand geben / Jch
wil ihm die Schlüssel zum Hause Davids geben /
das er Vater sey derer / so zu Jerusalem wohnen /
das er auffthu / vnd niemands zuschliesse / Das er
zuschliesse / vnd niemands auffthue / Esai. 22. 36.
2. Reg. 18. Apocal. 3. wird es auff Christum ge
zogen.

Wo wird deß Schlüssels deß Abgrunds
gedacht? Antwort.

Im Buch der Offenbarung Johannis am 9.
vnnd 20. Cap. da er vom Vrsprung deß Aetzers
Zirch vnd Mahomets redet / wie im Texte zu se
hen ist.

Welches sind die engsten vnd doch ie
derman gemeineste Pforten?
Antwort.

Die

Die erſte iſt der enge außgang Mütterliches Leibs/ dadurch alle Menſchen nackend vnd bloß mit ſchmertzen vnnd weinen in dieſe Welt gehen vnd geboren werden/ Geneſ. 3. Job 1.

Die ander iſt die Pforte des Todes/ dadurch alle Menſchen aus dieſem Leben in jenes gehen/ welche ſo enge iſt/ das der Menſch bloß vnnd nakend hindurch muß/ vnnd nichts von zeitlichen Gütern mit ſich dardurch tragen kan/ 1. Sim. 6. Job am 1. vnd 27. Cap.

Durch welche Pforten gehen am meiſten Leute aus vnnd ein? Antwort.

Durch die Pforte Mütterliches Leibes/ dadurch gehen alle Menſchen/ die in dieſe Welt geboren werden/ Vnd durch die Pforte des Todes/ dadurch alle ſterbende inn jenes Leben wandern/ Sap. 6. Alle Menſchen haben einerley eingang in dieſes Leben/ vnd gleichen außgang.

Welches iſt die breiteſte vnd gebehneſte Straſſe? Antwort.

Die Straſſe/ die zur Hellen führet/ vnd ſtehet in ſicherheit vnd verzweifflung/ da die Menſchen ſich gar zu hoch vber Gott ſchwingen/ nach ſeinen Geboten nichts fragen/ für ſein Zorn ſich gar nit fürchten/ oder gar zu tieff vnter Gott fallen/ vnd ſich gar keiner Gnade zu jhm verſehen/ dauon ſagt Chriſtus/ Matth. 7. Die Pforte iſt weit/ vnd der Weg iſt breit/ der zur Verdamniß führet/ vnnd jhrer ſind viel/ ſo drauff wandeln.

Wel

Welches ist die rechte Him[m]
Antwort.

Gott fürchten / vnnd auff sein
hertzigkeit / in Christo verheissen /
147. Der HERR hat gefallen a[n]
fürchten / vnd auff seine Güte hoff
ist der Weg / denselben gehet / vnd
Rechten noch zur Lincken. Von d[er]
Christus / Matth. 7. Die Pforte [vnd]
Weg ist schmal / der zum Himmel
sind wenig / die jhn finden.

Wer hat eim andern den rec[hten]
wiesen / den er selber nich[t ge]
hen wollen? Antw[ort]

Die Schrifftgelerten zu Jerusa[lem]
Weisen aus Morgenland sagten / d[ie]
ein König zu Bethlehem suchen mü[ssen]
gefallen sie nicht für ein Thor gien[gen]
Er kam in sein Eigenthumb / abe[r]
men jhn nicht auff / Wie viel jhn ab[er]
denen gab er macht Gottes Kind[er]
die an seinen Namen gleubten.

Wo stehet ein glatter Weg [vnd ü]
bel? Antwort.

Im Propheten Jeremia 23. [Der]
Weg ein glatter Weg / im finster[n]
gleiten vnd fallen. Vnd Psalm 73.
auff ä schlipfferige / vnd stürtzest sie z[u]
nemen ein Ende mit schrecken.

Welchs ist der gefehrlichste Weg?
Antwort.

Der Weg der Gottlosen / der bringt sie aus
kurtzer Freude in ewiges Leid / wie Syrach sagt
am 21. Die Gottlosen gehn zwar auff eim feinen
Pflaster / Aber dessen ende ist der Hellen Abgrund /
Die Rotte der Gottlosen ist wie ein hauffen
Wercks / das mit Fewer verzehret wird.

Wo wird eines vermachten vnd ver-
zeunten Weges gedacht?
Antwort.

Jm Propheten Osea am 2. da Gott klaget /
wie sein Volck in Abgötterey / als Geistliche Bu-
lerey gerathen sey / vnd sagt: Jch wil jhren Weg
mit Dornen vermachen / vnnd eine Wand dafür
zieben / das sie jhren steig nicht mehr finden sollen /
sondern sagen: Jch wil widerumb zu meinem vorigen Manne / da mir besser war / als mir jetzt ist.

XXXVIII.
Von mancherley Leben/
Tode vnd Begräbnissen.

Wie vielerley art deß Lebens gedencket die
heilige Schrifft? Antwort.

8

Achterley. Die erste ist das verborgene vn̄
recht wunderbare Leben / der vngebornen
Kinderlein in Mutterleibe / die nichts sehen / hörē noch wissen / wies in dieser Welt
zuge-

zugehet/keine Menschliche Handreichung haben/
vnd alleine von Gott wunderlich erhalten wer-
den/ vnd an das Liecht gebracht/ dauon liß Job
am 10. Psal. 22. 139. Vnd diß ist ein Fürbilde des
Lebens der Christen im Wort/ wie der alte Verß
lautet: *Viuimus in verbo, velut Embryon clausus
in aluo.* Dauon besihe den ersten theil der Tisch-
reden fol. 564. in Oct. ein schönes Gleichniß.

Die ander das offenbare natürliche Leben/ so
nach dem falle gar kurtz vnd vergenglich ist/ voller Mühe vnd Arbeit/ Schmertz vnd Krancheit/
Angst vnnd Widerwertigkeit/ dauon Job am 7.
14. Syrach am 40. Dauid im 90. 103. 39. Augustinus sagt dauon: *Diu viuere est diu torqueri:*

Das ist:

Hie lange in der Welt leben/
Heist lange im Vnglück schweben.

Die dritte art ist des wunderbaren Lebens im
Schlaffe/ da der Mensch zwar lebet/ aber selber
nicht weiß/ wie er lebet: Dann er sihet/höret vnd
weiß nichts/ was in seim Hause geschiehet/vnnd
in der Nachbarschafft/biß er erwacht/wird allein
von Gott bewacht vnd erhalten/dauon Esaiae am
37. Cap. im 3. 4. 121. 124. Psalm.

Die vierdte art ist des Geistlichen Gnadenrei-
chen Lebens / da wir in der heiligen Tauffe durch
wirckung des heiligen Geistes new geboren sind/
Joh. 3. Tit. 3. Durch den Glauben Christo vnserm HERRN eingeleibet sind / für Gott in
Hulde vnd Gnade stehen/ vergebung der Sünden/
Gerechtigkeit vnd Heiligkeit haben./ Gal. 3. Johan. 1. Abac. 2. Gal. 2. 1. Cor. 1. 6.

Die

...des newen Lebens der Ge=
tseligkeit. / da die Gleubigen
...Glauben allerley gute Wer=
...s Gebot vnnd willen / zu set=
...n / vnd zu des Nehesten nutze=
n steht Matth. 5. 7. 12. Eph.
...alm 1. 15. 24. 34.

...des Gottlosen / sündlichen /
...da man Gottes seines Wors
...achtet / nach eigenem mut=
...ästen lebet / in allerley Sün=
...damit Gott erzürnet / andere
...rt / vnd straff vnd verderben
...zeubet / Joh. 3. Rom. 1. 2. 6.
...5. Syr. 11. 1. Joh. 2.

...st ein heuchlerisch Leben / oder
.../ da man zwar von aussen sich
...f stellet / Aber innwendig ein
...e hat / das voller Gottlösigkeit
...Luc. am 6. Matth. 23. Syr. 1.

...des künfftigen ewigwerenden
...igen bey Gott vnd seinen Eng
...ewigwerender Freude / Won=
...blae 2. Sap. 5. Esaiae 35. 51.

...gen aber beym Teuffel inn der
...sal vnd pein / furcht vnd zitten /
...ppern / dauon Matth. 3. 22. 25.
...am 30. 66. 2. Thess. 1.

...athfragung / ob er lenger
...e / am vbelsten bekom=
...en ? Antwort.

X   Dem

Dem Könige Ahasia / da er einen tödlichen
fall gethan hatte / vnd Boten sandte zu dem Ab=
gotte zu Ekron / Baalsebub genant / vnnd fragen
ließ / ob er auch lenger leben / vnd den fall verwin=
den würde / da ließ ihm Gott durch den Prophe=
ten Eliam sagen: Du solt von dem Siechbett
darauff du ligest / nicht wider auff kommen / son
dern des Todes sterben / darumb das du des Got=
tes in Israel vergessen hast / 2. Reg. 1.

Wenne leben die Verstorbene?
Antwort.

Gott dem Allmechtigen / dann so sagt Esaias
am 26. HERr deine Todte leben / vnd werden mit
ihren Leichnam auffer stehen. Wacher auff vnd
rühmet / die ihr liget vnter der Erden / dein Taw
ist wie ein Taw eines grünen Feldes.

Wo hat ein Todt den andern gefres=
sen? Antwort.

Da Christus der HErr des Lebens mit dem
tode rang / sich würgen ließ / vnd durch seinen todt
den Todt vberwandt / wie die Kirche Gottes sin=
get: Es war ein wunderlicher Krieg / da Tod vnd
Leben rüngen / das Leben behielt den sieg / es hat
den Todt verschlungen / die Schrifft hat verkün=
diget das wie ein Todt den andern fraß / ein spot
aus dem Todt ist worden / Osee 13. 1. Cor. 15.
2. Tim. 1.

Welche Königin ist deß schendlichsten to=
des gestorben? Antwort.

Jesa

Jesabel des Königes Ahabs Weib/die ward
aus geheiß des Königes Jehu zum Fenster heraus gestürzet/das sie sich zu tode fiel/dieweil sie
die grewliche Abgötterey verthedigte/vnnd die
rechten Propheten tödtete/Vnnd ward jhr Leib
von den Pferden also zertreten/vnd von den Hun-
den zerrissen vnd gefressen/das man vber eine Eles-
ne welle nichts von jr vbrig fand/dann den Schedel/die Füsse/vnd jhre flache Hende/2. Reg. 9.

Wer hat im tode Wunder gethan ? Antwort.

Elisa der Prophet. Dann als nach seinem tode ein ander todter Cörper in sein Grab geworffen ward/so bald derselbige todte Leib die Gebeine des Propheten anrührete/ward er wider
lebendig/vnd trat auff seine Füsse/2. Reg. 13.

Wo hat das todte das lebendige gesund gemacht? Antwort.

In der Wüsten/am Gebirge Hor/da die Is-
raeliten/so von fewrigen Schlangen biß auff den
todt gebissen vnd vergifft waren/beym Leben er-
halten/vnd wider gesund worden/wenn sie ansa-
hen die todte ehrne Schlange/so Moses an einen
pfal aus Gottes befehl auffgehengt hatte/Num.
21. Cap 16.

Dieses ist ein schön tröstliches Fürbilde der
krafft vnd des nutzes des Leidens vnd todes Jesu
Christi am stamm des Creutzes geschehen/das da
durch fürm ewigen tode vnd verderben bewaret/
vnnd zum ewigen Leben vnd Seligkeit erhalten
werden alle/die jhn im Glauben ansehen/vnd für

ihren

jhren Heyland erkennen/wie dann Christus selber
erkleret/Joh. 3. Gleich wie Moses in der Wüsten
eine Schlange erhöhet hat/Also muste deß Menschen Sohn erhöhet werden/auff das alle/die an
jhn gleuben/nicht verloren werden/sondern das
ewige Leben haben.

Wo hat ein Todter dem andern gehol-
fen? Antwort.

Als die todten Gebeine Elisae wider lebendig
machten den todten Leichnam/der in sein Grab
geworffen ward/2. Reg. 13. Da Elisa gestorben
war/vnd man jn begrabē hatte/stelen die Kriegßleute der Moabiter ins Land desselbigen Jahrs.
Vnd es begab sich/das sie einen Mann begruben/
Da sie aber die Kriegßleute sahen/worffen sie den
Mann in Elisae Grab/vnd da er hinein kam/vnd
die Gebeine Elisae anrührete/ward er lebendig/
vnd trat auff seine Füsse.

Wie vielerley Töd gedenckt die Schrifft?
Antwort.

Viererley/Den ersten nennet sie Mortem spiri-
tualem, den Geistlichen Todt der Seelen/darein
Adam also balde durch die Sünde gefallen ist/
welchen er auch auff alle seine Nachkommen ge-
erbet hat/das nun alle Menschen/wie sie in diese
Welt geboren werden/mangeln des Göttlichen
Bildes/der angeschaffenen Gerechtigkeit/Heilig-
keit/Weißheit/Vnsterbligkeit vnd der Beywoh-
nung vnnd Regierung des heiligen Geistes/sind
Geistlich für Gott todt/vñ zu allem guten erstor-
ben/also/das sie nichts anders thun vnd wircken
kön

zu wider / dem Teuffel
verderblich vnd verdam=
sen. 6. Das tichten vnnd
hertzens ist böse von Iu=
Ephes. 2. Wir sind todt
Esaias diese Welt nennet
cap. 26. Vnd Christus/
t die Todte jhre Todten

net sie Mortem peccati,
welcher sich ansehet in der
gleubigen vergebung al=
men / vnnd zugleich den
l / durch welchen sie die
n dempffen vnnd tödten/
res verderbten Fleisches
n also an das Ebenbilde
men/ vnd Gott in Heilig=
t jhr lebenlang zu dienen.
nden redet nach der lenge
zen wir in Sünden leben/
d/etc.

rennet sie Mortem corpo=
d zeitlichen todt/dadurch
nder geschieden / vnd der
lt vnd jhren Gütern geriss
der Sünden willen allen
/den frommen so wol/als
cap. 14. sagt: Alles Fleisch
eib. Dann das ist der alte
Gen. 3. Syr. 40.
et sie Mortem æternam.
ssen allein die Gott vnnd

X iij   Glaub=

Glaublosen Menschen sterben / ʒ
Gottes Angesicht vnd seinem Fr
aller Himlischen Seligkeit vnd ʒ
abgeschieden sein / vnd bleiben / vʒ
Seele in der Hellen ligen vnnd le
furcht vnd schrecken / in vnendlid
vnd qual: Dauon sagt der 49 Psal
der Helle / wie Schaffe / der Todt
Helle müssen sie bleiben. Vnd Apʒ
zagten / Vngleubigen / Grewlischeʒ
Hurer / Zeuberer / Abgöttischer / vʒ
theil wird sein in dem Pfule / der
Schwefel brennet / Vnd diß ist der

Welches ist die bewerteste K
Todt? Antworʒ

Christi Wort halten / das ist / ʒ
deß Euangelij / welches ein Wort
inn warem Glauben annemen / sid
darauff frölich leben vnd sterben.
sind vom ewigen Tode gefreyet / de
liche Todt ein süsser Schlaff / Ja
aus diesem betrübten inn das selig
Christus sagt / Johan: 8. Warlich
so jemand mein Wort wird halten
Todt nicht schmecken ewiglich.

Wenn ist der Todt am li
Antwort.

Denen / die hie Vnglück vnd Wi
haben / Tobiae 3. AH HERR erzʒ
de / vnd nim meinen Geist weg mit
ich wil viel lieber todt sein / dann ʒ

wol thustu dem dürfftigen/
t ist/ der in sorgen steckt/vnd
en vnd zu gewarten hat.

r Todt am schwersten
Antwort.

n Glücke gelebt haben/ Sy/
e bitter bistu/ wer an dich
)/ der gute tage vnnd genug
lebet/ vnd dem es wolgehet
noch wol essen mag.

en Todt ist am schreck/
1. Antwort.

dann aus dem zeitlichen Tode
ien. Psalm 33. Mors pecca/
sott losen Todt ist schrecklich.
ieinen ein ende mit schrecken.

schen Todt ist am be/
Antwort.

. Dann sie gehen durch den
Thür ins ewige Leben. Psal.
er Heiligen ist werth gehal/
J.

n sind auff Erden zwey/
ben? Antwort.

n den Propheten/ von Chri/
vom Tode erwecket worden
ch gelebt haben/ vnd hernach
tn mal gestorben sind/auffge/

Z iij   vom

nommen die Heiligen/ so Christus
erstehung erwecket / vnnd in sein
mit gen Himmel genommen hat/

Welcher ist in der Welt am
gestorben? Antwor

Abel/ der von seim Bruder Ca
vnd seines Lebens beraubet ward/

Wo stehets/ daß Gott den T
macht habe? Antwo

Jm Buch der Weißheit am 1.
so nach dem Tode mit ewerm irrthu
nicht so nach dem verderben durch
Werck/ Dann Gott hat den Todt
vnd hat nicht lust am verderben de

Wann ist die grösseste Pestil
sen? Antwort.

Zur zeit Dauids des Königes
Tagen im Königreich Jsrael siebe
Mann sturben / 1. Chronicorum 2

Wer ist zum langsamsten zur
stetiget? Antwort.

Joseph/ welcher/ als er sterben
seine Brüder/ vnd nam einen Eyd v
sie jhn in Egypten nicht begraben so
jhn mit sich führen in das gelobte L
als er starbe/ salbeten sie seinen Leit
jhn in eine Lade/ vnd bewareten den/
durch Mosen aus Egypten führete/ vn

e Land brachte/da begruben ſie als
eine Joſephs zu Sichem/vngefehr
hs vnd achtzigſten Jahr nach ſeinem
, Joſuae 24.

as herrlichſte Grab machen
laſſen? Antwort.

/der Hoheprieſter zu Jeruſalem/der
n ein hohes Grab von gehawenen
en/ ſeinem Vater vnd ſeinen Brü
n Seulen darauff ſetzen/groſſ Pfeil
wen/daran er jhren Harniſch hieng
Gedechtniß/ vnd vber den Harniſch
ene Schiff ſetzen/ die man auff dem
ondte/ 1. Maccab. 13.

den Gräbern der Menſchen
lerlieblichſten Namen?
Antwort.

phet Eſaias/ der nennet ſie Schlaff
mern/darinnen die Leibe der Chri
tgen/darinne ſie für allem Tumult
Vnglück ſicher ſind/ ſanfft ſchlaffen

uten ſeine Wort hievon?
Antwort.

Gehe hin mein Volck in deine Kam
euß die Thür hinder dir zu/ verbirg
ine Augenblick/biß der zorn fürüber
6. Cap. Die Gerechten werden weg
om Vnglück/ vnd die richtig für ſich
X v gewan

gewendelt haben / kommen zum
in jhren Kammern.

Welcher Patriarch hat d
Begraeniß gehabt
wort?

Der Patriarch Jacob / der wa
nach ſeinem tode geſalbet mit der
Specerey / ſiebentzig Tage von d
weinet / darnach von ſeinem Sol
ellen Knechten Pharaonis / von
nes Hofes / vnnd von den Elteſt
Egyptenlandes mit ein groſſen
vnd Roſſen beleitet in das Land
mit groſſer Klage vnd Gepreng
vnd ſeiner Väter Begrebniß. Ge

Wo hat man den herlichſt
gehalten bey den Begr
ſen? Antwort.

Im Lande Egypten / da hat m
bene nicht ſo bald in die Erde geſc
vns / ſondern ſie zuvor viertzig Tag
den aller köſtlichſten Specereyen d
be für ſtanck vnd ſchneller Verweſ
ret worden / Geneſ. 50. Daher Lu
rber das 50. Cap. Geneſis / das / v
Auguſtus inu Egypten kommen /
gezeiget die Leibe der Könige Aler
vnd Ptolomei / die vor gar langer
worden waren / vnd pennoch an Geſ
Fleiſche / vnd allen Gliedern noch

so sagt er/ sol man auch inn krafft solcher
ey zu Rom noch vnuersehret haben inn et=
y stall den Leib des Keysers Titi. Von den
ten ist solcher brauch die Leibe zu balsa=
vnd salben auch auff die Jüden kommen/
am 16.

r wird den vbertünchten Gräbern
verglichen? Antwort.

te Heuchler/ die von aussen sich fromb stel=
nwendig arg vnd böse sind/ wie Christus
satth. 23. Wehe euch ihr Schrifftgelerten/
schler/ die ihr gleich seid den vbertünchten
n/ welche außwendig hübsch scheinen/ inn=
z voller vnflats vnd todten Gebeine sind/
heinet ihr fromb für den Menschen/ inn=
seid ihr voll Vntugend vnd Heucheley.

r ist vnter Steinhauffen begraben
worden? Antwort.

r König zu Ai. Dann so stehet im Buch
am 8. Da aber die Sonne war vntergan=
bot er/ das man seinen Leichnam vom Baw
/ vnd worffen ihn vnter der Stadt Thor/
achten ein grossen Steinhauffen auff ihn/
auff diesen tag da ist. Item Absolon/ 2.
s. Vnd sie namen Absolon/ vnnd wurffen
en Wald/ in eine grosse Gruben/ vnd leg=
n sehr grossen hauffen Stein auff ihn.

o wird der Pforte deß Todes ge=
dacht? Antwort.

107. Psalm. *Appropinquauerunt vsq; ad
morti.*

Wo

Wo wird der auffhebung deß Todes gedacht? Antwort.

Im Buch der Offenbarung Johannis am 21.
Gott wird bey jhnen wohnen/ Er wird jhr Gott
ſein/ ſie werden ſein Volck ſein/ Er wird abwi-
ſchen alle Threnen von jhren Augen/ der Todt
wird nicht mehr ſein/ noch Leid/ noch Geſchrey/
noch Schmertzen wird mehr ſein.

Wer rühmet ſich/ als hette er einen Bund
mit dem Tode gemacht?
Antwort.

Die Spötter vnd rohe Epicurer/ wie Eſaias
klaget am 28. Höret des HERRN Wort jhr
Spötter/ die jhr ſprecht: O wir haben mit dem
Tode einen Bund/ vnd mit der Hellen einen An-
ſtand/ Wann eine Flut daher gehet/ wird ſie vns
nicht treffen.

Weme wird gedrewet eines Eſels Be-
gräbniß? Antwort.

Jolakim/ dem Könige Juda/ von welchm
Jeremias ſagt am 22. cap. Er ſol wie ein Eſel begraben werden/ zerſchleifft/ vnd hinaus geworffen für die Thor Jeruſalem/ man wird jhn
nicht beklagen/ Ach Herre/ Ach
Edeler.

Von

XI X.

rachen vnnd
Zungen.

en Welt so mancher
vesen/ wie jetzund
ntwort.

ses schreibet im anfang
ses ersten Buchs/ das die
et Sündenflut vnd her
serdehalb hundert Jahr
habt.

Sprache inn so man=
vertheilet worden e
wort.

chkommen Noah woh=
vnd die Stadt Babel zu
Churm sie so hoch mache
e an den Himmel reichen
eder/ vnd vermirrete die
andern vernemé Londte/
rnemen ablassen musten/
ewet worden/ Gen. 11.

Sprache eine Sün=
wesen e Ant=
rt.

Nachkommen Noahs eli
n so hoch/ das seine Spi=

biß an den Himmel reichen solte/da straffete Gott
ihren fürwitz vnd stoltz also/das er ihre Sprache/
die vor einerley gewest/also verwirrete/das keis
ner den andern verstehen kondte/Genes. 11.

Wo ist denn die newe Sprache ein son=
derliches Gnadenwerck vnd Gabe
Gottes gewest? Antwort.

Zu Jerusalem/als der heilige Geist im Winds
brausten vnd Fewerflammen auff die Apostel kam/
vnd in jnen wirckete die wissenschafft aller Spra=
chen/ die sie vor nie gelernet noch gekund hatten/
das sie augenblicklich anfiengen in allerley Spra=
chen vnnd Zungen die grossen Thaten Gottes zu
verkündigen/Act. 2. Psalm 87.

Wo wird diß Wunderwerck verhei=
schen? Antwort.

Matei 16. da Christus sagt: Die Zeichen/so
folgen werden denen/so da gleuben/sind diese/sie
werden mit newen Zungen reden. Item im 81
Psalm: Der HERR wird predigen lassen in al=
lerley Sprachen/das der etliche auch daselbst ge=
boren werden. Herrliche dinge werden in dir ge=
predigt du Stadt Gottes.

Welcher Leute Zunge wird den Schwer=
tern verglichen? Antwort.

Der Heuchler vnd Lesterer/ von denen David
sagt im 55. Psalm: Ihre Wort sind gelinder als
Oel/vnd sind doch blosse Schwerdter/ihr Mund
ist glatter als Butter/ vnd haben doch Krieg im

Sin=

Same. Item im 64. Psalm: Sie scherffen ihre
Zunge wie ein Schwerdt/zielen mit ihren gifftigen
gen Worten/wie mit Pfeilen.

Wer klagt vber seine schwere Zunge vnd Sprach? Antwort.

Moses/da er/Exod. 4. saget: Ach HERR ich
bin je vnd je nicht wol beredt gewesen/Ich habe eine schwere Sprache vnd Zunge.

Wer rühmet seine gelehrte Zunge? Antwort.

Esaias/da er am 50. Cap. sagt: Der HERR
hat mir eine gelerte Zunge gegeben/das ich weiß
zu reden mit den Müden zu rechter zeit.

Wer nennt seine Zunge einen Griffel? Antwort.

David/im 45. Psalm: Meine Zunge ist wie
ein Griffel eines guten Schreibers/Mein Hertz
tichtet ein feines Lied.

Weme wird gedrewet/daß sie Gott strafen wolle mit frembden Völckern vnbekandter Sprache? Antwort.

Den Jüden/zu denen Gott saget durch Jere
miam am 5. Cap. Ich wil ein Volck von fernen
Landen vber dich bringen/ein mächtig vnd groß
sam Volck/wessen Sprach du nicht verstehest oder
vernemen kanst/Die werden dich vnd deine Kind

vü

Vom Glauben
der mit dem Schwerdte verderben/ vnd alle deine Güter rauben.

XL.

Vom Glauben vnd Vn-
glauben/ vnnd vom
Zweiffel.

Was heist gleuben? Antwort.

Gleuben heist der Artickel Christlicher
Lehr/ Erkentniß vnd wissenschafft ha-
ben/ vnd durch Christum die gewisse zuuersicht vnnd hertzliches vertrawen zu
Gott dem Vater tragen/ das er vns vmb seines
Sohns willen werde zu Gnaden zu seinen Kindern vnd Erben der seligkeit annemen/ laut seiner
zusage. Joh. 3. Wer an den Sohn gleubet/ der hat
das ewige Leben. Joh. 1. Gott hat macht gegeben seine Kinder zu werden/ allen die an den Namen seines Sohns gleuben.

Wes Werck ist der Glaube? Ant-
wort.

Nicht vnsers freyen willens / eigener Ver-
nunfft oder Fleisches vnd Blutes/ sondern Gottes
Werck/ das er durchs Wort vnd heiligen Geist
in vnserm Hertzen anrichtet vnd vollendet/ Joh. 6.
Das ist Gottes Werck/ das jhr gleubet. Coloß. 2.
Gott wircket den Glauben.

Wo

Wo wird der Glaub vnsere Hand genen-
net/ die wir gegen Gott außstrecken/ vnd damit
Christum sampt allen Himlischen Schätzen
ergreiffen/ vnd vns zu eigen machen? Antwort.

Im Propheten Esaia am 44. Dieser wird sa-
gen/ Ich bin des HErrn/ vnd dieser wird mit seiner Hand sich dem HERRN zuschreiben.

Wo wird dem Glauben am meisten zuge-
schrieben. Antwort.

Marci 9. Alle ding sind müglich dem/ der da
gleubet. Vnd Matth. 21. Warlich ich sage euch/
so jhr Glauben habt/ vnd nicht zweiffelt/ so werdet jhr solches nicht allein mit dem Feigenbaum
thun/ sondern so jhr werdet sagen zu diesem Ber-
ge/ Hebe dich auff/ vnnd wirff dich ins Meer/ so
wirds geschehen/ Vnd alles was jhr bittet im Ge-
bet/ so jhr gleubet/ so werdet jhrs empfahen.

Welcher Personen Glaube wird am höch-
sten gerühmet? Antwort.

Erstlich des Abrahams/ Genes. 15. Rom. 4.
Zum andern des Jacobs/ dem der Sohn Gottes
den Ruhm gibt/ das er jhn durch den Glauben
vberwunden habe/ Genes. 32. Zum dritten des
Heuptmans zu Capernaum/ Matth. 8. von dem
Christus sagt/ Warlich/ solchen Glauben hab ich
in Israel noch nicht gefunden. Zum vierdten des
Cananeischen Weiblins/ zu der Christus sagt: O
Weib dein Glaub ist groß/ dir geschehe wie du
wilt/ Matth. 15.

L   Wie

Wer ist am tieffesten im Vnglauben ge-
stecket? Antwort.

Der Apostel Thomas / dem der Teuffel den
Glauben an die Aufferstehung Christi so gar
aus dem Hertz'n geriſſen / das er nicht kondte noch
wolte glauben / daß er aufferstanden were / was
jhm die Apostel gleich von seiner erscheinung sa-
geten / es were dann / das er jhn selber sehe. Ja
nicht allein sehe / sondern auch seine Finger vnnd
Hendé legte in die Wunden vñ Negelmal / Joh. 20.
Item der Ritter deß Königs Israel zu Sam ria /
der d.r verheiſſung Gottes vom vberfluß Korns /
Mehls vnd Gersten nicht gleuben wolte / sondern
sprach / vnd wenn Gott Fenster am Himmel machte / vnd lieſſ Mehl vnd Korn herunter regenen /
were es doch vnmüglich / 2. Reg. 7.

Wem ist der Zweiffel am vbelsten bekom-
men? Antwort.

Mosi vnd Aaron / da sie aus zweiffil den Felsen zweymal schlugen / der Waſſer auff Gottes
verheiſſung geben solte / sagte Gott zu jhnen / das
sie jn damit geunehret hetten für dem Volck. Darumb sie beyde nit solten kommen in das verheiſ-
sene gelobte Land / sondern in der Wüsten sterben / Numeri 20.

Wem ist sein Vnglaube an Gottes All-
macht am vbelsten bekommen?
Antwort.

Dem Ritter deß Königes zu Samaria / der
nicht glauben wolte / das Gott jnnerhalb tags vnd
nachts

nachts die grosse thewrung/ so in der Stadt war/
abwenden könte. Darumb er zwar sahe/ das es
Gott im Werck erfüllete. Aber er war nit werth
dessen zu geniessen sondern ward im Thor ertrucket/ vnd zu tode getreten/ 2. Reg. 7.

Wo hat der Vnglaub die Vbung der Wunderwerck auffgehalten? Antwort.

Zu Nazareth/ als daselbst Christus hin kam/
sich mit Lehren vnd Wunderwercken zu offenbaren/ kondte er nicht ein einiges Wunderwerck
eben vmb ihres grossen Vnglaubens willen/
Matth. 13. Marc 6. Luc. 4.

Wo wird den Vngleubigen die ergeste Herberge gedrewet? Antw.

In der Offenbarung Johannis am 21. Der
Vngleubigen theil wird sein in dem Pful/ der mit
Schwefel vnd Fewer brennet.

Wo schilt Christus seine Jünger am hertesten ihres Vnglaubens halben? Antwort.

Matthei am 17. da er sagt /O du vngleubige
vnd verkerte Art/ wie lange sol ich bey euch sein/
wie lang sol ich euch dulden? Vmb ewres Vnglaubens willen köndtet ir den bösen Geist nicht
austreiben. Marci 6 Er schalt ihren Vnglauben vnnd ihres Hertzen Hertigkeit/ das sie nicht
gegleubet hatten denen/ so ihn gesehen hatten von
den Todten aufferstehen.

A ij   Von

XLI.

Von etlichen Patriarchen vnd heiligen Leuten.

Welchs ist der höchste geehrte Mensch? Antwort.

Adam / der Stammbaum ist des gantzen Menschlichen Geschlechts / Syr. am 49. Adam ist geehrt ober alles / was da lebet / darumb das er der erste von Gott erschaffen ist.

Wer ist Noahs (der allein mit seim Weibe vnd seinen Söhnen sampt derer Weibern zur zeit der Sündflut erhalten wurde) Vater gewesen? Antw.

Lamech / der hat Noah gezeuget / da er hundert zwey vnd achtzig Jahr alt war / Gen. 5.

Wie lange ist Noah im Kasten gewesen? Antwort.

Ein gantzes Jahr vnd zehen Tage. Dann am 17. tage des andern Monden / das ist / den 17. May ist er hinnin gangen / seines Alters im sechs hunderten Jahr / vnd am 27. tage des Meyen / seines alters im sechs hunderten vnd ein Jahr ist er auff Gottes Befehl wider heraus gangen / Gen. 7. 8.

Wie lang / weit vnd hoch ist der Kasten
gewest / darinne Noah zur zeit der Sündflut erhalten ward? Ant-
wort.

Drey hundert Ellen lang / funfftzig Ellen weit /
vnd dreissig Ellen hoch.

Welches Viehes ist im Kasten Noha, am meisten gewesen? Ant-
wort.

Des reinen vnd vnuergifften. Dann so sagt
Gott zu Noah / Gen. 7. Aus allerley reinem Viehe nim zu dir / ja sieben vnd sieben / das Männlein
vnd sein Fräwlein. Von dem vnreinen Vieh aber
je ein par / das Männlein vnd sein Fräwlein. Desse
selben gleichen von den Vogeln vnter dem Himmel / ja sieben vnd sieben / das Männlein vnnd sein
Fräwlein.

Wann vnd wo hat sich der Kasten Nohe widerumb nieder gelassen? Antwort.

Am 17. Tage Octobris / auff dem Gebirge
Ararath.

Wer ist Abrahams Vater gewesen? Antwort.

Tharah / Nahors Sohn / der hat Abraham gezeuget / da er siebentzig Jahr alt war / Gen. 11.

D iij　　　Wel

Welches ist der gröste Großvater ge-
wesen? Antwort.

Abraham / dem verheisset Gott / das er sol ein
Vater vieler Völcker werden / vnd das sein Same
so vnzehlich sein sol / wie der Staub auff Erden /
vnd die Sterne am Himmel / Gen. 1 2. 1 5. 1 7. Darumb endert jhm Gott auch seinen Namen / das er
nicht mehr Abram heissen sol / das ist hoher Vater / sondern Abraham, das ist vieler Völcker Vater / Syrach 44. Abraham der hoch berühmbte
Vater vieler Völcker hat seines gleicher nicht in
der Ehre.

Wie viel hat Abraham Knechte ge-
habt? Antwort.

Drey hundert vnd achtzehen. Denn so schreibet
Moses / Gen 1 4. Abraham wapnete seiner Knechte drey hundert vnnd achtzehen / in seinem Hause
geboren vnd jagte den vier Königen nach / vnnd
schlug sie mit jhrem Heer / vnd eroberte alles / was
sie zu Sodom genommen hatten / auch Loth seinen Bruder mit seiner Habe.

Wer ist Gott vnter allen Menschen Kin-
dern am gehorsamsten gewe-
sen? Antwort.

Abraham / der war auff Gottes Befehl nicht
allein bereit vnd willig aus seiner Heimat vnnd
von seiner Freundschafft in die frembde vnd ins
elende zu ziehen / sondern auch seinen eigenen Son
Isaac zu schlachten / vnd Gott nach seinem befehl
zu opffern / wie jm der Engel vom Himmel herab
zeug-

zeugniß gibt / sagende : Nu weiß ich / das du Gott
fürchtest / vnnd hast deines eigenen Sohns nicht
verschonet vmb meinet willen / Genes. 12. 22.

Wann vnd wo ist Abrahams Weib gestorben vnd begraben ? Antwort.

Sie ist gestorben im hundert sieben vnd zwantzigsten Jahr jhres Alters / in der Heupstatt Hebron / im Lande Canaan / vnd daselbst auch begraben / in der zwiefachen Höle / die Abraham Hebron
dem Hethiter zum Erbbegrebniß abkauffete vmb
hundert Gůlden / Genes. 23.

Wenn ist Abraham gestorben ? Antwort.

Im hundert fünff vnd siebentzigsten Jahr seines Alters / im 2123. Jahr nach anfang der Welt /
1837. Jahr für Christi Geburt.

Wer hat das strengeste Leben geführet ? Antwort.

Johannes der Teuffer / der sich in der Wůsten
gehalten / allerley niedlicher speiß vnd tranck sich
enthalten / wie Matth. 11. gesagt wird Johannes
aß vnd tranck nichts.   Vnd Matth. 3. Johannes
hatte ein Kleid von Cameelharen / vnd einen Ledern Gürtel vmb seine Lenden / seine Speise war
Hewschrecken vnd wild Honig. Doctor Lutherus
in der Hauspostill am tage Johannis fol. 131. im
Octa. schreibet : Johannes habe dem eusserlichen
ansehen nach ein heiliger Leben geführt als Chri-

X iij   stus /

ſtus/welcher bey den Leuten blieben/auff Betten
gelegen/Wein getruncken/Fleiſch gegeſſen/Wül-
len vnd Leinen getragen. Aber Johannes habe in
der Wüſten gelebet / Waſſer getruncken / wild
Honig vnd Hewſchrecken-geſſen/ eine Cameelß-
haut angetragen.

Welcher Patriarch iſt lebendig gen Him-
mel genommen? Antwort.

Enoch/weil er ein Göttlich leben führte/nam
ihn Gott lebendig mit Leib vnd Seele gen Him-
mel/ Gen. 5. Syrach 44. 49.

Welcher Heilige iſt Gott am danckbarſten
geweſen? Antwort.

David/von dem Syrach am 47. Cap. ſchreibt:
Für ein jegliches Werck danckete er dem heiligen
vnd höchſten Gott mit einem ſchönen Liede/ Er
ſang von gantzem Hertzen/ vnd liebete vnd lobete
den/der ihn gemacht hatte/ Er ſtiffte Sänger bey
dem Altare/vnd ließ ſie ſeine ſüſſe Lieder ſingen.

XLII.

Von den Märterern.

Welches iſt der erſte Märterer geweſt
deß Alten Teſtaments?

Bel / der vder der rechten Religion von
ſeinem eigenen Bruder Cain erwürget
ward/Geneſ. 4. Von dem ſchreibt Augu-
ſtinus/

ſtinus/lib. 15. de ciuitate Dei: Der fromme Abel
der erſte Märterer iſt ein Figur vnd Fürbilde ge=
weſen der allgemeinen heiligen Chriſtlichen Kir=
chen/die auff Erden gleichſam verlaſſen/ vnd im
elende vmbgehet / das nemlich dieſelbe zu jeder
zeit von den Gottloſen vnnd Weltkindern/ derer
Hertzen/ Mut vnd Sinne allein ans zeitliche ge=
richtet iſt / Auch werden vielfeltige vnd ſchwere
verfolgung leiden vnd dulden müſſen.

Welches ſind die erſten Märterer geweſt des Newen Teſtaments? Antwort.

Die vnſchuldigen Kinderlein zu Bethlehem/
die Herodes vmb Chriſti willen würgen ließ/
Matth. am 2.

Welches Weib iſt in der Marter am freu= digſten geweſt? Antwort.

Die Mutter der ſieben Märterer/die ihre Söh=
ne alle ſieben ſahe auff einen Tag mit grewlicher
Marter hinrichten/ſie freudig ermante zur beſten=
digkeit/ vnd ſie vertröſtete mit der ewigen Him=
liſchen Freude/ſo auff ihr kurtzes leid folgen wür=
de: Endlich auch ſelber willig vnd gedültig den
Todt erleidet / mit jedermans verwunderung/
2. Maccab: 7.

Welches iſt der erſte Märterer geweſt nach der Himmelfart Chriſti? Antwort.

Sanct Stephanus/den die Jüden vmb ſeines
beſtendigen Bekentniß willen von Chriſto/ ſtei=

R v   nigten/

nigten/gegen dem sich der Himmel
von dem sich der HErr Jesus zur
tes stehend sehen ließ) zu bestätige
thane verheissung/Matth. 5. Selig
Gerechtigkeit willen verfolget wer
Himmelreich ist ihr.

Welcher unter den Aposteln
sten gelitten? Antwo

Sanct Jacob der grössere / der (
vnd Salomes / der Bruder Johan
stae/den Herodes hat lessen enthei

Welche Märterer sind im Fer
lich erhalten? Antwo

Sadrach/Mesach vnd Abednes
cadNezar der König zu Babel in ei
den Ofen werffen ließ / darumb/ da
dene Bilde nicht wolten anbeten. 2
hielt sie also/ das ihn kein Schade wi
fewer/ vnd man kinen Brandt an
sondte/Daniel am 3. Cap.

Welches sind die frewdigste
gewesen? Antwort.

Die sieben Brüder/ so vom Ante
tert wurden/wegen der steiffen haltu
Gesetze Gottes / die recketen frölich
heraus/ vnd liessen sie ihnen abeschn
Nasen vnd Ohren/streckten Hende v
lich aus/vnd liessen sie ihnen abehau
Gen: Diese Gliedmaß wird vns Go

ben / vnd vns zum ewigen langen Leben
volkommen auffer weckt ... / 2. ...

Wer ist in sein hohen Alter gestorben
worden? Isaac.

Eleasar der Schriftgelehrte / der im
neuntzigsten Jahr seines Alters gestorben / vnd
schmertzlich getödtet ...
... fleisch essen woder wider den Glauben Gott ...

XLIII

Vom Vatter / Bruder
Hasser und Brüder

Wer hat die erste Statt erbawet?
Cain.

Cain / Gen. 4. Cain ist ein ...
... ward schwanger / vnd gebar Henoch / vnd
er bawet ein Statt / die ...
... seines Sohns Namen Henoch / ... die
erste Statt / so auff Erden erbawet worden ...

Wenn ist der bruder ... schlechte
kömpt? Cain.

... Herr von Bethel / ...
... cho wider ... ...
... sten Sohn von dem ganzen ... ...
jüngsten Sohn / ... ...
... Josua / 1. Reg. ... Josua.

nigten/gegen dem sich der Himmel auffthat/vnd
von dem sich der HErr Jesus zur Rechten Gottes
stehend sehen ließ/ zu bestettigen seine vorgethane verheissung/Matth 5. Selig sind/die vmb
Gerechtigkeit willen verfolget werden/denn das
Himmelreich ist jhr.

Welcher vnter den Aposteln hat am ersten gelitten? Antwort.

Sanct Jacob der grössere/ der Sohn Zebedei
vnd Salomes/ der Bruder Johannis Euangelistae/den Herodes hat lessen entheupten/ Act. 12.

Welche Märterer sind im Fewr wunderlich erhalten? Antwort.

Sadrach/ Mesach vnd Abednego/die Nebucad Nezar der König zu Babel in einen brennenden Ofen werffen ließ/ darumb/ das sie das güldene Bilde nicht wolten anbeten. Aber Gott erhielt sie also/ das jhn kein schade widerfuhr vom
Fewer/ vnd man keinen Brandt an jhnen riechen
kondte/Daniel am 3. Cap.

Welches sind die frewdigste Märterer gewesen? Antwort.

Die sieben Brüder/ so vom Antiocho gemartert wurden/wegen der steiffen haltung vber dem
Gesetze Gottes/ die recketen frölich jhre Zungen
heraus/ vnd liessen sie jhnen abeschneiden/ neben
Nasen vnd Ohren/streckten Hende vnd Füsse frölich aus/vnd liessen sie jhnen abehawen/vnd sprachen: Diese Gliedmaß wird vns Gott wider geben/

ben / vnnd vns zum ewigen seligen Leben wider
vollkommen auff erwecken / 2 Maccab. 7.

Wer ist in seim hohen Alter gemartert worden? Antwort.

Eleasar der Schrifftgelerte / der ward im
neunzigsten Jahr seines Alters gemartert / vnd
schmerzlich getödtet, darumb das er kein Schweins-
fleisch essen wolte wider das Gesetze / 2. Mac 6.

XLIII.

Vom Bawen / Gebew / Heusern vnd Betten.

Wer hat die erste Stadt erbawet? Antwort.

Cain / Gen. 4. Cain erkandte sein Weib / die
ward schwanger / vnd gebar Hanoch / vnd
er bawete eine Stadt / die nennete er nach
seines Sohns Namen Hanoch / das ist die
erste Stadt / so auff Erden erbawet worden ist.

Weme ist das bawen am vbelsten bekommen? Antwort.

Dem Hiel von Bethel / da er die Stadt Jericho wider auffrichtete. Dann es koste jhn seinen
ersten Sohn / da er den grund legte / vnd seinen
jüngsten Sohn / da er die Thor satzte nach dem
fluch Josuae / 1. Reg: 16. Josuae 6.

Wo

Wo durch wird die Haußhaltu
vnd erhalten ? Antwo

Durch Gottesfurcht vnd Weißb
24. Durch Weißheit wird ein He
vnd durch Verstand erhalten. Durc
Haußhaltung werden die Kamme
köstlichen lieblichen Reichthümer.

Was heist mit Sünden b
Antwort.

Wenn man das Armut mit vn
Fröne vnd Schatzung so hart beschn
22. Wehe dem der sein Hauß mit S
vnd sein Gemach mit vnrecht/der se
vmb sonst arbeiten lest / vnnd gib
lohn nicht.

Was sollen wir vns bey ein
bawfeligem Hause erinr
Antwort.

Vnsers Leibes schwachheit vnd
das wir durch Kranckheit vnd Tot
können nider geworffen/vnd aus die
rissen werden/ als balde ein alt Hau
Sturmwind rber ein hauffen gev
Darumb wir mit Petro stets denck
sollen: Ich weiß/das ich meine Hüt
gen muß / 2. Pet. 1.

Was sollen wir vns bey newe
bawten Heusern erinn
Antwort.

wiſſen das / wenn vnſer jrrdiſches Hauß dieſer
Hütten zerbrochen wird / das wir einen Baw ha=
ben / der da ewig iſt im Himmel von Gott erbaw=
et / darnach ſehnen wir vns auch nach vnſer Be=
hauſung / die vom Himmel iſt / vnd vns verlanget /
das wir damit vberkleidet werden.

Wo vnterrichtet Chriſtus die ſo bawen
wollen? Antwort.

Luc. 14. da er ſagt: So jemand ein ſtatlichen
Baw fürnemen wil / ſol er zuuor die vnkoſt vber=
rechnen / ob ers auch könne alſo hinaus führen das
mit nicht / wo er beſtecken bleibt / er jederman zu
ſpott werde.

An welchem Gebew haben die mei=
ſten Werckleute gearbeitet?
Antwort.

An dem Hauſe des HERRN / oder Tempel
zu Jeruſalem / vnd am Hauſe des Königes Salo=
monis. Denn daran hat Salomon gehalten ach=
zig tauſend Mann / die da Holtz vnd Steine auß=
gehawen / vnd ſiebenzig tauſend die da Laſte ge=
tragen haben / 1. Reg. 5.

Wie lange haben ſie am Tempel ge=
bawet? Antwort.

Sieben Jahr lang / 1. Reg. 6.

Wel=

Welcher hat das gröste Bett
Antwort.

Og/ der König zu Basan/ vom
Riesen/ dessen Bett ist Eisern gewe
lang/ vier Ellen breit/ Deut. 3.

Wo stehet ein eisern Bett i
bel? Antwort.

Deut. 3. wird gedacht des Bett
König zu Basan gehabt/ welches ei
neyn Ellen lang/ vier Ellen breit.

Wo stehet das ergste Bett i
bel? Antwort.

Esaiae 14. wird dem König zu B
et/ daß sein stoltz vnd pracht in solch
vmbgekehret werden / das Motte
bett/ vnd Würm seine Decke sein

Wo stehet vom Hurenbett i
bel? Antwort.

In den Sprichwörtern Salome
Salomon die art der Huren vnd Ehe
schreibet/ spricht er/ das er gesehen h
so einem Jünglinge entgegen gelau
verschampt geküsset habe/ vnd gesag
mein Bett schön geschmücket mit b
hen aus Egypten/ ich häb mein Lag
rhen/ Aloes vnd Cinnamen besprenge
vns gnug bulen biß an den Morgen
der Liebe pflegen/ dann der Mann ist

Wo stehen Elffenbeinerne Bett in der Bibel? Antwort.

Im Propheten Amos am 6. Ihr schlaffet auff Elffenbeinen Betten vnd Lägern.

Wer hat am lengsten auff einer Seiten gelegen? Antwort.

Der Prophet Ezechiel / der muste auff Gottes Befehl drey hundert vnd neuntzig tage ligen auff seiner Lincken Seiten / vnd tragen die Missethat des Hauses Israel / vnnd viertzig tage auff seiner Rechten Seiten / vnd tragen die Missethat des Hauses Juda / vnd war von Gott mit stricken also angehefftet / das er sich nicht wenden kondte von einer Seiten zur andern / biß er die tage außgehalten hatte / damit ließ Gott seinem Volck fürbilden die zerstörung vnd verwüstung irer Stadt / ihres Lands vnd Königreichs / vnnd die schwere betrübte Gefengnis / darein er sie ihrer Sünden halben stossen wolte / Ezech. 4.

Welcher Mensch hat die höchste Leiter gesehen? Antwort.

Jacob / da er in Mesopotamiam zog / vnd vber Nacht in Haran lag / da sahe er eine Leiter auff Erden stehen / der spitze rühret an den Himmel / vnd die Engel Gottes stiegen auff vnd nider / vnd der H E R R stund oben drauff / Genes. 28.

Wie vielerley Heuser gedenckt die heilige Schrifft? Antwort.

Fünffer

Fünfferley/ zum ersten Gottes Hauß/ da er mit
den Engeln vnnd seligen Menschen wohnet/
von ihnen ewig geehret vnnd gepreiset wird/
Psalm 84.

Zum andern der Christlichen Kirchen/ die versamlung derer/ so Gottes Wort hören vnd anne-
men/ die heilige Sacrament gebrauchen/ vnnd
durch diese mittel vom heiligen Geiste erleuchtet/
das sie Gott erkennen/ehren vnd anruffen/Psalm
26. 27. 42. 84. 122.

Zum dritten die Hertzen der Bußfertigen vnd
Gleubigen / darinne die heilige Dreyfaltigkeit/
Johan. 14. 1.Cor.3. 2.Cor.6.

Zum vierdten der Tempel zu Jerusalem / vnd
alle gebawte Kirchen/darinne Gottes Wort ge-
lehret/die Sacrament gereicht vnd entpfangen/
Gott angebetet/geehret vnd gepreiset wird / mit
predigen/lesen/singen/beten vnd dancken/1.Reg.
9. Psalm 33. 64. Exod. 20. Esai. 57.

Zum fünfften das Hertze vnd der Leib Ma-
riae/darinne Christus leibhafftig entpfangen vnd
getragen ist. Luc. 1. Du wirst schwanger werden
im Leibe/vnd einen Son geberen/etc.Das selige
Hauß des Hertzens zart / Gar bald ein Tempel
Gottes ward/Die kein Mann rührte noch er-
kant/Von Gottes Wort man sie
schwanger fand.

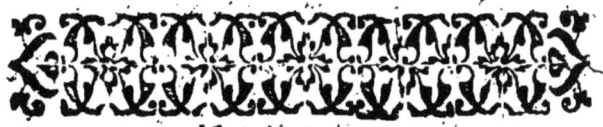

XLIIII.

Vom Glücke vnd Vn-glücke.

Wer hat das gröste Glück auff Erden gehabt? Antwort.

Er Antichrist zu Rom: der Bapst / der hat alleine vnter allen Menschen das Glück auff Erden gehabt / das was jhn gelüstet / vnd was er fürgenommen vñ gewolt hat / das ist jhm alles gelungen / vnd glück-lich ohne einrede vnnd widerstand hinaus gegan-gen / seine Wort vndGebot hat jederman gefürch-tet / vnd höher als Gottes eigene Wort vnd Ge-bot geachtet / Ja wie seine Heuchler von jm schrei-ben / ist er in solcher Autoritet gewesen / das / wañ er auch auff einen Tag viel tausend Seelen in die Hölle geführet hette / so hette jhm doch niemands einrede thun vnd sagen dürffen: Du jrrest vnnd thust vnrecht / Ich geschweig / das es jhm jemand hette sollen wehren. Darumb hat Daniel recht von jhm geweissaget / cap. 12. *Prosperabitur & faciet,* Er wird thun was jhn gelüstet / vnnd wird sich auff werffen wider alles / was Gott ist / vnd wider den Gott aller Götter wird er grewlich reden / vnd es wird jhm gelingen / biß der Zorn aus ist.

Wer hat das wenigste Glück auff Erden gehabt? Antwort.

Christus der HErr / dessen Creütz vnd Vn-glück hat sich in der Geburt angefangen / vnd ge-

Z   weret

weret biß ins Grab hinein / vnd wie ers nur auff
Erden angefangen / vnnd was er gethan / so hats
doch der Welt nicht gefallen / so hat er nichts
denn widersprechen / Vndanck vnd Haß zu Lohne
gehabt / darumb Simeon recht von ihm geweis=
sagt / das er von Gott der Welt zum Zeichen ge=
setzt sey / dem widersprochen werde / Luc. 2.

Wo stehet am meisten vbels in der Bi= bel? Antwort.

Im 5. Buch Mosis am 28. da Gott zu den
Gottlosen spricht: Alle Flüche werden vber euch
kommen vnd euch treffen / Verflucht werdet ihr
sein in der Stadt / verflucht auffm Acker / verflucht
wird sein ewer Brodkorb vnd ewer vbriges / ver=
flucht wird sein die frucht ewers Leibs / die frucht
ewres Landes / die frucht ewers Ochsens / die
frucht eweer Schafe / Verflucht werdet ihr sein /
wenn ihr eingehet / vnd verfluchet wenn ihr auß=
gehet.

Welches ist das gewisseste Prognosticon / darauß man künfftiges Glück vnd Vnglücke erkennen kan? Antwort.

Das Leben der Menschen. Denn leben die
Menschen in Gottes Furcht / Zucht vnd Erbar=
keit / so kan gewiß schliessen / das Gott jhnen aller=
ley Güter vnd reichen Segen erzeigen wird / an
Leibe vnd Seelen / Weib vnd Kind / laut seiner
Verheissung / Leuit. 26. Deut. 28. Wiederumb
leben die Menschen in sicherheit vnd verachtung
Gottes

Gottes in allerley Sünden vnd Schanden / so ist
es ein gewisses Zeichen / das Gott sie mit allerley
straffen vnd vnglück angreiffen/vnd an Leib vnd
Seel/ Ehr vnd Gut verderben wird / laut seiner
gethanen Drewung/Leuit. 26. Deut. 28. Wir sie
nicht/ etc.

Wo ist die beste Schatzkammer?
Antwort.

Im Himmel/da sind vns gleubigen Christen
vnsere Schätze bey gelegt/vnd also verwaret/das
sie vns kein Teuffel vnd Dieb nemen/kein Wasser
vnd Fewer verderben/keine Motte oder Rost na-
gen vnd verzehren kan. Drumb spricht der HErr
Christus/Matth. 6. Samlet euch Schätze im Hi-
mel/da sie weder Rost noch Motten fressen/vnd
die Diebe nicht nachgraben noch stelen. Vnd Paulus sagt/Coloſ. 3. Trachtet nach dem/das droben
ist/vnd nicht nach dem/das auff Erden ist. Dann
ihr seid gestorben/vnd ewer Leben ist verborgen
mit Christo in Gott. Wann aber Christus ewer
leben offenbaren wird/dann werdet ihr mit ihm
offenbar werden in der Herrligkeit.

Wer hat das glücklichste vnd frölichste
Leben geführt auff Erden?
Antwort.

Der König Salomon / dem ist es gangen
nach seinem Wundsche/vnd hat in steten freuden
gelebet/wie er selber sagt in seinem Prediger am
1. Capitel.

          Z ij   Wie

Von Feinden / Hader

Wie soll man sich im Glück vnd Vnglück recht verhalten? Antwort.

Das lehret Syrach am 11. Capitel sagende:
Wann dirs wolgehet/so gedencke/das dirs wider
vbel gehen köndte/Vnd wann dirs vbel gehet/so
gedencke/das dirs wider wolgehen kan. Am 18.
Cap. Wenn man satt ist/ sol man gleichwol ge-
dencken/das man widerumb hungern kan/Wann
man reich ist/ sol man dencken / das man wider
arm werden könne/ dann es kan wol für Abends
anders werden/weder es am Morgen war: Vnd
dieses alles geschiehet balde für Gott.

XLV.

Von Feinden / Hader vnd Zorn.

Wer hat seinen Feinden mehr schaden ge-than am tode als am leben? Antwort.

Simson/ da er vmbreiß die zwo mittel
Seulen des Hauses/darauff alleFürsten
der Philister sampt etlichen tausendPer-
sonen vonMänner vnd Weiber versam-
let waren/ vnnd also das Hauß auff sich vnnd die
Fürsten vnd alles Volck/so drinnen war/ fellete/
das der Todten mehr waren/ die in seinem Tode
sturben/Dañ die bey seinem leben sturben/Jud.16.

Von.

Von wie vielerley Feinden hat vns Chri-
stus erlöset? Antwort.

Von sechserley. Der erste ist die Sünde/die
vns alle für Gott schüldig macht/vnd seiner straffe vnterwirfft/ dauon hat vns Christus erlöset/
wie Esaias sagt/cap 53. Fürwar er ist vmb vnser
Sünde willen gestorben/ 2. Cor. 5. Joh. 1.

Der ander ist der Zorn Gottes/ durch vnsere
Sünde entbrant vnnd angezündet/ dauon hat er
vns auch erlöst. Esaie 53. Die Straffe ligt auff
jhm/auff das wir friede hetten/Rom. 5. Darinne
etc.1.Thess.1. Lucas am 23. meldet/das Christum
den HErrn der Zorn Gottes dermassen gebrant/
das jhm blutiger Schweiß darüber außgebro-
chen ist.

Der dritte ist das Gesetze mit seinem Fluche
vnd Vermaledeyung/ dauon vns Christus auch
erlediget hat/wie Paulus sagt/ Gal. 3. vnd 4.

Der vierdte ist der Todt/dauon hat Christus
die Gleubigen also erlöset/das er jhnen nicht mehr
ein Todt/sondern ein Schlaff ist/ja ein durchgang
aus diesem Leben in jenes Leben.Ose.13. Jch wil
sie vom tode erretten/2.Tim.1. Christus hat dem
Tode die Macht genommen/vnd das Leben/vnd
ein vnuergengliches wesen ans Liecht gebracht/
Ebre. am 2.

Der fünffte ist der Teuffel/der sich an Christo
abgerennet/vnd durch jhn vntertretten ist/das er
nun nichts an jhm vnd an seinen Gleubigen hat.
Denn darumb ist Christus Mensch worden/ das
er der Schlangen den Kopff zertrete/sagt Moses
Gen. 3. Das legt Johannes also aus/Dazu ist der

Z iij　　　　　　　Sohn

Sohn Gottes erschienen / das er die Wercke des
Teuffels zerstöre. Darumb sagt er selber: Seid
getrost/ Ich habe die Welt vberwunden/ der Fürst
ste der Welt/ der Teufel kömpt/ vnd hat nichts an
mir. Vnd Paulus Ebre. 2. Christus hat durch den
Todt die Macht genommen deme / der des To=
des Gewalt hatte/ das ist/ dem Teuffel/ vnd vns
erlöst/ die wir sonst im gantzen Leben Knechte
hetten sein müssen.

Der sechste ist die Helle vnd ewige Verdam=
niß/ davon Christus auch erlöst vnd gefreyet hat/
alle die an jhn gleuben. Ose. 13. Ich wil sie aus der
Helle erlösen/ Helle/ Ich wil dir eine Pestilentz
sein. Joh. 5. Warlich/ warlich ich sage euch/ wer
mein Wort höret/ vnnd gleubet an den/ der mich
gesandt hat/ der hat das ewige Leben/ vnd kömpt
nicht ins Gerichte/ sondern er ist vom Tode zum
Leben hindurch gedrungen. Dieser erlösung Chri=
sti von der Hand vnser Feinde/ vnd aller die vns
hasseten/ sollen wir vns offt erinnern/ vns damit
trösten/ vnd Gott dafür dancken/ mit Paulo sa=
gen: Der Todt ist verschlungen in Sieg/ Todt
wo ist deine Stachel/ Helle wo ist dein Sieg?
Gott sey lob vnd danck/ der vns den Sieg gegeben
hat durch Jesum Christum/ 1. Cor. 15.

Mit wie vielerley Feinden haben noch heu te zu tage die Christen zu strei= ten? Antwort.

Mit dreyen. Der erste ist der Teuffel/ der wie
Petrus sagt / wie ein brüllender Lewe vmb vns
herumb gehet/ vnd suchet wie er vns verschlinge/
dem man im Glauben widerstehen muß. Vnd wie
sol=

solches geschehen sol/ lehret vns Sanct Paulus/
Ephe. 6. Seid starck im HERRN. Vnd Sanct
Jacob cap. 4. Widerstehet dem Teufel/ so fleucht
er von euch/ Nahet euch zu Gott/ so nahet er sich
zu euch.

Der ander ist die arge böse Welt/ des Teuffels
Reich vnd Lusthaus / die sich mit aller macht wider Gott vnd seine Christen setzet. Darumb auch
ein Christ sich auffs sterckeste wider sie wiederumb
setzen muß/ Wie S. Johannes sagt : Habt nicht
lieb die Welt/ noch was in der Welt ist: So jemand die Welt lieb hat/ in dem ist nicht die Lie-be
des Vaters. Vnd S. Jacob sagt am 4. Wer der
Welt freund sein wil/ der wird Gottes feind sein.

Der dritte ist vnser eigen verderbtes Fleisch
vnd Blut/ das von natur zu allem bösen geneiget
ist/ vnd vns mechtiglich darzu reitzet vnd antrei-
bet/ darwider ein Christ dergleichen auch muß im
Kampff ligen/ wil er anders nicht vberwunden/
vnd der seligkeit verlüstiget werden. Dauon sagt
Paulus/ Gal. 5. Das Fleisch gelüstet wider den
Geist / etc. Ephes. 4. Leget von euch ab den alten
Menschen / der durch Lüste in irrthumb sich ver-
derbet/ etc. Col. 3. Tödtet ewer Glieder/ die auff
Erden sind/ Hurerey/ Vnreinigkeit/ schendliche
Brunst/ böse Lüste vnd den Geitz/ etc.

Welche Herrn haben müssen von einan-der ziehen/ vmb deß zancks willen ihrer Diener? Antwort.

Die beyde besten Freunde Abraham vnnd
Loth. Dann so steht im Buch der Schöpffung am
13. cap. Es war immer zanck zwischen den Hirten

Z iij   Abra-

Abrahas vnd Loths / dann sie hatten beyde viel
Viehes/ das das Land sie nicht vermochte zu er=
tragen/ Da sprach Abraham zu Loth/ Lieber laß
nicht zanck zwischen mir vnd dir/zwischen meinen
vnd deinen Hirten werde/dann wir sind Brüder/
stehet dir doch das Land offen / scheide dich von
mir / wiltu zur Lincken / so wil ich zur Rechten/
wiltu zur Rechten/ so wil ich zur Lincken/Also er=
wehlte Loth die Gegend am Jordan / vnnd zohe
gegen Morgen.

Wo vnterrichtet Christus die/ so mit ein=
ander hadern oder rechten wol=
len? Antwort.

Luc. 12. Da er ermanet/daß sie fleiß thun sol=
len/sich mit einander zu vertragen/ehe sie für die
Obrigkeit vnd ans recht kommen/vnd zu beyden
theilen schaden nemen/ Wenn du/ spricht er/ mit
deinem Widersacher für den Fürsten gehest / so
thue fleiß auff dem Wege/das du sein loß werdest.
Item versöhne dich mit deim Bruder/ehe du dei=
ne Gabe opfferst/Matth. 5.

Welches ist der allerbitterste vnd vnüber=
windlichste Zorn? Antwort.

Der sich vber der Religion erhebt/da schonet
der Vater der Kinder nicht/die Kinder der Eltern
nicht/wie Christus sagt Matth. 10. Es wird aber
ein Bruder den andern zum tode vberantworten/
vnd der Vater den Sohn/vnd die Kinder werden
sich entpören wider ihre Eltern / vnd ihnen zum
Tode helffen/vnd müssen gehasset werden von je=
dermann

derman vmb meines Namens willen. Wer aber
biß ans ende verharret/ der wird selig.

Wo stehets/das zorn am leben schaden thue? Antwort.

Im Syrach am 30. Zorn vnd Eiuer verkür=
tzen das Leben/Vnd sorgen macht alt für der zeit.

Wer hat mit seinen Feinden ein mitleiden gehabt in ihrem Vnglücke? Antwort.

Der fromme König Dauid/ wie er sagt im 35.
Psalm: Sie thun mir arges vmb gutes / mich in
Hertzeleid zu bringen: Ich aber/wann sie kranck
waren/zog einen Sack an/ ich that mir wehe mit
fasten/ vnd betete von Hertzen für sie. Ich hielt
mich als were es mein Freund vnnd Bruder/ Ich
gieng trawrig/ wie einer der leid treget vber sei=
ner Mutter. Sie aber frewen sich vber meinem
schaden/ vnd rotten sich wider mich.

Was ist eim rostigen Eisen vnd Spiegel gleich? Antwort.

Das Hertze des Feindes/ Dann so sagt Sy=
rach am 12. Wie das Eisen jmmer wider rostet/
Also lest der Feind seine Tücke nicht. Vnd wann
du gleich an jhme polirest / wie an einem rostigen
Spiegel/ so bleibt er doch rostig. Zeuhe jhn nicht
zu dir/das er dich nicht wegstosse / vnd trette an
deine stat.

Woher entstehet Zanck vn
Antwort.

Aus Hasse/Zorne oder Hoffart
Salomon/Prouerb. 10. Haß erreg
Liebe bedeckt alle Vbertretung. 15
Mann richtet Hader an/Aber ein
let den Zanck. 13. Vnter stoltzen ist
Aber Weißheit macht vernünfftige

Weme sind die Anfäher de
gleich ? Antwort.

Deme / der dem Wasser den Th
dann er ist alle des schadens ein vrs
Wasser thut. Prouerb. 17. Wer Ha
gleich deme/ der dem Wasser den
Laß vom Hader / ehe du drein ge
Wer Zanck liebet/ der liebet Sün
nach Vnglück.

Weme ist der gleich/der sich
in frembden Hader me
Antwort.

Einem / der einen bösen Hund
zupffet/ dann wird er gebissen/ so
leid. Prouerb. 26. Wer fürüber geh
sich in frembden Hader/ der ist gle
den Hund bey den Ohren zwacket

Mit welchen Leuten ist am g
zu zancken? Antwor

Mit viererley/ wie Syrach sagt
Erstlich mit Gewaltigen/ dann sie

vnterdrücken. Zum andern mit Reichen / dann
sie können einen außheyten vnd vberwegen / auch
mit Gelde das Recht stopffen oder beugen. Zum
dritten mit einem Schwätzer vnnd Vielwäscher/
dann er vberteubet einen mit Worten. Zum vierd=
ten mit Jachzornigen / dann er thut meuchlert=
scher weise mördlichen schaden.

Wann hat man sich führm Feinde am meisten zu besorgen? Ant=wort.

Wann er sich freundlich stellet / so dencket er
wie er dich fellet. Dann so sagt Salomon/Prouer.
26. Wann der Feind seine stimme holdselig macht/
so vertrawe ihm nicht/dann es sind sieben Grewel
in seim Hertzen. Item Syrach am 7. lehret deß
gleichen: Trawe deim Feinde nimmermehr/wann
er sich gleich neiget vnd bücket für dir/so halt doch
an dich/vnd trawe ihm nicht. Denn wie Eisen im=
mer wider rostet/also lest er auch seine tücke nicht.

Wo wird der Feind am besten erkant? Antwort.

Im Vnglück / vnd wanns einem wolgehet/
Dann so sagt Syrach am 12.cap. Wanns vbel ge=
het/so kan sich der Feind nicht bergen : Wanns
einem wolgehet / so verdreust es seinen Feind/
Wanns vbel gehet / so weichen auch die Freunde
von ihm. Wil dir jemands schaden / so ist der
Feind der erste/stellet sich als wolt er dir helffen/
vnd fellet dich meuchlings.

Was

Was schrecket am besten abe
schafft/ Zanck vnd H
Antwort.

Die betrachtung des schedliche
damit gewint/ vnd des schadens/
vnnd Gute / Leibe / Leben vnnd
Syrach 28. Gedenck ans ende/ vn
schafft fahren/ die den Todt vnd r
Gedenck ans Gebot Gottes/ vnd l
wider den Nehesten/ Laß abe vom
ben viel Sünde nach / Dann ein
Hader an/ vnd ein Gottloser verw
de/ die guten Frieden haben.

XLVI.

Vom Morde / M
Blutvergiessung / Rau
lichen straffen/ von Steupen/ L
gen vnd Rädern.

Woher kömpt Mord vnd !
Antwort.

Vs ein bösen vntrewen ?
sagt Christus / Matthei a
Hertzen kömpt Mord/ El

Wer ist ein Mörder für G
Antwort.

Der vnuersünlichen Haß tregt

der ist des Gerichts schüldig. 1. Joh. 3. Wer sein
Bruder hasset/ der ist ein Todtschläger/ vnd hat
das ewige Leben nicht bey jhm bleibend.

Wo wirdß gboten/ daß Christen nicht leiden sollen als Diebe vnd Mörder? Antwort.

1. Petri 4. Niemand leide vnter euch als ein
Mörder/ Dieb vnd Vbeltheter/ Leidet er aber als
ein Christ/ so schäme er sich dessen nicht/ er ehre
Gott in solchem falle.

Wer ist der erste Mörder gewest auff Erden? Antwort.

Cain/ der seinen Bruder Abel erschlug/ Ge=
nesis am 4. Cap.

Wo ist deß Königlichen Bluts auff einmal am meisten vergossen worden? Antwort.

In Samaria/ da wurden aus befehl des Kö=
niges Jehu siebentzig Söhne Ahabs des Königes
Israel/ vnd zwey vnd viertzig Söhne Jorams/
des Königes Juda geschlachtet vnnd gerödtet/ 2.
Reg. 10. Das ist ein mercklich Exempel der getha=
nen drewung Gottes/ da er im Beschluß der zehen
Gebot saget: Ich der HERR dein Gott bin ein
starcker eiueriger Gott/ der vber die/ so mich has=
sen/ vnd meine Gebot vbertreten/ die Sünde der
Väter heimsucht an den Kindern/ biß ins dritte
vnd vierdte Glied. Denn diese zween Könige
Ahab vnd Joram waren Gottloß. Darumb straf=
fete

sete Gott nicht allein sie/sondern a
vnd Kindßkinder/vnd rottet jhren
aus.   Darumb sollen auch grosz
Gottßfurcht befleissen/vnd ire G
bösen vnnd zu aller Gottlosigkeit
sonst wird der Reim auch an jnen e
Potentes potenter tormenta patie
waltigen werden gewaltiglich ge[
Sap. 6.

Wo wirds geboten der Mör
der zuuergiessen? An[

Im Buch der Schöpffung am
schen Blut vergeust / des Blut sol
sen werden. Mat. 26. Wer das S[
sol durchs Schwerdt vmbkomm[
Deut. 17. 19.

Wer ist mit eim Schmiede
schlagen? Antwo[

Sissera/ der stolze Feldheuptm
der Cananiter Jabin / da der au
entflohe / vnnd in die Hütten Jae[
vnd zudecken ließ / nam Jael ein
vnd einen Schmiedehammer/ vnd
mit den Nagel durch das Heupt/d[
dicum 4. 5.

In welcher Stadt ist am me[
vmbkommen? Antw[

In der Stadt Jerusalem / die
mischen Reyser Vespasianum vnn
Titum belagert vnd gewonnen wa

durch Pestilentz/inwendigen Auffruhr/vnd durch
der Feinde Hand 1100000. das ist / eilff mal hun=
dert tausend Jüden/vnd wurden jhrer sieben vnd
neunzig tausend gefangen/die wurden eins theils
auff die Galeen geschmiedet/eins teils in Schaw=
spielen den wilden Thieren fürgeworffen / eins
theils wurden verkaufft/vnd waren so vnwerth/
das man jrer dreissig vmb einen Silberling gab/
In einer Summa betraff dieser allgemeiner jam=
mer der Jüden nur an Mannßpersonen 1197000.
das ist / elff mal hundert vnd sieben vnd neunzig
tausend. So strafte Gott an jhnen die verachtung
seines Worts vnnd Sohns / vns allen zur War=
nung / das wir vns für verachtung Göttliches
Worts vnd lesterung des HErrn Christi hüten/
oder gleicher straffe gewarten. Diesen Jammer
verkündiget Christus den Jüden/ Luc. 19. O Je=
rusalem das du es bedechtest.

Welcher Mensch hat die grösten vnd mei= sten Mörde auff Erden gethan? Antwort.

Der Bapst zu Rom (einer nach dem andern) der
hat nicht allein durch seine falsche Lehr viel tau=
send mal teusend Seelen verführet vnd ermordet/
sondern zu aller zeit Keyser vnd Könige/ Fürsten
vnd Herrn in einander gehetzet/Krieg vnd Bluts
vergiessen erreget/ vnd also viel vnzehlige Men=
schen erwürget/one was er für eine vnaußsprech=
liche zahl vmb des Euangelij vnd bekentniß Chri=
sti willen hat erhencken/ertrencken/ verbrennen/
köpffen vnd jämmerlich hinrichten lassen. Wel=
ches Daniel auch von jhm geweissaget hat / cap 9.
saget

Vom Blutvergieſſer
ſagende: *Interficiet robuſtos & po*
rum ſecundum voluntatem ſuam.

Wo wird den Räubern bera
drewet? Antwort

Eſaiae am 3 3. Wehe dir du Re
ſtörer/meinſtu du werdeſt nicht aud
zerſtöret werden. Jerem. 30. Alle/
bet haben/ſollen beraubet werden
ſtet haben/ſollen wiederumb geen

Wo ſind am meiſten güldene
de geraubet? Antwo

Da Gideon die Midiantter geſ
ſchanckte ihm das Volck alle ger
Stirnband/ſo ſie von den ertödret
genommen hatten/die machten am
ſend vnd ſieben hundert Seckel Go
drey tauſend vnd vier hundert Vn
den/ Judicum 8.

Wie viel iſt deß Raubs gewe
Kinder Jſrael den Midi
genommen? Antw

Sechs mal hundert fünff vnd
ſend Schafe/zwey vnd ſiebentzig t
ein vnd ſechzig tauſend Eſel/vnd z
ſig tauſend Weibßbilder/die keine
noch beygelegen hatten/ohne das
the/Ketten/Ringe/Armgeſchmei
ge vnnd Spangen/ſo ein jeder fü
hatte/Numeri 3 1.

Wo hat man am lengſten Raub auß⸗ getheilet? Antwort.

Als Gott die Moabiter vnd Ammoniter für dem frommen Könige Joſaphat wunderbarlich tilgete durch ihre eigene vneinigkeit/ da erlangte Joſaphat vnnd ſein Volck einen ſo groſſen Raub ohne einigen Schwerdtſchlag / das ſie drey tage daran außzutheilen hatten/ 2. Chron. 20.

Wo werden die Räuber den Lewen ver⸗ glichen? Antwort.

Im 10. Pſalm: Sie lawren im verborgen wie ein Lewe in der Hölen. Im 17. Pſalm: Sie rich⸗ ten ihre Augen dahin / das ſie die Leute zur Er⸗ den ſtürtzen/ zerſtören/ vnd nach jhrer Seele oder Leben ſtehen/ Wie ein Lewe der des Raubes be⸗ gert/ vnd wie ein junger Lewe in der Hölen ſitzt.

Welcher Kirchenräuber iſt am wünder⸗ lichſten geſtrafft worden? Antwort.

Heliodorus/ der Kemmerer Seleuci/des Kö⸗ niges Syriae/ der da aus befehl des Röniges gen Jeruſalem kam / vnnd die vier hundert Centner Silbers/ vnd zwey hundert Centner Golds/ ſo in der Schatzkammer des Tempels waren/ mit ge⸗ walt nemen wolte / vnnd allbereit mit ſeinem Kriegßvolck in den Tempel kommen war/ das je⸗ derman meinete/ nu wer es ſchon vmb den Schatz des Tempels geſchehen/ Da thät Gott ein Zei⸗ chen/ das ein erſchrecklicher Reuter auff ein wol⸗ geſchmückten Pferde in einem gantzen güldenen

a   Harniſch

Harnuſch geſehē ward/der mit aller macht auff den
Heliodorum zurante/vnd jn zur Erden ſtieß/ neben
dem Reuter wurden geſehen zween ſtarcke ſchöne
vñd wol bekleidete junge Geſellen / die ſchlügen
jhn alſo / das er für Ohnmacht zur Erden ſanck/
vnnd auff einem Stuel für todt hinaus getragen
ward/Hette auch alſo ſterben vnd verderben müſ
ſen/wo nicht Gott die fleiſſige fürbitte des Gott
ſeligen Hohenprieſters Oniae angeſehen hette/
wie die zween Engel/ ſo jhm inn ſeiner Herberge
zum andern mal erſchienen / bezeugen / ſagēde:
Dancke dem Hohenprieſter Onia fleiſſig/Dann
vmb ſeinet willen hat dir der HERR das Leben
geſchenckt/vnd verkündige allenthalben die groſ
ſe Krafft des HERRN/ weil du vom Himmel he
rab.geſteuppet biſt/ 2 Maccab. 3.

Welchen Bürgern iſt das Rauben am vbelſten bekommen? Antwort.

Denen zu Sichem/ da ſie von Abimelech ab
fielen/ vnd beraubeten alle die/ſo fürüber zogen/
kam Abimelech mit Heereßkrafft/erſchlug die zu
Sichem/brante jhre Stadt aus/zerſtörete ſie inn
Grund/ vnd ſeete Saltz an den Ort/ im Buch der
Richter am 9. Cap.

Wo warnt Salomon für Auffrühr? Antwort.

In Sprüchen am 24. Mein Kind fürchte Gott/
ehre den König/ vnnd menge dich nicht vnter die
Auffrührer / denn jhr Vnfall wird plötzlich ent
ſtehen/vnd jhr Vnglück kömpt balde.

Wo

Wo warnt Syrach für Auffruhr?
Antwort.

Am 7. Cap. Richte nicht Auffruhr an inn der
Stadt/ vnd henge dich nicht an den Pöbel/ auff
das du nicht tragen müssest zwiefeltige Schuld.
Dann es wird keiner vngestrafft bleiben.

In welchem Auffruhr sind am meisten
Leute vmbkommen? Ant-
wort.

Zu Antiochia/ da das Volck wider den König
Demetrium sich aufflehnete/ wurden jhrer inn einem tage hundert tausend erschlagen/ vnd wurde
die Stadt angezündet vnd geplündert/ 1. Macca.
11. Item Numer. 11. Da die auffrührige Rotte
Corahs von der Erden verschlungen ward.

Wer ist ohne zuthun Menschlicher
Hende gehengt worden?
Antwort.

Absolon der vngehorsame vnd auffrührische
Sohn Dauids/ da er vnter einer Eichen hinreit-
tet/ verwickelt sich sein Heupthar durch Gottes
schickung also vmb einen Ast/ das er behengen
blieb/ sein Maulthier/ darauff er ritte/ vnter jhm
wegrlieff/ vnd also hangend mit drey Spiessen erstochen ward/ 2. Sam. 18.

Welcher Becker ist gehengt worden?
Antwort.

Der oberste Becker des Königs Pharao / den ließ der König auff begehung seines JahrsTages hengen / seiner Untrew halben / Gen. 40.

Wem hats getreumet / das er würde gehengt werden? Antwort.

Dem obersten Becker Pharaonis / dem treumete / wie er drey Körbe trüge mit Brodt / vnnd allerley Speise / vnnd die Vogel fressen aus dem öbersten Korbe / das legte jhm Joseph also aus / drey Körbe deuten drey Tage / nach drey Tagen wird Pharao dein Heupt erheben / vnnd dich an Galgen hengen / vnnd die Vogel werden dein Fleisch fressen / vnd es geschach also. Genes. 40.

Wer ist am Deiche auffgehengt? Antwort.

Rechob vnd Boena / die den König Ißboseth auff seim Bette erstochen hatten / vnd seinen Kopff zum Könige Dauid brachten / der hoffnung grosse Ehre vnd Lohn zu bekommen / die ließ er erstechen / jhnen Hende vnd Füsse abhawen / vnd sie am Deiche zu Hebron an Bäume hengen / 2. Sam. 4.

Wer ist erst nach seim todt gehengt? Antwort.

Der König Saul / da er sich erstochen hatte / vnd von den Philistern todt gefunden ward / zogen sie jm den Harnisch aus / hieben jm den Kopff abe / vnd schickten in jhrem Lande vmbher / seinen Leichnam aber hiengen sie auff die Mawre zu Bethsan / 1. Sam. 31.

Wo

Wo gebeut Gott die Oberste deß Volcks zu hengen? Antwort.

In der Wüsten Sittim/ als die Obersten der Israeliter zusahen/ daß das Volck Hurerey vnd Ehebruch trieb mit der Moabiter vnd Midianiter Weiber vnd Töchter/ vnnd wehreten jhnen nicht/ da gebot Gott Mosi/ alle Oberste an Beume hengen zu lassen/ wie er auch that/ Num. 25.

Wer wird gehengt/ da er andere wolte hengen lassen? Antwort.

Der stoltze Haman/ da er mit den Gedancken vmbgieng/ Mardocheum hengen zu lassen/ ward er aus befehl des Königs gehengt an den Baum/ den er Mardocheo auffgerichtet hatte/ Esth. 6. 7.

Welche haben sich aus verzweiffelung selber erhenget? Antwort.

Erstlich Achitophel/ der vntrewe Rath Dauids/ da der sahe/ das sein Rathschlag nicht einen glücklichen fortgang gewan/ verzweiffelte er/ reit heim/ beschickte sein Haus/ vnnd erhieng sich selber/ 2. Sam. 16. 17.

Zum andern Judas/ der vntrewe Jünger Christi/ das er sahe/ das er mit seiner Verrätherey seinen Meister Christum zum tode gebracht hat/ re/ fiel er in solche rewe vnd schrecken/ daß er das Verrähergeld weg warff/ einen Strick nam/ vnd sich erhieng/ barstete auch mitten entzwey/ vnnd schüttete seine vntrewe Seele sampt dem Eingeweide aus/ Matth. 27. Actor. 1. Psalm 109.

a iij   Wel

Wer wündschet/ das er möchte gehenget sein? Antwort.

Job/ in seinem grossen Creutz vnd Schmertz/ spricht im 7. Cap. Suspendium elegit anima mea. Meine Seele wündschet erhangen zu sein/ vnnd meine Gebeine wündschen den Todt.

Welche sind verrähterlich erseuffet worden? Antwort.

Die Jüden/ so zu Joppen wohnten/ die beredeten die Heyden/ das sie zu jhnen in jhr Schiff sassen mit Weib vnd Kindern/ als wolten sie spa-tieren fahren/ vnd erseufften jhrer zwey hundert gar verrähterlich/ 2. Maccab. 12.

Wo sind die statlichsten gehencket wor-den? Antwort.

Bey der Stadt Makeda/ da Josua die fünff gefangene Rönige der Moabiter an Bäume hen-gen ließ/ Josua 10. Item zu Gibea/ da die sieben Söhne des Rönigs Sauls von den Gibeonitern auffgehengt worden/ 2. Sam. 21. Item zu Su-san/ da der grosse Fürst Haman/ der der neheste war nach dem Rönige in Persien/ an einen Baum funffzig Ellen hoch gehengt ward für sein Hau-se/ den er dem Haman newlichen hatte auffrichten lassen/ dem er feind ward/ / Esther 6. 7.

Wo sind auff einmal am meisten mit Dornen gehawen worden? Antwort.

In der

In der Stadt Succoth/ Dann der Oberste vnd
Einwohner nam Gideon/ vnd zerbrieb ihren Leib
mit Dornen/ das sie sturben/ darumb/ das sie ihm
vnnd seinem müden Volcke keine Speise lassen
wolten/ da er dem Fürsten der Midioniter nach-
jagete/ Iud. 8.

Wo wird der grösten Ruthen gedacht?
Antwort.

Ezech. 21. O wie fro wolten wir werden/ wann
er gleich alle Beume zu Ruthen machte vber die
bösen Kinder/ Aber er hat ein Schwerdt zu fegen
geben/ das man es fassen sol/ Es ist gescherffet
vnd gefeget/ das mans den Todtschlägern in die
hende gebe.

Wo klagt Gott/ daß die Kinderruthe
nicht helffen wolle? Ant-
wort.

Ezech. 21. Darumb schlage auff deine Lenden/
Dann er hat sie offt gezüchtiger/ was hats gehol-
fen? Es wil der bösen Kinder Ruthe nicht mehr
helffen.

Wo stehets/ daß Ruthen fromme Kin-
der machen? Antwort.

Prouerb. 22. Thorheit steckt dem Knaben im
Hertzen/ Aber die Ruthe der Zucht wird sie ferne
von ihm treiben. Item im 23. Cap. Laß nicht ab
den Knaben zu züchtigen. Dann wo du ihn mit
Ruthen hewest/ so darff man ihn nicht tödten.

a iij   Wes

Wer drewet dem Volcke/das er es hart ſtäupen wolle? Antwort.

Der junge König Rehabeam/ der ſagt zu ſeinen Vnterthanen/ Mein Vater hat ewer Joch ſchwer gemacht/ ich aber wil es noch ſchwerer machen: Mein Vater hat euch mit Peitſchen gezüchtiget/ich wil euch mit Scorpionen zerhawen. Vnd mit dieſer vnzeitigen drewung macht er/das zehen Fürſtenthumb von jhm abfallen auff einen Tag/1. Reg. 12.

Wo wird einer vnbarmhertzigen Staupe gedacht? Antwort.

Im Propheten Jeremia am 30 cap. da Gott von der harten ſtraffe ſeines Volckes ſaget: Ich habe dich geſchlagen/ wie ich einen Feind ſchlüge/ mit vnbarmhertziger Staupe vmb deiner groſſen Miſſethat/ vnd vmb deiner ſtarcken Sünde willen/ Aber ich wil dich wider heilen vnnd geſund machen.

Wo wird der eiſern Ruthen gedacht? Antwort.

Im 2. Pſalm/ vnd Apocal. 2. Er wird ſie mit der eiſern Ruthen weiden/ vnd wie Töpffen zerſchmeiſſen mit eiſern Stecken.

Wo wird der Ruthe deß Zorns gedacht? Antwort.

Eſaiae am 10. O wehe/Aſſur iſt die Ruthe meines Zorns/vnd der Stecken meines Grims.

Wo

Wo wird einer zerbrochen Ruthen gedacht? Antwort.

Im Propheten Jeremia am 48. Cap. da Gott von der zerstöreten Kriegeßmacht der Moabiter sagt. Man wird sprechen: Wie ist die starcke Ruthe vnd der herrliche Stab Moab so zerbrochen. Anzuzeigen, das wann er durch die Gottlosen, als eine starcke Ruthe sein Volck gesteupet, vnnd zur Busse gereitzet hat, so zerbricht er die Ruthe, vnd wirfft sie ins Fewer, vnd erbarmet sich widerumb seines Volcks vnnd seiner Kinder, vnd hilffet ihnen.

Wer ist am meisten gesteupet? Antwort.

Der heilige Apostel Paulus, Dann so schreibet er von jhme in der 2. zun Corin. am 12. Cap. Ich bin dreymal öffentlich gesteupet, vnnd habe von den Jüden entpfangen fünffmal nach einander viertzig Streiche weniger eins.

Wer ist zum grewllichsten gegeisselt vnd zerhawen? Antwort.

Vnser Erlöser Jesus Christus / da jhn die Kriegßknechte Pilati des vngerechten Richters so vnbarmhertzig zergeysselt, vnd so grewlich vber den gantzen Leib zerhawen hatten / das es Pilatum selber jammerte, vnd sprach: Ach sehet welch ein elender Mensch ist das / Joh. 19.

Wo hat man die Leute zu rädern pflegen? Antwort.

a v   Zu

Zu Berea/ da stund ein Thurm funfftzig Ellen
hoch/ voller Aschen/ darauff stund ein vmblauf=
fend Rad/ damit räderte man die Gotteslesterer/
vnd grossen vbelthäter/ 2. Maccab. 13.

Welche hohe Person ist gerädert wor=
den? Antwort.

Der vntrewe/ meineydige vnnd auffrührige
Hohepriester zu Jerusalem Menelaus/ Da Antio=
chus der König in Syrien hinder seine Buben=
stücke kam/ ließ er ihn gen Berea führen/ vnd al=
da mit dem Rade zu tode stossen. Dann wie er sich
offt an dem Altar/ da das heilige Fewr vnd Asche
war/ versündiget hatte/ Also muste er auch auff
der Asche schendlich getödtet werden/ 2. Macc. 13.

XLVII.
Von gutem Namen/ Ge=
schrey/ Lob/ Ruhm vnd
Ehren.

Wessen Lob vnd Ruhm erstreckt sich am
weitesten? Antwort.

Gottes vnnd seines Sohnes Jesu Chri=
sti/ Dann so sagt David im 48 Psalm:
Groß ist der HERR vnnd hochbe=
rühmbt/ O Gott/ wie dein Name/ so
ist auch dein Ruhm biß an der Welt ende. 66 Al=
le Lande bete dich an/ vnd singen deinem Namen/
vnd rühmen ihn herrlich. 66 Alle Heyden/ die du
gemacht hast/ werden kommen vnd für dir anbe=
ten/

ten/vnd deinen Namen ehren. 113. Von auffgang
der Sonnen biß zu ihrem niedergang sey gelobt
der Name des HERRN.

Wer hat das höchste Lob gehabt vnter allen Menschen Kindern? Antwort.

Johannes der Teuffer/von dem Christus sagt/
Matth 11. Warlich Ich sage euch/vnter allen/die
von Weibern geboren sind/ist nicht auff kommen/
der grösser sey/denn Johannes der Teuffer.

Wer hat den grösten Namen? Antwort.

Jesus Christus/welchem der Vater/weil er
ihm mit Demuth biß in den Todt am Creutze ge-
horsamet/also geehret/vnd ihm ein solchen Namen gegeben hat / das im Namen Jesu sich alle
Kute beugen müssen/im Himmel/auff Erden vnd
vnter der Erden/Phil. 2. Esa. 45.

Welches ist der Menschen grösste Ehre vnd Nutz? Antwort.

Gott fürchten. Dann so schreibet Syrach/
cap. 1. Die Furcht des HERRN ist Ehre vnd
Ruhm/Freude vnd eine schöne Krone. Die furcht
des HERRN macht das Hertze frölich/ vnd
gibt Freude vnd Wonne. Wer den HERRN
fürchtet/dem wirds wolgehen in der letzten noth/
vnd wird endtlich den Segen behalten.

Welches ist der neheste weg zu Reichthum vnd Ehre? Antwort.

Gott

Gott fürchten/ vnd in allem thun vnd lassen seine gegenwart für augen haben. Dann so schreibet Dauid im 34. Psalin: Fürchtet den HERRN ihr seine Heiligen/ dann die den HERRN fürchten/ haben keinen mangel/ Die Reichen müssen darben vnd hungern/ Aber die den HERRN fürchten/ haben keinen mangel an irgend einem Gute. Syrach 1. Die Furcht des HERRN ist Ehre vnd Ruhm. Wer den HERRN fürchtet/ dem wirds wolgehen/ vnnd wenn er Trostes bedarff/ wird er gesegnet sein.

Was wird dem kalten Wasser verglichen e Antwort.

Ein gutes Gerücht. Prouerb. 25. Ein gut Gerücht aus frembden Landen ist wie kalt Wasser einer durstigen Seelen.

Welches ist der berühmbteste Eheman e Antwort.

Der ein Gottßfürchtiges/ Tugendsames vnd Haußheiliges Weib hat. Dann so sagt Salomon/ Prouer. 31. Eines solchen Weibs Mann ist berühmet in den Thoren/ wann er sitzet bey den Eltesten des Landes/ Ihre Söhne kommen auff vnd preisen sie selig/ Ihr Mann lobet sie/ sie ist edeler als die köstlichsten Perlen sind.

Was ist gewisser denn Silber vnd Gold e Antwort.

Ein guter Name/ den man auch nach dem Tode behelt. Syrach 42. Sihe das du einen guten Namen behaltest/ der bleibt gewisser denn tausend grosse

grosse Schätze Goldes. Ein Leben/es sey so gut
als es wolle/so weret es eine kleine zeit/Aber ein
gut Gerüchte vnnd guter Name der bleibet
ewiglich.

Wer ist aus geringem Stand / vnd aus der Gefengniß zu den höhesten Ehren erhoben worden? Antwort.

Joseph/ der ward aus falscher Anklage des
Weibes Potiphars ins Gefengniß gebracht/ da
rinnen er drey Jar lag/vnd hernach also erhoben
ward/das er ein Herr ward vber gantz Egyptens
land/der neheste nach dem Könige Pharaone/das
man ihn nante den heimlichen Rath / vnnd des
Landes Vater/ Gen. 39. 41.

Welcher König hat das beste Lob vnnd herrlichsten Namen hinder sich gelassen? Antwort.

Josias/ der König Juda zu Jerusalem/von
dem schreibt das 2. Buch der Könige am 23. vnd
das 2. Buch der Chronica am 35. Cap. Das vor
ihm kein König gewesen / auch nach ihme keiner
gekommen sey/der also von gantzem Hertzen/von
gantzer Seelen vnd allen Krefften sich zum HErren bekehret/ vnd nach dem Gesetze gelebet hette/
als er. Vnd Syrach am 49. sagt: Der Name Josias ist wie ein edeles Reuchwerck in der Apotecken/ Er ist süsse wie Honig im Munde / vnd wie
ein Seitenspiel beym Wein/Er hatte grosse Gnade das Volck zu bekehren / vnnd die Grewel der
Abgö

Gott fürchten/ vnd in allem thun vnd lassen
seine gegenwart für augen haben. Dann so schreibet Dauid im 34. Psalm: Fürchtet den HERRN
ihr seine Heiligen/ dann die den HERRN fürchten / haben keinen mangel / Die Reichen müssen
darben vnd hungern / Aber die den HERRN
fürchten / haben keinen mangel an irgend einem
Gute. Syrach 1. Die Furcht des HERRN ist
Ehre vnd Ruhm. Wer den HERRN fürchtet/
dem wirds wolgehen/ vnnd wenn er Trostes be-
darff/ wird er gesegnet sein.

Was wird dem kalten Wasser vergli-
chen? Antwort.

Ein gutes Gerücht. Prouerb. 25. Ein gut Gerücht aus frembden Landen ist wie kalt Wasser
einer durstigen Seelen.

Welches ist der berühmbteste Ehe-
man? Antwort.

Der ein Gottßfürchtiges/ Tugendsames vnd
Haußheliges Weib hat. Dann so sagt Salomon/
Prouer. 31. Eines solchen Weibs Mann ist berühmet in den Thoren/ wann er sitzet bey den Eltesten
des Landes/ Jhre Söhne kommen auff vnd preisen sie selig/ Jhr Mann lobet sie / sie ist edeler als
die köstlichsten Perlen sind.

Was ist gewisser denn Silber vnd
Gold? Antwort.

Ein guter Name/ den man auch nach dem Tode behelt. Syrach 42. Sihe das du einen guten
Namen behaltest der bleibt gewisser denn tausend
grosse

grosse Schätze Goldes. Ein Leben/es sey so gut
als es wolle/so weret es eine kleine zeit/Aber ein
gut Gerüchte vnnd guter Name der bleibet
ewiglich.

Wer ist aus geringem Stand / vnd aus der Gefengniß zu den höhesten Ehren erhoben worden? Antwort.

Joseph/ der ward aus falscher Anklage des
Weibes Potiphars ins Gefengniß gebracht/ da=
rinnen er drey Jar lag/vnd hernach also erhoben
ward/das er ein Herr ward vber gantz Egypten=
land/der neheste nach dem Könige Pharaone/das
man jhn nante den heimlichen Rath / vnnd des
Landes Vater/ Gen. 39. 41.

Welcher König hat das beste Lob vnnd herrlichsten Namen hinder sich gelassen? Antwort.

Josias/ der König Juda zu Jerusalem/von
dem schreibt das 2. Buch der Könige am 23. vnd
das 2. Buch der Chronica am 35. Cap. Das vor
jhm kein König gewesen/ auch nach jhm keiner
gekommen sey/der also von gantzem Hertzen/von
gantzer Seelen vnd allen Krefften sich zum HEr=
ren bekehret/ vnd nach dem Gesetze gelebet hette/
als er. Vnd Syrach am 49. sagt: Der Name Jo=
sias ist wie ein edeles Reuchwerck in der Apote=
cken/ Er ist süsse wie Honig im Munde / vnd wie
ein Seitenspiel beym Wein/ Er hatte grosse Gna=
de das Volck zu bekehren / vnnd die Grewel der
                                    Abgö=

Abgötterey abzuthun / Er wagte e
Hertzen auff den HERRN / vnn
rechten Gottesdienst an / da das La
götterey war.

Was gibt ein ewigwerendes
niß? Antwort.

Kunst vnd Waißheit / Dann f
am 15. Wol dem / der die Weißhei
wird ihm seinen Mund auffthun n
Gemeine / sie wird ihn erhöhen vbe
sten / sie wird ihn krönen mit Freu
ne / vnd mit eim ewigen Namen ihn

Welcher Leute Name verg
Antwort.

Der Gottlosen / Dann so sag
Psalm : Du schiltest die Heyden / v
Gottlosen vmb / Jhren Namen ver
vnd ewiglich. Jm 34. Er rottet i
aus von der Erden / Syr. 10, 44.

Wo wird der berühmbtester
ordentlich beschrieben
wort.

Jm Buch Syrach am 44. 45.
50. Cap. da fchet er von Adam an /
berühmbteste Leut mit jhren The
biß auff den Hohenpriester S
es lieblich / vnd mit nutze
fen ist.

XLVIII.

Von Schönheit / Gestalt vnd Vngestalt.

Wann ist aus dem schönsten der heßlichste worden? Antwort.

Als Lucifer sich wider Gott aufflehnete/ ist er aus dem schönsten Engel der scheußlichste vnd greulichste Teufel worden/ Apocal. 12.

Wer hat die schönste Töchter gehabt? Antwort.

Job/ Dann so stehet geschrieben im Buch Job am 42. Capitel: Vnd Gott segnete hernach Hiob mehr/ denn vorhin/ das er bekam vierzehen tausent Schafe/ vnd sechs tausend Cameel/ tausend Joch Rinder/ vnd tausend Esel/ vnd kriegte sieben Söhne vnd drey Töchter. Vnd hieß die erste Jemina/ die ander Kezia/ vnnd die dritte Kerenhapuch/ vnd waren nicht so schöne Weiber funden in allen Landen/ als die Töchter Hiobs/ vnd ihr Vater gab jhnen Erbtheil vnter jhren Brüdern.

Wer wird der Schönste gerühmet vnter allen Menschen Kindern? Antwort.

Der versprochene vnd nun gesandte Messias/ der HErr Christus Jesus/ von deme David sagt im 45. Psalm: Du bist der schöneste vnter allen
Mens

Menschen Kindern/ Holdselig sind ?
drumb segnet dich Gott ewiglich/
gelingen in deinem Schmucke.

Wo ist der schöneste Mensc
heßlichsten geworden ?
wort.

Zu Jerusalem/ da Christus du
vnd creutzigung so jämmerlich zuge
das er einem Wurme ehnlicher sahe
sahen Johan. 19 Psalm 22.

Wo ist das zuuor verkündig
Antwort.

Im Esaia am 53. Seine Gesta
als anderer Leute/ vnd sein Anseh
als der Menschen Kinder/ Wir s
Aber da war keine Gestalt/ die vns
Er war so verachtet/ das man das
ihme verbarg.

Wer rühmet sich schwartz v
sein? Antwort.

Salomon/ in der Person der Chr
ken/ als der Braut des HErrn Chr
Sehet im Hohenliede Salomonis a
schwartz/ aber gar lieblich/ Jhr Tö
lem/ wie die Hütten Kedar/ wie die
lomo/ Sehet mich nicht an / das i
bin. Denn die Sonne hat mich verb
Mutter Kinder zürnen mit mir / N
zur Hüterin der Weinberge gesetzet
Weinberg/ den ich hatte/ habe ich i

Welches iſt der ſchönſte Mann geweſt in Iſrael? Antwort.

Abſolon. Denn ſo ſtehet 2. Sam. 14. Es war aber inn gantzem Iſrael kein Mann ſo ſchön als Abſolon/vnd hatte dieſes Lob für allen/ von ſeiner Fußſolen an biß auff ſeine Scheitel war nicht ein feil an jhme.

Welche Jungfraw iſt jrer Schönheit halben allen Jungfrawen vorgezogen worden? Antw.

Eſther / als der König Ahaßuerus aus hundert ſieben vnnd zwantzig Ländern die ſchönſten Jungfrawen ſamlen ließ/ jhm daraus ein Ehegemahl zuerwehlen/ Da ward Eſther vom Könige/ vnd von allen/ die ſie anſahen/ allen andern vorgezogen / vnd zur Königin gemacht/vnd zu ſeim Ehegemahl erwehlet/ Eſther 2.

Wer hat ſich des Todes beſorgt vmb ſeines ſchönen Weibes willen? Antwort.

Der Patriarch Abraham/Gen. 12. vnd Iſaac/ Da er in der thewrung zu Gerat wohnete/furchte er ſich von Rebecca zu ſagen/das ſie ſein Weib were/vnd beſorgte ſich/die Einwohner möchten jhn erwürgen / damit ſie das Weib bekemen/ dann ſie war ſehr ſchöne von Angeſichte/Gen. 26.

§

Wer iſt vber der luſt zu eim ſchönen Weibe vmb das Leben kommen? Antwort.

Der mechtige Kriegeßoberſte Holofernes/da der inn ein Pancket die ſchöne Frawe Judith ſahe/ ward er ſo entzündet gegen jhr/ das er ſie/die Nacht zu beſchlaffen gedacht/ vnnd ſeine luſt mit jhr büſſen wolte. Aber da er viel getruncken hatte/vnd balde einſchlieff/ ehe ſie zu jhm ins Bette kam/ ward jhme von jhr der Kopff abgehawen mit ſein eigenen Schwerdte/ muſte ſchande vnd ſchaden zu lohne haben/ Judith 10.13.

XLIX.

Von allerley Handwercken/ Künſten vnd Handthierungen/vnd Kleidungen.

Erſtlich/ von Schneidern vnd Kleidern.

Wo hat Chriſtus die Schneider vnterrichtet? Antwort.

Matth. 9. da er lehret/das man alte Kleider nicht mit newem Tuche flicken ſolle/damit der riß nicht gröſſer vnd erger werde.

Wo

s beste Kleid vnd Ro𝔨 in der
ibel ? Antwort.

HERR hat mich angezogen mit
eils / vnd mit dem Rocke der Ge=
𝔯ildet. Durch diesen Rock vnd Kleid
ohet das verdienst / Heiligung vnd
Jesu Christi / damit die Gleubigen
geschmücket werden / dadurch jhre
ligkeit vnnd Vngerechtigkeit also
' das sie Gott an jhnen nicht mehr
/ noch verdammen wil. Galat. 3.
: getaufft sind / die haben Jesum
3ogen. Vnd 1. Cor. 1. Christus ist
ur Gerechtigkeit / Heiligung vnnd
om. 8. Es ist nichts verdamlichs in
risto Jesu sind. Lutherus vber das
ohannis : Das Blut Jesu Christi /
der Tauffe besprenget sind / ist der
enrock / damit wir angezogen sind /
n wir für Gott treten / das er vns
msehen wil noch kan / dann als wes.
ebe Sohn selber / voll Gerechtig=
t vnd Vnschuld / etc.

s verboten / das Weiber nicht
kleider / vnd Männer nicht
bskleider anthun sollen ?
Antwort.

uch Mosis am 22. Capit. Ein Weib
nnßgeräthe tragen / noch ein Mann
er anthun / Dann wer das thut / ist für
HERRN ein Grewel.

Wer ist in seinen Kleidern am höchsten gehönet? Antwort.

Die Gesandten Dauids/die er gesandt hatte zu Hanan/der Moabiter Könige/jhn zu trösten vber seines Vaters tode/ vnd jm trewe Nachbarschafft anzubieten/die hönete der junge König/verschneit jhnen die Kleider biß an Gürtel / vnd verstutzete jhnen den Bart / daraus entstund ein schedlicher Krieg / darinne der König mit seim Volcke jämmerlich vmbkamen/2. Sam. 10. 11. 12.

Wo stehet das ergste Kleid in der Bibel? Antwort.

Jm 109. Psalm / da Dauid von dem Kleide der Vngleubigen vnd Gottlosen saget: Er wolte den Fluch haben/ der wird jhm auch kommen / er zoch den Fluch an wie ein Hembde/ vnnd ist in sein inwendiges gangen/ wie Wasser/ vnd wie Oel in seine Gebeine. Es werde jhm wie ein Kleid/ das er anhabe/vnd wie ein Gürtel/ das er sich allewege damit gürte.

Waserley Tuch war den Jüden zu gebrauchen verboten? Antwort.

Das zugleich aus Wolle vnd Leinen gewircket war/welches wir Beyderman zu Deutsch nennen / damit angezeiget wird / das Gott vnserm HERRN die nicht gefallen/die es mit allerley Lebten halten/vnd das jhm die nicht dienen können/die zugleich dem Teufel/vnd jhm Gott dem Schöpffer anhängen wollen. Matth. 6. Niemand.

kan

kan zweyen Herren dienen. 1.Reg.18. Wie lange
hincket jhr auff beyden Seiten / das ist / Ist der
HERR Gott / so wandelt jhme nach / Ists aber
Baal / so wandelt jhm nach. Vnd das Volck ant=
wortete endlich nach gesehenem Wunderwerck /
vnd sprach : Der HERR ist Gott / dem wollen
wir dienen.

Welche Leut haben jre Kleider vnd Schuch am lengsten vnuersehret getra= gen ? Antwort.

Die Kinder Israel / die führete vnnd erhielt
Gott in der Wüsten vierzig Jahr / also / das jhre
Kleider vnd Schuch nicht veralteten noch zerris=
sen / Deut. 29.

Wem hat Gott heissen seine Schuch auß= ziehen ? Antwort.

Erstlich dem Mosi / da er ihm erschien am Ber=
ge Horeb / sagte er zu jhm / zeuch deine Schuh aus /
dann der Ort ist heilig / da du stehest. Zum an=
dern dem Josua bey Jericho / da jhm Christus in
Mannßgestalt erschien / Josuae 5.

Wo stehet ein par Schuh in der Bi= bel ? Antwort.

Amos am 8. da stehet also : Höret dieses / die
jhr die Armen vnterdrücket / vnd die Elenden im
Lande verderbet vnd sprecht : Wann wil denn der
Newemond ein ende haben / das wir Getreide ver=
keuffen / vnd der Sabbath / das wir Korn feil ha=
ben mögen / vnd den Epha ringern / vnd den Se=
                    b ij   ckel

Kel steigern/vnd die Wage felschen/auff das wi
die Armen vmbs Geld/ vnd die dürfftigen vm
ein par Schuhe vnter vns bringen/ vnnd Spren
für Korn verkauffen. Item Marci 6. Calceato
sandalijs, das sie Schuch trügen an beyden Füssen

Weme ist das Schuh außziehen am schmehlichsten bekommen? Antwort.

Deme/der bey den Jüden seines Bruders ver
lassene Witwe nicht freyen/ vnd seines Brudert
Hauß nicht erbawen/ noch seinen Namen wolt er
halten vnd fortpflantzen helffen. Dann so gebeut
Gott durch Mosen/Deut. 25. Weme es nicht ge
fellet seines Bruders Weib zu nemen / deme sol
seine Schwägerin für den Eltesten im Thor einen
Schuch außziehen von seinen Füssen / vnd jhn an
speyen/vnd sagen für jederman/So sol man thun
eim jederman/der seines Bruders Hauß nicht er
bawen wil / vnd sein Name soll in Israel heissen
deß Barfüssers Hauß / Ruth am 4.

Wo wird der Schmuck an den Schuhen getragen gestrafft? Antw.

Esaiae am 3. Die Töchter Zion schwentzen
einher / haben köstliche Schuh an ihren Füssen.
Ich wil den Schmuck an ihren köstlichen Schu
hen hinweg nemen/sie berauben vnd kaal machen.

Wer erkennt sich vnwirdig zum Schuß außziehen? Antwort.

Johannes der Teuffer/da er sagt/Ich bin nicht
werth/das ich seine Schuchriemen aufflöse/Joh. 1.
Woraus

Woraus sind die Schürtze gemacht gewe
sen/damit sich Adam vnd Eua nach
dem Falle zugedeckt haben?
Antwort.

Aus Feigenblettern. Wie Moses Genes. 3.
schreibt/ Da wurden jhrer beyder Augen auff ge
than/vnd wurden gewar/ das sie nacket wuren/
vnd flochten Feigenbletter zusammen/vnd mach
ten jhnen Schürtze daraus.

Wer hat den ersten Rock oder Peltz ge-
macht? Antwort.

Gott der HERR selber. Dann so schreibet
Moses/Gen. 3. Vnd Gott machte Adam vnd seinem Weibe Röcke von Fellen/vnd zog sie jnen an.

Wer hat eine rauche Haut zum Kleide
getragen? Antwort.

Elias der Prophet/ 2. Reg. 1. Er hatte eine
rauche Haut an/ vnd ein Ledern Gürtel.

Von Mäwrern vnd Stein-
metzen.

Wo hat Christus die Mäurer vnd
Steinmetzen vnterrichtet?
Antwort.

Matth. 7. vnd Luc. 6. da er saget/Wann man
ein Hauß bawen wolle/ sol man den Grund tieff
graben / vnd auff einen felsichten Boden legen/

b iij   damit

damit der Sturmwind vnnd Gewässer dem Ge-
bewe nicht schaden könne.

Wo sind am meisten Zimmerleute vnd Steinmetzen gehalten wor-den? Antwort.

Auff dem Berge Libanon / da Salomon den
Tempel bawen wolte/da hielt er wochentlich achtzig tausend / die da Holtz felleten vnd zuhieben/
Steine brachen / vnd auffs schönste außarbeite-
ten zum Gebew des Tempels/vnd siebentzig tau-
send/die Holtz vnd Steine zu rechte trugen/1.Reg.
5. 2.Chron. 2.

Ziegelofen/oder Ziegelmacher.

Wo sind am meisten Leute im Ziegelofen verbrandt? Antwort.

Im Lande der Moabiter / als Dauid derer
Stedte gewan / legte er die Gefangene vnter eiserne Segen / Zacken vnd Keile/ vnnd verbrante
sie in Ziegelöfen / 2. Sam. 10.

Wo sind am erstenmal Ziegel gemacht worden? Antwort.

Im Lande Sinear / da die Nachkommen
Noah Babylon zu bawen anfiengen. Denn so
schreibt Moses/Gen. 11: Die Nachkommen No-
bae zogen gegen Morgen / vnnd funden ein eben
Land im Lande Sinear/vnd wohneten daselbst/
vnd sprachen vnter einander: Wolauff lasset vns
Ziegel

Ziegel streichen vnd brennen / vnd sie namen Ziegeln zu Steinen / vnd Thon zu Kalcke / vnd sprachen : Lasset vns eine Stadt bawen / vnd einen
Churm / des Spitze biß an den Himmel reichet /
das wir vns einen Namen machen / Dann wir
werden vielleicht zerstrewet in alle Länder.

Wem ist es mit Ziegelbrennen am säwre-
sten geworden ? Antwort.

Den Kindern Israel in Egypten / vnter dem
Tyrannen Pharaone / die musten den Thon selber
graben / vnd auff dem Rücken tragen : Stoppeln
im Felde samlen vnd herzu tragen / vnnd dennoch
teglich eine grosse anzahl Ziegeln brennen / oder
wurden vbel darüber geschlagen / Exod. 1. 5.

Wer hat sich gerühmet / er wolle besser
als mit Ziegelsteinen bawen ?
Antwort.

Die zu Samaria / die aus Hoffart sagten : Ho
Ziegelsteine sind gefallen / Aber wir wollens mit
Werckstücken wider auff bawen. Maulbeerbäw-
me hat man vmbgehawen / aber wir wollen Cedern an die stat setzen / Esaie am 9.

Wer hat einer Stadt Belagerung auff
einen Ziegel entworffen ?
Antwort.

Der Prophet Ezechiel am 4. Cap. zu deme sage
Gott : Nim einen Ziegel / vnd lege ihn für dich /
vnd entwirff darauff die Stadt Jerusalem / vnnd
mache eine Belägerung darumb / etc.

b v   Wo

Wo befihlt Gott Ziegel zu machen? Antwort.

Im Propheten Nahum am 3. da er sagt / Ge
he inn den Thon / tritt den Leimen / vnd mache
starcke Ziegeln / Aber es wird vergebens sein dein
bessern / du must doch zerstört werden.

Oelschläger.

Wer ist der Kunstreichste Oelschläger gewest? Antwort.

Der Prophet Elisa. Denn da eine arme Witwen zu ihm kam / vnd jm klagete / wie der Schuld-
herre jhre beyde Söhne zu leibeigenen Knechten
nemen wolte / der schuld halben / damit jr verstor-
bener Mann ihm verhafftet gewesen / vnd da wider Rath bey jhm suchte / da befahl er jhr / das sie
viel leere Gefesse von jhren Nachbawern borgen
solte / vnd damit in jhr Hays gehen / dasselbe fest
zuschliessen / vnd den vollen Oelkrug / den sie in
jhrem Hause hatte / nemen / daraus in alle geborgte leere Gefesse giessen / Vnnd sihe / da diß Weib
das thet / wurden alle geborgte leere Gefesse voll
aus dem einigen Oelkruge / das es jhr mehr
an Gefessen / als am Oele mangelt /
2. Reg. 4.

Seydenstrickern.

Wer ist die erste Seydenstrickerin vnd Näterin gewesen? Antwort.

Naema/ die Tochter Lamechs vnd Zillae/ von der sagt man / das sie das Seydenstricken / Neen vnd wircken erfunden habe/ Genesis am 4. Lutherus.

Welchs ist der Kunstreichste Seydenstricker vnd Wircker gewest? Antwort.

Ahaliab/ der Sohn Ahisamach/ vom Stamme Dan/ von dem sagt Moses/ das Gott ihn erfüllet habe mit Weißheit / allerley-künstlich zu stricken vnd wircken/ mit geler/ weisser vnd rother Seyden / Scharlacken/ vnd mit webung allerley künstlicher arbeit / Exod. 31. 35. 36.

Von Schmieden/ Goldschmieden vnd Rotgiessern.

Wer ist der erste Schmid gewesen? Antwort.

ThubalCain/ der Sohn Zillae/ Lamechs Weib / der war ein Polirer in allen Meisterstücken Ertztes vnd Eisens/ Genes. 4.

Wo

Wo wird deß Schmiedens g
Antwort.

Im Esaia am 44. vnd Syrach
Schmied muß bey seinem Ambosse sei
mit der Zangen fassen / inn der Glut
mit Hämmern bereiten / wird matt
arbeitet sich müde vber der Esse / da
schleget ihm die Ohren voll / vnd sihet
er das Werck recht mache / muß den
fertige / früh vnd spate dran sey / d
beite.

Wo stehets geschrieben / daß da
dehandwerck von Gott s
Antwort.

Esaiae am 54. so spricht der HE
schaffe es / das der Schmied / so die A
er auffbläset / einen Zeug draus ma
Wercke.

Wer hat Schmiede sehen
wider die Feinde? An
wort.

Zacharias der Prophet / da der sa
se Hörner / die das Königreich Jud
zerstiessen / Da wurden ihm auch im
zeiget vier Schmiede / die da arbei
die stossende Hörner zerschlu
Zachariae 1. cap.

Wo wird der Rotgiesser vnd Goldschmie=
de gedacht? Antwort.

Esaiae am 4. Der Meister geust ein Bilde/vnd
der Goldschmiedt vbergüldets/vnd macht silber=
ne Ketten dran. Sap. am 15. Cap. Er arbeitet
in die wette mit den Goldschmieden vnd Silber=
schmieden/das ers dem Rotgiesser nachthue/vnd
helt es für ein Ruhm/das er falsche arbeit mache.

Welchs ist die närrischte vnnützlich=
ste Schmiedearbeit? Antw.

Wann sie aus Eisen Ertz / Silber oder Gol=
de Götzen machen vnd bereiten/die man als Göt=
ter ehren sol / da sie doch kein Leben oder Krafft
haben/gutes oder böses zuthun/dauon Esaiae am
40.41.42.43.44.46. Vnnd Sap. 13, 14, 15.
nach der lenge bericht geschicht.

Wo stehen Zimmerleut vnd Goldschmie=
de beysammen in närrischer ar=
beit? Antwort.

Esaiae am 41. Einer halff dem andern / der
Zimmerman nam den Goldschmied zu sich /vnnd
machten mit einander das Blech glatt auff dem
Amboß/vnd sprachen/das wird fein stehen/
hefften es mit Negeln/vnd zierten
den Götzen.

Wo

Von Handwercken?

Wo wird deß Schmiedeha[
dacht? Antwort.

Im Buch der Richter am 5. C
der rechten Hand den Schmiedehan
schlug Sisseram.

Woher kömpt das Wort S
Schmieden? Antw[

Von dem Ebreischen Wort Za[
so viel/ als zusammen schweissen/ [
der schliessen/oder zusammen verbi
Daher heisset die heilige Schri[
Rebeccen Kleinod Zmidim / Da[
Schmied vnnd Geschmeide deriui[
herkömpt/ wie Mathesius in seine[
digten bezeuget.

In welchem Lande sind am
Schmiede gewesen?
wort,

Im Lande Israel/ zur zeit S[
Königs in Israel. Dann so stehet [
Sam. 13. Es ward kein Schmied in
de Israel gefunden/ dann die Ph[
die Ebreer möchten Schwerdt vn
chen. Drumb muste gantz Israel [
den Philistern / wann jemands h[
schar/Hawen/Beil oder Sensen zu
mals ward auch kein Spieß oder
funden bey allem Volck/ ohne was
nig vnd sein Sohn Jonathan hatte
noch durch Gottes beystand vberu[

Philister / die mit dreiſſig tauſend Wagen / ſechs
tauſend Reutern / vnd einem vnzehligen Fußvolck
wider ſie gezogen wären / 1. Sam. 13.

Jäger vnd Jagten.

Wer wird als ein erfahrner Jäger ge-
rühmet? Antwort.

Eſau / der Sohn Iſaac / von dem Moſes ſchrei-
bet Geneſ. am 25. Eſau erat vir gnarus venandi.
Eſau war ein erfahrner Jäger.

Wer hat am meiſten lebendiger Füchſe
auff einmal gefangen? Ant-
wort.

Simſon / im Buch der Richter am 15. Simſon gieng hin vnd fieng drey hundert Füchſe / vnd
nam Brände / vnd kehrete je einen Schwantz zum
andern / vnd that einen Brand je zwiſchen zweene
Schwäntze / vnd zündet die an mit Fewer / vnd ließ
ſie vnter das Korn der Philiſter lauffen / vnd zündet alſo an die Mandel mit dem ſtehenden Korn /
vnd die Weinberge vnd Oelbeume.

Wo ſtehets / daß man die Füchſe fahen
ſoll? Antwort.

Im Hohenliede Salomonis / da ſtehet am 2.
Fahet vns die Füchſe / die kleinen Füchſe / die die
Weinberge verderben. Denn vnſere Weinberge
haben Augen gewonnen.

Wo

Wo stehet die beste Jagt in der Bibel? Antwort.

1. Tim. 7. Jaget nach der Gerechtigkeit/ dem Glauben/ der Gottseligkeit/ der Liebe vnnd Gedult/ vnd ergreifft das ewige Leben/ darzu jhr beruffen seid.

Wo drewet Gott Jäger außzusenden? Antwort.

Im Propheten Jeremia am 16. Ich wil Jäger außsenden/ die sollen sie fahen auff allen Bergen/ auff allen Hügeln vnnd Steinritzen/ dann jhre Missethat ist für meinen Augen vnuerborgen.

Wer ist der Jaget wegen geliebet worden? Antwort.

Esau. Dann so schreibt Moses/ Gen. 25. Isaac hatte Esau lieb/ darumb/ das er offt gerne aß von seiner Jaget vnd Weidewerck.

Wo schreibet Gott den Jüdischen Jägern eine Regel für? Antwort.

Im 3. Buch Mosis am 17. Wer ein Thier oder Vogel fehet auff der Jaget/ das man essen kan/ der sol dessen Blut erst vergiessen/ vnnd mit Erden zuscharren. Dann des Leibes leben ist im Blute/ vnd jhr solt kein Leibes Blut essen.

Becker.

Becker.

Wo wird der Becker vnd Backofens in der Bibel gedacht? Antwort.

Hoseae 7. Gleich wie ein Backofen / den der Becker heitzet / wann er hat außgekneret / vnd lesset den Teig durchsewren vnnd auffgeben. Dann ihr Hertz ist heisser als ein Backofen in andacht / wann sie opffern / vnd die Leute betriegen.

Von allerley Künsten. Schwartzkünste.

Wie vielerley Künste gedencket die Bibel? Antwort.

Dreyerley. Die erste heist *Scientia diuina,* vnnd ist die Theologia. Die ander heist *Scientia naturalis,* vnd ist die Philosophia. Die dritte heist *ars Diabolica,* vnd ist die schwartze Kunst / Zeuberey vnd Hexenwerck.

Die erste Kunst Theologia hat zwey theil Das erste theil lehret vns / wie wir an vns selbst verzagen / vnd allein an Jesum Christum vns halten / vnd die Seligkeit bey ihm suchen sollen / wie wir vnser Hertz vnd Seele gegen Gott richten sollen / in warer Furcht / Liebe / Vertrawen, Hoffnung / gehorsam vnd gedult / in anruffung vnd preisung Göttliches Namens. Das ander theil der Theologias lehret / wie wir vnsern alten Adam tödten /

G   zähmen

jemen vnd regiren sollen/ vnd wie wir vns gegen
dem Nehesten in Worten vnd Wercken/thun vnd
lassen erzeigen sollen.

Die ander Kunst Philosophia hat auch zwey
theil/Das erste heist Physica/vnd leret/ wie man
der Gewechs vnd Kreuter Natur/der Thiere vnd
aller Creaturen eigenschafft/des Himmels Lauff/
des Gestirns Influentz/ vnnd der Element wirckung erkennen/vnd der Menschen Complexion/
nutz oder schaden dadurch erforschen oder offenbaren solle. Das ander theil heisset Ethica/vnd
lehret/wie man recht haussen vn ein rechtschaffen
Leben füren sol/in zucht/Tugend vnd Erbarkeit.

Die dritte Kunst ars Diabolica hat auch zwey
theil/Das erste ist Ketzerey/Abgötterey/falscher
Gottesdienst/ sampt den lügenhafften Zeichen/
dadurch die Warheit geschendet/ vnd die Lügen
bestetiget/ vnd den Menschen an der Seele schaden zugefüget wird. Dafür warnet vns Christus/
Matth. 7. Sehet euch für fur den falschen Pro-
pheten/die in Schaffskleidern zu euch kommen/
vnd inwendig reissende Wölffe sind. Item an
dem tage werden etliche sagen/HERR/HERR/
haben wir nicht inn deinem Namen geweissagt/
vnd Teuffel außgetrieben? Vnd Matth. 24. Es
werden viel falscher Propheten sich erheben/ vnd
viel verführen.

Das ander theil ist Zauberey/schwartze Kunst/
vnd Hexenwerck/dadurch den Menschen an Leibe
vnd Leben/Gute vnd Nahrung schaden vnd verderben zugefüget wird/das verbeut Gott auch gar
ernstlich in seinem Wort mit drewung zeitlicher
vnd ewiger straffe/Deut. 18. Exod. 22. Eph. 5.
Apocal. 20.

Wo

Wo wird Gottes Zorn vnd Straffe ge-
drewet vber die Zeuberey?
Antwort.

Esaiae 47. Vmb der menge willen deiner Zeuberer vñ deiner Beschwerer willen/derer ein grosser hauffe bey dir ist (dann du hast dich auff deine
Boßheit verlassen/da du dachtest/ man sihet mich
nicht/ deine Weißheit vnd Kunst hat dich gestür-
tzet/vnnd sprichst in deinem Hertzen/ Ich bins/
vnd sonst keine) Darumb wird vber dich ein Vnglück kommen/ das du nicht weissest/wann es daher bricht/ vnd wird ein vnfall auff dich fallen/
den du nicht sönen kanst. Denn es wird plötzlich
ein Getümmel vber dich kommen / des du dich
nicht versihest/ etc.

Wo sind am meisten Schwartzkünstler-
Bücher auff einmal verbrand?
Antwort.

Zu Epheso/ da Paulus alda vber die zwey
Jahr das Euangelion von Christo geprediget hat-
te/da kamen etliche/ die solche fürwitzige Künst
getrieben hatten/vnd brachten die Bücher zusam-
men/vnd verbranten sie öffentlich/vnd vberrech-
neten/was sie werth waren / vnd funden des Geldes funfftzig tausend Groschen/ das macht vnser
Müntze vber die sechs tausend Gülden. Bünting
rechnet es auff sechs tausend drey hundert drey
vnd dreissig Thaler / acht Fürstengroschen/ nach
den Römischen denariis/ der jeder ein orts Thalers gegolten.

Wen

Wen haben die Zäuberer verstöckt ge-
macht? Antwort.

Den König Pharaonem in Egypten/da dessen
Zeuberer etliche Wercke vnd Wunder dem Manne Gottes Mosi nachthaten/ verstockten sie des
Königs Hertze/ das er Mosi nicht gleubte vnd
folgte/ vnnd drüber mit seim besten Volcke ver-
darb/ Exod. 7. 8. 14.

Was konten die Egyptische Zäuberet
Mosi nicht nachthun? Ant-
wort.

Den Staub in Leuse zuuerwandeln/ das mussten sie sagen/das were Gottes finger/Exod. 8.

Wo ist den Zäuberern vnmüglich gewest
zu sagen/was man gerne gewust
hette? Antwort.

Zu Babel/da alle Zeuberer mit alle jhrer Kunst
nicht kondten errathen/ oder sagen den Traum
vnnd Gesichte/ so der König Nebucadnezar des
Nachts gehabt hatte/vnd jhm entfallen war/biß
es jhm Gott durch Daniel anzeigen lest/Dan. 2.

Welchen Traum haben Zeuberer nicht
können außlegen/da sie doch meinen/
sie wissen alles? Ant-
wort.

Den Traum Pharaonis / des Königs in Egy-
pten/ von den sieben fetten vnd magern Kühen/
vnnd von den sieben vollen vnnd versengeten
Ehern/

Ehern/ Aber Joseph aus Gottes Offenbarung
legte es aus/von sieben guten fruchtbaren/ vnnd
sieben bösen vnfruchtbaren Jahren/ Genes. 41.

Wie vieler Zäuberer gedenckt das Newe Testament mit Namen? Antwort.

Dreyer. Erstlich des Simonis Magi/der sich
wol erst bekeret/aber endlich von Petro verflucht
ist seiner Heucheley vnd Boßheit halben/darumb
er auch als ein Feind Christi gestorben vnd verdorben ist/ Actor. 8. Nicephor. lib. 2. cap. 36.

Zum andern Bar Jehu/in der Stadt Paphos/
der sich auch *Elimas, quasi Eli Messias* nante/ das
ist Gottes König / den Paulus mit eim Worte
blind machte/ darumb / das er den Landvogt zu
Paphos vom Euangelio abwenden wolte/ Actorum 13.

Zum dritten die Magd zu Philippis in Macedonia / die einen Warsagergeist bey sich hatte/
damit sie ihrem Herren grossen geniess brachte. Da
sie aber Paulo nachfolgete/ vnd stets sagte: Diese
Menschen sind Knechte Gottes des Allerhöchsten/
die euch den weg der Seligkeit verkündigen/ ver-
droß es Paulum/ das er vom Teuffel zeugniß nemen solte / vnnd treib den Geist von ihr/
das sie nicht mehr warsagen kondte/
Actorum 16.

c iij   Geiger

Geiger/Pfeiffer.

Von wem haben die Geiger vnd Pfeif-
fer jhren vrsprung ? Ant-
wort.

Vom Jubal/dem Sohne Lamech/ Genes. 4.
von dem kamen/ die mit Geigen vnnd Pfeiffen
vmbgiengen.

Rechenmeister.

Welches ist der geschwindeste Rechen-
meister gewesen ? Antwort.

Vnser HERR Gott/der kan nicht allein mit
den Ziffern vnd Zahlpfennigen addiren/dupliren/
multipliciren/sondern mit der That vnd Wercke/
das ist/ Er kan auch da geben/ da nichts ist/ vnd
da auch wenig verhanden ist/es so vermehren/das
es viel wird/ vnnd weit reicher/ Wie das die
Historien aller Gleubigen vnd Heiligen außweisen. Des Isaacs außgeseeten Samen multiplicirel
er also/das er für einen Scheffel hundert bekömpt/
Gene. 26. Des Jacobs Geschlecht multiplicirt er
also/das in wenig Jahren aus siebentzig Personen
gezeugt vnd gezelt werden sechs hundert tausend
streitbare Mann/ ohne Weiber vnd Kinder. Zu
dem wenigen Oel vnd Mehl/ so die Widfraw zu
Sarepta hatte/addirt er also/das sie sampt jhrem
Sohn vnd dem Propheten Elia drey Jahr dauon
jre vnterhaltung haben vñ nemen kõnte/1.Reg.17.

Den Krug mit Oel / den die arme Widwe
hatte zu des Elisei zeiten/ multiplicirt vnd ver-
mehret

mehret er also/das sie daraus alle entlehnete leere
Gefesse füllete/vnd dauon nicht allein jre Schuld
bezahlte/ sondern auch für sich vnd jhre Kinder
einen guten Zehrpfennig behielt. Solches weisen
auch die Tharen Christi aus/ da er mit wenig
Brodten viel tausend Mann/Weib vnd Kind nit
mit gerechnet/ speiset vnd settiget/ also/ das man
mehr eroberte Brocken auffhebet/ dann zuuor
Brodt fürhanden gewesen war/Marc 8. Joh. 6.

Also kan er auch mit der That in huy mediren
vnd subtrahiren/ das von den grossen Geschlech-
ten/ Gütern vnd Gewalt der Gottlosen gar we-
nig/Ja offtmals weder strumpff noch stiel vbrig
bleibet/ wie dessen die Schrifft vnnd Erfahrung
auch voller Exempel ist. Psus: Darumb niemand
in noth vnd mangel verzagen/ auch in Glück vnd
grossem Reichthumb frech vnnd stolz sein sol.
Dann wie die Jungfraw Maria singet: Die Hun-
gerigen füllet er mit Gütern/ vnnd die Reichen
lesset er leer. Die Gewaltigen stösset er vom
Stuel/vnd erhöhet die Niderigen.Gott wird auch
endlichen zu diuidiren/ vnd ein völlige progressi-
on mit ganzem Menschlichem Geschlechte zu hal-
ten/ nach laut vnd innhalt seines heiligen vnfeil-
baren Worts vnd Drewungen in die lenge nicht
vergessen/Matth.24. 25. e.Thess. 1.Matth. 15:

Rentmeister.

Welchem Rentmeister hats am vbelsten gegangen? Antwort.

Zeltodoro / dem Rentmeister Seleuci / Als
der den Schatz aus des Tempels Kasten zu Jerusalem

salem neinen wolte / rante jhn ein Engel an / vnd
strieß jhn zu Bodem / vnnd zween Engel schlugen
jhn / das man jhn für todt aus dem Tempel tragen muste / 2. Maccab. 5.

Welchem Rentmeister wird das ergeste gedrewet? Antwort.

Sobna oder Sebna / dem Rentmeister deß
Königs Ezechiae / dem left Gott durch den Propheten Esaiam drewen schmehliche entsetzung seines Ampts / vnd einen schendlichen todt / Dann so
lauten die Wort: Ich wil dich von deinem stande stürtzen / vnd von deinem Ampte wil ich dich
setzen: Man wird dich ferne weg werffen / wie ein
starcker ein Ballen weg wirfft. Man wird dich
vmbtreiben wie eine Kugel auff weitem Lande /
daselbst wirstu sterben mit schmach deines Herrn.

Schleuderer.

Wo sind die gewissesten Schleuderer ge-west? Antwort.

In dem Stamm Benjamin. Dann da die Ben-
jaminter streiten wolten mit den Kindern Israel /
versamleten sich aus jhnen gegen Gibea sechs vnd
zwantzig tausend Mann / vnd vnter diesen wurden
gefunden sieben hundert Mann außerlesene / die da
linck waren / vnd condten mit der Schleuder
ein Haar treffen / das sie nicht fehle-
ten / Jud. 20.

Wo

kleine den grösten mit der
uder erworffen ? Ant=
wort.

er kleine Schaffhirte den grossen
iesen Goliath erwarff mit einem
er Schleuder/1. Sam. 17. Syrach

mehr der Schleuderer ge=
dacht ? Antwort.

Sie vmbgaben sie mit Schleudern/
ie/zerrissen die Mawren/vnd warf
auff die Ecker. Item 2.Chron.26.

Schützenmeister.

des gefährlichsten Schützen=
ters gedacht ? Antwort.

lm / da Dauid Gott den HERRN
ßtzen fürbildet / der mit tödtlichen
die Gottlose vnd Vnbußfertige zie=
arauff gelegt tödtliche Geschoß/set=
er zugerichtet zum verderben. Vnd
des 5. Buchs Mosis. drewet Gott
ottlosen / vnnd spricht : Ich wil alle
tnn sie schiessen. Dieses solte vns je
tlosigkeit vnnd vnbußfertigkeit ab=
nd zur Gottesfurcht vnd Gottselig=
n/wenn vns anders Leibes vnd See=
o Wolfart angelegen vnd lieb were.

( )   Wer

Wer wird als ein gewisser Armbrustschütze gerühmet? Antwort.

Der junge Herr Jonathas/ der Sohn Sauls/ von deme Dauid in sein Klagelied singet/vnnd sagt: Der Boge Jonathas hat niemals gefehlet. 2. Sam. 1.

Wer ist einem heimlichen Schützen gleich? Antwort.

Ein falscher betrieglicher Mensch/ Prouerb. 26. Wie einer heimlich mit Geschoß vnd Pfeilen scheust vnd tödtet/. Also thut ein falscher Mensch mit seinem Nehesten/ vnnd spricht darnach/. Ich habe geschimpffet.

Welche Könige sind mit Pfeilen erschossen? Antwort.

Erstlich Achab/ der König Israel/ den erschoß ein Armbrustschütze im Kriege mit eim Pfeile/ 1. Reg. 22.

Zum andern Joram/ der König Israel/ der ward vom Jehu mit eim Pfeile durchs Hertz geschossen/ das er tod in seinen Wagen fiel/ 2. Reg. 9.

So ist auch der König Saul hart verwundet worden von den Pfeilen der Philister/ also/ das er sich selber aus verzweiffelung vollends erstach/ 1. Samuel 31.

Wehe

Wehemütter.

Wo sind die Gottfürchtigsten Wehemütter gewest? Antwort.

Ju Egypten. Denn da Pharao jhnen gebot/ sie solten die Söne/ so von den Egyptischen Weibern geboren würden/ alßbald ertödten/ furchten sie Gott mehr/ denn den König/ vnd liessen sie leben / vnd weil sie den HErrn furchten / so that er jhnen guts/ vnd bawete jhnen Heuser/ Exod. 1.

Ballschlagen.

Wo stehet vom Ballschlagen in der Bibel? Antwort.

2. Maccab. 4. Jason bawete vnter der Burg zu Jerusalem ein Spielhauß/ vnd verordnete/ das sich die Jungen Gesellen darinnen vben musten/ vnd das Heydnische Wesen nam also vberhand/ das die Priester des Opffers vnd Tempels nicht mehr achteten/ sondern lieffen in das Spielhauß/ vnd sahen/ wie man den Ballen schlug.

Wo wird deß Ballwerffens gedacht? Antwort.

Esaiæ 22. da Gott zu dem stolzen Schatzmeister sagen lesset / Der HERR wird dich in ferne Länder werffen/ wie ein starcker einen Ballen weg wirfft.

Spie

Von Künsten
Spielen.

Weine wird es auffgeruckt/das er balde
nach essens gespielet? Ant-
wort.

Dem Volck Israel in der Wüsten/ Exod. 32.
Sie satzten sich nider zu essen/vnd stunden auff zu
spielen/1. Cor. 10.

Wer hat mit wilden Thieren gespie-
let? Antwort.

Dauid/ der König in Israel vnd Juda/ Dann
so schreibet Syrach von ihme am 54. cap. Er spielete mit Lewen/als schertzte er mit Böcklein/vnd
mit Beeren als mit jungen Lemmern.

Wo wird der wilden Thieren spiels vnd
schertzes gedacht? Antwort.

Im Buch Job am 40. Auff den Bergen vnd
in den Welden da spielen die wilden Thier. Im
104. Psalm/Das Meer ist groß vnd weit/da wim-
melt es ohne zahl beyde kleine vnd grosse Thier/
das sie drinne spielen vnd schertzen.

Wo stehets/ daß man daheimen spielen
mag? Antwort.

Syrach am 32. Stehe auch bey zeit auff/ vnd
sey nicht der letzte/sondern gehe eilend heim/ vnd
spiele daselbst/ vnd thu was du wilt/ doch das du
nichts vbels thust/vnd niemand pochest/ sondern
dancke

dancke für das alles / dem / der dich geschaffen/
vnd mit seinen Gütern gesettiget hat.

Was ist Gottes gemeinstes spiel mit sei-
nen gleubigen Kindern auff Er-
den? Antwort.

Das er sie mit Creutz belade/ vnd wieder daraus errette/erschrecke/ vnd wider tröste/betrübe/
vnnd wider erfrewe / tödte vnnd wider lebendig
mache/ 1. Sam. 2. Psalm 75. Tob. 13.

Aduocat.

Wo wird deß allerbesten Aduocaten vnd
Fürsprechers gedacht? Ant-
wort.

1. Tim. 2. Es ist ein Gott vnd ein Mitler zwischen Gott vnnd den Menschen / nemlich der
Mensch Jesus Christus / der sich selbst gegeben
hat für alle zur Erlösung. Item 1. Joh. 2. Vnnd
ob jemand sündiget/ so haben wir einen Fürsprecher bey dem Vater Jesum Christ/der gerecht ist/
vnd derselbige ist die versönung für vnser Sünde/
vnd für die Sünde der gantzen Welt.

Wo wird des ergsten Aduocaten ge-
dacht? Antwort.

Im 1. Buch Mosis am 3. da deß Teuffels gedacht wird/wie er Euen hat rathen wollen/ vnd
sie mit seinem rathe in Sünde/vngehorsam/noth/
tod vnd verdamnuiß gebracht hat/daher das Buch
des

Von Künsten

der Weißheit am 2. sagt: Durch des Teuffels
Neid ist der Todt in die Welt kommen.

Arbeit.

Welche Arbeit ist dem Menschen am aller nötigesten vnd nützesten?
Antwort.

Gottes Wort hören vnd lernen/ dann Gottes
Wort bleibt ewig/ vnnd erhelt auch zum ewigen
Leben alle/ die es im Glauben fassen vnd behalten. Luc. 11. Selig sind die Gottes Wort hören
vnd bewahren. Alle andere Güter aber/ denen
man doch so engstiglich nachstrebet/ sind vergeng-
lich/ vnnd verlassen entweder vns/ oder wir verlassen sie. Drumb sagt Christus von Marien der
fleissigen Zuhörerin seines Worts/ Luc. 10. Maria hat den besten theil erwehlet/ der nicht von ihr
wird genommen werden/vnd ermanet vns alle also zu thun. Matth. 6. Trachtet am ersten nach dem
Reich Gottes/ vnd nach seiner Gerechtigk.it/ so
wird euch das ander alles zufallen.

Wozu wird der Mensch geboren?
Antwort.

Zur Arbeit/ vnd nicht zum Müssgang/ Genesis 3. Im Schweiß deines Angesichts sol u dein
Brodt essen. Job. 5. Der Mensch wird zur Arbeit
geboren/ wie der Vogel zum fliegen/
Syr. 7. Ob dirs/ etc.

Weme

t Gott/daß er vergebens ar
en soll ? Antwort.

im Wort vnd Gebot nicht gehor=
23. Werdet ihr mir nicht gehor=
t thun alle diese Gebot/ so wil ich
nb ewre Sünd/das ich ewren stoltz
gkeit breche. Alle ewre arbeit sol
/ ewren Samen solt jhr vergebens
Land sol sein Gewechse nit geben/
se frücht bringen. Ich wil den Him=
vnd die Erde wie Ertz machen.

Arbeit soll nicht vergeblich
sein ? Antwort.

jhren beruff in Gottes furcht ver=
1.12s. Du wirst dich neeren deines
/ Wol dir/ du hast es gut/ du wirst
zc. 1.Cor.15. Ewre arbeit sol nicht
im HERRN.

st das beste bey der Arbeit ?.
Antwort.

Mensch dabey in Gottes furcht frö=
im Leibe gutes thue/ wie Salomon
gen am s. Der Mensch hat nichts
der Sonnen/ dann das er esse/ trinc
ch sey/ solches wird jhm von seiner
cap. Es ist nichts bessers.dem Men=
ssen/ trincken/ vnd seine Seele guter
sen inn seiner Arbeit. Dann er mus
les andern lassen.

Wei

Wer hat für andere die gröste arbeit gethan? Antwort.

Der HErr Christus/ der hat vnsert halben in
schwerer arbeit Blut geschwitzet/vnd mit schmertzen seinen Geist auffgegeben. Matth. 26. Luc 22.
Drumb sagt er recht Esaie am 43. Mir hastu arbeit gemacht in deinen Sünden/ vnd mühe in deinen Missethaten. Psalm 87. *In laboribus sum à
iuuentute.*

Wer klagt/ das er die gantze nacht vergebens gearbeitet habe? Ant-
wort.

Petrus / da er Luce am 5. sagt: Meister wir
haben die gantze Nacht gearbeitet/vnd nichts gefangen.

Wo wirds geboten Arbeitern den lohn
balde zu geben? Antwort.

Jm 5. Buch Mosis am 24. Cap. Dem Arbei-
ter soltu seinen lohn des tages geben/ da er dir ar-
beitet/ das die Sonne nicht drüber vntergehe/
sonst wird dirs eine Sünde/ wann es
darüber zu mir ruffet.

Gül

Güldene Spangen.

Wo stehen güldene Spangen mit silbern Bockeln in der Bibel?
Antwort.

Im Hohenliede Salomonis/cap.1. Wir wollen dir güldene Spangen machen mit silbern
böcklein.

Wo wird der Spangen gedacht/so die
Jungfrawen tragen? Ant-
wort.

Esaiae am 3. Ich wil die Scheitel der Tochter
Zion kaal machen / ich wil wegnemen ihr Ge-
schmeide/die Spangen/Kettelein/die Armspan-
gen vnd Ohrenspangen/sampt den Biesemöpffe-
lein vnd Ringen.

Welcher Jungfrawen sind güldene
Spangen verehret? Ant-
wort.

Der Rebecca / da sie des Isaacs Braut solte
werden / gab ihr sein Freywerber eine gülden
Stirnspange eines halben Seckels schwer/das ist
ein Vngerischer Gülden schwer/vnd zwey güldene Armbande zehen Seckel schwer/das sind
zwantzig Vngerischer Gülden
schwer/Gen. 24.

D   Con-

Concilia.

Wie vielerley guter Concilien gedenckt die Bibel im newen Teſtament?
Antwort.

Dreyer. Das erſte/ ſo die Apoſtel gehalten haben zu Jeruſalem nach der Himmelfahrt. vber der erwehlung Matthiæ zum Apoſtelampt an Judas ſtat/ Actor. 1. Das ander/ ſo die Apoſtel gehalten haben zu Jeruſalem vber der erwehlung der ſieben Diacon / damit ſie die zweytrechtige murrende Gemeine wider geſtillt haben/ Acto. 6. Das dritte / ſo die Apoſtel gehalten haben zu Jeruſalem vber der frage/ ob auch die Beſchneidung vnnd Wercke des Geſetzes Moſis im Newen Teſtament nötig weren zur ſeligkeit/ darinne ſie beſchloſſen/ das beydes Jüden vnd Heyden ſelig werden ohne des Geſetzes Werck vnnd eigenen Verdienſt/ aus lauter Gnaden Gottes durch den Glauben an Jeſum Chriſtum. Actor. 15. Was verſucht ihr Gott mit aufflegung des Jochs auff der Jünger Hälſe/ welches weder ſie noch jhre Väter haben tragen können/ Sondern wir gleuben durch die Gnade Jeſu Chriſti ſelig zu werden / gleicher weiſe wie auch ſie.

Wie vieler böſer Concilien gedencket das Newe Teſtament?
Antwort.

Vier Fürnemer. Erſtlich das die Jüdiſchen gelerten vnd Oberſten gehalten haben vber Chriſto/
ihn

hn zu fahen vnd zu tödten / dauon Joh. am 11.
Matth. 26. Marc. 14. Zum andern/das die Jüdische Hohepriefter vnd Schrifftgelerte gehalten
haben wider die Apoſteln/ ire Predigt zu dempffen vnd hindern/ dauon Act. 4. 5. 6. wie es auch
Chriſtus ſo verweiſſaget hatte/Matth.10.Mar.13.
tradent vos in Concilijs. Zum dritten das zu Damaſco von den Jüden gehalten worden iſt vber
der dempffung vnd tödtung Pauli/Actor. 9. Zum
vierdten ſo zu Jeruſalem wider Paulum gehalten
ward aus befehl des Oberheuptmannes / da ſich
viertzig Jüden verbanneten vber Pauli tödtung/
Actor. 22. 23.

Entzuckung.

Wie vieler entzuckung gedencket die Schrifft? Antwort.

Dreyer. Die erſte iſt/das Paulus in dritten
Himmel vnd ins Paradiß entzucket iſt worden/
da er vnaußſprechliche ding geſehen vnd gehöret
hat/2. Cor. 12. Die ander iſt / da S. Paulus im
Tempel zu Jeruſalem im Gebet iſt entzucket worden/vnd Jeſum geſehen hat/ vnd von jhm befehl
entpfangen/von Jeruſalem eilends weg zu ziehē/
Actor. 22. Die dritte iſt/da Petrus zu Joppen im
Gebete entzucket ward/vnd ſahe den Himmel ſich
auffthun/vnd einGefeſſe gleich einem groſſen leinen Tuche/an vier Zipffeln gebunden/herab fahren auff die Erden/welches war voll allerley vierfüſſiger Thier der Erden/wilder Thier vnd Geſwürme vnd Vogel des Himmels/ vnd hörete eine

D ij   ſtim

stimme/er solte dauon schlachten vnd essen. Da er
aber sich deß wegerte vnd sprach: Er hette nie et=
was vnreines gessen/ da sprach die stimme/ was
Gott gereiniget hat/das mache du nicht gemein/
oder vnreine. Damit jhn Gott lehrete/das er sich
nicht wegern solte/auch den Heyden das Euange=
lion zu predigen/vnd sie in die Gemeinschafft der
Heiligen auffzunemen. Dann Gott were aller zu=
mal ein Gott / reich ober alle/ die jhn anruffen/
Actor. 10. 11. Rom. 10.

Lastträger.

Wo sind auff einmal am meisten Lasträ=
ger gehalten? Antwort.

Auff dem Berge Libanon/ da hielt Salomon
siebentzig tausend Mann/ die die Last der Steine
vnd Holtzes fort trugen/so er zum Baw des Tem=
pels bereiten ließ/ 1. Reg. 5. 2. Chron. 2.

Welches ist der gröste Lastträger gewe=
sen? Antwort.

Der HErr Christus/ der aller Welt Sünde
auff sich geladen hat/ vnnd darunter den gantzen
Zorn Gottes/ alle Tyranney / list vnd macht des
Teufels vnd der Welt hat tragen müssen/also das
er drüber gezittert vnd gezaget/blutigen schweiß
geschwitzet/vnd geklaget hat/er sey von Gott
verlassen/ Esaiae am 53. Matth. 27.
Lucae 22.

Wel=

Welches sind die armseligsten Lastträger gewest? Antwort.

Die Kinder Israel in Egypten/Dann die herrn die Egyptier gern zu tode getrieben / legten jnen schwere dienste auff/ zwungen sie zur arbeit mit vnbarmhertzigkeit/machten ihnen jhr Leben sawer mit schwerer arbeit im Thone/Ziegeln vnd allerley Fröne auff dem Felde/ vnnd legten vnertregliche Last auff sie/satzten Fronvögte vber sie/die sie mit aller vnbarmhertzigkeit zur Last antrieben/vnd vbel dazu schlugen / Exod. 1. 2. 3.

Welche Last drücket am meisten vnd härtesten? Antwort.

Die Sünde/wann sie durch Busse nicht abgeleget wird/dann sie versencket den Menschen in Gottes Zorn / zeitliche vnd ewige straffe/ drumb klagt vnd sagt Dauid im 38.Psalm: Meine Sünde gehet vber mein Heupt/ wie eine schwere Last sind sie mir zu schwer worden. Deine Pfeile stecken deßhalben in mir / deine Hand drücket mich/ Es ist nichts gesundes in meinem Leibe/vnd kein friede in meinen Gebeinen/Ich bin zerstossen vnd verdorret / gehe trawrig vnnd heule für vnruhe meines Hertzens.

Wo wird befohlen einem Esel vnter der Last auffzuhelffen? Antwort.

Im 2. Buch Mosis am 23. Wann du dessen Esel sihest vnter der Last ligen/der dich hasset/so hüte dich/ das du jhn nicht ligen lassest / sondern ver

H ij

Von Töpffern.

Wo wird Gott eim Töpffer verglichen? Antwort.

Im Propheten Jeremia am 18. Syrach am 33. Wie der Thon in des Töpffers Hand ist/ so sind die Menschen in meiner Hand/ spricht der HErr/ Kan ich nicht mit jhnen thun wie der Töpffer? Wann jhm der Topff misrett/ so zerbricht er jhn/ vnd macht ein andern/ wie es jhm gefellet. Im 2. Psalm: Er wird sie zerschmeissen/ wie man Töpffen zerschmeisset.

Wo wird der Töpffer arbeit beschrieben? Antwort.

Im Syrach am 38. Ein Töpffer muß bey seiner Arbeit sein/ die Scheibe mit den Füssen vmbtreiben/ vnd mit sorgen sein Werck machen / mit den Armen aus dem Thon seine Gefeß formiren/ zu seinen Fässen sich müde bücken/ er muß dencken/ wie ers glasire/ vnd frü vnd spat den Ofen fegen.

Wo wird der Töpffer Handwerck mehr beschrieben? Antwort.

Im Buch der Weißheit am 15. Ein Töpffer/ der den weichen Thon mit mühe arbeitet/ machet allerley Gefesse zu vnserm brauche/ Er macht aus einerley Thone Gefesse zu reinen vnnd vnreinen Wercken. Aber das ist eine elende arbeit/ wann er

aus

aus dem Thon einen Gott macht / da er doch selber nicht lange zuuor aus Erden gemacht ist / vnd
bald wider vnter die Erde fehret / vnd kennet den
nicht / der ihn gemacht / ihme die Seele / so in ihm
wircket / eingegossen / vnd einen lebendigen Odem
eingeblasen hat.

Was probirt der Töpffer arbeit am be-
sten? Antwort.

Der Brennofen vnd das Fewer / Dann so sagt
Syrach am 27. Capit. Wie der Ofen die newen
Töpffen bewert / so bewert die Trübsal des Men-
schen sinn.

Wo haben die meiste vnd kunstreicheste
Töpffer gewohnet? Ant-
wort.

Zu Lahem vnd zu Coseba. Dann so stehet 1.
Chron. 4. Jokim vnnd die Männer von Coseba /
Joas / Seraph / die Haußräter worden in Moab /
vnd Jasubi zu Lahem / die waren Töpffer / vnnd
wohneten vnter den Pflantzen vnnd Zeunen / bey
dem Könige zu seinen Geschefften.

Zimmerleute / Tischer / Bild-
schnitzer.

Wo wird der Zimmerleute / Tischer vnd
Bildschnitzer zugleich gedacht?
Antwort.

Im 38. Cap. Syrachs: Die Tischer / Zimmerleute vnd Schnitzer / die tag vnd nacht arbeiten /
D iij vnd

vnd schnitzen Bildwerck / die haben fleiß allerley
arbeit künstlich zu machen.

Welchs ist der kunstreichste Zimmerman/ Tischer vnd Bildschnitzer gewest vnter den Jüden? Antwort.

Bezaleel / der Sohn Vri / von dem sagt Gott
selber / Ich habe jhn erfüllet mit dem Geist deß
Verstands / erkentniß vnd Weißheit / das er weiß /
allerley künstlich zu arbeiten / an Golde / Silber
Ertz / Steinschneiden vnd einsetzen / vnd künstlich
Zimmer am Holtze zu machen / allerley Wercke /
Exod. 31. 35.

Wo wird sonst der Bildschnitzer gedacht? Antwort.

Im Buch der Weißheit am 13. cap. Er nimpt
das Holtz vnd schnitzet es mit fleiß / bildet es nach
seiner Kunst meisterlich / vnd macht es eines Menschen oder Thiers Bilde gleich / ferbets mit roter
oder weisser Farbe / roth vnd schöne / vnd wo ein
flecken dran ist / streicht ers zu / macht jhm ein fein
Heußlein / vnnd hefftet es an die Wand / das es
nicht fallen kan / etc.

Welchs ist die vnnützeste arbeit der Bildschnitzer? Antwort.

Wann sie aus Holtze Götzen machen / die man
anbeten sol / als Götter? Dann so sagt das Buch
der Weißheit am 15. cap. Ein Mensch kan ja nichts
machen / das jhm gleich sey / vnd dennoch auch ein
Gott

Gott sey / Dann weil er sterblich ist / so macht er
freylich einen Todten mit seinen Gottlosen Händen. Er selber ist ja besser/als der ist dem Gottes-
dienst/dann er lebet doch/jene aber nimmermehr.

Wo wird deß Thals gedacht/da eitel Zimmerleute gewonet haben? Antwort.

Im 1. Buch der Chronica am 4. cap. Joab ist
der Vater des Thals der Zimmerleute/ dann sie
waren alle Zimmerleute.

Von Leinwebern/Seidenstrickern/ Seilern vnd Netzen.

Welchs ist der kunstreicheste Seidenstri-cker vnd Weber gewest? Ant-wort.

Ahaliab/ der Sohn Ahisamach/ vom Stamme Dan/von dem sagt Gott vnd Moses/ das sein
Hertz erfüllet gewesen sey mit allerley Weißheit/
künstlich zu stricken vnd wircken/mit geler/roter
vnd weisser Seyden / vnd Scharlacken zu schnei-
den/vnd versetzen allerley Edelgesteine vnd Per-
len/ Exod. 30. 35.

Wo stehet von der Freundschafft der Leinweber? Antw.

Im 1. Buch der Chron. am 4. Die Kinder
Sela des Sohnes Juda waren.   Er der Vater

d v   Lecha.

Lecha. Laeda der Vater Maresa/vnd die Freundschafft der Leinweber vnter dem Hause Arbea.

Wo wird deß Weberbaums gedacht?
Antwort.

1.Sam.17. 1.Chron.12.da zweyer Riesen meldung geschiehet/das die Schaffte jrer Spiesse gewesen sind so dicke wie Weberbeume.

Wo wird deß vntüchtigen Gewirckes
oder Gewebs gedacht? Ant-
wort.

Esaiae am 59.Ihr Spinnewerck taug nicht zu
Kleidern/vnd ihr Gewircke taug nicht zur Decke.

Wo wird der Weberspule gedacht?
Antwort.

Job am 7.Meines Lebens Tage sind leichter
dahin geflohen/als eines Webers spule.

Wo wird des abreissens des Weberfa-
dens gedacht? Antwort.

Im Propheten Esaia am 38. Cap. Mein Leben wird abgerissen/wie einem Weber der Faden
abreisset.

Wo ist weiland der gröste Handel gewest
mit gewirckter vnd gestickter Sey-
den wahr? Antwort.

Zu Tyro / da sind gemacht / hingebracht
vnd verkaufft allerley köstliche Tücher/Purpur/
Sommer/Seydenwerck von Decken/Topperen/
vnd

vnd künstliche gestrickte vnnd gewirckte Arbeit/
Ezech. 27.

Wo wird der Seiler vnd Garnstricker gedacht? Antwort.

Esa. 19. Alßdann werden mit schanden bestehn
alle/ die da gut Garn wircken vnd Netze stricken.

Wer gedenckt deß Vogelnetzes? Antwort.

Salomon / Prouerb. 1. Es ist vergebens das
Netz außwerffen für den Augen der Vogel.

Wer stellet den Leuten Netze sie zu fahen? Antwort.

Der Heuchler vnd Schmeichler/Prouerb. 29.
Wer seinem Nehesten heuchelt/der stellet ihm ein
Netz zu seinen Füssen/ Jeremiae am 5.

Teichgräber/Teiche/Helder/ Fischer.

Wo wird der Teichgräber gedacht? Antwort.

Esaiae am 19 Alle/die Teiche vmbs lohn ma=
chen/werden betrübt sein/sampt denen/so Teiche
vnd Helder haben/dann das Wasser wird ver=
trocknen/Rohr vnd Schilff wird
verdorren.

¶

Wo

Wo wird deß fischens mit Netzen vnd Angeln gedacht? Antw.

Esaiae am 19. cap. Die Fischer/ so Netze vnd Angel ins Wasser werffen/ werden trawren/ dann sie werden für dürre nichts fahen können.

Wo werden viel Fischer verheischen? Antwort.

Jerem. am 16. Ich wil viel Fischer außsenden/ spricht der HERR / die sollen sie fischen. Vnd Ezechiel am 47. Die Fischer werden am Wasser stehen / vnd allenthalben ihre Garn außspannen/ dann es werden sehr viel Fische da sein.

Wo ist ein Teich blutig worden? Antwort.

Zu Caspin/ als Judas dieselbe Stadt eroberte/ erwürgete er darinne so viel Leute/ das der grosse Teich dabey / der zwey Feld weges weit war/ ward/ als were er voller Bluts/ 2. Macc. 12.

Welche Stadt wird eim grossen abgelassen Teiche verglichen? Antwort.

Die Königliche herrliche Stadt Niniue/ Dann so sagt der Prophet Nahum am 2. Niniue ist wie ein grosser Teich voll Wassers/ Aber dasselbige wird verfliessen müssen/ vnd ihre Schätze werden geraubet werden.

Wem

Wein vnd Bierschröter.

Wo wird der Schröter gedacht? Antwort.

Im Propheten Jeremia am 48. Jch wil jhnen Schröter zuschicken/die sie außschroten sollen/jhre Faß außleeren/vnd jhre Legel zerschmettern.

Ertzte/Balbirer/Schermesser/ Artzeney/Haar abschneiden.

Wer durffte im Alten Testament kein Schermesser lassen auff sein Heupt kommen? Antwort.

Erstlich die/ so Gott ein Gelübde gethan hatten/biß das sie es im Werck erfüllet hatten/Numeri am 6. So lange die zeit seines Gelübdes weret/sol kein Schermesser vber sein Heupt fahren.

Zum andern die Nazareer/oder verlobte Gottes / die ihm Gott von Mutterleibe zu sonderlichen Wercken außgesondert hatte. Jud. 13. Kein Schermesser sol auff Simsons Heupt kommen/ dann er ist ein Verlobter Gottes / vnd wird anfaben Jsrael zu erlösen aus der Philister Hand.

Wo wird deß Bart abscherens gedacht? Antwort.

Esaiae am 7. Der HERR wird die Haar vnd den Bart abscheren durch ein gemietet Schermesser/

ſer/ das iſt/ ſein Volck ſtraffen/ durc
zu Aſſyrien. Item im 16. Cap.

Wo wird geboten das Artzlohn
für den/ ſo man wund geſch
hat? Antwort.

Im 2. Buch Moſis am 21. Wan
ner haddern/ vnd einer ſchlegt den an
wund wird/ vnd zu Bette liget/ kön
der auff/ ſo ſol der/ ſo jhn ſchlug/ be
verſeumet hat/ vnd das Artzlohn ge

Wer iſt geſtarfft darumb/ das
ten ehe als zu Gott ſeine zuf
nommen? Antwort

Aſſa/ der König Juda/ dd er kr
den Füſſen/ vnd die Ertzte ehe ſuchte
HERRN/ da ließ jhn Gott des
ben/ 2. Par. 16.

Wo ſtehet es geſchrieben/das
ney wider den Todt hil
Antwort.

Syrach am 10. Weil der Menſch
ein ſchendlicher Kot Vnd wänn der
jhm ſticket/ſo gehets doch endlich al
nig/morgen todt. Vnd wann der
bet/ ſo freſſen jhn Schlange
Würme.

Wer kömpt am meisten den Ertzten in die Hende? Antwort.

Die frechen Leute/ die mutwillig wider Gott sündigen. Syr. am 38. Wer an seinem Schöpffer sündiget/der muß dem Artzt in die Hende kommen.

Wer fragt am wenigsten nach dem Artzte? Antwort.

Die gesunden vnd starcken. Matth. 9 Marc. 2. Die Starcken bedürffen vnnd achten des Artztes nicht/ sondern die Krancken/ Luc. 5.

Wer hat am meisten vergebliche vnkost gewandt auff Ertzte vnd Artzeney? Antwort.

Das Weib/ so zwölff Jahr den Blutfluß gehabt/ vnd viel von vielen Ertzten drob erlitten/ vnd alle jhr Gut drüber verthan hatte/ vnd dennoch keine hülffe befand/ biß sie zu Christo kam/ Marc. 5. Luc. 8, Matth. 9.

Wen hat ein Engel die Artzneykunst gelehrt? Antwort.

Den jungen Tobiam/den vnterrichtet der Engel Raphael/ wie er mit der Galle eines Fisches dem Vater die Blindheit vertreiben/ vnd mit der Leber vnd Hertze den bösen Geist außreuchern solte/ Tob. am 6. Cap.

Wo

Wo wird der Apotecker gedacht?
Antwort.

Im 2. Buch Mosis am 30. Nimb köstliche
Salben vnd Reuchwerck / nach Apoteckers kunst
gemacht. 1. Sam. 3. Ewre Töchter wird er ne-
men/das sie seine Apoteckerin/ Köchin vnnd Be-
ckerin sein. Syrach 38. Der HERR lest die Artzney aus der Erden wachsen/ vnnd der Apotecker
bereitet sie nach Rath des Artztes.

Pflügen/seen/egen/Ackerman/
Erndte.

Wo wird der Ackerarbeit vnd bestellung
gedacht/ mit ihrer zugehör?
Antwort.

Esaiae am 28. Ein Ackerman brachet/pflüget
vnd arbeitet seinen Acker/ machet es schlecht/ vnd
wirfft Samen drein seines gefallens/ Weitzen/
Gerste/Spelt/Kümel oder Wicken. Oseae am 13.
Ich wil Ephraim reiten/Juda sol pflügen/Jacob
sol egen.

Wenn hat man am lengsten nicht ackern/
pflügen vnnd seen können?
Antwort.

Zu Jacobs zeiten/ da fiel eine solche grosse
Thewrung ein/ das man inn sieben Jahren nicht
pflügen/außseen vnd einerndten kondte/ Gen. 45.

Wer

Wer ist vom Pfluge zu hohen ehren ge= zogen? Antwort.

Eliseus/als der im Felde mit sechzehen Joch Ochsen pflügete./ berieff jhn Gott durch Eliam zum Prophetenampte/vnd machte aus eim Baw= ren vnnd Ackerman einen grossen berühmbten Propheten/ 1. Reg. 19. Syrach 48.

Wo wird der frölichen Erndte zeit ge= dacht? Antwort.

Im Esaia am 9. Für dir wird man sich frew= en/wie man sich in der Erndte frewet.

Wo wird einer betrübten Erndte ge= dacht? Antwort.

Esaiae am 16. Es ist ein Gesang inn deine Erndte gefallen/das Freude vnd Wonne im Fel= de auffhört/ vnnd in Weinbergen jauchzet noch ruffet man nicht mehr. Am 17. Cap. Inn der Erndte wann du handeln solst / wirstu darfür schmertzen eines betrübeten haben.

Wo wird einer vnglücklichen Erndte ge= dacht? Antwort.

Jeremiae am 12. Sie seen Weitzen aus / vnd erndten Disteln ein/sie werden ihres einkommens nicht fro / für dem grimmigen zorn des HErrn. Oseae 8. Sie seen Wind/vnd werden Ongewitter einerndten/ihre Saat sol nicht auff kommen/vnd jr Gewechs kein Mehl geben. Item Joel 1. Jhr Acker siehet jemerlich/das Getreide ist verdorben.

Wo

Wo wird das pflügen vnd seen auff Bußfertigkeit gezogen? Antwort.

Im Osea am 10. Pflüget anders / weil es zeit ist / den HERRN zu suchen / seet Gerechtigkeit / erndtet Liebe / biß das er komme / vnd regne vber euch Gerechtigkeit. Dann ihr pflüget böses / vnd erndtet Missethat / vnd esset Lügenfrüchte.

Wo wird trawriger Ackerleute gedacht? Antwort.

Im Propheten Joel am 1. Cap. Ihre Ackerleute sehen jämmerlich / vnnd ihre Weingertner heulen vmb den Weitzen vnd vmb die Gerste / das aus der Erndte auff dem Feld nichts werden kan. Auch stehet der Weinstock jämmerlich / vnnd die Beume kleglich. Dann der Menschen freude ist zun jammer worden.

Von Scheunen / Tennen / Dreschen / Worffen.

Wo wird deß Dreschens gedacht? Antwort.

Im 5. Buch Mosis am 25. 1. Cor. 9. Du solt dem Ochsen / der da drischet / das Maul nicht verbinden. Oseae 10. Ephraim ist ein Kalb gewehnet / das es gerne drischet.

Wo wird gesegneter Scheuren ge-
dacht? Antwort.

Im 5. Buch Mosis am 28. Leuit. 26. Wann
du gehorcheſt der ſtimme deines Gottes / vnd le-
beſt nach ſeinen Geboten / ſo wirſtu geſegnet ſein
auff deinem Acker vnd in deiner Schewren / die
Dreſchzeit wird biß zu der Weinernote/vnnd die
Weinernote biß zur zeit der Saat reichen.

Womit kan man volle Scheunen er-
langen? Antwort.

Wenn man bußfertig iſt/ vnd gerne den Gottesdienſt befördern hilffet. Joel 2. Bekehret euch
von Hertzer zu mir / ſo wil ich euch Getreide/
Moſt vnd Oel die fülle geben. Prouerb. 3. Ehre
den HErrn von deinem Gute/vnd von den Erſt-
lingen deines einkoffiens/ ſo werden deine Scheu-
ren voll werden / vnnd deine Kelter von Moſte
vberlauffen. Malach. am 3. Bringet die Zehenden
gantz in mein Kornhauß/vnd teuſchet mich nicht/
vnd prüfet mich/Ob ich nicht des Himmels Fen-
ſter auffthun werde / vnnd Segen die fülle herab
ſchütten/Ich wil den Freſſer ſchelten/ das er euch
die Frucht vnd Weinſtock nicht mehr verderben
ſol.

Wo wird deß Gerſtenworffens ge-
dacht? Antwort.

Im Buch Ruth am 3. Er wird dieſe Nacht
Gerſten worffen auff ſeiner Tennen.

Wo wird deß Weitzendreschens gedacht? Antwort.

1. Paral. oder Chron. 21. Arnan drasch Weitzen auff seiner Tennen/ da Dan d zu ihm kam.

Wo ist am meisten Weitzen vnd Gerste auff einmal außgemessen? Antwort.

Als Salomon des Königs Hirams Dienern zumaß zwantzig tausend Cor Weitzen/ vnd zwantzig tausend Cor Gerssen/ das ist vnsers Gemesses in die viertzig tausend Malder Weitzen/ vnd viertzig tausend Malder Gersten / dann ein Cor helt bey zwey Malder/ 1. Reg. 5. 2. Par. 2.

Wo wird des schrecklichsten worffens gedacht? Antwort.

Jeremiae am 15. Ich bin des erbarmens müde/ Ich wil sie mit der Worffschauffel zum Lande naus worffen/ vnd wil sie vmbbringen/ es sollen mehr Witwen werden / als Sandes am Meer. Matt. 3. Er hat seine Worffschauffel in der Hand/ er wird seine Tenne fegen/ den Weitzen inn seine Schewren samlen/ die Sprew mit ewigem Fewer verbrennen.

Wo stehet gemenget vnd geworffet Futter? Antwort.

Im Propheten Esaia am 30. Die Ochsen vnd Füllen / so den Acker bawen / werden gemenget Futter essen/ welchs geworffet ist mit der Worffschauffel vnd Wanne.

Schwim-

Schwimmer/ Schwimmen.

Wo wird deß Schwimmens gedacht?
Antwort.

Esaiæ am 25. Sie werden jhre Hände außbreiten/ wie sie ein Schwimmer außbreitet zu schwimmen.

Welche haben mit schwimmen jhr Leben errettet? Antwort.

Die Mitgeferten Pauli/die auff der Meerfart nach Rom Schiffbruch erlidten/ vnd jhrer zwey hundert sechs vnnd siebentzig das Leben mit schwimmen erretteten/das sie an das Land kamen/ Actor. 27.

Wo wird einer Schwemme gedacht? Antwort.

Johan. am 9.da Christus sagt zu dem Blinden, Laua te in natatoria Siloe, Wasche dich inn dem Schwemmeteiche Siloe.

Wo hat Eisen geschwommen wie Holtz? Antwort.

Im Jordan/ da machte der Prophet Elisa durch sein Gebet/ daß das versunckene Axteisen empor kam/ auff dem Wasser schwam wie Holtz/ das mans mit der Hand wider langen kondte/ 2. Reg. 6.

e iij   Von

L.

Von etlichen Namen / wie mancherley derer in der Bibel gedacht wird.

Wie vieler Ananias gedencket die Schrifft? Antwort.

Vnffe. Der erſte iſt Ananias/ der Sohn Azur /ein Prophet von Gibeon / der dem rechten Propheten Jeremiae widerſtunde/ vnd dem Könige Zedechia ſieg wider den König Nebucadnezar verhieß / vnd mit ſeiner fälſchen Prophecey den König vnd das Volck verführte/ das ſie Gott vngehorſam wurden/ darüber in verderben gerieten. Drumb in auch Gott mit einm plötzlichen tode ſtraffete/Jerem. 28.

Der ander iſt Ananias/einer von den gefangenen Juden/ ein Geſelle Danielis des Propheten/ der da anfänglich ein Diener vnd Rath Nebucadnezars war/ vnd Sadrach genennet ward/ Aber endlich ſampt andern zween vom Könige in einen brennenden Ofen geworffen/darumb/ das er das güldene Bilde / ſo Nebucadnezar hatt auffrichten laſſen / nicht wolte anbeten. Denſelben hat Gott ſampt ſeinen Geſellen alſo mechtig vnnd wunderlich erhalten/das das Fewer ihm am Leibe keinen ſchaden gethan/ Ja ſeine Kleider vnnd Haar nicht verſenget hat/ Dan. 3.

Der dritte Ananias iſt der / deſſen Lucas gedencket/ Act. 5. der zwar vnter der zahl der Gleubigen zu Jeruſalem/ aber ein Heuchler vnd Schein-

Chriſte

chriſte geweſen iſt/darumb/da er mit ſeiner Heucheley vnd Lügen Petrum betriegen wolte/ſtraff-
fet jhn Gott ſampt ſeinem Weibe Saphira/das
ſie beyde des jehenden todes ſturben/Act. 5.

Der vierdte Ananias iſt einer aus den zwey
vnd ſiebentzig Jüngern Chriſti/ein Diacon oder
Prediger zu Damaſco/mit welchem Chriſtus vom
Himmel herab geredet/vnnd jhm befohlen hat/
das er zu Saulo gehen/die Hand auff jhn legen/
vnnd jhn alſo wider ſehend machen vnnd teuffen
ſolte/Actor. 9. 22.

Der fünffte Ananias iſt geweſen ein Hoher-
prieſter zu Jeruſalem/ein abgeſagter Feind Jeſu
Chriſti vnd ſeines Euangelij/der S. Paulum im
Rathe der Hohenprieſter/da er ſich verantworten
wolte/hieß auffs Maul ſchlägen/vnd jhn hernach
zum aller herteſten verklägte zu Caeſarien für
dem Landpfleger Felice/vermeinende/jhn auff
die Schlachtbanck zu opffern. Aber wie er ſeine
Klage ohne grund der Warheit that/alſo gieng ſie
auch ohne frucht abe/Actor. 23. 24.

Wie vieler Annen gedencket die Schrifft? Antwort.

Vier fürnemer. Die erſte iſt Anna des Helca-
nae Weib/eine Mutter des thewren Propheten
Samuelis/welche lange zeit in jhrem Eheſtande
vnfruchtbar geweſt/Aber endlich durch jhr Gebet
bey Gott erlangete/das er jhre ſchmach von jhr
nam/vnnd jhr einen Sohn gab/den ſie Samuel
nante/das iſt/ein außgebetenen vom HERRN.
Ihr wird gedacht 1. Samuel 1.

Die ander Anna ist gewesen eine Haußfraw
des Gottseligen Mannes des alten Tobiae / die
jhren Mann / da jhn Gott mit Blindheit daheim
suchte / durch Spinnen vnd andere fleissige arbeit
ernehret hat / so lange / biß jm Gott wider das Ge=
sichte vnd reiche Nahrung gegeben / Tobiae 1. 11.

Die dritte Anna ist gewest eine Ehefraw des
frommen Jüden Raguelis / eine Mutter der keu=
schen Jungfrawen Saren / die sie endlich dem jun=
gen Tobia gegeben / vnd sie ermanet hat / das sie
jhren Mann sol e lieben / seine Eltern als jhre ei=
gene ehren / Tob. 7. 10.

Die vierdte ist Anna die Prophetin / eine Toch=
ter Phanuelis / aus dem Geschlechte Aser / welcher
S. Lucas zeugniß gibt / das sie vier vnnd achtzig
Jahr Wittwe geblieben / nimmer vom Tempel ge=
kommen / Gott mit fasten vnd beten tag vnd nacht
gedienet / im Tempel von dem gebornen Messia
zeugnißgeben / vnnd Gott für die sendung seines
Sohns hertzlich gedancket habe / Luc. 2.

Wie vieler Alexander gedencket die Schrifft? Antwort.

Fünffe. Der erste ist Alexander / der Sohn
Philippi / ein König in Macedonia / der erste Mo=
narch aus Graecia / der / nach dem er den Darium
der Perser König vberwunden / hernach alle ande=
re Königreich vnter sich gebracht / vnd in zwölff
Jahren ein Herr der gantzen Welt geworden ist.
Daher man jhn den grossen Alexandrum genennet
hat / 1. Maccab. 1. 6. Dan. 7. 8. 11.

Der

Der ander Alexander ist des Königs Antiochi
des edlen Sohn/der fünff Jahr König in Syrien
gewesen/vnnd zu Ptolomais Hoff gehalten hat/
vnnd die Cleopatram deß Egyptischen Röniges
Ptolomei Tochter zum Weib genommen/ist end=
lich von seinem eigenen Schweher aus dem Lan=
de gejaget/vnd von der Araber Rönige entheup=
tet worden/1. Maccab. 10.

Der dritte ist Simonis von Cyrenen Sohn/
ein Bruder Ruffi Marci/dessen im Newen Te=
stament gedacht wird/ Ma ci 15.

Der vierdte Alexander ist ein Hoherpriester
zu Jerusalem gewesen/der sampt andern den Apo=
steln Christi verboten hat die Predigt des Euan=
gelij/ Actor. 4.

Der fünffte Alexander ist der Goldschmid zu
Epheso/ein Jüde/der im Lermen zu Epheso her=
fürgezogen ward/ Actor. 19. Der auch den Apo=
stel Paulum sehr gehindert/vnd ihm viel leids ge=
than hat/wie er klagt/ 2. Tim. 4.

Wie vieler Eleazar wird gedacht in der Bibel? Antwort.

Vierer. Der erste ist Eleazar/der Sohn Aaro=
nis/den ihm Elisabeth die Tochter Aminadab
gebar/ Exo. 1. der endlich an seines verstorbenen
Vaters stat in der Wüsten auff dem Gebirge Hor
zum Hohenpriester durch Mosen aus Gottes be=
fehl gemacht ward/ Numer. 20.

Der ander Eleazar ist gewest ein Schrifftgeler=
ter zu Jerusalem/ein sehr schöner Man/der in sei=
nem hohen alter/da er nit wolte Schweinenfleisch
e v   essen/

essen/darumb/ das es Gott im Gesetze den Jüden
verboten hatte/vbel geschlagen/grewlich gemar
tert vnd getödtet ist/welches er mit grosser gedult
erlidten / vnd den Nachkommen ein Exempel der
bestendigkeit nachgelassen / 2. Maccab. 6.

Der dritte Eleazar ist gewest ein Sohn Sau=
ra/ein küner Kriegßman im Heer/so Judas Mac=
cabaeus wider den König Antiochum führete/
Dann da dieser Eleazar eines Elephanten gewar
ward/ der höher vnd besser gerüstet war dann die
andern/vermeinete er/der König Antiochus were
darauff/drumb drange er mit grosser künheit vn=
ter die Feinde/erlegete derer viel zu beyden seiten/
kam vnter den Elephanten/ der einen hültzern
Thurm mit zwey vnnd dreissig Kriegern trug/
vnd erstach den/ward aber auch vom Elephanten/
der auff ihn fiel/erdruckt/ 1. Maccab. 6.

Der vierdte Eleazar ist der Vrahne Josephs/
oder der Großvater des Vaters Josephs/dem die
Jungfraw Maria die Mutter Christi vertrawet
ward / Matth. 1.

Wie vieler Jason gedencket die Schrifft? Antwort.

Vierer. Der erste ist gewesen ein Bruder des
Hohenpriesters Oniae / ein verzweiffelter Gott/
der seinen Bruder/ so ein frommer Gottseliger
Mann war/vertrieb/vnd durch finantz das Hohe=
priesterampt an sich brachte / sein Volck auff die
Heydnische seiten gewant/die ehrliche alte Gesetz
getilger/vnd vnehrliche weise angerichtet/ Auch
ein Spielhaus zu Jerusalem gebawet/ vnnd seine
Kür

Bürger selbst als ein Tyranne erwürget hat / 1.
Macca. 4. Endlich ist er von seim andern Bruder
Menelao vertrieben / vnd im elende zu Lacedemon
gestorben / vnnd als ein Verräther seines Vaters
lands vnd Gottloser Mensch vnd Tyranne nicht
werth geachtet der Begrebniß / 2. Maccab. 5.

Der ander Jason ist gewesen ein Sohn Elea-
zars / welcher vom Juda Maccabeo gen Rom gesandt worden ist / mit den Römern Freundschafft
vnd einen Bund zu machen / vnd das Königreich
Israel in der Römer schutz zu bringen / welches er
auch hatte gar ehrlich vnnd glücklich außgerich-
tet / vnd die Abschrifft des Bundes auff messings
Taffeln gegraben / mit sich gen Jerusalem gebracht / 1. Maccab. 8.

Der dritte Jason ist von Cyrenen bürtig gewest / ein gelehrter Mann / der die Historien der
Maccabeer von jhren grossen Kriegen vnd wunderbaren Siegen wider die Heyden / vnd von jhrem Göttseligen Regiment durch fünff Bücher
beschrieben hat / 2. Maccab. 2.

Der vierdte Jason ist gewesen ein Bürger zu
Thessalonica / der durch die Predigt Pauli bekehret worden ist / vnd zum zeichen der Danckbarkeit
vnd zeugniß seines Glaubens den Apostel Paulum
vnd Silam in sein Hauß genommen / sie beherber-
get / vnd für den wütenden Jüden verborgen vnd
vertheidiget hat / Actor 17. Rom. 16.

Wie vieler Jacob gedenckt die Bibel? Antwort.

Vierer. Der erste ist Jacob / der Sohn Isaacs /
ein Vater der zwölff Patriarchen vnd des gantzen
Volcks /

Volcks / so von ihm das Volck Israel genant
wird / der Gott so lieb vnd angenem gewesen / das
sich Gott im durch ein sonderlichs tröstliches Ge=
sicht geoffenbaret hat. Dann er sihet eine Leiter
auff Erden stehen / die mit jhrer spitzen an den Hi=
mel reichet / daran die Engel Gottes auff vnd ni=
der stiegen. Welche Leiter nichts anders bedeutet
als Jesum Christum / der ist die Leiter oder Trep=
pe / daran Gott mit seiner Gnade vnd allen Him=
lischen Schätzen zu vns herunter steiget / vnd da=
ran wir wiederumb hinauff zu Gott gen Himmel
in die seligkeit vnd ewiges Leben steigen / Joh. 1.
z.. Wie denn Gott diese geschene Leiter selber
auff Christum zeucht / da er ihm die verheissung
des zugesagten Messiae widerholet / vnnd spricht
oben auff dieser Leiter stehende / durch dich vnnd
deinen Samen / das ist / durch Christum sollen alle
Völcker gesegnet werden.

Der ander Jacob ist der Vater Josephs / dem
Maria vertrawet ward / vnd der ein Pflegvater
des HErrn Christi worden ist / des wird gedacht
im Geburtsregister Christi / Matth. 1.

Der dritte Jacob ist ein Sohn Zebedei / vnd
Salomea der Schwester Josephs gewesen / ein
Bruder Johannis des Euangelisten / seines Hand=
wercks ein Fischer / den hat Christus zum Aposto=
beruffen vnd erwehlet / vnd jhn sehr lieb gehabt
hat jhn seine Verklerung vnnd Herrligkeit auf
dem Berge Thabor / vnd seinen Todeskampff im
Oelberge sehen lassen / der ist der aller erste vnter
den Aposteln getödtet durchs Schwerdt vom H=
rode / Actorum am 12.

Der vierdte Jacob wird genennet der klei=
Jacob / Marc. 15. vnnd ist von Nazareth bürti
gewe=

gewest/Matth. 13. sein Vater hat Alpheus/seine
Mutter Maria Cleophe geheissen/Matth.10.27.
Marc.15. vnd ist dennach mit Christo geschwi-
ster Kind gewest/daher er auch von Paulo Gal.1.
des HERRN Bruder genant wird. Ist auch
vom HERRN zum Apostel erwehlet / vnd nach
der Himmelfart Christi ein Bischoff zu Jerusalem
worden/ Act. 15. da er Christum bey dreissig Jahren trewlich gelehret vnd bekennet/ Endlich aber
vmb seiner Lehr vnd Bekentniß willen durch die
Hohenpriester von der Zinnen des Tempels herab
gestossen/ vnnd vollends gar zu todt geschlagen
worden.

Wie vieler Jonathan gedencket die Schrifft ? Antwort.

Dreyer. Der erste Jonathan ist gewesen ein
Schreiber des Königs Zidekia / den die Fürsten
zur zeit der belagerung zum Kerckermeister mach-
ten/ In dessen Hause auch Jeremias der Prophet
gefangen lag / Jerem. 37. 38.

Der ander Jonathan ist gewesen ein Sohn deß
Königes Sauls / ein guter vnnd gantz getrewer
Freund des Dauids/ der Dauid offt wider seines
Vaters Sauls mördliches fürnehmen gewarnet
vnd geschützet hat/ein freudiger starcker Held im
Krieg/also das er im vertrawen auff Gott sampt
seinem Waffenträger das gantze Heer der Phili-
ster angreiff/vnd in die Flucht schlug/ 2.Sam.14.

Der dritte Jonathan ist gewesen ein Sohn
Matthatiae. ein Hoherpriester vnd Fürst vber das
Jüdische Volck/der vmb erhaltung der Religion
vnd rettung willen seines Volcks viel harte Krieg
gesühret/

gefürt/vnd dartinnen so mannlich vnd ehrlich sich
gehalten/ das auch grosse Könige vnnd Fürsten
seiner Freundschafft begeret/jhn zum Bundgenos-
sen angenommen/vnnd jhm grosse ehre angethan
haben/endlich ist er verrätherlich vom Tryphon
gefangen vnd getödret/1. Maccab. 12. 13.

Wie vieler Joachim gedenckt die Bi-
bel? Antwort.

Dreyer. Der erste Joachim ist ein Sohn des
Gottseligen Königs Osias gewesen/vnd nach seines Vaters tode vnd seines Bruders Joahas entsetzung ist er König inn Juda worden. Aber der
Gottseligkeit seines Vaters folgete er nicht nach/
sondern regierte vbel/vnd in all seinem thun han-
delt er dem HERRN zu wider. Drumb vbergab
jhn Gott inn die Hende Nebucadnezars/ der jhn
stetig mit Ketten band/ vnnd gen Babel führte/
2. Par. 36. 2 Reg. 23.

Der ander Jochim oder Joachim ist gewesen
ein Sohn dieses vorgenandten Joachims/der sich
aber an des Vaters straffe nicht gekehret hat.
Dann da er nach seines Vaters tode König ward/
war er ja so Gottloß/als der Vater gewesen.
Drumb fand sich seine straff bald/das er vom Nebucadnezar dem Babylonischen Könige auch
vberzogen vnnd gefangen ward/ da er kaum drey
Monden geregiert hatte/ ward also sampt seiner
Mutter/seinen Weibern/seinen Gewaltigen/vnd
allem Gold vnd Silber/so im Schatz des Königs
vnd im Tempel gefunden ward/ hinweg gefüh-
ret/ 2. Reg. 24. 2. Par. 36.

Da

Der dritte Joachim ist gewesen ein reicher vnd
fürnemer Bürger zu Babylon/ ein Ehemann der
frommen vnd züchtigen Frawen Susannen/diesen
hat Gott zwar hart betrübet/da er jhn sehen vnd
hören ließ / das sein schönes vnnd hertzliebstes
Weib eines Ehebruchs öffentlich beklagt / vnnd
darüber vnschüldig zum Tode verdampt ward:
Aber hertzlich hat jhn Gott bald wider erfrewet/
da er durch den Daniel die vnschuld seines Weibs/
vnd die falschheit der zween Richter an den tag
vnd ans liecht brachte/Susannam errettet/vñ die
falschen Zeugen zur straffe des todes ziehen ließ/
wie die Historia der Susannen im 13. Cap. Dani
elis außweiset/oder in stücken zum Daniel gehörig.

Wie vieler Joseph gedencket die
Schrifft ? Antwort.

Vierer.　Der erste Joseph ist ein Sohn des
Patriarchen Jacobs gewesen/ vnd hat sich in seiner Jugend viel Vnglücks genieten müssen.Dann
er ward von seinen eigenen Brüdern frembden
Leuten verkaufft/vnd da er in Egypten kaum einen frommen Herrn an Potiphar bekommen hatte / ward er durch desselbigen vnzüchtiges Weib
also gegen jhm verunglimpfft/das er jhn vnuer-
schuldeter sachen ins Gefengniß warff/ vnd vber
zwey Jahr darinnen hielt/Endlich wird er durch
sonderliche schickung Gottes daraus erlöset/ vnd
vom Pharaone zum Herrn vber gantz Egypten
land gesetzet / in welcher seiner herrligkeit er sich
doch gegē seine Brüder auffs aller sanfftmütigste
vnd freundlichste erzeiget hat/Gen. 37. 38. 40. 41.

Der ander Joseph ist ein Sohn Eli oder Ja-
cobs/Matt. 1 Luc. 3 seines Handwercks ein Zim-
mermañ/

merman / dem ist vertrawet worden Maria die
heilige Jungfraw vnnd werthe Mutter Jesu
Christi / daher Joseph für ein Vater des HErrn
Christi ist geachtet / vnd Christus von den Jüden
ein Sohn Joseph / oder des Zimmermans ist ge
heissen worden / Matth. 13 Marc. 6.

Der dritte Joseph ist ein reicher Rathsherr /
vnnd doch Gottsfürchtiger Mann gewesen zu
Arimathia / ein heimlicher Jünger Christi / der den
Leichnam Christi vom Creutz genommen / vnd in
seinem Garten inn ein newes Grab gar ehrlichen
begraben hat / vnd damit ein ewiges Gedechtnis
erlanget / Matth. 27. Marc. 15. Luc. 23. Joh. 19.

Der vierdte Joseph ist gewest ein Sohn Mat
thattias / ein Vater Jannae / Luc. 3.

Wie vieler Johannes gedencket die Schrifft? Antwort.

Fünff. Der erste ist Johannes Hircanus / ein
Sohn Simonis des Hohenpriesters vnd Fürstens
der Jüden / der den obersten Feldheuptman des
Königes Antiochi / Cendabeum genant / mit sein
Heer inn die Flucht geschlagen / hernach an seines
Vatern stat / da er von seim Eidam verrätherlich er
würget war / sampt zween Söhnen / Hoherpriester
vnd Fürste der Jüden worden ist / sein Volck wol
geregiert vnd ritterlich für sie gestritten / 1. Mac
cabeorum am 16. Cap.

Der ander ist Johannes der Teuffer / ein Sohn
Zachariae vnd Elisabeth / der das Alte Testament
beschlossen / das Newe angefangen / von Christo
gezeuget / vnd mit Fingern auff ihn gewiesen / das
Er das Lamb Gottes sey / das der Welt Sünde
treget /

endlich vom Herode meuchlisch im Gefängniß ist
entheuptet worden/ Luc. 1.3. Matth. 14.

Der dritte ist Johannes der Euangelist vnd
Apostel/ der anfenglich ein Fischer gewest/ Aber
von Christo zum Apostelampt beruffen/ darinnen
er Christo für andern sonderlich lieb gewest/ der
nach der lengste vnter allen Aposteln gelebet/ vnd
das acht vnd sechzigste Jahr nach seiner Aufferstehung erreichet/ allein eines friedlichen todes
gestorben/ Johan. 21.

Der vierdte Johannes ist Johannes Mar-
cus/ein Sohn Mariae/ einer Bürgerin zu Jeru-
salem/ der eine gute zeit ein Geferte vnnd Wan-
dersßgesell Pauli vnd Barnabae gewest/ Aber inn
Pamphylia aus verdruß der gefehrlichen steten
Reisen vmbgekeret/ vnnd wider nach Jerusalem
gezogen/ Endlich aber wiederumb einGeferte der
Reisen Barnabae worden ist/ Actor. 15.

Der fünffte Johannes ist der Hohepriester zu
Jerusalem/der den Aposteln hat helffen verbieten
die Predigt von Christo/ Actor. 4.

Wie vielerley Namen werden Johanni dem Teuffer in der Schrifft ge- geben? Antwort.

Eifferley. Der erste ist/das ihn Esaias am 40.
nennt eine ruffende Stimme in der Wüsten/wie er
solchen Namen selber ihm zuleget/ da er auff die
frage der Jüdischen Gesandten/was er sy/ ant-
wortet/vnd spricht: Ich bin eine Stimme eines

f   Ruffers

Ruffers in der Wüste/richtet den Weg deß HEr
ren/wie der Prophet Esaias gesagt hat/Joh. 1.

Der ander ist im Malachia am 3. da er jhn nen
net einen Engel des HERRN/Sihe ich wil mei
nen Engel senden/der für mir her den Weg berei
ten sol/welches Christus auff Johannem deutet/
Matth. 11. Johannes ists/von dem geschrieben
stehet/Sihe ich sende meinen Engel für dir her/
der deinen Weg für dir bereiten sol.

Der dritte ist/das Malachias jhn nennet Eli
am/da er am 4. Cap. sagt: Sihe ich wil euch sen
den den Propheten Eliam / ehe dann da komme
der grosse schreckliche Tag des HERRN / vnnd
diesen Namen legt Christus jhm auch zu/Matth.
11. Er ist Elias/der kommen sol.

Der vierdte ist/das jhn der Engel Johannem/
das ist/Gnadenreich oder Huldreich nennet/ehe
er noch in Mutterleibe empfangen wird/Luc. 1.

Der fünffte ist / das er der Teuffer genant
wird/darumb/das er aus Gottes befehl der erste
gewest/der die Tauffe geprediget vnd gereicht hat
im Newen Testament/Matth. 3. Marc. 1. Joh. 1.
Luc. 3.

Der sechste ist / das jhn sein Vater Zacharias
aus dem Geiste einen Propheten nennet / Luc. 1.
Du Kindlein wirst ein Prophet des Höchsten
heissen.

Der siebende iß/das jhn Christus nennet mehr
denn einen Propheten/darumb/das er nit schlecht
vor dem künfftigen Messia predigen solte/wie die
andern Propheten/sondern den gegenwertigen
Messiam mit Fingern zeigen vn sagen/dieser ists/
an den gleubet. Wie er dann auch gethan hat/laut
des zeugniß Johannis des Euangelisten/Joh. 1.

Des

Deß andern tages sahe Johannes Jesum zu ihm
kommen/ vnnd sprach: Sihe das ist das Gottes
Lamb/ das der Welt Sünde tregt/ Joh. 1.

Der achte ist/ das jhn Johannes der Euange=
list cap. 1. nennet einen Zeugen des Liechtes von
Gott gesandt. Es war ein Mensch von Gott ge=
sandt/ der hieß Johannes/ derselbe kam zum zeug=
niß/ das er vom Liecht zeugete/ auff das sie alle an
jhn gleubten/ Er war nicht das Liecht/ sondern
das er zeugete vom Liecht.

Der neundte ist/ das er sich selber nennet einen
Freund des Breutigams Christi/ da er Johan. 3.
sagt: Wer die Braut hat/ der ist der Breutigam/
der Freund aber des Breutgams stehet vnd höret
jm zu vnd frewet sich hoch vber des Breutgams
stimme. Diese meine freude ist nun erfüllet.

Der zehende ist/ das jhn Christus nennet ein
scheinend vnd brennend Liecht/ Joh. 5. Johannes
war ein scheinend vnd brennendes Liecht/ Jr aber
woltet eine kleine zeit frölich sein vnter seinem
Liecht.

Der eilffte ist/ das jhn Christus nennet den
grösten vnter allen/ so von Weibern geboren sind/
da er spricht/ Matth. 11. Warlich ich sage euch/
vnter allen/ die von Weibern geboren sind/ ist nie
auff Erden kommen/ der grösser sey/ denn Johan=
nes der Teuffer.

Wie vielerley Wunderwerck haben sich
mit der Empfengniß vnd Geburt
Johannis zugetragen? Ant=
wort.

Achterley. Das erste ist/ das von seiner Zu=
kunfft/ Geburt vnd Ampt zween grosse Prophe=

ten viel hundert Jahr zuuor geweissaget haben/
als Esaias am 40. acht hundert vnd sieben (8-7)
Jahr zuuor / Malachias am 3. vnnd 4. Capitel
fünff hundert sechs vnd zwantzig Jahr zuuor.

Das ander ist/das wie er sol empfangen wer-
den/der Engel Gabriel vom Himmel kömpt/vnd
es verkündiget / Luc. 1.

Das dritte/ das der Engel jhm selber den Namen gibt/vnd jhn Johannem nennet/ ehe er noch
empfangen wird/ Luc. 1.

Das vierdte/das sein Vater stumm wird/ dar-
umb/ das er der Botschafft des Engels nicht gegleubet hatte/ Luc. 1.

Das fünffte / das er von einer vnfruchtbaren
alten vnd Kinder verlebten Frawen geboren ist /
Luc. 1.

Das sechste / das er inn Mutterleibe mit dem
heiligen Geist erfüllet worden/ vnnd den gegenwertigen Messiam erkant / vnnd mit einem Freu-
densprunge empfangen hat/da er kaum sechs Monat alt war/ Luc. 1.

Das siebende/ das seine Mutter aus eingebung
des heiligen Geistes wil / er sol nicht Zacharias/
sondern Johannes genennet werden/ vnd solches
auch wider alle jhrer Freundschafft willen erhelt/
Luc. 1.

Das achte/ das sein Vater inn seiner Nennung
vnd Beschneidung wider redend wird/ vnd durch
einen schönen Lobgesang Gottes Gnade rühmet
vnd preiset/ Luc. 1.

Wie vieler Judas wird in der Bibel gedacht? Antwort.

Sechse. Der erste ist Judas/ der Sohn Jacob-
aus

aus welches Stamme vnd Geschlechte Christus
geboren ist / daher er der ewe vom Geschlecht
Juda genant wird/ Gen 49. Apoc. 5.

Der ander ist Judas Maccabaeus / ein Sohn
des Priesters Mathattae/ der an des Vaters stat
ein Oberster der Jüden worden/ritterlich für die
Jüden/ ihre Religion vnd freyheit gestritten/ die
Stadt Jerusalem vnd den Tempel erobert / vnd
wider eingeweihet / den Heyden grossen schaden
gethan/vnd sie in furcht vnd schrecken gejagt/ seinem Volck aber frieden verschafft/vnd grosse Ehre vnnd Gut erworben / Letzlich ist er inn der
Schlacht wider den König Demetrium vmbkom-
men/ 1. Macc. 9.

Der dritte ist Judas Thaddeus / der Apostel
Jesu Christi/ein Bruder Jacobi des Kleinen/ vnd
Simonis/Matth. 13. Marc. 6. Luc. 6. Act. 1.

Der vierdte Judas ist Judas Ischarioth / ein
Son Simeonis/Joh. 13. 6. auch ein Apostel Jesu
Christi/ der aber an seinem HErrn trewloß wor-
den/vnd jhn vmb dreissig Silberling verrathen/
darüber er hernach inn verzweifflung gefallen/
vnd sich selber erhencket hat/Matth. 26 27. Act. 1.

Der fünffte ist Judas/mit dem Zunamen Bar-
sabas/ der sampt Paulo vnd Barnaba als ein Le-
gat von den Aposteln gesandt ist zu den Heyden
zu Antiochia/Syria vnd Cilicia/jnen die schriffte-
liche freyheit vnd erledigung von den satzungen
Mosis zu verkündigen/Actor. 15.

Der sechste Judas ist aus Galilea/der zur zeit
des Keysers Augusti das Jüdische Volck zum
Auffruhr bewegete/das sie sich wegerten dem Römischen Keyser Zinse oder Schatzung zu geben.
Dann/ sagte er/ sie weren ein frey Volck/ vñ allein

f ij   Gott

Gott zu gehorsamen schüldig. Drumb were es vn#
billich / das sie sich dem Römischen Keyser vnter#
warffen / sie solten für ihre Freyheit streiten / es
were gewiß / Gott würde ihnen beystehen. Aber
es gerieth ihm vnnd seinem anhange wie Mün#
zern vnnd den auffrührischen Bawern / das sie
mehrer theils erschlagen wurden von Cyrenio
dem Römischen Landpfleger/ Actor. 5.

Wie vieler Marien gedencket das Newe Testament? Antwort.

Fünffe. Die erste ist Maria die Jungfraw vnd
Mutter vnsers HErrn Jesu Christi/ welche eine
Tochter Eli/ oder Joachims vnd Annae gewesen/
Matth. 1. Luc. 1.

Die ander ist Maria Cleophas Weib / eine
Schwester der Jungfrawen Mariae/ eine Mutter
des Apostels Jacobi des kleinen / vnd Joses.

Die dritte ist Maria Magdalena/ aus welcher
der HERR sieben Teuffel getrieben/ welche ihm
auch nachgefolget vnd trewlich gedienet/ der sich
der HERR auch nach seiner Aufferstehung am er#
sten geoffenbaret vnd gesagt: Gehe hin vnd sage
meinen Brüdern vnnd Petro / Ich fahre auff zu
meinem Gott vnd zu ewrem Gott.

Die vierdte ist Maria / der Marthen vnd La#
zari Schwester/ die zun Füssen des HErrn Christi
gesessen/ vnnd sein Wort mit fleiß angehört/ von
der auch der HERR sagt / Eines ist noth (nem#
lich Gottes Wort hören/ vnd im Glauben anne#
men.) Maria hat das gute theil erwehlet/ das sol
nicht von ihr genommen werden/ Luc. 10.

Die fünffte ist eine ̶ ̶ ̶ ̶ ̶ ̶ ̶ ̶ ̶ ̶ ̶ ̶ ̶

men heiß Marcus/ dieser wird gedacht/ Acto. 12.
das in jhrem Hause bey der nacht viel Christen zus
sammen kommen/ vnd für Petrum gebeten haben/
derer Gebet auch so krefftig gewest/ das Gott sei
nen Engel gesandt hat/ vnnd Petrum loß machen
lassen/ der auch ins Hauß Mariae gekommen/ vnd
seine erledigung gewiß gemacht für jnen/ Act. 12.

Wie vieler Marcus wird gedacht in der Schrifft? Antwort.

Zweyer. Der erste ist Marcus der Euangelist/
der anfenglich ein Schüler vnd Zuhörer des Apo
stels Petri gewesen/ 1 Pet. 5. Darnach hat er auff
frommer Christen bitte die Historiam des HER
ren Christi aus S. Petri Lehr vnnd Munde be
schrieben/ vnd ist also vnter die zahl der Euange
gelisten gerechnet worden. Eusebius meldet/ das
er in Egypten kommen sey/ vnd habe zu Alexan
dria sein geschriebenes Euangelion geprediget/
sey auch endlich daselbst vom Altar hinweg geris
sen/ ins Gefengniß geworffen vnd getödtet.

Der ander Marcus ist gewesen ein Sohn Ma
riae/ einer Bürgerin zu Jerusalem/ Act. 12. vnd
ist eine zeitlang mit S. Paulo vnd Barnaba vmb
her gezogen/ vnd hat jhnen gedienet vnd geholf
fen das Euangelion außbreiten. Vnd ob er wol
Sanct Pauli vnwillen auff sich geladen hatte/ das
rumb/ das er aus verdruß der gefehrlichen Reisen
in Pamphilia von jm gewichen war/ so ist er doch
hernach wider sein Freund vnd Geselle worden/
wie in der Epistel zun Coloss. 4. zu sehen/ vnd 2.
Tim. 4. das S. Paulus schreibet/ Marcum brin
ge mit/ dann er ist mir nütz zum Dienste.

Wie

Von etlichen Namen.
Wie vieler Matathias gedencket die Schrifft? Antwort.

Vierer. Der erste Matathias ist gewesen ein Sohn des Gottfürchtigen Königs Josias/ der an seines Vaters Joachims stat vom Nebucadnezar auff den Königlichen Stuel gesetzt/ vnd Zidcklas genennet ward/ Aber er ward vndanckbar gegen Gott vnd dem Babylonischen Könige / thet das dem HERRN seinem Gott vbel gefiel/ vnd fiel ab von Nebucadnezar. Darumb gab jhn Gott in die Hende Nebucadnezars/ der tödtet seine Kinder vnd Fürsten für seinen Augen/ beraubete jhn aller seiner Herrligkeit vnnd Güter/ stach jhm die Augen aus/ vnd führte jhn gen Babel/ 2. Reg. 24. 2. Par. 36. Jerem. 38. 39.

Der ander Matathias ist ein Gottßfürchtiger bestendiger Priester gewesen / zu Modin wohnhafftig/ der aus rechtem eifer vmb das Gesetze/ vnd wares rechten Gottesdienstes/ einen abgöttischen Jüden/ vnnd den Heuptman des Königs Antiochi/ der die Jüden zur Abgötterey zwang/ erschlug/ vnnd hernach sich mit seinem anhange ritterlich wehrte vnd schützte wider die Tyranney der Feinde/ auch seine Söhne kurtz für seinem ende mit gar schönen Worten zur bestendigkeit vnd freudigkeit ermahnete/ 1. Macc. 2.

Der dritte Matathias ist gewesen ein Sohn Simonis des Hohenpriesters vnd Fürstens der Jüden/ vnnd ist verrätherischer weise erschlagen worden von seinem Schwager Prolomeo/ dem Heuptman zu Jericho / als er mit seinem Vater Simone vmbherzog/ das Regiment zu besehen vnd zu bestellen/ 1. Maccab. 16.

Da

Der vierdte Mathathias ist gewesen ein Sohn
Amos / ein Vater Josephs / dessen wird gedacht
im Geburtregister Christi / Luc. 3.

Wie vieler Philips gedenckt die Bibel? Antwort.

Sechse. Dreyer das Alte Testament / und dreyer
das Newe Testament. Die drey des Alten Testaments sind diese: Der erste Philippus der König
in Macedonien / der Vater des grossen Alexandri /
dessen wird gedacht 1. Macc. 1. von dem Schreiber
Aelianus / da er groß Glück und Sieg gehabt / hat
er sich also zur Demut anreitzen lassen / das er alle
tage seiner Knaben einen jhm hat zuruffen lassen /
Philippe memento te hominem esse. Philippe gedencke / das du ein Mensch bist. Aelian. lib. 3.

Der ander Philippus Demetrij Sohn / ein Vater Persei / ein König in Macedonia / von den Römern vberwunden / 1. Maccab. 8.

Der dritte Philippus aus Phrygia bürtig / ein
Stadthalter des Königs Antiocht / zu Jerusalem
vnd Antiochia / der den Jüden viel leides gethan /
vnd sie vbel geplagt hat / welcher vom Antiocho
zum Vormunde seines Sohns des jungen Antiocht
verordnet worden. Aber endlich sich selber zum
Könige auffgeworffen / vnd drüber von dem jungen Antiocho bestritten vnnd vberwunden ist /
1. Maccab. 6. 2. Maccab. 5. 6. 8. 13.

Die drey des Newen Testaments sind: Der er-
ste Philippus von Bethsaida bürtig / welchen
Christus zum Apostel beruffen vnd erwehlet hat /
Joh. 1. den er zu Rath zog / da er das Volck in der
Wüsten speisen wolte / Joh. 6. zu dem er sagt / Phi-
lippe wer mich sihet / der sihet den Vater / Joh. 14.

f y　　　　Der

Der ander Philippus/der sieben Diacon einer/
der am allererſten das Euangelion zu Samaria
geprediget/vnd alloa viel Menſchen bekehret/vnd
groſſe Wunder gethan / der auch den Kemmerer
der Königin Candaces in Morenlande bekehret/
vnd getaufft hat/Act. 8. Der endlich ſich in Caeſa/
rien gewendet/ vnd alloa mit ſeinen 4. Töchtern/
die Prophetin waren/gewohnet/bey dem Paulus
mit ſeinen Geferten eingekehret/Actor. 21.

Der dritte iſt Philippus ein Bruder Herodis
Antipae/ ein Vierfürſt in Jthuraea/ vnnd in der
Gegend Trachonitis/ſein Weib iſt geweſt Hero/
dias/die jhm Herodes entführt hat / vmb derer
willen auch Herodes Johannem entheupten ließ/
da er von jhm dieſer böſen That halben geſtrafft
ward/Luc. 3. Matth. 1. 14.

Wie vieler Simon wird gedacht im Ne/wen Teſtament? Antwort.

Achte. Der erſte iſt Simon Petrus/Matth. 4.
Luc. 4. 5. 6. 24. Der ander iſt Simon von Cana/
ſonſt Zelotes genant/Matth. 10. Marc. 3. Luc. 6.
ein Sohn Mariae vnd Cleophae/ ein Bruder des
kleinen Jacobs vnd Judae Thaddei/welcher end/
lich nach Jacobo Biſchoff zu Jeruſalem gewor/
den / vnd daſelbſt im hundert vnnd zwantzigſten
Jahr ſeines Alters gecreutzigt iſt. Der dritte Si/
mon iſt Simon der Phariſeer/ bey dem der HErr
Chriſtus zu Gaſte geweſt / vnnd in ſeinem Hauſe
das ſündige Weib geabſoluiert hat mit dieſen
Worten: Sey getroſt meine Tochter / dir ſind
deine ſünd vergeben/gehe hin mit frieden/Luc. 7.
Der vierdte iſt Simon der Auſſetzige / bey wel/
chem der HErr Chriſtus zu Gaſte war/zween tag

für

für seinem Leiden / Matth. 26. Marc. 14. Der
fünffte ist Simon von Cyrene/welchen die Kriegßknechte zwungen/das er dem HErrn Jesu sein
Creutze nachtragen muste / Matth. 27. Luc. 23,
Der sechste ist Simon der Gerber/ein Bürger der
Stadt Joppe / bey welchem der Apostel Petrus
zur herberge gelegen/Act. 10. Der siebende ist Simon/genant Niger/ein Lehrer vnd Prediger in
der Stadt Antiochia/Actor. 13. Der achte ist Simon Magus der Zeuberer/dessen Act. 8. gedacht
wird/ das er durch die Predigt Philippi bekehret
worden sey/vnd sich zu Samaria habe teuffen lassen/darnach aber / da er vmb Geld von Johanne
vnnd Petro keuffen wolte die macht den heiligen
Geist zu geben/wann vnd wem er wolte/ist er von
Petro verflucht/hernach ein grosser lesterer Christi worden / vnnd hin vnd wider das Euangelion
verhindert vnd verfolget/auch Petro zu Rom widerstanden/ biß er in krafft Petri Gebets aus der
Lufft herunter gestürtzt ist/vnd sich zu tode gefallen hat/da er fürgab/ er wolte gen Himel fliehen/
Nicephorus lib. 2. cap. 36. Egesippus lib. 3. cap.
2. Ludovic. Rabbus lib. 2. fol. 158.

Wie vieler Simon wird gedacht im Alten Testament? Antwort.

Dreyer fürnemlich. Der erste ist Simon des
Priesters Matathiae Sohn / der an seines Bruders Jonathae stat Hoherpriester / vnd ein Fürst
der Jüden worden ist/glücklich vnd wol geregiert
hat / wie sein Regiment vnnd Glück beschrieben
wird/1. Maccab. 14.

Der ander ist Simon ein Sohn Oniae des Hohenpriesters/ dessen Syrach am 50. gedencket.

Der

Der dritte ist Simon der Benjamiter/ein Vogt
des Tempels zu Jerusalem/ der dem Könige Se-
leuco den Schatz deß Tempels verrieth/ vnd jhn
den Tempel zu berauben anreitzte. Darüber deß
Königs Kämerer Heliodorus von zweyen Engeln
zu boden geschlagen ward im Tempel/das man jn
für todt naus tragen muste/aber in krafft der fürbitte deß Hohenpriesters Oniae halff jhm Gott
wider zur gesundheit/drumb er auch sagte/er were von Gott gesteupet vnd geheilt/2.Macc.b.3.

Wie vieler Saren gedenckt die heilige Schrifft? Antwort.

Dreyer. Die erste ist Sara/das Weib des Patriarchen Abrahae/ die gar schön von Angesicht
vnd vom HERRN mit Glauben vnd Gottesfurcht gezieret gewest/ der Gott in jhrem Alter
einen Sohn verheissen vnd gegeben hat/Gen 11.
12.18. welche S. Petrus allen Weibern zum Exempel fürstellet/1.Pet.3. Die ander Sara ist gewesen eine Tochter des Patriarchen Asser/ Gen.
46. Die dritte Sara ist gewest eine Tochter Ra-
guels vnd Hanna/eine keusche vnd Gottfürchtige
Jungfraw / derer Glauben vnnd Gedult Gott
durch ein schweres Creutz erforschet vnd probirt
hat/derer er sieben Männer/denen sie nach einander vertrawet gewest/durch einen bösen Geist hat
lassen erwürgen/allemal in der nacht des Beyla-
gers. Letzlich aber hat Gott sie wider hertzlich
erfrewet/vnnd jhr durch den Engel Raphael den
jungen Tobiath freyen lassen / mit dem sie ein
friedliche vnd gerügliche Ehe besessen/Tobiae 3
6.7.

Wi

Wie vieler Zedechias gedencket die Schrifft? Antwort.

Vier. Der erste Zedechias ist gewest der letzte König Juda / dein Nebucadnezar von wegen deß Meineids die Augen ließ außstechen/vnd jhn gefenglich wegführete / 2. Reg. 25.

Der ander Zedechias ist ein falscher Prophet gewest/der den König Ahab verführete / vnd jm mit vnwarheit sieg verhieß wider die Syrer / vnd den rechten Propheten Gottes den Micham schmehete vnd schlug/darumb/das er dem König vnglück vnd vntergang verkündigte / 2. Par. 18. 1. Regum 22.

Der dritte Zedechias ist auch gewest ein falscher Prophet / der zur zeit der Babylonischen Gefengniß das Jüdische Volck verführete / Vnzucht vnnd Ehebruch getrieben hat / darumb er auch vom Nebucadnezar ist verbrandt worden/ Jerem. 29.

Der vierdte ist ein Fürst gewesen am Hofe Joachim/ des Königs Juda/Jerem. 36.

Wie vieler Vrias gedencket die Bibel? Antwort.

Dreyer. Der erste ist Vrias der Hethiter/ein redlicher Kriegßman/der jm seines Herren handel vnnd sieg so hat lassen angelegen sein / das wie er aus dem Lager heimgefordert/ er nicht hat wollen zu seinem Weibe ins Hauß / vnnd mit jhr inn freuden zu Tische vnnd Bette gehen / weil seines Herren Volck in gefahr zu Felde lag. Diesem hat der König David vbel gelohnet / jhm sein Weib

die

die Bathsebam beschlaffen / ihn durd
lassen / vnd das Weib zur Ehe genom
muel. 11.

Der ander Vrias ist gewesen ei
Jerusalem / zur zeit des Königes Ah
den König denn Gott gefürchtet / i
teßdienst wider Gottes Befehl ni
nigs willen angestellet vnd verrichti
damit den König zum Freunde / a
Feinde bekommen / 2. Reg. 16.

Der dritte Vrias ist ein Prophet
Sohn Semaia / geborn zu Kiriath
cher / als er aus befehl vnd Geiste C
te wider die Sünde des Königs Jo
ner Fürsten vnd Vnterthanen / vnd
der verwüstung der Stadt Jerusal
Jüdischen Landes / ist er vom K
Schwerdte getödtet worden / Jere

Wie vieler Zacharias ged
Schrifft? Antwo

Sechse. Der erste ist Zacharia
von Gott sonderlich darzu erweck
dem Babylonischen Gefengniß i
Jüdische Volck wider zusammen l
Stadt Jerusalem vnd Tempel w
halff / vnd das Volck von Christo i
ewigen Könige lehrete / vnd sie in
mit verkündigung seiner zukunff
tröstete / wie solches sein Buch o
außweiset.

Der ander Zacharias ist ein S
iadae / hat gelebt zur zeit / da Joa
war / vnd weil er aus treibung o

tes den König vnd das Volck straffete von wegen jhrer Abgötterey vnd Abfalls/ ward er vom
Volck aus geheiß des Königs mit Steinen zu tode geworffen/ im Hofe am Hause des HErrn/ 2.
Par. 24. Darinne sihet man der Welt Vndanck.
Josada/ der Vater dieses Zachariae hatte dem Joas sein Leben errettet/ vnd jhm zum Königreich
geholffen. Diese grosse Wolthat vergilt er jhm
also/ das er seinen Sohn tödten lesset/ 2. Paral 25.

Der dritte Zacharias ist gewesen ein fürtreff-
licher lehrer in den Gesichten Gottes/ der Vsiam
den König Juda gelehret hat/ wie er Gott recht
dienen/ wol vñ glücklich regieren solte/ 2. Par. 26.

Der vierdte Zacharias ist gewesen ein Vater
Abiae/ der Mutter Hißkiae/ des Königes Juda/
2. Par. 29. 2. Reg. 18.

Der fünffte Zacharias ist gewesen ein Sohn
Jeroboam/ des Königs in Israel/ ward nach des
Vaters tode König. Aber weil er Gottloß war/
werete seine freude nicht lenger dann sechs Mo-
nat/ da ward er erschlagen/ 2. Reg. 15. 2. Par. 26.

Der sechste Zacharias ist der Vater Johannis
des Teuffers/ dem der Engel Gabriel die Botschafft brachte/ das sein Weib mit dem Vorleuffer
Messiae solte schwanger werden/ der von wegen
des vnglaubens stumm ward/ biß auff den tag/ da
sein Sohn Johannes solte beschnitten werden/ da
ward seine Zunge vnd Mund wider auffgethan/
das er Gottes Gnade vnd Wolthat jhm vnd vns
allen erzeiget mit eim herrlichen Lobgesang rüh-
mete/ Luc. 1. sagende: Gelobet sey der HERR/
DER GOTT Israel/ Dann er hat be-
sucht vnd erlöset sein Volck/
etc.

Ende deß Ersten Theils.